Harald Fasching • Reingard Lange
Herausgeber/in

sozial managen

Grundlagen und Positionen des Sozialmanagements
zwischen Bewahren und radikalem Verändern

mit einem Nachwort von
Carlo Knöpfel, Caritas Schweiz

Haupt Verlag
Bern • Stuttgart • Wien

1. Auflage: 2005

Bibliografische Information der Deutschen Nationalbibliothek

Die Deutsche Nationalbibliothek verzeichnet diese Publikation
in der Deutschen Nationalbibliografie; detaillierte bibliografische Daten
sind im Internet über http://dnb.d-nb.de abrufbar.

ISBN 978-3-258-06814-5

Inhalt

Harald Fasching/Reingard Lange

Einführung und Orientierung

Das «Besondere» des Sozialmanagements als
Hintergrund und Auftrag dieses Buches

«Ich möchte etwas Sinnvolles tun. Ich möchte mit Menschen arbeiten.» Diesen
Satz hören Mitarbeitende und Leitende von sozialen Einrichtungen oft, wenn
sich junge Erwachsene oder Quereinsteiger/innen für die Arbeit im Sozialbereich interessieren. Was ist dran an dieser Faszination? Oder ist «das Besondere des Sozialmanagements» doch bloß ein Mythos?

Natürlich – letztlich geht es um Menschen und ihre Lebensmöglichkeiten.
Darum, dass Selbstbewusstsein und Eigeninitiative neu aufkeimen können,
Lebensperspektiven neu gewonnen werden. Um die Verbesserung von Lebens-
qualität und ums Vorbeugen von sozialen Krisen.

Und wenn das gelingt, dann kann es eine befreiende Erfahrung für beide
Seiten sein: sowohl für die Menschen, die in einer Notlage sind, als auch für
die, die Unterstützung in Form von konkreter menschlicher oder «abstrakter»
struktureller Hilfe bereitstellen.

Diese tief befriedigende und Sinn stiftende Erfahrung ist – unter vielem
anderem – ein wesentliches Motiv, in sozialen Organisationen zu arbeiten.
Und die Sehnsucht nach dieser Erfahrung ist gleichzeitig der beste Nährboden für Organisationsmythen aller Art: dass jede und jeder eine Chance
bekomme, dass Chefs generell «menschlicher» und Personalchefs «sozialer»
seien, dass Hilfeempfänger/innen dankbar und Kollegen/innen hilfsbereit
seien, dass doch der Mensch zähle und Geld keine Rolle spielen dürfe ... In

vielen (Teil-)Bereichen sind solche Mythen noch immer Entscheidungs- und Orientierungsgrundlage.

Wer die Aufgabe der Leitungsverantwortung in einer sozialen Einrichtung übernimmt, hat mit diesen Chancen und diesen Illusionen zu tun und steht vor speziellen Leitungsherausforderungen:

— Wie kann die besondere Motivation zur sozialen Arbeit so umgesetzt werden, dass sie auf Dauer wirksam bleibt?
— Wie müssen Arbeitsaufgaben, Entscheidungsprozesse und Strukturen gestaltet werden, dass sie Selbsthilfe und Selbstbestimmung der Hilfeempfänger/innen fördern?
— Wie müssen Mitarbeiter/innen geführt werden, dass sie sich in den Dienst der Klienten/innen stellen und dennoch tagtäglich neu mit ihnen aushandeln, welche Leistungen sinnvoll und verantwortbar sind?
— Wie bleibt die Organisation wandlungs- und zukunftsfähig?

Einige Besonderheiten des Sozialmanagements zeigen sich hier:

— Sozialmanagement stellt Dienste zur Verfügung für Menschen in Not- und Krisensituationen oder zur Bewältigung von sozialen Beeinträchtigungen. Das sind keine Wellness-Hotels, sondern zumeist Angebote, auf die wir alle lieber verzichten würden, als sie in Anspruch zu nehmen. Wer sieht nicht ein Arbeitsamt, ein Pflegeheim, eine Beratungsstelle lieber von außen?
— Sozialmanagement ist nicht dafür da, Kundenzufriedenheit zu optimieren, sondern Kompromisse auszuhandeln: einerseits die Wünsche und Bedürfnisse der Zielgruppe, dann die fachlichen Wert- und Zielvorstellungen und schließlich die Möglichkeiten, welche die Gesellschaft durch öffentliche und private Initiativen und Strukturen zur Verfügung stellt.
— Sozialmanagement unterstützt die Selbstbestimmung der Zielgruppen und übernimmt daher immer wieder «Voice-Funktion». Als Lobbyisten kämpfen Sozialmanager/innen um öffentliche Aufmerksamkeit und um besseres Verständnis für ihre Zielgruppen. Sie wirken mit bei der Gesetzgebung und der Grundlagenarbeit für die Entscheidungsträger in Politik und Verwaltung.

— Sozialmanagement handelt in komplexen (Pseudo-)Märkten. Die einfache Gleichung von Kunde/in = Bezahlende/r gibt es in den selteneren Fällen. Zumeist ist die Zukunftssicherung der Organisation von mehreren Faktoren abhängig: von verschiedenen Geldgebern (Kostenträger, Spender/innen, Klienten/innen), von Aufsichtsbehörden und rechtlichen Grundlagen, von Entscheidungen der (lokalen) Sozialpolitiker/innen. Die Zielgruppe selbst hat oft wenig Wahlmöglichkeit – sei es aufgrund von persönlichen Faktoren oder aus Mangel an Alternativen.

— Sozialmanagement steht im Dienst der Selbsthilfe und hat statt «langfristiger Kundenbindung» die zunehmende Unabhängigkeit der Zielgruppe als Auftrag. Letztlich haben soziale Organisationen ihr Ziel erreicht, wenn sie überflüssig geworden sind, weil es passendere, «normalere» Formen des Umgangs und der Bewältigung gibt. Dieser Grundauftrag kann mit den Eigeninteressen der Organisation kollidieren und ist als systematischer Widerspruch fast «das typischste Besondere» sozialer Organisationen.

Zwanzig Jahre Feldkompetenz – die Akademie für Sozialmanagement

Seit Beginn der achtziger Jahre gibt es nun den Speziallehrgang für Leitungsfunktionen in der Sozialen Arbeit, eine zweijährige berufsbegleitende Ausbildung, die entsprechend den Besonderheiten des Sozialmanagements konzipiert wurde. Auf Initiative des Bildungsministeriums wurde von der Caritas der Erzdiözese Wien die Akademie für Sozialmanagement (www.sozialmanagement.at) ins Leben gerufen. In Kooperation mit österreichischen Ländern und privaten Trägerorganisationen wie z.B. Diakonie, Lebenshilfe, Ordensgemeinschaften, Jugend am Werk Wien, dem Kuratorium Wiener Pensionisten-Wohnhäuser, dem Verein Wiener Jugendzentren und dem nationalen und internationalen Heimleiterverband EDE wurde eine berufsbegleitende Sozialmanagementausbildung konzipiert und umgesetzt. Mit bald tausend Absolventen/innen ist dieser Lehrgang laut einer Studie des Industriewissenschaftlichen Institutes aus dem Jahr 1996 die Sozialmanagementausbildung mit dem größten Wirkungskreis in Österreich.

Vieles hat sich seither verändert, und noch mehr an Veränderung wird in der nächsten Zeit auf uns zukommen. Gemeinsam mit Teilnehmern/innen und Personalverantwortlichen großer Trägerorganisationen aus allen Bereichen sozialer Arbeit haben wir in den vergangenen Jahren kontinuierlich neue Formen von Aus- und Fortbildungen geschaffen und die bestehenden weiterentwickelt.

Die Betriebswirtschaft hat einen neuen Stellenwert bekommen. Systemische Zusammenhänge werden heute wesentlich differenzierter bearbeitet. Arbeiten in virtuellen Teams mit neuen Informationstechnologien ist integriert.

Handlungsleitendes Prinzip ist, Verantwortung für die eigene Entwicklung zu übernehmen und z. B. eigene Lernziele auf der Basis von Feedbackprozessen zu setzen. Selbstverantwortlich wird das Organisationsentwicklungsprojekt im eigenen Verantwortungsbereich initiiert, gesteuert und evaluiert. Ein zweiwöchiger Studienaufenthalt in einer Modelleinrichtung im Ausland ermöglicht Perspektivenwechsel und bietet Anregungen, Erstarrtes wieder in Bewegung zu bringen.

Das ASOM-Team umfasst etwa zwanzig Lehrende. Die meisten Teammitglieder bringen zu ihrer professionellen Grundausbildung mit Zusatzausbildung als Berater/in und Trainer/in auch eigene Leitungserfahrung mit und arbeiten seit vielen Jahren in der Entwicklung für und mit Sozialmanagern/innen.

Die Feldkompetenz, die durch unzählige Kontakte, durch Projektbegleitung und Coaching mit Leitern/innen sozialer Einrichtungen entstanden ist, machte uns immer mutiger und sicherer, aus unseren human- und/oder wirtschafts- und sozialwissenschaftlichen Stammdisziplinen Inhalte und Methoden auszuwählen, die in der konkreten Leitungsarbeit anregend und hilfreich sind.

Es geht heute nicht darum, «Psychologie», «Soziologie» oder «Betriebswirtschaft» zu lehren. Es geht darum, die Wechselwirkungen in den oftmals undurchschaubaren Dickichten für Sozialmanager/innen verständlich aufzubereiten – durch die wissenschaftliche Praxisreflexion, durch gemeinsame Diskussion, durch theoretische Inputs aus den verschiedenen Disziplinen. In diesem Entwicklungsprozess stellen wir Instrumente zur Verfügung, bauen Lern- und Gedeihräume auf, die die Entwicklung von Schlüsselqualifikationen wie unternehmerisches Denken, Wertorientierung, Konfliktstehvermögen, Lernfähigkeit und andere fordern und fördern.

Aus diesem Interesse heraus haben wir uns nunmehr entschieden, eine Auswahl von Texten über Modelle und Instrumente als Sammlung herauszugeben. Dieser Band bietet die jeweils spezifische Perspektive von gut zwanzig verschiedenen Autoren/innen: dem Team der ASOM und befreundeten Wissenschaftlern/innen und Experten/innen. Wir danken Renate BUBER, Wilfried

DATLER, Friedrich GLASL, Michael MEYER, Hannes PIBER, Bettina RIHA-FINK und Kornelia STEINHARDT für ihre ergänzenden und grundlegenden Beiträge.

Auf die speziellen rechtskundlichen Grundlagen haben wir verzichtet, da sie in den deutschsprachigen Ländern sehr unterschiedlich sind und sich voraussichtlich auch rasch ändern werden. Um sich hier «à jour» zu halten, taugen andere Medien besser. Das Buch soll eine überschaubare und überlegte Auswahl aus vorhandenem Wissen des Sozialmanagements und der Fülle verschiedener Perspektiven bieten.

Die einzelnen Beiträge enthalten dreierlei:

— wissenschaftliche Erklärungsmodelle,
— praxistaugliche Methoden und Instrumente und
— den Bezug zu aktuellen Entwicklungen im Sozialmanagement.

Den roten Faden, der die sich ergänzenden Beiträge vernetzt, bildet das ASOM-Leitungsmodell (siehe nächste Seite), in dem die Aufgabenfelder einer Führungskraft vom ASOM-Team beschrieben sind.

Nach diesem Modell ist unsere Ausbildung konzipiert, es bildet die Grundlage für unser Auswahlverfahren, für den Ablauf der Ausbildung, und es strukturiert auch dieses Buch.

Das ASOM-Leitungsmodell als roter Faden

Die verschiedenen Aufgabenfelder einer Führungskraft
haben wir in sieben Bereiche zusammengefasst:

- zwei personenbezogene Aufgabenfelder,
- zwei leistungsbezogene Aufgabenfelder,
- zwei entwicklungsbezogene Aufgabenfelder und
- die persönliche Weiterentwicklung als Führungskraft:

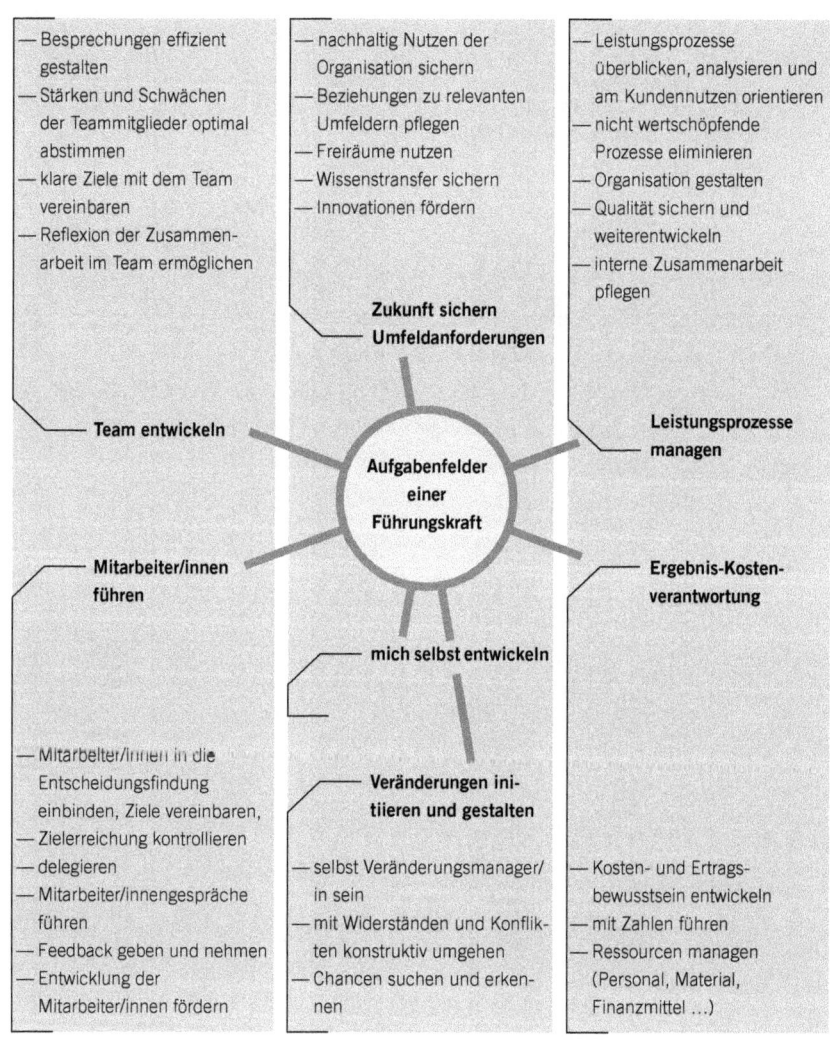

— Besprechungen effizient
gestalten
— Stärken und Schwächen
der Teammitglieder optimal
abstimmen
— klare Ziele mit dem Team
vereinbaren
— Reflexion der Zusammen-
arbeit im Team ermöglichen

— nachhaltig Nutzen der
Organisation sichern
— Beziehungen zu relevanten
Umfeldern pflegen
— Freiräume nutzen
— Wissenstransfer sichern
— Innovationen fördern

— Leistungsprozesse
überblicken, analysieren und
am Kundennutzen orientieren
— nicht wertschöpfende
Prozesse eliminieren
— Organisation gestalten
— Qualität sichern und
weiterentwickeln
— interne Zusammenarbeit
pflegen

Zukunft sichern
Umfeldanforderungen

Team entwickeln

Aufgabenfelder
einer
Führungskraft

Leistungsprozesse
managen

Mitarbeiter/innen
führen

Ergebnis-Kosten-
verantwortung

mich selbst entwickeln

— Mitarbeiter/innen in die
Entscheidungsfindung
einbinden, Ziele vereinbaren,
— Zielerreichung kontrollieren
— delegieren
— Mitarbeiter/innengespräche
führen
— Feedback geben und nehmen
— Entwicklung der
Mitarbeiter/innen fördern

Veränderungen ini-
tiieren und gestalten

— selbst Veränderungsmanager/
in sein
— mit Widerständen und Konflikten konstruktiv umgehen
— Chancen suchen und erkennen

— Kosten- und Ertrags-
bewusstsein entwickeln
— mit Zahlen führen
— Ressourcen managen
(Personal, Material,
Finanzmittel ...)

Dieses Leitungsmodell widerspiegelt die Vielfalt der Ausbildungen und Zugänge der ASOM-Teammitglieder. Ein solches Team viel beschäftigter Menschen aus den verschiedensten Professionen für eine Publikation zu koordinieren, ist keine einfache Sache. Wenn in dem vorliegenden Buch einzelne Themen oder Begriffe in verschiedenen Beiträgen behandelt und ausgeführt werden, so ist das ein Zeichen der Vernetzung, Ankerpunkt für Gemeinsames und auch Ausdruck gewachsener, gemeinsamer Identität.

Wir danken allen Autoren/innen, den Mitarbeitern/innen des Haupt Verlags für die geduldige und sorgfältige Zusammenarbeit und im Besonderen Herrn Matthias Haupt für die Bereitschaft, dieses Buch zu verlegen.

Harald Fasching und Reingard Lange
Herausgeber/in

Allgemeine Grundlagen

Michael Meyer/Reingard Lange

«Die Konfrontation mit der Zukunft beginnt nicht plötzlich»

Relevante Entwicklungen im Sozialmanagement

Nie werde es in Deutschland mehr als 250 000 Autos geben, weil es ja nicht mehr Chauffeure geben könne (Prognose um 1900). Ein Telefonanschluss für jedermann sei nicht realisierbar, da jeder Teilnehmer ja von einem eigenen Telefonfräulein bedient werden müsse. Bei der Vorstellung des ersten Heimcomputers im Jahre 1978 wurde vorhergesagt, es seien in der BRD kaum mehr als 250 000 Computer denkbar, da es doch an EDV-Spezialisten mangle. Die Realität: Im Jahre 1986 wurden allein in der BRD 450 000 Heimcomputer abgesetzt; Mitte Januar 1987 waren in der BRD bereits eine Million Commodore C 64 verkauft, weltweit insgesamt zehn Millionen Heimcomputer. Nur drei Jahre später lagen die Verkaufszahlen für DOS-PCs bereits bei siebzig Millionen (http://www.vienna.cc/d/artikel/gratis_report_kurios_computer.htm).

Trends abzuschätzen und Prognosen zu treffen ist immer schwierig, weil es ja die Zukunft betrifft. Und die Zukunft ist immer die Zukunft der Vergangenheit. Es ist für uns unmöglich, Zukunft anders zu sehen als durch die Filter von Vergangenem – zumindest für diejenigen unter uns, die nicht über hellseherische Begabungen verfügen. Prognosen sind deshalb gleichsam bloß «Memoiren, die das System daran erinnern, wie es die Zukunft gesehen hatte und wie es sich dadurch hatte motivieren lassen – Memoiren, die ständig neu gefasst werden müssen, um dem Rechnung zu tragen, was man im aktuellen Moment als Zukunft benötigt, um entscheiden zu können» (LUHMANN 2000, 466).

«Die Konfrontation mit der Zukunft beginnt nicht plötzlich.» Mit diesem Satz unterstrich Peter GOHM, Geschäftsführer von HUMANOCARE Management Consult, bei einem Symposion der *Akademie für Sozialmanagement,* dass Zukunftssicherung immer in der Aufmerksamkeit von Sozialmanagern/innen sein muss.

1. Der Sozialbereich als weites Land in Bewegung
Soziale Organisationen zwischen Staat und Privat, Mitgliedern und Klienten/innen, Voice- und Service-Funktion

Mit dem Begriff der *Sozialen Organisationen* bezeichnen wir hier jene formalen Organisationen, die in den unterschiedlichsten Bereichen des Sozialsektors tätig sind. Dieser lässt sich aber soziologisch nur unscharf abgrenzen. Wir wollen uns daher auf ein «System der Sozialen Arbeit» beziehen, das versucht, die durch die zunehmende funktionale Differenzierung der Gesellschaft (in Wirtschaft, Politik, Wissenschaft usw.) entstandenen Schäden und Folgeprobleme zu korrigieren (FUCHS/SCHNEIDER 1995). Zum anderen sind Sozialorganisationen aber auch in primären Funktionssystemen wie Gesundheit, Erziehung, Politik und Wirtschaft tätig. Eine Aufzählung der Tätigkeitsbereiche und Zielgruppen fällt da leichter: Pflege, Betreuung, Beratung und materielle Hilfe; Menschen in sozialer Not wie Kranke, Alte, Menschen mit Behinderung, Arme.

Das Spektrum der Organisationen, die dem Sozialbereich zugerechnet werden und dort Leistungen erbringen, ist breit, und eine Systematisierung fällt schwer. In der Literatur finden sich dazu immerhin ein paar Ansatzpunkte. Zum einen stellt sich die Frage, welche *Abhängigkeiten* von den Organisationen als besonders kritisch wahrgenommen werden – anders gefragt: welche *Stakeholder* besonders eng an die Sozialorganisationen gekoppelt sind (ABZUG/WEBB 1999; ATKINSON et al. 1997; HORAK 1995). Folgt man dieser Frage, so lassen sich grob verwaltungs-, wirtschafts- und basisnahe soziale Organisationen unterscheiden (ZAUNER 2002).

Eine andere Unterscheidung folgt der Frage, *ob Leistungen nur für die eigenen Mitglieder oder auch für Dritte* erbracht werden. Viele Organisationen im Sozialbereich sind als Selbsthilfeorganisationen entstanden und erbringen ihre Leistungen noch immer für einen genau definierten Kreis von Empfängerinnen und Empfängern. Andere wiederum entstanden als Antwort auf soziale

Probleme jenseits des eigenen Mitgliederkreises. Je nachdem lassen sich soziale Organisationen auf einem Kontinuum mit den Polen reine Eigenleistungs- oder reine Fremdleistungsorganisation verorten (BADELT 2002a, 71f.).

Eine dritte Möglichkeit, Sozialorganisationen zu unterscheiden, bezieht sich auf ihre *Mission* und die daraus abgeleitete *Leistungspolitik*. Die Frage lautet, welche Rolle die Erstellung sozialer Dienstleistungen spielt und welche Rolle im Gegensatz dazu die Artikulation und Vertretung der Interessen der Klienten und Klientinnen einnimmt. In diesem Sinne lassen sich soziale Organisationen also danach unterscheiden, welchen Stellenwert für sie die *Service-*Funktion hat und welchen die *Voice-*Funktion. Diese Unterscheidung kann um die Dimension «innovativer Charakter» erweitert werden und führt dann zu einer Vier-Felder-Typologie von Sozialorganisationen (vgl. Abb. 1): *Schadensbegrenzende Sozialorganisationen* erfüllen Aufgaben mit einem verhältnismäßig geringen Innovationsgrad und «reparieren» jene Schäden, die andere Gesellschaftssysteme verursacht haben. Damit bilden sie das gesellschaftliche Subsystem der Sozialen Arbeit. An diesem gesellschaftlichen Subsystem orientieren sich auch die *Leistungspioniere*, deren Dienstleistungen aber, wie der Name schon sagt, innovativer sind. *Kontrollierende* Sozialorganisationen legen ihren Fokus auf Intervention und nicht auf Dienstleistung. *Themenpioniere* schließlich nehmen genauso wie die «Kontrolleure» dominant am System der «kritischen Öffentlichkeit» teil, ihre Interventionen haben wiederum innovativeren Charakter (SIMSA 2000, 156, 359).

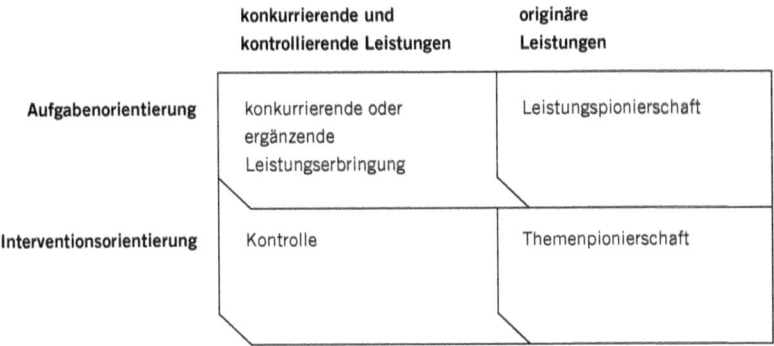

Abbildung 1   Einflussformen und Funktionsorientierungen von sozialen Organisationen
(Quelle: SIMSA 2001, 357)

Eine vierte Möglichkeit, Sozialorganisationen zu unterscheiden, soll hier nur kurz angerissen werden: Die Frage, ob sie dem *öffentlichen* oder dem *privaten* Bereich zuzuordnen sind, richtet sich nach der Rechtsform (juristische Person des Privatrechts oder des öffentlichen Rechts) und danach, in welchem Maße sie mit hoheitlichen Aufgaben betraut sind: Gebietskörperschaften und sonstige juristische Personen des öffentlichen Rechts, die über Hoheitsgewalt verfügen und bei denen hoheitliche Aufgaben nicht vollkommen vernachlässigbar sind (< 5 Prozent), zählen zum öffentlichen Sektor. Juristische Personen des Privatrechts und solche des öffentlichen Rechts ohne nennenswerte hoheitliche Aufgaben zählen zum privaten Sektor (BADELT 2002b, 10 ff.). Innerhalb des privaten Sektors sind wiederum Profit- (oder Forprofit-) und Nonprofit-Organisationen im Sozialbereich zu unterscheiden, wobei das zentrale Abgrenzungskriterium die Verwendung des Gewinnes, nicht dessen Erzielung ist: Nonprofit-Organisationen unterliegen der *non distribution contraint,* sie dürfen also erwirtschaftete Gewinne nicht an die Eigentümer/innen ausschütten (z.B. BADELT 2002b, 9).

Gemeinsam ist allen Sozialorganisationen, dass sie im Kontext sozialpolitischer Rahmenbedingungen wirken – mit folgenden Eckpunkten:

(1) *öffentliche Meinung:* die gesellschaftliche Kommunikation in Bezug auf soziale Fragen, die meist massenmedial vermittelt wird und vielfach gebrochen ist;

(2) *sozialpolitische Grundlagen:* gesetzliche Regelungen bzw. Lücken und daraus resultierender Finanzrahmen durch die öffentliche Hand;

(3) *konkrete Menschen in sozialer Not:* ihre Sichtbarkeit, ihre Bedarfslage, ihre Ressourcen und Selbstverantwortung und ihre Abhängigkeit von der Hilfe und Vertretung durch Dritte.

Einige Trends und Veränderungen innerhalb dieses Dreiecks sind derzeit augenscheinlich:

(1) Eine öffentliche Meinung, die Sozialausgaben und -aktivitäten noch immer unter «Kosten» subsumiert und deren investiven Charakter negiert. Dass eine Gesellschaft, die in soziale Sicherheit und Stabilität investiert, die auf Verteilungs- und Chancengerechtigkeit basiert, langfristig enorme Standortvorteile lukrieren kann, findet nach wie vor kaum Niederschlag in der öffentlichen Diskussion.

(2) Damit in Zusammenhang steht die kritische Abhängigkeit des Sozialsektors von öffentlichen Finanzierungen (HEITZMANN 2000; HEITZMANN 2001; TRUKESCHITZ/SCHNEIDER 2003). Insofern schlägt sich die prolongierte Finanzkrise öffentlicher Haushalte gerade im Sozialbereich teilweise dramatisch nieder. Ob als Folge dieser Finanzkrise, als Kulissenargument oder als davon unabhängige Begleiterscheinung, jedenfalls wird der Rückzug der öffentlichen Hand aus dem Sozialbereich europaweit mit Konzepten der Zivilgesellschaft oder des *New Public Management* argumentativ unterfüttert.

(3) Dem stehen zunehmend neue soziale Problemlagen gegenüber, ohne dass die «alten» gelöst wären. Kontinuierlich hohe Arbeitslosigkeit, die demografische Entwicklung, zunehmende Migration, die Auflösung primärer Unterstützungsnetze etc. sorgen dafür, dass sich auf der Seite der Klientinnen und Klienten mittelfristig keine Entspannung abzeichnen wird.

Soziale Organisationen agieren und reagieren in diesem Dreieck, ihr Handeln beeinflusst die Konflikte der Verteilung von Lebenschancen in unserer Gesellschaft. Relevante Trends müssen daher in diesen Feldern gesucht werden.

2. Gesellschaftliche Trends und neue Bedarfe

Über die hier lediglich skizzierten Trends ist bereits viel geschrieben worden. Es sollen an dieser Stelle keine umfangreichen demografischen und sozioökonomischen Prognosen wiedergegeben werden, wir wollen lediglich einige ausgewählte Aspekte anreißen, deren Bedeutung für die Anforderungen an das Sozialmanagement besonders deutlich sind.

2.1 Die Gesellschaft wird grauer: Die zunehmende Bedeutung der dritten Lebensphase

1996 waren 20 Prozent der Bevölkerung Österreichs über sechzig Jahre alt. 2030 wird dieser Anteil etwa 30 Prozent betragen, und ganz ähnlich verhält es sich auch in den anderen westeuropäischen Gesellschaften. Wer heute in Pension geht, hat mit durchschnittlich noch über zwanzig Lebensjahren zu rechnen.

Wenn es gelingt, diese Zeit mit sinnvoller Tätigkeit zu füllen, sind von diesen Kohorten künftig kreative, sinnvolle gesellschaftliche Beiträge zu erwarten. Dabei wird sich – *ceteris paribus* – auch das Geschlechterverhältnis in der Gesellschaft verändern. Während dieses nämlich in der Gesamtpopulation annähernd ausgeglichen ist, stehen bei den Menschen über achtzig drei Frauen nur einem Mann gegenüber.

Der Anteil der Hochbetagten wird in der Bevölkerung besonders stark steigen:

	2001	2010	2020	2030
über 75 Jahre alt	583 100	661 200	816 100	968 500
über 85 Jahre alt	139 900	183 100	213 600	297 900

Tabelle 1   Bevölkerungsentwicklung der über 75-Jährigen (Quelle: Statistik Austria 2004, 47)

Obwohl dadurch aufgrund ihrer weiterhin höheren Lebenserwartung auch der Anteil der Frauen an der Gesamtbevölkerung steigen wird, liegt eine besondere Brisanz im Anstieg der Anzahl der hochbetagten Männer, die im Vergleich mit Frauen in höherem Ausmaß Klienten der professionellen sozialen Dienste werden. Allein durch die Verschiebung der Alterspyramide wird auch die Anzahl der an Demenz leidenden Menschen kontinuierlich zunehmen, in den nächsten zehn Jahren ist hier für Österreich ein Anstieg um ca. 15 000 Personen zu erwarten.

Hinzu kommt, dass Menschen mit bestimmten Behinderungsbildern, die früher jung an Infektionen oder Herzerkrankungen verstarben, heute eine ähnlich hohe Lebenserwartung haben wie die übrige Bevölkerung (o.V. 2003, 3).

2.2 Veränderung der Familienstruktur

Der Schwerpunkt der meisten Wohlfahrts- und Sozialsysteme in Europa liegt auf dem Individuum, auf dem Einzelnen. Soziale Notlagen werden aber zuallererst in den familiären Zusammenhängen aufgefangen. Von den pflegebedürftigen Personen in Österreich werden derzeit etwa 80 Prozent von Angehörigen oder anderen privaten Helfern (insbesondere Frauen) betreut, etwa 10 Prozent durch soziale Dienste. Etwas weniger als 15 Prozent leben in stationären Einrichtungen (vgl. Bundesministerium 2001).

Veränderungen der Familienstrukturen werden in Zukunft massive Auswirkungen auf die Bedarfsentwicklung an sozialen Dienstleistungen haben:

— Die Heiratsrate in den OECD-Ländern sinkt seit 1960, die Scheidungsrate steigt.
— Die Kinderanzahl pro Familie sinkt. Im Durchschnitt liegt die Geburtenrate in der EU heute bei 1,45 Kinder pro Frau.
— Die durchschnittliche Haushaltsgröße sinkt und liegt in Europa derzeit bei 2,5 Personen je Haushalt. Die Anzahl der Einpersonenhaushalte nimmt stark zu.
— Die Zahl allein erziehender Eltern steigt. Diese Familien sind besonders armutsgefährdet (Caritas 2004).

2.3   Arbeitslosigkeit und Wirtschaftswachstum

Die Arbeitslosigkeit nimmt seit Jahrzehnten unaufhaltsam zu, über alle Konjunkturzyklen hinweg – in Deutschland ist zum Beispiel die Zahl der Arbeitslosen seit 1962 von knapp 155 000 auf 3,85 Millionen Personen gestiegen. Dabei nimmt vor allem auch die Sockelarbeitslosigkeit ständig zu: Die Arbeitslosenquote sank also nach einem Abschwung nie wieder auf das Vor-Rezessionsniveau. Außerdem steigt auch der Anteil der Personen, die ein Jahr und länger arbeitslos sind, stetig und deutlich. 1971 betrug er lediglich 5,3 Prozent und ist seither auf 33,5 Prozent gestiegen (WAGNER 2004).

2.4   Wertewandel in der Gesellschaft – Empowerment-Bewegungen in sozialen Organisationen

Die Orientierung hin zu mehr individueller Lebensqualität und Selbstbestimmung ist zur Jahrtausendwende ein oft beschriebener Trend. Entsprechendes finden wir in sozialen Organisationen auf vielfache Weise. Die Umorientierung von «*Eine Person wird betreut (und es wird über sie bestimmt)*» zu «*Eine Person mit besonderen Bedürfnissen erhält Unterstützung dabei, dass sie ihr Leben möglichst selbstbestimmt gestalten kann*», ist in den meisten Bereichen Sozialer Arbeit erkennbar: Bei den Senioren hat der Wechsel von der «genügsamen Nachkriegsgeneration» zur «selbstbewussten Wohlstandsgeneration» eingesetzt. Diese Menschen lehnen es ab, dass «für die Senioren» entschieden wird, und verlangen Mitsprache: bei der Gestaltung der Leistung, bei der Abrechnung, den Organisationsstrukturen. Sie tun dies sowohl individuell als fordernde Konsumentinnen und Konsumenten als auch kollektiv in starken Interessensvereinigungen.

Auch in der Arbeit mit Menschen mit geistiger oder mehrfacher Behinderung setzt sich das Bemühen um Normalisierung, Integration, Selbstbestimmung fort und führt zu wachsendem Selbstbewusstsein der Klientinnen und Klienten bzw. Kundinnen und Kunden. Sie äußern individuelle Ansprüche an die Betreuung und an die Teilhabe am gesellschaftlichen Leben.

Dies und die Abkehr von der Unterbringung in «Anstalten» führte zu mannigfaltigen neuen Angeboten: angepasste und durchlässige Wohnmöglichkeiten für Menschen mit Behinderung, individuelle Förderpläne, spezielle Beschäftigungs- und Freizeitangebote für Schwerstbehinderte, individuelle Arbeitsassistenz oder Ruhestandsregelungen.

Als Konsequenz einer sozialräumlichen Orientierung der Jugendarbeit haben sich in den letzten Jahren vielfältige Ansätze der Einmischung in Stadtteilbelange entwickelt, beispielsweise in Planungsvorhaben oder in die Ausgestaltung (oder Umgestaltung) von öffentlichen Räumen. In der Wahrnehmung dieses jugendpolitischen Mandats ist auch die Beteiligung und Selbstorganisationsfähigkeit von Jugendlichen gefördert worden (vgl. KRISCH/DEINET 2002).

Auch staatliche Bedarfsplanungen in Sachen Pflege orientieren sich seit Jahren an diesen Trends. So formulierte z.B. der erste österreichische Bedarfs- und Entwicklungsplan für pflegebedürftige Menschen, der des Landes Vorarlberg, folgende Einzelziele der Pflegesicherung:

— die Erhaltung der selbständigen Lebensführung und das Verbleiben in der gewohnten Umgebung so lange wie möglich;
— die Förderung der Eigenverantwortlichkeit und der Selbsthilfe (o.V. 1997, 10).

2.5 Verschärfung des Verteilungskampfes

Die Armutsquote (60 Prozent vom durchschnittlichen Einkommen/Median) beträgt 2002 in Deutschland 11,5 Prozent. Seit Ende der neunziger Jahre lässt sich beobachten, dass trotz steigendem Durchschnittseinkommen immer größere Teile der Bevölkerung von Armut betroffen sind und dass die Armut, vor allem in den neuen Bundesländern, auch intensiver wird (vgl. GOEBEL et al. 2004, 2–9).

Aber nicht nur die zunehmende Armut (Arme werden mehr und ärmer), sondern auch Einstellungsänderungen führen zur praktischen Entsolidarisierung: Es wird in Frage gestellt, warum Kinderlose mit ihren Steuergeldern Schulen, Kinderbeihilfe etc. finanzieren sollen.

Und solche Spannungen werden sich verschärfen: Da die Phase der Erwerbstätigkeit im Lebenslauf immer kürzer wird (lange Ausbildungszeiten, längere Lebenserwartung), steht einer kleiner werdenden Zahl von Erwerbstätigen eine immer größere Zahl von Senioren, Auszubildenden, Arbeitslosen und unterstützungsbedürftigen Menschen gegenüber.

3. Trends im politisch-administrativen System und in der Finanzierung

Der Sozialbereich ist wie kein anderer Nonprofit-Sektor von der öffentlichen Finanzierung abhängig. Vertraut man der Datenlage, so finanzieren sich soziale NPOs zum überwiegenden Anteil aus öffentlichen Quellen: Während soziale Dienste zu 82 Prozent auf öffentliche Gelder angewiesen sind, liegt dieser Anteil im Bildungs- und Forschungsbereich bei 70 Prozent und im Kunst- und Kulturbereich bei nur 60 Prozent (HEITZMANN 2001).

Was die Form der Finanzierung betrifft, so dominiert zwar aktuell eine Rhetorik der Leistungs-Gegenleistungs-Beziehungen, in der Praxis überwiegen aber offensichtlich weiterhin Subventionen.

Anteile Finanzquellen	25%	50%	75%	max.
Öffentliche Quellen	57.7	85.3	98.1	100
Private Quellen	1.8	14.3	42.1	100
Subventionen	2	47.2	85.6	100
Leistungsverträge	0	0	55.2	100
Kostenersätze	0	0	0	97
Mitgliedsbeiträge	0	0	0.4	100
Verkaufserlöse	0	0	13.9	100
Spenden	0	0.01	4.1	100
Interorganisationelle Transfers	0	0	0	100
Sonstige	0	0	1.5	100
n=416				

Tabelle 2   Quartile und Median der Finanzierungsanteile sozialer Organisationen
(Quelle: TRUKESCHITZ/SCHNEIDER)

In Tabelle 2 wird die Finanzierung nach unterschiedlichen Kategorien aufge-
schlüsselt. Grundlage ist eine schriftliche Befragung von 416 sozialen Organisationen, die Mediane (grau gedruckte Spalte) werden aufgrund der Vertei-
lungscharakteristika statt der Mittelwerte zur Interpretation herangezogen:
Der Median beim Finanzierungsanteil aus öffentlichen Quellen liegt demnach
bei 85,3 Prozent (d.h., dass dieser Anteil bei der Hälfte der untersuchten Organisationen gar noch höher liegt). Private Quellen spielen eine vergleichsweise
geringe Rolle. Innerhalb der öffentlichen Finanzierungen scheint noch immer
die klassische Subvention zu dominieren, also die Förderung von Organisationen und Projekten, ohne dass eine konkrete Gegenleistung vereinbart wäre
(PALLWEIN-PRETTNER 2002).

Nachdem sich ja die Finanzkrise öffentlicher Haushalte zum Dauerphäno-
men entwickelt hat, steigt der Druck auf Sparsamkeit und Effizienz des Mittel-
einsatzes weiter. Öffentliche Auftraggeber werden sich zunehmend der Aus-
schreibung bedienen, um soziale Dienstleistungen an private Auftragnehmer zu
vergeben. Der Finanzdruck wird dazu führen, dass in der Praxis die Billigstbie-
ter und ganz selten die Bestbieter den Zuschlag bekommen. Zudem fehlt es den
öffentlichen Organisationen in weiten Bereichen an der notwendigen Expertise,

um die Angebotsqualität beurteilen und damit einen Bestbieter ermitteln zu können. Um diese Qualität aber mittelfristig sicherzustellen, wird die öffentliche Hand auch diese Aufgabe zunehmend auslagern. Intermediäre Organisationsformen werden entstehen (Fonds, Vergabegesellschaften etc.), deren Aufgabe einzig und allein die Verteilung öffentlicher Mittel sein wird. In dieser Konstellation erodiert politische Verantwortung: Ein Durchgriff auf die Intermediäre ist formal oft nur in Ausnahmefällen möglich, Vergaberecht wird umgangen.

Der große Anteil verwaltungsnaher Sozialorganisationen gerät auch durch Änderungen im Vergaberecht unter Druck: Neue Vergabemodalitäten bringen verschärften Wettbewerbsdruck. Gleichzeitig ist die fachliche und Management-Professionalisierung bei den sozialwirtschaftlichen Organisationen stärker entwickelt als bei den öffentlichen Auftraggebern.

Einige Sozialorganisationen werden vor diesem Hintergrund versuchen, die zunehmend als kritisch empfundene Abhängigkeit von der öffentlichen Hand abzubauen und sich stärker über Beiträge der Klientinnen und Klienten (z.B. Pflegegeld) oder Spenden zu finanzieren. Insbesondere die Finanzierung über Preise für Dienstleistungen macht, dass die Organisationen wirtschaftsnäher sind und sich von Profit-Unternehmen kaum mehr unterscheiden. Diese Entwicklung kann auf der anderen Seite den Vertrauensvorschuss, den Nonprofit-Organisationen im Sozialbereich genießen, gefährden und damit sowohl die Grundlage für Spenden als auch für ehrenamtliche Arbeit angreifen.

Erkennbar ist aber auch eine weitere Umgangsform: Die Entscheidungsträger in sozialen Organisationen steuern von unten mit; um überzeugend Lobbyarbeit betreiben und die Geldgeber-Organisationen mit relevanten Informationen versorgen zu können, wird verstärkt in Grundlagenarbeit investiert. Die eigene Feldkompetenz und Expertise wird in Kompetenzzentren systematischer aufgebaut und kritisch reflektiert. Die Vernetzung in Dachverbänden dient zunehmend dem Aufbau und Ausbau kompetenter Lobbyingzentralen.

Auf Wirtschaftsunternehmen als weitere potenzielle Finanzquelle zuzugehen wird auch weiterhin eine eher untergeordnete Rolle spielen, wenngleich die eine oder andere Sozialorganisation durchaus in stabile und lukrative Partnerschaften einsteigen wird. *Corporate social partnerships* werden damit zwar für einzelne Organisationen und bestimmte soziale Problembereiche an Bedeutung gewinnen, es ist aber nicht anzunehmen, dass die Beiträge privater Unternehmen die Finanzierungslücken, die die öffentliche Hand hinterlässt, schließen können.

In bestimmten Bereichen wird der Gesetzgeber durch verstärkte Subjektförderung die Entscheidungsmacht an die Verbraucherinnen und Verbraucher delegieren. Während diese Entwicklung mancherorts durchaus positive Konsequenzen sowohl für die Sozialorganisationen als auch für die Klientinnen und Klienten haben kann, ist ihre unreflektierte Umsetzung hoch riskant. Empfängerinnen und Empfänger von sozialen Dienstleistungen sind in vielen Fällen eben keine souveränen Kundinnen und Kunden, sondern in ihrer Entscheidungsfreiheit bei der Auswahl unter Angeboten stark eingeschränkt, weil eben in sozialer Notlage. Nicht in allen Bereichen sorgt also die Simulation von Märkten für eine optimale Allokation der sozialen Dienstleistungen (zu den vielen Fällen von Marktversagen vgl. BADELT 2002c).

Insgesamt werden soziale Organisationen durch die Entwicklungen im politisch-administrativen System gehörig unter Druck geraten, und sie werden strategische Weichenstellungen vornehmen müssen: Setzen Sie auf stärkere Finanzierung durch Klientinnen- und Klientenbeiträge oder Leistungsverträge, wird ihre Voice-Funktion prekär. Wie Beispiele aus der jüngeren Vergangenheit zeigen, können bei öffentlichen Ausschreibungen jene Organisationen, die sich auch als Sprachrohr berechtigter Interessen ihrer Klientinnen und Klienten verstehen, leicht ins Abseits gedrängt werden. Andererseits ermöglicht der Ausbau der Voice-Funktion keine andere Finanzierung als jene über den heiß umkämpften Spendenmarkt. Viele Organisationen werden den Weg der organisatorischen Trennung von *Service* und *Voice* beschreiten.

4. Trends im Management von Sozialorganisationen

4.1 Stärkung der Technostruktur

Nach einem weit verbreiteten Organisationsmodell von Henry MINTZBERG (1983) besteht jede Organisation aus fünf Komponenten:

(1)   dem betrieblichen Kern, also jenen Mitarbeitern, die direkt mit der Leistungserstellung betraut sind,

(2)   der strategischen Spitze,

(3) der Mittellinie, die für die Transmission der Ideen und Anweisungen der strategischen Spitze zum betrieblichen Kern sorgt,

(4) einer Technostruktur, die die Finanz- und Personalplaner, die strategischen Stabsstellen u.Ä. umfasst und

(5) einem Hilfsstab, bestehend z.B. aus Lohn- und Gehaltsverrechnung, Poststelle, Kopierstelle etc.

Je nach Bedeutung dieser fünf Komponenten unterscheidet MINTZBERG zwischen fünf Organisationstypen, die sich auch unter den Sozialorganisationen finden:

(1) Einfachstrukturen in der Pionierphase (GLASL/LIEVEGOED 1993) mit einer Dominanz der strategischen Spitze, vielfach in Person einer Gründerin oder eines Gründers;

(2) maschinenbürokratische Organisationen mit einer Dominanz der Technostruktur, insbesondere im öffentlichen Sektor;

(3) Profiorganisationen mit einer Dominanz des betrieblichen Kerns, z.B. der Sozialarbeitenden, Therapeutinnen und Therapeuten oder der Ärztinnen und Ärzte (typisch dafür sind Krankenhäuser);

(4) einige wenige große Spartenorganisationen, bei denen der Mittellinie hohe Bedeutung zukommt (z.B. Rotes Kreuz, Caritas, Diakonie, Hilfswerk, Volkshilfe);

(5) *Adhocratien* mit einer Dominanz von spezifischen Hilfsstäben, die entweder komplexe Probleme und Projekte abwickeln und/oder das Produkt komplexer Umweltsituationen sind.

Es ist zu vermuten, dass der Kosten- und Finanzierungsdruck weiterhin zu einer Steigerung betriebswirtschaftlicher Rationalität und, damit verbunden, zu einem Bedeutungsgewinn der Technostruktur führen wird (erste empirische Befunde liefert SCHRENK 2004): Es gibt kaum mehr Sozialorganisationen, die ohne professionelles Rechnungswesen und Controlling auskommen. Dies läuft schließlich aber auf eine zunehmende Bürokratisierung sozialer Organisationen hinaus.

4.2 **Professionalisierung und Deprofessionalisierung**

In den sozialen Diensten steigen die Anforderungen an Wissen und Können des Personals. Die Entwicklung *«weg von Versorgung – hin zu rehabilitativer Pflege bzw. Förderung und Normalisierung»* erfordert vom Personal deutlich höhere fachliche Kompetenzen.

Einzelne Berufszweige differenzieren sich aus (Altersmedizin, Heilpädagogik, Arbeitsassistenz, verschiedenste Therapien etc.). Insgesamt werden die erforderlichen Qualifikationen in Sozialberufen anspruchsvoller, die Ausbildungen länger, der Bedarf an extrafunktionalen Schlüsselqualifikationen wird höher: Individuellere Betreuung und Mitbewerb verlangen flexibleres Anpassen an die Wünsche der Kundinnen und Kunden und vorausschauende Entwicklungsplanung.

Regelmäßige Evaluation des Erreichten bringt mehr Erfolgserlebnisse und Transparenz, aber auch viel Administration, Vergleichbarkeit mit anderen und dadurch Konfliktpotenziale. Dabei wird oft aus den Augen verloren, dass Professionalisierung auf drei Ebenen stattfinden muss:

(1) In Bezug auf die *fachliche Kompetenz* geht es um die Aneignung fachspezifischen Know-hows und um diesbezügliche Aus- und Weiterbildung von Mitarbeitenden und Ehrenamtlichen. Die Notwendigkeit von Schulung wird zunehmend anerkannt. Engagement alleine ist in vielen Bereichen nicht (mehr) ausreichend: *«Gut, nicht nur gut gemeint»* ist der Standard. Grundsätzlich wird die Sicherstellung angemessener Aus- und Weiterbildung also weitgehend als Aufgabe des Personalmanagements gesehen. Teilweise setzen finanzielle Engpässe diesen Professionalisierungsbemühungen allerdings sehr enge Grenzen.

Im Rahmen einer breit angelegten Untersuchung im Bereich der Altenbetreuung zeigte sich, dass zwar in allen Leitbildern die hohe Bedeutung von (Weiter-)Bildung der Mitarbeitenden angestrebt wird, dass aber, entgegen dem verbreiteten positiven Selbstbild als «soziale Einrichtung», ein Großteil der Organisationen ihr Personal weiterhin nur verwaltet, statt es aktiv zu entwickeln (SCHOBER/SCHOBER 2004; SIMSA et al. 2003).

(2) *Professionalisierung der Führung* beinhaltet die Adaption und Anwendung von Managementwissen und -methoden und letztlich auch die in manchen Sozialorganisationen noch immer prekäre Akzeptanz von Führung als

eigenständiger und notwendiger Aufgabe. Parallel zur Bedeutungszunahme des Sektors und forciert durch einschlägige Bildungsprogramme entwickelt sich ein Selbstverständnis des Sozialmanagements. Während bis vor einigen Jahren «richtiges» Management noch eher in der Privatwirtschaft und – von einigen Optimisten – in der öffentlichen Verwaltung verortet wurde, etabliert sich langsam eine Führungsidentität in sozialen Organisationen und bei ihren Managerinnen und Managern. Die Bedeutung von «Professionalität» im Leitungsbereich wird vermehrt erkannt, während früher «Engagement» ein ausreichendes Beschäftigungskriterium darstellte. Zum einen betrifft dies die Dimension der Wirtschaftlichkeit in der Führung. Nach einer Phase, in der man Managementkonzepte aus der Wirtschaft eins zu eins für den Sozialbereich übernehmen wollte, wird inzwischen deutlicher wahrgenommen, dass betriebswirtschaftliche Instrumente an die Spezifika des Sektors angepasst werden müssen. Zum anderen betrifft dies die *soft skills* des Managements, die – obwohl sich viele Sozialorganisationen auf dem Sektor der Beziehungsgestaltung kompetent wähnen – bei diesen nicht unbedingt entwickelter sind als in Wirtschaftsbetrieben.

Tendenziell müssen Mitarbeitende in Sozialorganisationen hohe emotionale Anforderungen bewältigen. Das Erhalten der Motivation und das Vorbeugen von Burn-out-Effekten gewinnen in sozialen Organisationen entscheidende Bedeutung. So zeigen empirische Befunde, dass *transformationale Führung* in Verbindung mit funktionierender Teamarbeit *Burn-out* selbst in extrem belastenden Arbeitsumwelten hintanhalten kann (MAUNZ/ STEYRER 2001; STEYRER 2003; STEYRER/MAUNZ 2000; WASNER 2003). Besonderes Augenmerk gebührt hier auch der Sicherung von Entlastungsmöglichkeiten, des Feierns und der Honorierung von Erfolgen sowie adäquater Anreize, wie z.B. attraktiver Weiterbildungsangebote. Ein weiterer Schritt dazu ist die Entwicklung einer Kultur der Sensibilität für Belastungen – die häufig beobachtbare Haltung des Erduldens und Sich-Aufopferns ist langfristig dysfunktional (dazu → Beiträge von GLASL, HÖFLER/ METZ und SCHNEIDER in diesem Band).

(3) *Professionalisierung der Organisation* meint die adäquate Gestaltung organisationaler Strukturen, also von Entscheidungs- oder Verantwortungsbereichen, *standard operational procedures,* Leistungsmessung und -bewertung etc. Wenn von oder in sozialen Organisationen Professionalisierung gefor-

dert wird, meint das aber oft nur die Fähigkeit, mit weniger Geld auszu-kommen bzw. für dasselbe Geld mehr zu leisten. Natürlich sollen Abläufe, Angebote und der Einsatz von Ressourcen regelmäßig kritisch überprüft werden, natürlich sind Rationalisierungsreserven aufzufinden und zu nützen. Wo aber nicht mehr rationalisiert werden kann, handelt es sich bei dieser geforderten Professionalisierung um «verordnete Schlude-rei» zu Lasten der Klientinnen und Klienten. Es passt in dieses Bild, dass gleichzeitig immer mehr Laien in der Betreuung hilfs- und pflegebedürfti-ger Menschen aktiv werden: Angehörige, Hilfskräfte in der Pflege, Zivil-diener und angelernte Kräfte, ehrenamtliche Mitarbeitende ohne Ausbil-dung etc. Die Forderung nach einer Professionalisierung ist unter zunehmenden Finanzrestriktionen von einer Deprofessionalisierung der Arbeit mit Klientinnen und Klienten begleitet.

4.3 Qualitätsmanagement: Mehr Mitverantwortung, mehr Kontrolle und mehr Bürokratie

Wir stehen vor der paradoxen Situation, dass privaten Organisationen insbe-sondere im Sozialbereich eine hohe Bedeutung zugesprochen wird, sie aber gleichzeitig massiven Schwierigkeiten bis hin zur Existenzbedrohung gegen-überstehen: Viele Sozialorganisationen leiden darunter, dass öffentliche Gelder seit einigen Jahren nicht nur gekürzt oder gestrichen, sondern auch viel kurz-fristiger und weniger berechenbar zur Verfügung gestellt werden. Vor allem im Sozialbereich ist angesichts von Budgetkonsolidierung und Privatisierung ins-gesamt eine Doppelstrategie der öffentlichen Hand offensichtlich: Zum einen wird von Seiten des Staates Druck auf sozialwirtschaftliche Organisationen ausgeübt, effizienter, professioneller und letztlich billiger zu arbeiten. Der For-derung nach mehr Wirtschaftlichkeit und finanziellen Kürzungen stehen zum anderen aber quantitativ und qualitativ steigende Ansprüche an die Leistungen gegenüber.

Beide Seiten suchen Rettung im *Qualitätsmanagement*. Für die Kostenträ-ger bedeutet dies, dass die Konzepte der Sozialen Arbeit vergleichbarer werden müssen. Es muss deutlich werden, wer mit vorhandenen Mitteln am besten umgeht. Insbesondere in politisch sensiblen Bereichen (Asylsuchende, Migran-tinnen und Migranten, Frauenpolitik) weichen gegenseitiges Vertrauen und partnerschaftliche Zusammenarbeit von öffentlicher Hand und sozialen Dienstleistern rasch Vorschussmisstrauen, das sich u.a. in verschärften Kontrollen ausdrückt.

Für die Sozialeinrichtungen heißt das, dass einerseits Kosteneinsparungen intern umgesetzt werden müssen. Auch hier besteht ein Interesse, die Optimierungsmöglichkeiten auszuschöpfen. Zunehmender Einsparungsdruck wird also nach unten weitergegeben: Wer wirtschaftet intern am besten?

Im Bemühen um Vergleichbarkeit aber werden die unterschiedlichen Zielgruppen/Bedarfe/Ziele schlagend. Wie kann Unterschiedliches vergleichbar gemacht werden? Wie können fachliche Ziele und Erfolgskriterien nachvollziehbar definiert und dadurch überprüfbar werden? Soziale, pädagogische, beratende und Gesundheitsberufe sind alt und hoch professionalisiert (→ GLASL zu den Organisationstypen, in diesem Band). Der Kernprozess vollzieht sich *in* der – nicht nur *mit* der – betreuten Person, Erfolge werden oft erst mittel- bis langfristig erkennbar.

Um diese Besonderheiten des Qualitätsmanagements im Sozialbereich zu berücksichtigen, wurde und wird viel Aufwand betrieben, um sinnvolle Abgrenzungskriterien zu schaffen. Qualitätsmanagement, das rein an den Dienstleistungsanteilen orientiert ist, greift zu kurz. Wird beispielsweise ein Pflegeheim nur am Hotelservice gemessen, so wird der wesentliche Kernprozess, Hilfe bei der selbständigen Lebensführung zu erhalten, gar nicht erfasst.

Sowohl das zunehmende Misstrauen gegenüber den leistungserbringenden Organisationen wie auch die Konzentration auf Qualitätsmanagement, das einerseits der Orientierung in den Organisationen, andererseits der Rechtfertigung nach außen dienen muss, führen aber zu einer gemeinsamen Konsequenz: Der Anteil der Arbeit, der mit Administration ausgefüllt ist, nimmt trotz aller Automatisierungstendenzen laufend zu (siehe oben: Stärkung der Technostruktur in sozialen Organisationen). Hier Gegensteuer zu geben wird eine Anforderung der Zukunft sein.

4.4 Empowerment als Leitwort der Zukunft

Wie sich Empowerment-Ansätze in den Betreuungskonzeptionen der sozialen Einrichtungen seit den späten achtziger Jahren immer mehr durchgesetzt haben, wurde bereits beschrieben.

Empowerment ist aber auch auf der Ebene der Mitarbeitenden gefordert: Durch inhaltliche Qualitätskonzepte werden Mitarbeitende gefordert, selbstverantwortlich mitzudenken und flexibel zu reagieren. Sie sind gefordert, mit jeder und jedem Betroffenen die Analyse der Situation zu leisten, individuelle Ziele und Vorgehensweisen auszuhandeln und situativ zu entscheiden, statt lediglich berufliche oder organisationale Routinen auszuführen. Der rasche Wechsel der fachlichen und betriebswirtschaftlichen Konzepte und die Entwicklung der Informationstechnologie verlangen von allen ständig die Bereitschaft, an Neuerungen aktiv mitzuwirken.

Dafür sind professionelle Information und Kommunikation nötig – aber auch die Möglichkeit, *das Ganze* zu verstehen, vom Ganzen her zu denken. Nur wer in Entscheidungsprozessen aktiv mitwirken kann, wird diese Identifikation mit dem Ganzen entwickeln und einen konstruktiven Beitrag leisten können.

Mitarbeitende müssen also entsprechend in Entscheidungen eingebunden werden. Nicht maximale, sondern optimale Mitwirkung fördert Eigenverantwortung und Kompetenz. Nicht die Führungskräfte werden es sein, die neue Lösungen suchen und finden. Ihre Aufgabe ist es, Prozesse der gemeinsamen Analyse und Lösungssuche zu initiieren und zu steuern – gemeinsam mit Mitarbeitenden und den Zielgruppen, für die die Organisation arbeitet.

Literatur

ABZUG, Rikki/WEBB, Natalie J. (1999): Relationship between Nonprofit and For-Profit Organizations: A Stakeholder Perspective. In: Nonprofit and Voluntary Sector Quarterly 28, 416–431.

ATKINSON, Anthony A./WATERHOUSE, John H./WELLS, Robert B. (1997): A Stake-holder Approach to Strategic Performance Measurement. In: Sloan Management Review 38, 25–37.

BADELT, Christoph (2002a): Der Nonprofit-Sektor in Österreich. In: Christoph BADELT (Hrsg.): Handbuch der Nonprofit Organisation. Strukturen und Management (S.63–86). Stuttgart: Schäffer-Poeschel.

BADELT, Christoph (2002b): Zielsetzungen und Inhalte des «Handbuchs der Non-profit-Organisation». In: Christoph BADELT (Hrsg.): Handbuch der Nonprofit Organisation. Strukturen und Management (S.3–18). Stuttgart: Schäffer-Poe-schel.

BADELT, Christoph (2002c): Zwischen Marktversagen und Staatsversagen? Non-profit-Organisationen aus sozioökonomischer Sicht. In: Christoph BADELT (Hrsg.): Handbuch der Nonprofit Organisation (S.107–128). Stuttgart: Schäf-fer-Poeschel.

Bundesministerium (2001): Pflegevorsorge in Österreich. Wien, Bundeministerium für soziale Sicherheit und Generationen, Eigenverlag.

Caritas (2004): Poverty has Faces in Europe. The Need for Family-Oriented Poli-cies. 2nd Report on Poverty in Europe. Brüssel: Caritas Europe Eigenverlag.

FUCHS, Peter/SCHNEIDER, Dietrich (1995): Das Hauptmann-von-Köpenick-Syn-drom. Überlegungen zur Zukunft funktionaler Differenzierung. In: Soziale Systeme. Zeitschrift für soziologische Theorie 1, 203–225.

GLASL, Friedrich/LIEVEGOED, Bernard (2004): Dynamische Unternehmensentwik-klung. Grundlagen für nachhaltiges Change Management (3. überarb. u. erw. Aufl.). Bern/Stuttgart: Haupt/Verlag Freies Geistesleben.

GOEBEL, Jan/HABICH, Roland/KRAUSE, Peter (2004): Einkommensverteilung und Armut. Statistisches Bundesamt Deutschland; http://www.destatis.de/ down-load/veroe/2_17pdf; Zugriff: 25.5.2004.

HEITZMANN, Karin (2000): Dimensionen, Strukturen und Bedeutung des Nonpro-fit-Sektors: eine theoretisch-konzeptionelle und empirische Analyse für Öster-reich. Diss. Wien.

HEITZMANN, Karin (2001): Dimensionen, Strukturen und Bedeutung des Nonpro-fit-Sektors. Wien: Service Fachverlag.

HORAK, Christian (1995): Stakeholder-Management für Nonprofit-Organisatio-nen. In: Verbands-Management, 16–26.

KRISCH, Richard/DEINET, Ulrich (2002): Der sozialräumliche Blick der Jugendarbeit. Opladen: Leske + Budrich.

LUHMANN, Niklas (2000): Organisation und Entscheidung. Opladen: Westdeutscher Verlag.

MAUNZ, Sabine/STEYRER, Johannes (2001): Das Burnout-Syndrom in der Krankenpflege: Ursachen – Folgen – Prävention. In: The Middle European Journal of Medicine, 113, 296–300.

MINTZBERG, Henry (1983): Structure in Fives: Designing Effective Organizations. Englewood Cliffs, N.J.: Prentice Hall.

o.V. (1997): Bedarfs- und Entwicklungsplan des Landes Vorarlberg für pflegebedürftige Menschen. Bregenz, Amt der Vorarlberger Landesregierung, Eigenverlag.

o.V. (2003): Beantwortung der großen Anfrage mit Schreiben 43-0141.5/13// 2021 vom 5. Juli 2003 durch den Landtag von Baden-Würtemberg. Drucksache des Landtags von Baden Würtemberg.

PALLWEIN-PRETTNER, Ute (2002): Wie es nicht subventioniert und doch finanziert wird … Über die rechtlichen und wirtschaftlichen Hintergründe von Leistungsverträgen und dem Problem einer eindeutigen Zuordnung für Nonprofit-Organisationen. Diplomarbeit, Wirtschaftsuniversität: Wien.

SCHOBER, Christian/SCHOBER, Doris (2004). Personalmanagement, Arbeitszufriedenheit und Motivation in Organisationen der Altenpflege und -betreuung, Dissertation Wirtschaftsuniversität: Wien.

SCHRENK, Elisabeth Maria (2004): Von organischer zu bürokratischer Organisation? Veränderungen der Organisatonsstruktur verwaltungsnaher Nonprofit-Organisationen aufgrund der Kürzung öffentlicher Mittel. Diplomarbeit, Wirtschaftsuniversität: Wien.

SIMSA, Ruth (2001): Gesellschaftliche Funktionen und Einflußformen von Nonprofit-Organisationen. Eine systemtheoretische Analyse. Frankfurt a.Main: Peter Lang.

SIMSA, Ruth (2000): Gesellschaftliche Funktionen und Einflussformen von Nonprofit-Organisationen: eine systemtheoretische Analyse. Habil.-Schrift Wien.

SIMSA, Ruth/SCHOBER, Christian/SCHOBER, Doris (2003): Arbeit in Sozialorganisationen der Altenpflege: Personalmanagement, Belastung, Zufriedenheit und Motivation von MitarbeiterInnen. unveröff. Projektbericht. Wien.

Statistik Austria, o.V. (2004): Statistisches Jahrbuch 2004. Vienna, Statistik Austria. 2004.

STEYRER, Johannes (2003): Kontext und Führung als Ursachen für Fehlleistungen und Burnout im Sozialsystem Krankenhaus. In: Werner HOFFMANN (Hrsg.): Die Gestaltung der Organisationsdynamik – Konfiguration und Evolution (S.473–488). Stuttgart: Schäffer-Poeschel.

STEYRER, Johannes/MAUNZ, Sabine (2000): «Burnout» und Führungsverhalten in der Krankenpflege – Ergebnisse einer empirischen Untersuchung. In: Österreichische Krankenhauszeitung 41, 41–46.

TRUKESCHITZ, Birgit/SCHNEIDER, Ulrike (2003): New forms of financing social services: The impact of service-contracting on the provision of social services in Austria. Paper prepared for presentation at the Cambridge Journal of Economics Conference.

WAGNER, Christine (2004): Langzeittrends und Europavergleich: Arbeitslosigkeit, Wirtschaftswachstum, Staatsschulden; http//www.kas.de/publikationen/2002/469_dokument.html, Zugriff: 25.5.2004.

WASNER, Veronika (2003): Auswirkungen von Führungsstil und Teamarbeit auf Burnout, MAS-Thesis am ISMOS-Lehrgang der Wirtschaftsuniversität: Wien.

ZAUNER, Alfred (2002): Über Solidarität zu Wissen. Ein systemtheoretischer Zugang zu Nonprofit-Organisationen. In: Christoph BADELT (Hrsg.): Handbuch der Nonprofit-Organisation. Strukturen und Management (S. 153–177). Stuttgart: Schäffer-Poeschel.

Friedrich Glasl

Von der Dienstleistung
zur professionellen Arbeit

Verschiedene Organisationstypen

Für viele Führungskräfte sind Industrieorganisationen das Maß aller Dinge, und sie sind der Ansicht, dass es am besten sei, auch die staatliche Verwaltung, Schulen und Universitäten, Krankenhäuser und Sozialdienste, Kirchen und humanitäre Organisationen nach dem Vorbild von Industriebetrieben zu gestalten und zu managen. Es stellt sich aber die Frage, ob man auf diesem Weg den Leistungsansprüchen gerecht werden kann, die z.B. an Sozialdienste, therapeutische Institutionen und ähnliche Einrichtungen gestellt werden.

Ich muss mit Nachdruck sagen, dass es verheerend wäre, wenn die Gestaltungsprinzipien, die für Industrieunternehmen gelten, unbesehen auf soziale Organisationen übertragen würden. Das Sozialmanagement muss den *Besonderheiten des Organisationstyps* gerecht werden, der zu gestalten und zu führen ist.

Wie lassen sich nun aber diese Besonderheiten beschreiben?

1. Gleiches ähnlich und Unterschiedliches unterschiedlich behandeln

Jede Organisation ist auf ihre Art einmalig und sollte deshalb nicht mit anderen Organisationen «über einen Kamm geschoren» werden. Die Gründungsimpulse, Entstehungsgeschichte, die Persönlichkeiten ihrer Mitarbeiterinnen und

Mitarbeiter, die Einbettung in die Umwelt und vieles mehr machen sie zu etwas Einmaligem. Trotz der Einmaligkeit jeder Organisation lassen sich indessen Grundtypen unterscheiden, die beim Führen und Organisieren beachtet werden müssen. Die moderne Organisationslehre unterscheidet grundsätzlich bestimmte Organisationstypen (siehe Bos 1976; Glasl 2002; von Sassen 1994), wobei jeder Typus wieder in sich weiter differenziert werden kann. Dadurch wird die Vielfalt doch überschaubar, was es erlaubt, Gleiches ähnlich und Unterschiedliches unterschiedlich zu behandeln. Zunächst ist es aber wichtig, drei Grundtypen zu kennen und ihre Unterschiede zu respektieren. Es sind dies:

(1)   Produktorganisationen,
(2)   Routine-Dienstleistungsorganisationen,
(3)   professionelle Organisationen.

Ich beschreibe zuerst die Hauptmerkmale dieser drei Typen und gehe danach tiefer auf die *Dienstleistungsorganisation* und die *professionelle Organisation* ein, weil diese beiden für das Management sozialer Institutionen maßgeblich sind.

(1)   *Produktorganisationen* – beispielsweise ein Automobilhersteller, eine Möbelfabrik, ein Unternehmen für Haushaltsgeräte usw. – erzeugen einen *physischen Gegenstand,* der die Produktionsstätte fertig verlässt und über den Handel bis in die entlegensten Winkel der Welt geliefert werden kann. Das Produkt ist in der Regel im Voraus genau definierbar, die Produktion ist weitgehend planbar, steuerbar und kontrollierbar.

(2)   *(Routine- oder Standard-)Dienstleistungsorganisationen* – wie etwa ein Hotel- und Restaurantbetrieb, ein Reisebüro, ein Friseurgeschäft, ein Kleidergeschäft usw. – verrichten weitgehend klar definierte *Arbeiten für Kundinnen und Kunden;* die Letzteren müssen sich dafür zumeist auf einen Prozess mit dem Dienstleistenden einlassen. Das Ergebnis ist eigentlich nicht ein Produkt, sondern ein *Prozess* – in der Regel auch ein zwischenmenschlicher Prozess zusammen mit der Kundin oder dem Kunden.

(3)   *professionelle Organisationen* – wie z.B. eine Schule oder eine Trainingsfirma, eine Universität oder ein Forschungsinstitut, ein Therapeutikum oder eine Seelsorgestelle – liefern kein materiell greifbares Gut, sondern sie stiften *immateriellen Nutzen* in Form einer *Idee,* einer *Befähigung* der

Klientinnen und Klienten etc. Manchmal wird die professionelle Organisation auch «Know-how-intensive Dienstleistungsorganisation» genannt (MINTZBERG 1979), weil von den Professionellen – man denke an Ärztinnen und Ärzte – ein hoher Wissensstand gefordert wird. Gute Leistung wird aber nur erbracht, wenn sich die Professionellen auf die Einmaligkeit und Besonderheit der Klientinnen und Klienten einstellen und nicht bloß Standardleistungen abliefern.

Diese Unterscheidung trifft auf ganze Organisationen zu wie auch auf einzelne innerorganisatorische Bereiche. In der professionellen Organisation eines Forschungsinstituts gibt es u.a. auch die internen Abteilungen für Personalverwaltung und eine Stelle zur Wartung der Apparate etc. (Standarddienstleistungen), weiters eine Küche im Personalrestaurant, die Hausdruckerei etc. (Produktorganisation) usw. Deswegen ist für die Typisierung einer Organisation immer die Frage zu stellen, was ihr eigentlicher Existenzzweck bzw. ihr Kernauftrag ist, dem die verschiedenen internen Stellen zu dienen haben. Ein Krankenhaus ist seinem Zweck nach keine Körper-Reparaturwerkstätte, sondern primär eine Kombination von Dienstleistungsorganisation und professioneller Organisation, die sich auf den (ganzheitlichen) Gesundungsprozess der Patientinnen und Patienten ausrichtet.

2. **Leistungsbedingungen der drei Organisationstypen**

Diese drei Organisationstypen unterscheiden sich in ihren «Outputs» und «Outcomes» sowie hinsichtlich der Bedingungen, unter denen die optimale Kernleistung erbracht werden kann, wesentlich voneinander.

Zur Produktorganisation lässt sich sagen: Ob in der Autofabrik während der Erzeugung meines Autos ein gutes kollegiales Klima bestand oder nicht, wird für mich als Kunden nicht direkt erlebbar – nur manchmal durch bestimmte Qualitätsmängel, wie das beim sprichwörtlichen «Montagsauto» der Fall ist. Aber sonst spüre ich als Kunde von den internen Verhältnissen der Produktorganisation überhaupt nichts. Die Innenwelt wirkt nur indirekt nach außen.

Bei der Dienstleistungsorganisation wird die Leistungserbringung unter Benutzung bewährter Elemente (reproduzierbare Standards, wiederholbare

Routine) dem Kunden entsprechend angepasst (vgl. BIEHAL 1994). Als Kunde merke ich zumeist ganz direkt, wie es betriebsintern zugeht, weil ich für die Leistungserbringung vorübergehend mit der Dienstleistungsorganisation in Interaktion bin.

Wenn ich mit meiner Frau in einem Restaurant gemütlich essen will und dann beobachte, dass das Servicepersonal mit der Küche ständig streitet, trübt das unsere Freude an dem Essen und wir gehen das nächste Mal nicht mehr in dieses Lokal. Deshalb ist neben der *Produkt*qualität der Speisen auch noch die *Begegnungs*qualität während des Service bestimmend für meine Kundenzufriedenheit. Aus diesem Grund ist es in einem Dienstleistungsbetrieb nicht möglich, zweierlei Moral zu leben. Denn es kann nicht etwa den Mitarbeiterinnen und Mitarbeitern eingebläut werden, dass sie die Kunden aufmerksam und freundlich behandeln sollen, während die Führung selbst mit dem Personal äußerst respektlos und demütigend umgeht! Weil sich die Welt der Dienstleistenden und die Welt der Kundin oder des Kunden für einige Zeit in mehr oder weniger hohem Maße durchdringen, straft sich eine Doppelmoral von selbst Lügen.

Für die professionelle Organisation gilt dies in verstärktem Maße. Weil die Achtung vor der Einmaligkeit der Lebenssituation der Klientinnen und Klienten für die Leistungsqualität ausschlaggebend ist, müssen Professionelle in ihrem Denken, Fühlen, Wollen und Handeln jederzeit von wahrem Respekt für die Individualität ihrer Klientinnen und Klienten wie auch ihrer Kolleginnen und Kollegen geleitet werden. Betriebsintern muss darum im Krankenhaus unter den Ärztinnen und Ärzten selbst, zwischen den pflegenden und therapeutischen Mitarbeiterinnen und Mitarbeitern eine Kultur aufrichtiger Achtung vor der Menschenwürde gepflegt werden. Professionelle können keine guten Leistungen erbringen, wenn unter ihnen ein miserables Klima besteht und ihre Gestaltungsfreiheit eingeengt wird. Weil Krankenhauspersonal nur Optimales leistet, wenn es in jeder Faser seines Tuns vom Heilerwillen durchdrungen ist – oder weil in einer Schule die Lehrkräfte nur dann gute Pädagogik bringen, wenn sie vom Ethos eines Entwicklungsdenkens inspiriert sind –, müssen innerbetriebliche Voraussetzungen für weitgehend autonomes Arbeiten geschaffen, gepflegt und weiterentwickelt werden. Bevormundendes Führen, gängelnde Standardvorschriften und pedantisch normierte Zeitvorgaben und Ähnliches sind der Tod der Professionalität.

3. Dienstleistungsorganisationen näher betrachtet

Dienstleistungsorganisationen können sehr unterschiedlich sein. Wenn vorhin von «Standarddienstleistung» und «Routinedienstleistung» gesprochen wurde, dann ist das nicht als geringschätzig oder abwertend zu verstehen. Aber es gibt einen Unterschied, ob ich bereits vorhandene und vielfach bewährte Leistungselemente im Sinne einer Anpassung an Kundentypen geschickt kombiniere, oder ob ich *jedes Mal* in meiner Kreativität voll gefordert bin. Mitunter muss ich als Professioneller etwas, was sich bei anderen Klientinnen und Klienten schon hundertfach bewährt hat, bei bestimmten Klientinnen und Klienten gerade nicht tun, weil es ihrer Einmaligkeit nicht gerecht wird.

Mit «Routinedienstleistung» ist die gewünschte Wiederholbarkeit und Reproduzierbarkeit gemeint, und «Standarddienstleistung» besagt, dass sich Kunden darauf verlassen können müssen, dass die Leistungen innerhalb einer bestimmten Marge im Vorhinein bestimmt ist und ohne wesentliche Abweichungen in ähnlicher Qualität erwartet werden kann. Manche Banken veröffentlichen deshalb konkrete Leistungsversprechen als bestimmte *service level agreements,* die von den Kunden eingefordert werden können.

Dienstleistungsorganisationen können auf einem *Spektrum* mehr zu einer Produktorganisation oder zu einer professionellen Organisation tendieren. Ein Restaurant kann die Selbstbedienung so weit ausgebaut haben, dass sich der Servicekontakt nur noch auf die Abwicklung der Bezahlung beschränkt. Andererseits kann der Kellner eines Restaurants besonderen Spaß daran haben, ganz auf die Persönlichkeitsunterschiede seiner Gäste einzugehen, wie dies oft beim Umgang mit Stammgästen zu beobachten ist. Dann wird der Standardservice mehr und mehr zu einer kreativen Leistung, ja zur Professionalität. Und ich vermute, dass die Stammgäste deswegen «ihr» Lokal so gerne besuchen, weil ihnen die Begegnungsqualität wichtiger ist als die Produktqualität des Kaffees selbst, zumal dieselbe Kaffeemarke auch in anderen Lokalen angeboten wird. In dem Film *Chocolat* (mit Johnny DEPP und Juliette BINOCHE) wird dies auf sehr unterhaltsame Weise gezeigt: Die Bewohnerinnen der Kleinstadt besuchen die Chocolaterie nur deswegen, weil die Inhaberin im Grunde als Therapeutin wirkt und all den verkannten, verachteten, verstoßenen und vereinsamten Menschen wieder zu Selbstwert und neuer Lebensfreude verhilft. Die Kernleistung verschiebt sich vom Zubereiten und Servieren der Schokolade zum Kommunizieren mit einsamen Randpersonen und somit zum Schaffen von Lebensqualität!

Trinkschokolade und Torte unterstützen dies eigentlich nur – natürlich, weil sie von höchster Qualität sind.

Die Begegnungsqualität für die Dienstleistungskundschaft ist das Ergebnis eines guten Betriebsklimas unter den Dienstleistenden selbst. Beziehungspflege und Klimapflege durch einen konsultativen oder kooperativen Führungsstil sind deshalb nicht als «sozialer Klimbim» oder als *Nice-to-have* abzutun. Sie sind essenziell: Wie es innen tönt, so ist es nach außen zu hören!

In der Begegnung mit den Kundinnen und Kunden ist in Dienstleistungs-organisationen auch die Arbeitsteilung nur begrenzt durchzuführen. Es hat sich herumgesprochen, dass es besser ist, *«ein Gesicht* zum Kunden hin» zu zeigen, als wenn Kundinnen und Kunden ständig von anderen Spezialistinnen und Superexperten bedient werden. Denn als Kundinnen und Kunden erleben sie, wie durch die Spezialisierung ihren Bedürfnissen eine Zerstückelung widerfährt – und somit eine Versachlichung und Entmenschlichung. Denn für sie sind ihre Bedürfnisse ein Ganzes. Es wäre absurd, wenn mich beim Friseur erst Herr Anton begrüßte, Frau Britta danach kämmte, Herr Christian mir links die Haare schnitte, Frau Dora rechts, Herr Ernst am Hinterkopf usw. und wenn zusätzlich ein spezialisierter Witzeerzähler oder eine Wetterberichterstatterin mit mir das Gespräch führten. Auch wenn jede und jeder für sich Topqualität liefern würde, käme ich mir nicht wirklich menschlich behandelt vor. Bei der Produktorganisation sind der Arbeitsteilung – aus Kundensicht – keine Gren-zen gesetzt, wenngleich aus humanitären Erwägungen auch hier eine Selbstbe-grenzung der Arbeitsteilung geboten ist. Andernfalls würde durch eine Philoso-phie des radikalen Taylorismus (vgl. GLASL/LIEVEGOED 2004) die Zerstückelung der Arbeit auch zu einer seelischen Fragmentierung der Arbeiterinnen und Arbeiter führen. Aufgrund dieser Überlegungen – *«one face to the customer»* – geht auch die Krankenpflege, sofern sie Standarddienstleistung ist, immer mehr weg von der *Funktions*pflege und hin zur *Bezugs*pflege bzw. *Team*pflege, bei der die Pflegenden alle nötigen Verrichtungen beherrschen – und außerdem noch die Beziehung pflegen. Damit kann Krankenpflege immer besser auf die Besonderheiten der individuellen Patientinnen und Patienten eingehen und ent-wickelt sich hin zur professionellen Dienstleistung.

Auch wenn eine Organisation im Ganzen eine Dienstleistungsorganisation ist, sollte auf die Aufgabentypen der einzelnen Funktionen geschaut werden. Es ist deshalb ratsam, die geforderten Leistungen einer Dienstleistungsorganisa-tion detailliert zu betrachten, weil sie ein breites Spektrum darstellen mögen.

Sie können von einer Quasi-Produktdienstleistung (z.B. jemand druckt für mich die Internetseite mit den Zugverbindungen aus), über eine Standarddienstleistung (jemand transportiert meine Büromöbel und Geräte ins neue Büro) bis zu sehr kreativen Dienstleistungen gehen (jemand dekoriert den Festsaal und den Tisch für eine Jubiläumsfeier nach einem originellen Motto). Und dabei ist genau darauf zu achten, ob die Arbeitsumstände und die Führung dem besonderen Akzent der Dienstleistung gerecht werden. Die Grenze zwischen Standarddienstleistung und Produkterzeugung einerseits sowie eigentlich professioneller Leistung andererseits kann sich als fließend herausstellen.

Damit eine Dienstleistung in guter Qualität erbracht wird, sollten mit den Mitarbeiterinnen und Mitarbeitern immer wieder die Leistungsstandards reflektiert und hinterfragt werden; darüber hinaus sollten die Menschen befähigt und unterstützt werden, den Wertschöpfungsprozess ihrer Dienstleistung kritisch zu überprüfen und zu verbessern. Denn die gute *Prozess*qualität ist die Grundvoraussetzung für eine gute *Leistungs*qualität.

Wenn *interne* Dienstleistende andere Kolleginnen und Kollegen unterstützen sollen, wobei sie selbst keinen direkten Kontakt zu Kundinnen und Kunden haben, müssen sie jederzeit den Kundennutzen gut kennen, der durch den Kernprozess letztendlich gestiftet werden soll, auch wenn sie nur indirekt dazu beitragen. Interne Servicekräfte können nur dann gut unterstützen, wenn sie als interne Lieferanten auf denselben Nutzen ausgerichtet sind. Deshalb sollte der «Finalkunden»-Nutzen regelmäßig gemeinsam angeschaut und reflektiert werden. Der Wertschöpfungs- bzw. Leistungsprozess ist durchgängig und muss darum von der Begegnungsstelle mit den Kundinnen und Kunden an in allen weiteren Leistungsbeiträgen vom Kundennutzen durchdrungen sein.

4. Professionelle Organisationen führen und organisieren

Damit die kreative (zumeist ideelle) Leistung ganz auf die Besonderheiten der Klientinnen und Klienten abgestellt werden kann, müssen sich die Professionellen mit der ihnen gestellten Aufgabe identifizieren können. Dazu einige Beispiele:

— Eine Therapeutin kann ihrem Klienten in einer Krisensituation nur helfen, wenn sie möglichst gut auf dessen biografische Situation eingeht,

— Der Violinlehrer wird seine Schülerin nur dann weiter fördern, wenn er ihre Haltung beim Geigenspiel intensiv beobachtet und dadurch herausfindet, worin eventuelle Fehlhaltungen ihre Wurzeln haben könnten,

— Eine Architektin muss sich in die Lebensgewohnheiten ihrer Auftraggeberfamilie vertiefen, wenn sie die materielle Hülle bauen will, in der sich die Familie später richtig wohl fühlen kann,

— Bei einer menschenorientierten Sozialarbeit, z.B. bei der Betreuung von Asylbewerberinnnen und Asylbewerbern, ist es genauso. Um einem Flüchtling weiterzuhelfen, spielen Besonderheiten der Kultur und Geschichte seines Herkunftslandes eine Rolle, weiters seine frühere soziale Stellung in der Gesellschaft, die gegenwärtigen familiären Strukturen, die persönliche Lern- und Lebensgeschichte mit Idealen, Zielen und Ambitionen, die körperliche Verfassung usw.

Wenn Sozialarbeit von einem Menschenbild ausgeht, bei dem körperliche, seelische und geistige Aspekte zu einem Ganzen zusammenklingen, dann ist darin auch die grundlegende Prämisse der Einmaligkeit eines jeden Individuums enthalten. All das bedeutet, dass Professionelle in ihrer täglichen Arbeit eine *hohe Eigenverantwortung* tragen. Und das verpflichtet sie moralisch, ihr Wissen und Können immer auf dem besten Stand zu halten. Weil die Professionellen bei der Leistungserbringung eben auf ihr Wissen, Können und Sein angewiesen sind, wird auch treffend gesagt: «*The person is the product!*»

Aus diesen Gründen hat sich für die Professionen mit hohem gesellschaftlichem Ansehen schon vor langer Zeit ein eigener Ehrenkodex herausgebildet. Der *Hippokratische Eid* der Ärztinnen und Ärzte ist dafür das bekannteste Beispiel. Er leistet Gewähr, dass sich die medizinische Disziplin ausschließlich von ihren eigenen Normen leiten lässt. Dazu gehören auch das Berufsgeheimnis und die Standesjustiz, die in Eigenverantwortung Fehler der Berufsgenossinnen und -genossen ahndet. Ähnliches müsste grundsätzlich für jede Profession entwickelt und danach gesellschaftlich anerkannt und gesichert werden: Ein Tiefbauingenieur entscheidet mit der Qualität der von ihm gebauten Brücke genauso über Leben und Tod von Menschen wie das ärztliche Personal; eine Psychotherapeutin z.B. in staatlicher Anstellung sollte sich nur vom Streben nach dem Wohl ihrer Patientinnen und Patienten leiten lassen, sie darf nicht von den politischen Vorgesetzten in ihrem professionellen Handeln gesteuert werden; Trainerinnen und Trainer müssen die Menschen in den Lernsituationen schützen und dürfen ihre Beobachtungen nicht als Personalbeurteilung weitergeben. All diese Professionellen sind in erster Linie ihren Klientinnen und Klienten verpflichtet. Letztere müssen darauf vertrauen können.

Zur Gewährleistung dieser Klientenorientierung müssen Professionelle einen geschützten *Autonomieraum* haben, innerhalb von dessen Grenzen sie nach eigenem besten Wissen und Gewissen entscheiden und handeln können.

Das *Führen von Professionellen* bedeutet deshalb in der Regel, dass die Führungskraft gute Leistungsvoraussetzungen schaffen muss. Dazu gehört ein offenes *kollegiales Klima*, in dem Fehler (und Beinahe-Fehler) angesprochen werden können. Die periodische Arbeit an Zielen und Leitlinien, Leitwerten und Qualitätsstandards der Arbeit verbürgt, dass bei aller Selbständigkeit der Professionellen dieselben Werte und Normen beachtet werden. Nur so kann die Identifikation mit der Organisation aufrechterhalten werden. Eine besonders wichtige Führungsaufgabe besteht im Organisieren und Gestalten von *Lernprozessen* in der Organisation, so dass diese eine *lernende Organisation* wird (vgl. GAIRING 1996, GARRAT 1990, GEISSLER 2002). Wenn eine professionelle Organisation Wissensmanagement nicht ernst nimmt, führt das bei den Mitarbeiterinnen und Mitarbeitern zu seelischem Verschleiß.

Eine direktive, streng hierarchisch agierende Führung kann all das nicht zustande bringen. Deshalb fällt es besonders auf, wenn gerade in manchen professionellen Organisationen die Hierarchie stark betont wird: in Krankenhäusern, Universitäten, Kirchen und anderen. Bessere Wirkungen erzielt jedoch *kollegiale Führung*, weil sie zu sachlichen Auseinandersetzungen zwingt. Denn die Wahrheit ist nicht von vornherein auf der Seite der Menschen mit dem höchsten Gehalt und dem höchsten Status. Ich habe deshalb öfters zu einem Führungsmodell angeregt, das – in Anlehnung an den Niederländer KAMPFRATH (Professor an der Agraruniversität Wageningen, NL) – anstelle einer monokratischen, hierarchischen Führung die verschiedenen Führungsgebiete auf unterschiedliche Funktionen und Personen verteilt. Eine Universitätsklinik wird traditionellerweise in allen Belangen von dem Professor geführt, der als bester Fachmann auf seinem Gebiet an die Spitze seiner Klinik gelangt ist. Aber weil nicht Management, sondern ein medizinisches Spezialgebiet sein Beruf ist, wird er in rechtlichen, wirtschaftlichen und organisatorischen Dingen nur als Amateur wirken können. Deshalb werden drei

Gebiete unterschieden, die möglichst von je einer Person geführt werden sollten:

(1) die *Fachleitung* ist verantwortlich dafür, dass die Mitarbeitenden auf dem höchsten Stand des Wissens und Könnens sind. Die Fachleitung sorgt für die Exploration des aktuellen Wissensstandes, indem sie zu Kongressbesuchen stimuliert und diese organisiert, auf Fachpublikationen verweist, Weiterbildungsaktivitäten verbindlich vereinbart, für fachliche Intervision und Supervision sorgt, Qualitätsstandards entwickelt und im Bewusstsein der Menschen verankert. Die Fachleitung obliegt in der Regel den Menschen – oder mehreren Menschen als Kollegium –, deren fachlich-wissenschaftliche Qualifizierung in der Organisationseinheit als Beste anerkannt ist.

(2) Die *Arbeitsprozessleitung* ist für die Gestaltung der Leistungsprozesse verantwortlich, indem sie ständig deren Verbesserung betreibt, für den Einsatz der personellen und materiellen Ressourcen sorgt, die Dienstpläne der Mitarbeiterinnen und Mitarbeiter regelt, Leistungsziele vereinbart und Ergebniskontrollen durchführt usw. Diese Funktion wird von erfahrenen Fachkräften ausgeübt, die sich mit Prozessorganisation gut auskennen und die Projekte gut organisieren können usw. In der Klinik ist das meistens Pflegepersonal, weil dort oft die vielen Fäden medizinischen, pflegerischen und therapeutischen Handelns zusammenlaufen, und nicht ärztliches Personal.

(3) Die *Ressourcenverwaltung* garantiert, dass die benötigten personellen und materiellen Ressourcen überhaupt in der erforderlichen Güte und Menge vorhanden sind, indem sie die betriebswirtschaftlichen Instrumente zur Verfügung stellt, die Budgeterstellung und -kontrolle übernimmt, Personalmanagement betreibt, Investitionen tätigt usw. Diese Funktion ist zumeist die Domäne der betriebswirtschaftlich geschulten Menschen.

Die drei Gebiete werden als grundsätzlich gleichwertige Führungsfunktionen verstanden, zwischen denen sachliche Auseinandersetzungen erforderlich sind. Es kann aber gute (oft gesetzlich definierte) Gründe geben, dass im Falle einer Pattstellung eine Person aus dieser Troika die ausschlaggebende Entscheidungsgewalt hat.

5. **Der Nutzen der Unterscheidungen**

Durch die Unterscheidung der Organisationstypen kann eine Organisationseinheit oder eine ganze Organisation ihre Potenziale gut zur Geltung bringen.
Wenn durch ein uniformierendes Denken ein Prokrustesbett geschaffen wird,
ist dies sowohl für die Kundinnen und Kunden wie auch für die Menschen, die
ihre Dienste leisten sollen, problematisch.

Wie schon oben betont wurde, geht es bei der differenzierenden Betrachtung von Organisationen nicht darum, die Menschen in geistige Schubladen zu
stecken. Deshalb ist die Beachtung von Mischformen und von Kombinationen
verschiedener Typen ganz besonders wichtig.

Wenn dies missachtet wird, entsteht in den Organisation Konfliktpoten-
zial, und das merken über kurz oder lang zum einen die Kundinnen und Klienten, und zum anderen spüren es die Dienstleistenden und Professionellen selbst.
Es schmälert die Qualität ihres Arbeitslebens und damit auch die Qualität ihrer
Leistungen. Für die Mitarbeitenden einer Dienstleistungsorganisation, die
mehr zum professionellen Typus tendiert, und für die Professionellen zeigen
sich die Wirkungen der unangemessenen Führung und Organisation früher
oder später an Burn-out-Symptomen. Denn das Gefühl, innerlich ausgebrannt
zu sein und den Sinnbezug der eigenen Arbeit nicht mehr zu erleben, entsteht
vor allem in professionellen Organisationen, in denen falsch geführt und organisiert wird.

Durch die Typenunterscheidungen können die Führungskräfte im Sozialmanagement für eine adäquate Behandlung durch vorgeordnete Stellen oder
Aufsichtsorgane argumentieren, die den Besonderheiten ihrer Organisation
gerecht wird. Zusätzlich ermöglicht die Kenntnis der unterschiedlichen Leistungsbedingungen den Aufsichtsorganen und auch den Geldgebern, ihre Steue-
rungen und Kontrollen so anzulegen, dass sie nicht die Funktionsbedingungen
der Dienstleistungsorganisation oder der professionellen Organisation zerstö-
ren und somit den Ast absägen, auf dem sie sitzen, um der Gesellschaft die
Dienste dieser Organisationen zu ermöglichen.

Die differenzierende Behandlung kommt allen Beteiligten zugute.

Literatur

BIEHAL, Franz (Hrsg.) (1994): Lean Service. Dienstleistungsmanagement der Zukunft für Unternehmen und Non-Profit-Organisationen. Bern/Wien: Haupt/Manz.

BOS, Alexander H. (1976): Dreigliederung im Mesosozialen. In: Alexander H. BOS/Dieter BRÜLL/Arnold C. HENNY: Gesellschaftsstrukturen in Bewegung (S. 129–142). Achberg: Achberger Verlags-Anstalt.

GAIRING, Fritz (1996): Organisationsentwicklung als Lernprozess von Menschen und Systemen. Weinheim: Beltz.

GARRAT, Bob (1990): Creating a learning organization. Cambridge.

GEISSLER, Harald (1992): Neue Qualitäten betrieblichen Lernens. Frankfurt/Bern/New York/Paris: Peter Lang.

GLASL, Friedrich (2004): Konfliktmanagement (8. überarb. Aufl.). Bern/Stuttgart: Haupt/Verlag Freies Geistesleben.

GLASL, Friedrich/LIEVEGOED, Bernard (2004): Dynamische Unternehmensentwicklung. Grundlagen für nachhaltiges Change Management (3. überarb. u. erw. Aufl.). Bern/Stuttgart: Haupt/Verlag Freies Geistesleben.

MINTZBERG, Henry (1979): The structuring of organizations. A synthesis of research. Englewood Cliffs (N. J.): Prentice Hall.

SASSEN, Hans von (1994): Die Bedeutung der Dienstleistung im menschlichen Zusammenleben. In: Franz BIEHAL (Hrsg.): Lean Service. Dienstleistungsmanagement der Zukunft für Unternehmen und Non-Profit-Organisationen. Bern/Wien: Haupt/Manz.

Karl Schörghuber

Führung – Hilfreiche Modelle und Theorien

Führung in sozialwirtschaftlichen Organisationen hat als Thema dramatisch an Bedeutung gewonnen, weil immer deutlicher wird, dass Führung den Erfolg von Organisationen in erheblichem Ausmaß mitbestimmt. Gleichzeitig sind Führung und Management keine Themen, die in sozialwirtschaftlichen Organisationen besonders leicht akzeptiert, besprochen oder gar verhandelt werden. Auch sozialwirtschaftliche Organisationen stehen zunehmend vor Veränderungsprozessen oder befinden sich bereits mittendrin: Prozesse, die ihr Selbstverständnis betreffen (Werte, Mission, wirtschaftliche Ausrichtung, Legitimationsdruck ...) oder ihre unternehmerische Basis (Personalsituation, Zusammenspiel mit der öffentlichen Hand, technologische Entwicklungen ...) und Entwicklungsnotwendigkeiten darstellen, die sich aus der raschen Veränderung ihrer Umweltsituation ergeben (Komplexität der Anspruchsgruppen und ihrer Anforderungen, Rationalisierungsdruck, Konkurrenzsituation, Beschleunigung von Entwicklungen ...). Es gilt – heute mehr denn je –, die eigene Entwicklung und die Entwicklung der Umwelten aktiv zu gestalten und nicht bloß zu verwalten. Auf diesem Weg sind einige Bereiche des sozialwirtschaftlichen Sektors schon sehr weit fortgeschritten (die Betreuung alter, kranker und behinderter Menschen beispielsweise), andere stehen am Anfang des Prozesses, so etwa der Sportbereich.

Neben grobmaschigen Veränderungen im Umfeld von Organisationen und in ihrem Innenleben sind die Beziehungen von Geführten zu Führenden und zwischen Führenden starken Veränderungen und damit Belastungen unterworfen. Es scheinen die Ansprüche und Erwartungen der Mitarbeiter und Mitarbeiterinnen an ihre Vorgesetzten zu steigen, was die Ausbildung von Kompetenzen erforderlich macht, die jenseits der technologischen Aspekte des Managements liegen. Die Menschenführungs-Dimensionen von Führung, das «Führen», «Geführtwerden», «Führenlassen», «Folgenwollen», ist in sozialwirtschaftlichen Organisationen hoch affektiv besetzt, auch da sind Veränderungsprozesse schwierig. Abhängigkeiten und Gegenabhängigkeiten, die Orientierung an Hierarchie und die Ablehnung hierarchischer Beziehungen haben hier ein breites Feld, wo sie ausgelebt werden können.

Eine mögliche Problematik von Führung in NPO ist damit auf den Punkt gebracht: Wird zwar die Notwendigkeit und mögliche Nützlichkeit klarer und effektiver Führung vielfach erkannt, so haftet diesem Thema in sozialwirtschaftlichen Organisationen – aber nicht nur hier – dennoch etwas Zwiespältiges, Widersprüchliches und in der funktionalen Form (weniger in der charismatischen Form) auch ein wenig Fremdes an. Das führt zu einem – nicht in allen sozialwirtschaftlichen Organisationen beobachtbaren – Phänomen: Beschäftigen sich solche Organisationen nach P. DRUCKER, F. GLASL und vielen anderen Autoren einerseits zwar mit der Veränderung von Menschen und von Umwelten der Menschen, so tun sie sich gleichzeitig mit der aktiven und strukturierten Gestaltung der internen Veränderung und mit dem kontinuierlichen Lernen der eigenen Organisation noch immer schwer – trotz der hohen Anstrengungen und Entwicklungen der letzten Jahre in Richtung eines professionellen Managementverständnisses.

In dieser Situation erscheint es günstig, dem Thema Führung und der Professionalisierung von Führung zentrale Aufmerksamkeit zu widmen und über Führung nachzudenken, das vorhandene Wissen auf seine Brauchbarkeit hin zu überprüfen und die Potenziale von Führungskräften gezielt zu entwickeln. Ausbildungen und Fortbildungen von Führungskräften sollen dies leisten. Hier stellt sich nun die Frage, wie solche Bildungsangebote im besonderen Kontext sozialwirtschaftlicher Organisationen effektiv gestaltet werden können:

— Was kann und soll überhaupt aus- und fortgebildet werden?
— Vor dem Hintergrund welcher Anforderungen der Führungskraft wird ausgebildet?

— Wie kann ein optimaler Transfer der fortgebildeten Führungskompeten-zen in die jeweilige Organisation gewährleistet werden, der diese Organi-sation in ihrer spezifischen Entwicklungsrichtung unterstützt?
— Was können bedeutsame und hilfreiche Inhalte für Ausbildungen im sozi-alwirtschaftlichen Bereich/Kontext sein?
— Worin besteht das Führungsverständnis der Ausbildenden selbst? Auf wel-che Theorien stützen sich die Ausbildenden?

Der folgende Beitrag greift nur einen kleinen Aspekt der Führungskräfteent-wicklung heraus und beschäftigt sich mit einigen ihrer theoretischen Grundla-gen im sozialwirtschaftlichen Bereich:

1. Was können Theorien und theoretische Modelle des Führens zur Erleich-terung und Verbesserung des «Geschäfts» Führung beitragen? Hier wird schon deutlich: Führung wird (in Anlehnung an R. WIMMER) als «Ge-schäft» bezeichnet, als Handeln, das professionalisiert werden kann und muss. Ausgeblendet werden die Fragen der technischen, «ingenieurwissen-schaftlichen» Unternehmensgestaltung.

2. Welches sind die prägenden Modelle und Theorien des Führens, die in den letzten Jahrzehnten in Erscheinung getreten sind? Wie können sie für die Praxis der Führung und für die Umsetzung in sozialwirtschaftlichen Orga-nisationen nutzbar gemacht werden?
   Hier wird ein bedeutsamer Aspekt berührt, das Verhältnis zwischen The-orie und Praxis, das oft so dargestellt wird, als hätte das eine mit dem anderen nichts zu tun. Jedes (!) praktische Führungshandeln hat eine The-orie im Hintergrund, eine persönliche, subjektive theoretische Überlegung, die auf persönlichen Erfahrungen aufsetzt. Unsere These lautet daher: Jedes Handeln ist theoriegeleitet. «Praktiker» meinen manchmal, nur weil ihnen ihre persönlichen, subjektiven Theorien nicht bewusst sind oder weil sie diese nicht versprachlichen wollen oder können, habe ihr Han-deln nichts mit Theorien zu tun. (Natürlich wäre zu diskutieren, ab wann kognitive Begründungsfragmente als Theorien bezeichnet werden kön-nen.) Betont werden in diesem Artikel jene Aspekte, denen im sozialwirt-schaftlichen Kontext besondere Bedeutung zukommt.

1. **Nutzen von Theorien und Modellen der Führung**

Was können Modelle und Theorien des Führens zur Erleichterung und Verbesserung des «Geschäfts» Führung in sozialwirtschaftlichen Organisationen beitragen? Wie kann beispielsweise die theoretische Unterscheidung zwischen funktionalem Verhalten und Rollenverhalten die Führungskräfte in Sozialorganisationen dabei unterstützen, dass sie ihre Führung effektiver gestalten? Als Antwort auf diese Frage können eine Menge günstiger Wirkungen herausgefiltert werden: Die Theorie von Funktion und Rolle (vgl. PECHTL 1995) kann den Blick schärfen, welche Aufgabenbereiche formal geregelt sind, welche Verantwortlichkeiten damit verbunden sind, welche Erwartungen auf informeller Ebene von welchen Anspruchsgruppen gehegt werden könnten und was in Konflikten die funktionale Basis bildet, von der aus schwierige Situationen und mögliche Lösungen einsichtiger gemacht werden können.

Führungsmodelle und -theorien versuchen einen äußerst komplexen Ausschnitt sozialer Wirklichkeiten zu beschreiben und nachzubilden, es werden alle nur vorstellbaren Facetten menschlichen Handelns angesprochen. Entsprechend vielfältig sind die Zugänge zu diesem Thema und die dahinter liegenden Annahmen und Ideologien. Theorien und Modelle helfen, die komplexe und scheinbar chaotische Wirklichkeit *nach bestimmten Gesichtspunkten* zu ordnen, zu strukturieren und zu vereinfachen.

All diese Theorien und Modelle sind nun *nicht* im Hinblick auf *richtig oder falsch* zu beurteilen, sondern im Hinblick auf die Fragen:

— Können diese Überlegungen den jeweils speziellen «Führungsgeschäften» nützen oder nicht?
— Wie können diese Überlegungen alle Beteiligten dabei unterstützen, ihre Handlungsmöglichkeiten zu erweitern? Beteiligt sind nun nicht nur Führungskräfte und Mitarbeitende, sondern auch Systeme, d.h. Organisationen und das weitere Organisationsumfeld.
— Helfen die einzelnen theoretischen Positionen, das eigene wie auch anderes Führungshandeln zu erklären, zu begründen, zu rechtfertigen und zu optimieren?

Berührt davon sind unter anderem folgende Verhaltensaspekte (vgl. NEUBERGER 2002):

— Die *Wahrnehmung* und Konstruktion von Situationen: Diese sind nicht «an sich», «objektiv» und «wahr». Vielmehr werden Situationen und Handlungen von Personen und von *allen* Beteiligten unterschiedlich wahrgenommen und interpretiert. Führungsmodelle können neue Sichtweisen eröffnen und geben Hinweise, welche Situationsfaktoren beobachtet und beschrieben werden können und sollen.

— Die *Erklärung* von Situationen: Wie kommt es dazu? Es gibt vielfältige Erklärungsweisen; Führungsmodelle können hier wiederum die Entwicklung neuer und passenderer Handlungsmöglichkeiten unterstützen.

— Die *Vorhersage* der Entwicklung sozialer Situationen: Welches sind die Erwartungen über die weitere Entwicklung im engeren und weiteren Rahmen?

— Die (möglichen) *Zielsetzungen* für die Führungskraft: Welche Ziele auf welchen Ebenen können definiert werden?

— Die möglichen und jeweils günstigsten *Handlungs- und Beeinflussungsstrategien*, um Führungsaufgaben besser oder passender bewältigen zu können.

Diese Punkte sollen ob ihrer Bedeutung ein wenig aufgefüllt und mit beispielhaften Beschreibungen versehen werden.

Das auffällige Verhalten einer Person in einem Team kann in seinen Details beschrieben werden. (Beispiel: *Das Teammitglied versucht immer wieder mit Klientinnen oder Klienten auch persönlicher in Kontakt zu kommen … das führt zu Abweichungen …*) Diese *Wahrnehmungen* und Beschreibungen setzen natürlich auf vorhandenen Erfahrungen und einem voreingenommenen Bild auf, das sich die Führungskraft vor dem Hintergrund ihrer eigenen Erfahrungen macht. Auf der Beschreibungsebene ist das Bild aber noch relativ leicht ergänzbar und erweiterbar, d.h., auch andere Wahrnehmungen und zusätzliche Informationen können einbezogen werden.

«Wirklich» heikel beginnt es zu werden, wenn das wahrgenommene Verhalten über die Beschreibung hinaus weiter interpretiert wird und wenn *Erklärungen* dafür gesucht werden. Dieser Schritt der Hypothesenbildung ist unbedingt abzusetzen von der Beschreibung der Situation. Die Suche nach Erklärungen ist notwendig, will man auch nur ansatzweise angemessen und mit ein wenig Erfolgswahrscheinlichkeit auf das Verhalten reagieren. Solche Hypothesen dienen der Führungskraft damit als Grundlage für ihre Handlungsweisen – ausgesprochen und bewusst oder auch nicht. Wenn beispielsweise das Wahrgenommene und das als problematisch Erachtete als personelles Problem interpretiert wird, wird die Führungskraft andere Handlungsmöglichkeiten wählen, als wenn sie es als Ausdruck verborgener Rivalitäten im Team interpretiert oder als eine Reaktion der Person oder des Teams auf das Verhalten der Führungskraft oder auf die vorhandenen strukturellen Rahmenbedingungen. (Beispielhafte Erklärungen der Führungskraft in der beschriebenen Situation könnten sein: *Das Teammitglied hat Beziehungsschwierigkeiten zu Hause und versucht sie nun über diese problematische Form des Kontaktes zu lösen … oder: Das Teammitglied wird im Buhlen um die Leiterliebe von den anderen als schlecht arbeitend abgewertet und versucht jetzt, über die Akzeptanz der Klientinnen oder Klienten … oder: Das Teammitglied regiert so auf unklare Aufgaben und Schnittstellendefinitionen und sucht sich so einen klaren persönlichen Bezugsrahmen … usw.*)

Wie kann nun die *Entwicklung der Situation* weitergedacht werden? Auch dazu gibt es Erfahrungen und subjektive Theorien der Führungskraft in Form persönlicher Annahmen, die unhinterfragt als gültig, oft sogar als allein möglich angesehen werden. Es scheint eine andere Form der Entwicklung der Situation gar nicht möglich zu sein als jene, wie sie eben von der einzelnen Person gedacht wird. Die Auseinandersetzung mit theoretischen Modellen kann dazu eine Perspektivenerweiterung bringen. (Möglicher innerer Dialog der Führungskraft: *Wenn ich nichts tue, wird sich das schon von selbst legen … oder: Wenn sich das Teammitglied zu Hause wieder fängt … oder: Wenn ich weniger Gunst verteile und mehr über fachliche Anforderungen führe …*) Im Anschluss daran sind mögliche Ziele zu entwickeln, wobei Ziele auf unterschiedlichen Ebenen (hinsichtlich der Gesamtorganisation, des Teams und der Person beispielsweise), in unterschiedlichen Bereichen und zeitlicher Begrenzung voneinander abzuheben sind. (*Beispielsweise könnten Ziele entwickelt werden, wonach das Thema Klientinnenkontakt als Entwicklungschance für das gesamte Team gesehen wird oder Qualitätsmerkmale für die Organisationseinheit entwickelt werden. Es könnten Ziele für den Themenbereich Führung ebenso definiert werden wie Ziele auf Personebene des Mitarbeiters: dass die Person das abweichende Verhalten lässt.*)

In der Folge ist von der Führungskraft zu überlegen, welche Handlungsweisen passend und zielführend in der jeweiligen Situation scheinen. Ob geplante Verhaltensweisen sinnvoll sind, hängt natürlich davon ab, welcher

Hypothese zur Erklärung der heiklen Situation eine Führungskraft folgt. Ebenso steuern die gewählten Ziele zur Lösung des jeweiligen Problems die Überlegungen. Theoretische Modelle können diesen *Planungsprozess* vielfach unterstützen. Sie zeigen der Führungskraft nicht den ultimativ richtigen Weg, aber sie helfen ihr bei der Erweiterung der Perspektiven, womit sich die Wahrscheinlichkeit erhöht, dass sie passendere und vielfältigere Muster für Wahrnehmung und Handlungsweisen entwickelt.

Beschäftigen sich Führungskräfte mit solchen Fragen, so führt dies auch zu ihrer «Personalentwicklung», sie erarbeiten dabei vielfältigere Handlungsweisen für immer neue und unterschiedliche Problemlagen und können situationsangepasster agieren.

Möglicher Einspruch: Wenn man das alles so liest, kann leicht der Eindruck entstehen, dass die Führungskraft durch die Einbeziehung von theoretischen Modellen schlicht und einfach handlungsunfähig wird. Überspitzt gesagt, würde das ein zweitägiges Coaching für jede etwas heiklere Führungssituation verlangen, was sicherlich nicht dem erwarteten Bild von Unterstützung entspricht. Nun kann das als langfristiger Prozess gesehen werden: Im Rahmen von Maßnahmen zur Führungskraftentwicklung werden über die exemplarische Bearbeitung von Situationen und kleinen Projekten professionellere Handlungsweisen entwickelt, und die ohnehin vorhandenen subjektiven Theorien werden ergänzt und erweitert. Ein Ziel wäre dann, dass die oben beschriebenen Vorgangsweisen so selbstverständlich und effektiv eingesetzt werden wie die vor der Führungskräfteentwicklung vorhandenen Muster. Wie in jedem anderen Beruf, ob im handwerklichen oder wissenschaftlichen Bereich, bedeutet Professionalisierung eine Qualitätssteigerung des Handelns und (!) einen effektiveren, d.h. auch zeitschonenderen Einsatz der persönlichen Handlungsmodelle, ähnlich wie ein Jäger dazugewinnt, wenn er mehr als eine Art Pfeil im Köcher vorrätig hat.

2. Werte, Normen und Tabus als Rahmen für das Führen in Organisationen

Tief greifende Menschen- und Weltbilder beeinflussen und bestimmen, wie Führung in der jeweiligen gesellschaftlichen Situation verstanden wird. Solche kulturellen Faktoren sind nicht nur gesamtgesellschaftlich wirksam, auch jede

Organisation wird von einem organisationsspezifischen Weltbild, einem besonderen Menschen- und Gesellschaftsverständnis getragen. Insbesondere in sozialwirtschaftlichen Organisationen sind diese normativen Grundlagen höchst bedeutsam. Die Auseinandersetzung mit der Frage, welche Bilder von Führung in einer Organisation existieren und welche Bilder auf der Werteebene in einer Organisation verankert sind, öffnet Blicke auf den individuellen Rahmen des Führens der einzelnen Führungskraft. Oft werden diese ideologischen und teilweise unbewussten Annahmen in Organisationen und Personen (Führungskräfte, Mitarbeitende, Eigentümerinnen und Eigentümer ...) durch rationalisierte Verhaltensweisen und scheinbare Klarheiten überlagert und sind nur schwer aufzuspüren.

Welches können nun derart «ideologische» Annahmen in sozialwirtschaftlichen Organisationen sein, die bestimmendes Umfeld für das Führungsverhalten von leitenden Kräften in diesen Organisationen sind (vgl. beispielsweise NEUBERGER 2002)?

— *Eigenschaftsdenken*: Die Führungsperson ist durch besondere Eigenschaften ausgestattet: der heroische Führer, die Führerin von Gottes Gnaden – oder auch durch Vererbung im Herrschergeschlecht. Wirksam werden diese ideologischen Fragmente interessanterweise in den hoch affektiv besetzten Formen der Unterordnung und Ablehnung von Führung.

— *Führung und Geschlecht*: Eine Variante dieser Eigenschaftstheorien kann in der gedanklich oft sehr engen – bis unauflösbaren – Verbindung von Führung und Geschlecht ausgemacht werden. Den Geschlechtern werden bestimmte Eigenschaften zugewiesen, die mit Führung mehr oder weniger kompatibel sind. Daraus bilden sich hochwirksame Mechanismen in Organisationen, die zur Reproduktion scheinbar natürlicher Geschlechterzuschreibungen führen. In diesen Konstruktionsprozessen sind «naturgemäß» alle Personen (Mitarbeitende wie Vorgesetzte) und alle Systembereiche «gefangen».

— *Erfolgstheorien*: Erfolgreiche Personen sind die besseren Führungskräfte und haben damit das Recht und die Pflicht, die weniger erfolgreichen und minderwertigen zu führen. (Darin ist ein – manchmal schwer zu durchschauender – Zirkelschluss enthalten: Die Führungskräfte sind ja durch ihre Führungsposition die Besten und umgekehrt!). Das erinnert ein wenig an jene erfolgreichen Sportlerinnen und Sportler, Managerinnen und Manager, die nach ihrer Karriere der Welt ihre zentrale (und zumeist einzige Botschaft) verkünden, es sei alles eine Frage des «Daran-Glaubens». Ähnlich ist die nächste Annahme zu beurteilen:

— *Kooperation* als absolute Forderung: Gelingende Führung und unternehmerischer Erfolg sind alleine eine Frage der Kooperation und des Wollens. Die (symbolische) Umarmung der Mitarbeiterinnen und Mitarbeiter wird zum bedeutsamen Element der Führungsqualität. Es ist alleine darauf zu achten, dass den anderen – oder auch dem Führenden selbst – die Luft nicht ausgeht.

— *Führung als Verführung:* Führung ist eine Sache der Beeinflussung von Menschen. Der Grad dieser Beeinflussung entscheidet über die Wirkung von Führung. Der persönliche Einsatz auf der Beziehungsebene zeichnet in dieser Vorstellung von Führung gute Führungskräfte aus. Leistungen werden von Mitarbeiterinnen und Mitarbeitern der persönlichen Bekanntschaft wegen erbracht und um nicht die persönliche Beziehung zu gefährden oder gar Liebesverlust zu riskieren. Leistungen sind nicht mehr um der Sache willen interessant.

— *Rationale Formen:* Erfolgreiche Führung ist eine Sache der perfekten Unternehmensorganisation und der wissenschaftlichen Lösung von Problemen.

— *Das Recht der Expertinnen und Experten:* Führung ist eine Sache der Fachexpertise, worin auch das Recht auf Führung gegründet ist. Folge davon ist eine Abwertung von Führung.

— *Anpassungsfähigkeit von Menschen:* Menschen sind fast beliebig wandelbar und können sich an alle sich ändernden Situationen anpassen. Hiebei ist aber zumeist nicht Entwicklung gemeint.

Diese Führungsmuster auf einer Tiefenebene der Organisation sind nicht mit *richtig* oder *falsch* zu bewerten, sondern in einem ersten Schritt ansatzweise bewusst zu machen und dann allein danach zu beurteilen, inwieweit sie längerfristige Entwicklungen von Personen und Organisationen befördern oder behindern.

Geht man davon aus, dass über die Werteebene viele Prozesse und Strukturen zu erklären sind, viele Sinnmomente von dort her gespeist werden, so ist von Leitern und Leiterinnen im sozialwirtschaftlichen Bereich auf diesen Ebenen eine erhöhte Kompetenz einzufordern. Es könnte eine Aufgabe von Führung sein, einige dieser Verbindungen wahrzunehmen und dem Nachdenken und der gemeinsamen Auseinandersetzung ansatzweise (!) zuzuführen. Es gilt, die normativen Muster und die Wertebasis nicht völlig im Organisations-Unbewussten zu belassen und entsprechend den gesellschaftlichen und organisationalen Entwicklungen mit zu gestalten. Denn: «Strukturen, die uns nicht bewusst sind, halten uns gefangen» (SENGE 1998, 118).

Um nochmals die Brisanz von Führung im sozialwirtschaftlichen Kontext auf den Punkt zu bringen, sollen die zentralen Thesen von oben noch einmal präzisiert werden:

— *Zum Ersten:* Im sozialwirtschaftlichen Bereich stellen Normen und Werte eine zentrale Größe dar.
— *Zum Zweiten:* Allem Führungshandeln in Organisationen, allen Führungsvorstellungen und Führungstheorien liegen «natürlich» entsprechende Menschenbilder und gesellschaftspolitische Werthaltungen zugrunde.
— *Zum Dritten:* Das Thema Führung ist in sozialwirtschaftlichen Organisationen hoch affektiv besetzt.
— Von daher ist Führung im sozialwirtschaftlichen Kontext auch von der Wertebasis aus zu entwickeln und kann sich nicht mit dem Aufsetzen von Modellen und Werkzeugen begnügen.

3.   Prägende Modelle und Theorien des Führens

Quer zu solchen Überlegungen über die Tiefenstruktur und die normative Ebene von Organisationen sind in den letzten Jahrzehnten ausgefeilte Modelle des Führens entstanden, die zwar gewissen Moden unterworfen sind, ihre Bedeutung für die praktische Umsetzung von Führung aber noch immer ausweisen können. Jene Überlegungen, die sich im sozialwirtschaftlichen Kontext als besonders hilfreich erwiesen haben, und einige Modelle, die in den letzten Jahren als zentrale Führungskonzepte hinzugekommen sind, werden hier mehr als nur stichwortartig vorgestellt.

3.1   Eindimensionale Führungstheorien

Mit den Eigenschaften von großen Führungspersonen beschäftigen sich *Eigenschaftstheorien:* Danach sind Führungspersonen durch besondere Eigenschaften ausgestattet: der heroische Führer, der Führer von Gottes Gnaden – oder auch durch Vererbung im Herrschergeschlecht. Die Beschäftigung mit Eigenschaften großer Führerfiguren fasziniert – es wird dabei allerdings gerne außer Acht gelassen, dass entscheidend ist, *was* diese Führer (und zumeist sind es Männer) *in welchem Umfeld wie* getan haben und welches die heutigen Bedingungen und Aufgabenfelder sind (vgl. NEUBERGER 2002). Eine fast konträre Zugangsweise ist bei den *Schematheorien* von Führung auszumachen. «Führung» ist demnach eine sozial vermittelte Schablone, und es gibt in jeder Kultur ein spezifisches Verhaltensschema dazu. Eine Führungsperson hat die Aufgabe, dieses Schema zu lernen und zu übernehmen. Sie bekommt quasi automatisch mit der Übernahme ihrer Position bestimmte, vorher schon festliegende Eigenschaften zugewiesen.

Ein Führungsmodell wird trotz massiver Kritikpunkte noch immer gerne für die Beschreibung und das Lernen von Führung herangezogen: das Modell der *Führungsstile,* das in diesem Spektrum anzusiedeln ist. Führung wird da mit dem Lernen des «richtigen» Führungsstils gleichgesetzt, dieser «Stil» siedelt sich an auf dem Kontinuum von «autoritär – demokratisch/ kooperativ bis laissez faire». Es erscheint im Modell der Führungsstile zwar klar, wie geführt werden soll, bei genauem Hinsehen entpuppt es sich aber als hohle Formel: Es werden wichtige Unterschiede in den Hintergrund gedrängt und nicht das genaue Hinsehen auf Situationen, Ziele, Verantwortlichkeiten, Voraussetzungen, Entscheidungsbefugnisse und persönliche Wahrnehmungsmuster gefördert. Die entscheidenden Variablen des Führens werden damit ausgeblendet, denn die Verantwortlichkeiten und Entscheidungen für Rahmenorientierungen und -vorgaben können von Führungskräften nicht aus der Hand gegeben werden (vgl. NEUBERGER 2002).

3.2 Funktion und Rolle

Diesem Modell wird eine hohe Brauchbarkeit für Führungskräfte in sozialwirtschaftlichen Organisationen unterstellt und eine zentrale Bedeutung zugewiesen. Es soll hier daher etwas genauer dargestellt werden (PECHTL 1995).

Jede Organisation als Gesamtes und jede Abteilung ist auf die Gestaltung ihrer internen Prozesse, ihrer Grenzen und Umfeldbeziehungen angewiesen. Um in einer Organisationseinheit (aber auch in einem Team) effektiv arbeiten zu können, werden zumeist Aufgaben, Tätigkeiten und Zuständigkeitsbereiche verteilt. Von «Funktion» spricht man grundsätzlich, wenn man den Beitrag eines Teiles zum Funktionieren des Ganzen betrachtet. «Funktion» der Führungskraft beschreibt allgemeine Leistungen, die jede Führungskraft erfüllen muss, um das erfolgreiche «Funktionieren» der Abteilung bzw. der Organisation sicherzustellen – unabhängig vom ganz konkreten inhaltlichen Aufgabenbereich.

Bei der Beschreibung von Aufgaben, Verantwortlichkeiten und Entscheidungskompetenzen ist nun zu unterscheiden, was davon zugewiesen, deklariert, offen und von allen gewusst wird und was informell geschieht. Es passiert sehr oft, dass es unklare Verantwortlichkeiten gibt, dass zu wenig klar abgesprochene Annahmen über Aufgabenbereiche bestehen und in Stresssituationen mehrdeutige Erwartungen an die einzelnen Führungskräfte und Teammitglieder deutlich werden.

Darauf baut die Unterscheidung von Funktionen und Rollen auf. Unter *Funktion* verstehen wir eine «erworbene, verliehene, vereinbarte oder festgelegte Rahmenbedingung in einer sozialen Gemeinschaft, die an beidseitig abgesprochene Tätigkeiten gebunden ist» (PECHTL 1995, 202). *Rolle* wird gesehen als «ein eigenes oder durch Fremderwartung gewähltes Verhaltensmuster, das abgesprochen oder unabgesprochen in der sozialen Gemeinschaft ausgeübt wird» (PECHTL 1995, 202).

Am Beispiel der Funktion von Führung bedeutet das: Eine Person hat die eindeutige und allen Mitgliedern der Organisation bekannte Funktion der Führung mit zugewiesenen Verantwortlichkeiten und den Tätigkeiten: anweisen, bewerten, entscheiden, kontrollieren usw. Weiters ist eine Zeitstruktur klar festgelegt und vereinbart. Es werden in den jeweiligen Leitungsfunktionen noch mehrere Tätigkeiten und Aufgabenbereiche zuzuordnen sein, wie zum Beispiel die Vertretung nach außen. Hier soll nur der Grundgedanke der Unterscheidung von Funktion und Rolle dargestellt werden. Für Leiter und Leiterinnen könnte es interessant sein zu überprüfen, welche Tätigkeiten, Aufgabenbereiche und Verantwortlichkeiten angenommen, welche ausgeführt werden, welche den Vorgesetzten und welche den Mitarbeiterinnen und Mitarbeitern bekannt sind.

Eine Funktion kann aber unterschiedlich ausgeführt werden: väterlich, distanziert, tyrannisch, freundschaftlich, initiativ, untertänig usw. Das sind nun eben *Rollen,* die in den jeweiligen Funktionen «gespielt» werden. Es ist nicht möglich, *keine* Rolle zu spielen. Allerdings erscheinen je nach Arbeitsumfeld und Situation einige Rollen günstiger und andere weniger günstig zu sein. Definiert man Rollen über die wechselseitigen Erwartungen und Erwartungserwartungen, dann ist offensichtlich, dass bestimmte Erwartungen erfüllt werden sollten, bestimmte aber auch nicht. Gleichzeitig ist in dieser Definition auch angelegt, dass nie klar ist, welche Erwartungen von wem vorhanden sind und welche Erwartungen von den Erwartungen anderer vorhanden sind.

Welches sind nun die *Vorteile dieser gedanklichen Trennung von Funktion und Rolle,* was ist der entscheidende Vorteil von klar deklarierten Funktionsbeschreibungen? Warum soll dies gerade in sozialwirtschaftlichen Organisationen hilfreich sein?

— Bei dieser Art zu unterscheiden wird die Aufmerksamkeit auf das organisationale Umfeld gerichtet. Da viel darauf hindeutet, dass der Blick auf die Gesamtorganisation bei Führungskräften in sozialwirtschaftlichen Organisationen nicht immer sehr ausgeprägt ist, enthält dieses Modell dazu einen wichtigen Hinweis.
— Jede Funktion, wie Leiterin oder Berater, ist an gewisse Verantwortlichkeiten und Tätigkeiten gebunden. Diese machen die funktionale Benutzbarkeit für die soziale Gemeinschaft aus, definieren sie und grenzen sie auch ab. Und in dieser Abgrenzung liegt auch ein persönlicher Nutzen für Führungskräfte: Sie sind nicht für alles und jedes zuständig.
— Dass bei Führungskräften eine gewisse Spannung zwischen sozial-emotionaler Beanspruchtheit und der Leistungs- und Aufgabenbezogenheit herrscht, ist evident. Das Modell erleichtert ihnen in diesem Spannungsfeld die Orientierung. In Stresssituationen kann der Rückzug auf die klar definierten Funktionsbestandteile unterstützend wirken.

Um in einem komplexen Erwartungsfeld nicht aufgerieben zu werden, ist es günstig, sich immer wieder die Funktionsbeschreibung zu vergegenwärtigen, sie dient als Orientierung für Entscheidungen in heiklen und unübersichtlichen Situationen.

Die Einteilung in Funktionsbereiche macht die komplexe Anordnung einer bestimmten Situation überschaubar und langfristig stabiler. Die Funktionsebene ist den beteiligten Personen durch erworbene, verliehene, festgelegte und vereinbarte Abmachungen bekannt. Das erleichtert die Arbeit, da grundlegende Tätigkeiten nicht immer wieder ausdiskutiert werden müssen.

Bei Coachings von Führungskräften in sozialwirtschaftlichen Organisationen hat sich das Modell als hilfreich herausgestellt, weil es Klarheiten befördert. Das bedeutet nicht, dass diese Unterscheidungen den Führungskräften nicht bekannt wären oder dass sie diese nicht anwenden könnten. Was hingegen vorkommt, ist, dass bestimmte Klarheiten und deren weitreichende Wirkungen im Dickicht von sozialen Prozessen in komplexen Organisationen aus dem Blick geraten.

Ein Nachsatz zur Funktion des Führens: Eine Leiterin oder ein Leiter muss nicht immer auch Initiatorin, Zugpferd, Antreiber sein. Es kann in einer Arbeitsgruppe sehr wohl die Rolle des Führers oder der Führerin von anderen Personen eingenommen werden, ohne dass diese dann auch die gleichen Verantwortlichkeiten wie die Führungskraft hätten. Die deklarierten Aufgabenbereiche bleiben bei der Führungskraft, die Führungsrolle in einer Teambesprechung oder im Rahmen eines Projektes kann aber wechseln. «Das Führen als Rolle kann und soll sehr flexibel angewendet werden, während das Leiten als Funktion in einem langfristigen, stabilen Rahmen steht» (PECHTL 1995, 205).

3.3 Gruppendynamische Ansätze

Grundlegend ist hier die Beschreibung von Gesetzmäßigkeiten in der Dynamik von Gruppen. Daraus werden mögliche Wahrnehmungs- und Handlungsweisen der Führungskraft abgeleitet. Die Gruppenmodelle sollen die Führungskraft nur in der Analyse von Team- und Organisationsprozessen unterstützen und lassen sich nur mittelbar in Handlungsweisen der Führungskraft übersetzen.

Am bekanntesten ist das Modell von TUCKMAN, im organisationalen Bereich ist das Modell von SCHINDLER sehr brauchbar, beide werden kurz ausgeführt.

Phasenmodell von W.B. TUCKMAN (1965)

TUCKMAN hat versucht, ein für alle Arten von Gruppen gültiges Konzept vorzulegen. Die Entwicklung der zwischenmenschlichen Beziehungen wird auf allgemeinster Ebene und in vier Phasen beschrieben:

— *Forming* (Orientierungsphase);

— *Storming* (Phase der Auseinandersetzung, es werden unterschiedliche Erwartungen, Interessen, Denk- und Handlungsweisen der Teammitglieder sichtbar. Konflikte entstehen, die Mitglieder fürchten um ihre Individualität, die Bildung einer Gruppenstruktur führt zu Positionskämpfen);

— *Norming* (Gruppengefühl und -zusammenhalt entwickelt sich, damit unmittelbar verbunden entsteht eine Feedbackkultur, auf die der Leiter besonderes Augenmerk legen sollte);

— *Performing* (interpersonale Probleme werden schwächer, die Energie der Gruppe geht in die Aufgabenaktivität, die Rollen sind flexibel und funktional).

Dieses Modell kann auf viele Führungssituationen übertragen werden, vom Führungsverhalten gegenüber neu einsteigenden Mitarbeitenden bis zur langfristigen Entwicklung einer Abteilung. Hingewiesen werden soll auf den Trugschluss, dass alle Phasen vorkommen müssen oder dass sie gar in der beschriebenen Reihenfolge vorkommen müssten (MAJCE-EGGER 1999; ARDELT-GATTINGER 1998).

Dynamische Rangstruktur nach R. SCHINDLER (1957)

R. SCHINDLER (1999) beschreibt in seinem Modell der «Rangdynamik» das «gruppale Geschehen» im Hinblick auf die Entwicklung von Gruppenidentität. Prägend ist ein «Gegenüber» (Thema, Aufgabenstellung ...) und «hierarchische Rollenfunktionen», die von wechselnden Personen eingenommen werden können. In diesem Modell wird der affektiven Dynamik in Teams besonderes Augenmerk geschenkt, die Positionen werden vor dem Hintergrund der gegenseitigen «affektiven Bezogenheit» beschrieben. In einer Kurzdarstellung sehen diese Rollen folgendermaßen aus:

— G-Position: Repräsentanz der Umwelt (Ziel, Aufgabe, Richtung, Gegenüber, fälschlicherweise oft auch als Gegner oder als Feind von ω repräsentiert);

— α-Position: vertritt die Gruppe nach außen und dem G gegenüber, ihr folgt die Gruppe;

— β-Position: selbständige Expertenposition, emotional weniger involviert, aber dennoch gut in die Gruppe integriert;

— γ-Position: identifiziert sich mit α, die Mitglieder in dieser Position gehen in der Gruppe auf, verschwinden fast und bilden doch die entscheidende Position im Hinblick auf die Frage: Wer vertritt uns? Wer soll unser α sein?

— ω-Position: bildet die negative Identität der Gruppe, darin zeigt sich die in der Gruppe enthaltene Ambivalenz (die verdrängten Anteile werden auf diese Position projiziert), das Zwiespältige im Hinblick auf Aufgabe und Ziel. Diese Position ist für das Verständnis einer Gruppe hoch bedeutsam.

Dieses Modell kann sehr gut auf Organisationen und gesamtgesellschaftliche Prozesse übertragen werden, wobei vor einem häufig auftretenden Missverständnis gewarnt werden muss: Die «landläufig» geübten Bewertungen der Rollen sind absolut hinderlich in der Analyse von Gruppen. Es hat keinen Sinn in der Analyse die einen zu «Mitläufern», die anderen zu «Störern», die Dritten zu Führungskräften «von ihrer Natur her» zu machen. Diese Rollen sind hilfreich allein, um das Zusammenspiel von Kräften in Gruppen und Organisationen zu analysieren und um zu verstehen, dass das eine nicht ohne das andere sein kann, das eine vom anderen gemacht wird. Etwas schärfer formuliert: Es geht nicht nur am Modell vorbei, sondern ist autoritär zu nennen, wenn man die *Natur* zur Legitimation heranzieht, um die Besetzung einzelner Rollen zu erklären, nach dem Motto: «Der oder die ist eben von Natur aus ein α, γ oder ω.» Insofern sind mögliche Missverständnisse in diesem Modell fast ein Hindernis, das Modell als nützliches für die Entwicklung des Führungshandelns einzubeziehen.

3.4 Mehrdimensionale Ansätze

Mehrdimensionale Ansätze beziehen zumindest zwei Dimensionen in die Beschreibung des Führungshandelns ein. Als Grundschema dient zumeist die Matrix von Beziehung und Leistung. Das bekannteste zweidimensionale Konzept stammt von BLAKE/MOUTON. In ihrem Verhaltensgitter werden fünf Stile angeführt:

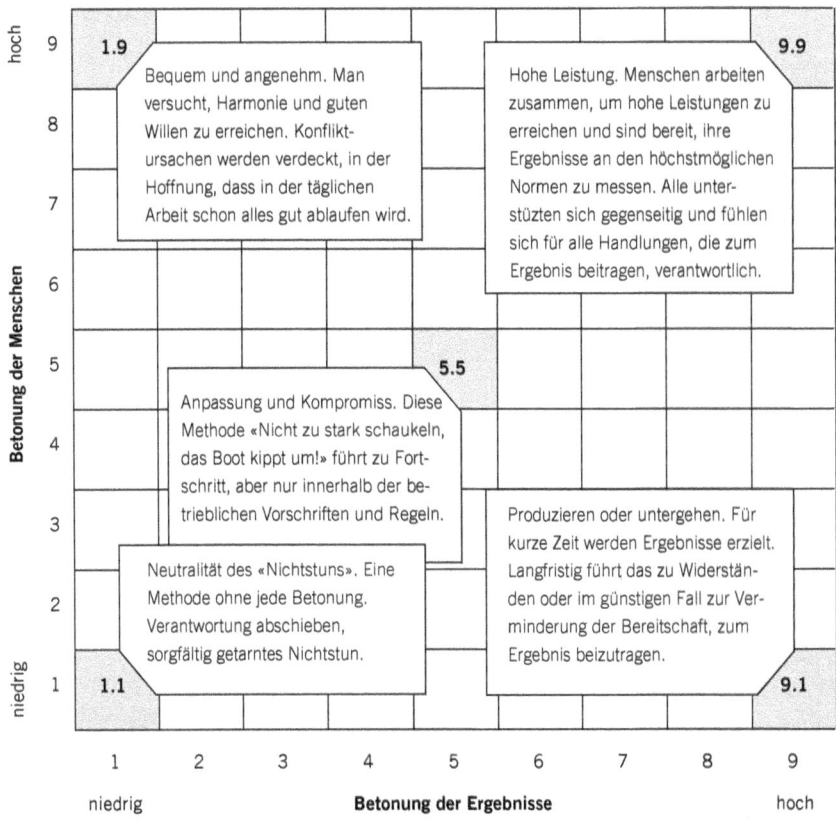

Abbildung 1   Zweidimensionales Führungsmodell nach BLAKE/MOUTON (WUNDERER 2003, 209)

Dabei wird angenommen, dass jeder Führungsstil in bestimmten Situationen effizient und effektiv ist, dass dies unter anderen Vorzeichen aber auch ganz anders sein kann. Situative Bedingungen sind für die Wahl eines Führungsstils entscheidend: Arbeitsanforderungen, Führungsstil des oder der nächsthöheren Vorgesetzten, Kolleginnen und Kollegen, Unterstellte, Organisationsfaktoren (formelle und informelle Normen und Regeln).

HERSEY/BLANCHARD (1977) ziehen zusätzlich noch die Reife der Geführten als ein Hauptkriterium für die Wahl des Führungsstiles heran und stellen dabei folgenden Zusammenhang her: Bei niedriger Reife ist Stil 1 zu wählen, bei hoher Reife Stil 4.

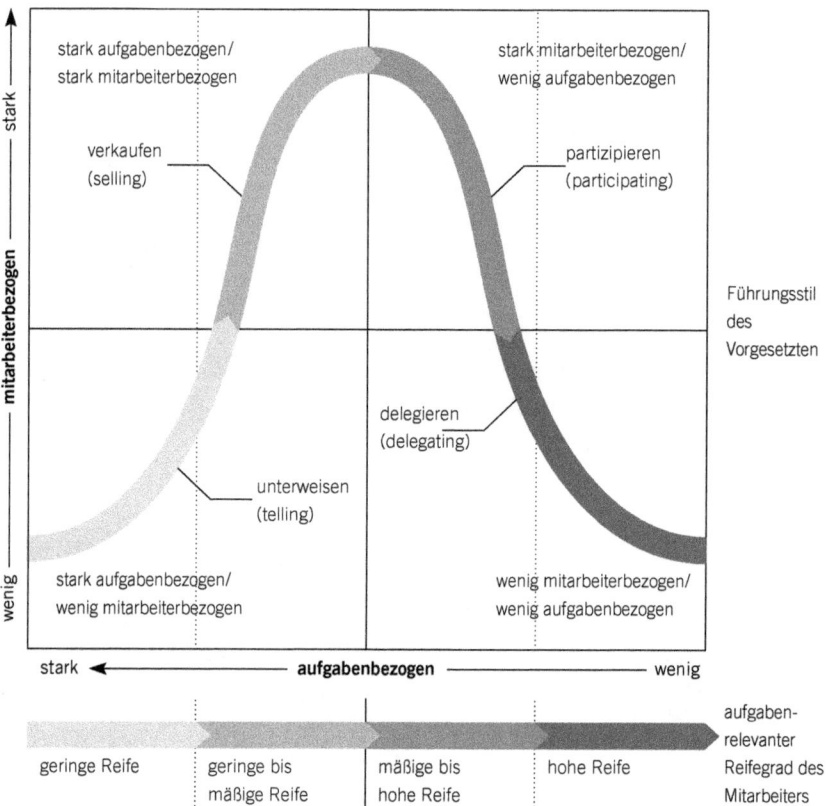

Abbildung 2   Führungsmodell nach HERSEY/BLANCHARD (Quelle: ROSENSTIEL 1999, 19)

Die Führungsstile lassen sich durch folgende Merkmale kennzeichnen (NEU-
BERGER 2002):

Phase 1: Unterweisung (telling)
Der oder die Vorgesetzte definiert die Rollen der Mitarbeiterinnen und Mitarbeiter, sagt ihnen, was wann und wo zu tun ist und wie es zu tun ist. Es besteht
eine sehr strenge Kontrolle.

Die Atmosphäre ist geprägt von Abhängigkeit von der Hierarchie und dem Bedürfnis, sich in das Team einzugliedern. Vorsicht und abtastendes Verhalten überwiegt.

Phase 2: Verkaufen (selling)

Der/die Vorgesetzte versucht, über Zweiwegkommunikation, rationale Argumentation und sozioemotionale Unterstützung die Mitarbeiterinnen und Mitarbeiter dazu zu bringen, dass sie die Aufgabenstellung akzeptieren und daran auch effektiv arbeiten.

Die Atmosphäre ist geprägt von Gefühlen der Verwirrung und Inkompetenz, es besteht Unzufriedenheit wegen der eigenen Autoritätsabhängigkeit. Unterschwellige Konflikte bestehen bezüglich Ziele und Aufgaben, Machtpositionen und Aufmerksamkeitszuwendungen.

Phase 3: Beteiligung (participating)

Der oder die Vorgesetzte und die Mitarbeitenden entscheiden gemeinsam. Es ist nur sozioemotionale Unterstützung notwendig, die sachliche Kompetenz der Mitarbeiterinnen und Mitarbeiter reicht aus, um die gemeinsamen Entscheidungen umzusetzen.

Atmosphärisch ist eine abnehmende Unzufriedenheit zu bemerken, Polarisierungen und Schuldzuweisungen werden überwunden, Feedback wird vermehrt eingesetzt.

Phase 4: Delegation (delegating)

Der oder die Vorgesetzte delegiert und beschränkt sich auf gelegentliche Kontrolle.

Atmosphäre: Es besteht Freude darüber, im Team arbeiten zu können, die Rolle (nicht: die Funktion!) der Führung wechselt. Enge Kooperation und Verzahnung der Aufgabenbereiche sind weitere Merkmale.

Die Idee, die Einbindung der Mitarbeiterinnen und Mitarbeiter wie auch die sachlichen Rahmenvorgaben flexibel zu handhaben, ist für sozialwirtschaftliche Organisationen gut brauchbar. Die umfassende Umsetzung dieses Modells erscheint aber wenig sinnvoll, dies würde in rezeptartiges Vorgehen münden, ohne dass man so die «wahren Zustände» von Teams und Organisationen erfassen könnte.

3.5 Management by ...

In den achtziger Jahren wurden «*Management by*»-Konzepte propagiert (z.B. Management über Zielvereinbarungen, Delegation, Vision ...). Einige wichtige Konzepte werden hier beispielhaft etwas genauer dargestellt.

Beim *Führen durch Zielvereinbarungen (Management by Objectives)* liegt ein Führungskonzept vor, bei dem Vorgesetzte mit ihren Mitarbeitern und Mitarbeiterinnen gemeinsam Ziele festlegen, den Verantwortungsbereich abstecken auf dieser Grundlage die Organisationseinheit führen und die Leistungsbeiträge der einzelnen Mitarbeiterinnen und Mitarbeiter bewerten. Der Prozess der Zielvereinbarung geht aus von allgemeinsten Zielen für die Organisationseinheit bis hin zur Konkretisierung von Teilzielen für die einzelnen Mitarbeitenden.

Für sozialwirtschaftliche Organisationen ist das Wichtige daran, dass Ziele in den Mittelpunkt der Aufmerksamkeit gerückt werden – doch liegt hier gleichzeitig das Hinderliche: Ziele sind äußerst wichtig, aber es gibt eine Menge anderer Faktoren, die für effektive Führung und eine effektive Organisation grundlegend sind, beispielsweise dass die Mitarbeitenden in die kontinuierliche Verbesserung von Prozessen und Strukturen eingebunden werden. Dies wird in erweiterten Modellen auch berücksichtigt.

Beim «*Systematischen MitarbeiterInnengespräch*» (MAG) als Führungsinstrument wird die extreme Zielfixierung aufgegeben. In periodischen Gesprächen von Mitarbeitenden mit ihren Vorgesetzten (auf *allen* Ebenen einer Organisation durchzuführen) werden behandelt: Ziele, Aufgabenfelder, Zielerreichung, Aufgabenerfüllung, Entwicklung der Organisations- und Abteilungsziele, Mitarbeitendenprofil, Förderung der Mitarbeitenden (Personalentwicklung), Beziehung zu den Vorgesetzten, fehlende und günstige Unterstützung durch die Vorgesetzten, Informationen über mögliche Entwicklungen der Organisation und Abteilung u.a.m.

Die Einführung des MAG ist als eine Organisationsentwicklungsmaßnahme zu werten, entsprechend sind die Begleitmaßnahmen in der Organisation zu setzen. Es bedarf neben einer umfassenden Vorbereitung und Nachbereitung durch Vorgesetze und Mitarbeitende einer klaren Rahmengestaltung innerhalb der Organisation, besonders auch im Hinblick auf die Frage, wie mit Informationen in alle Richtungen umgegangen wird. Dieses Instrument bewährt sich bei sauberer Einführung bestens und ist aus dem Organisationsalltag nicht mehr wegzudenken.

Im Ansatz der *Führung durch Coaching* wird der Förderungsaspekt und die Unterstützung, die im *Systematischen MitarbeiterInnengespräch* schon angedeutet war, weiter verstärkt. Die Chancen liegen in der Fokussierung auf Persönlichkeits- und Personalentwicklung und der «*Motivation durch Schaffung konstruktiver Rahmenbedingungen*». Die Grenzen – die gerade im sozialwirtschaftlichen Bereich nicht zu unterschätzen sind – liegen darin, dass die Funktionen der Führung dadurch verwaschen oder verschleiert und Verantwortlichkeiten unklar werden können. Es bedarf daher einer intensiven Fortbildung für Führungskräfte, will man diesen Gefahren ausweichen.

3.6   Systemtheoretische Ansätze der Führung

Mit der Entwicklung systemisch-konstruktivistischer Ansätze geht eine Verschiebung der Aufmerksamkeit in der Fortbildung von Führungskräften einher: Es wird weniger auf Fachwissen, Werkzeuge, technische Konzepte zur Steuerung von (Teil-)Organisationen Wert gelegt. Zentral wird die Frage der *Haltungen* von Führungskräften, der Reflexion und Entwicklung ihrer persönlichen Zugangsweisen und die Entwicklung jener Kompetenzen, die zu einer erweiterten Handlungsfähigkeit in komplexen Systemen führen.

Die Fokussierung auf derart grundlegende Fähigkeiten in systemtheoretischen Ansätzen der Führung verleitet zum Vorwurf der Beliebigkeit, Abstraktheit, Orientierungslosigkeit und Unbrauchbarkeit für «Praktikerinnen und Praktiker». Aus einer anderen Perspektive könnte das auch Bescheidenheit vor der Komplexität von Situationen und der Nichtkontrollierbarkeit sozialer Entwicklungen genannt werden. Es wäre auch der Nutzen allgemeiner Modelle und Zugangsweisen zu sehen, aus denen die jeweils spezifischen Situationen «bearbeitet» werden können. Damit kann in systemischen Ansätzen eine Erweiterung und Erleichterung des Führungsgeschäftes ausgemacht werden, die mit einer erhöhten Qualität und Professionalisierung einhergeht. Der erste Teil des Beitrags wurde vor dem Hintergrund dieser theoretischen Grundannahmen geschrieben.

Ein kurzer Überblick über einige Grundannahmen systemisch-konstrukti-vistischer Theorien leitet zur Darstellung eines ausgewählten Modells von Füh-rung in lernenden Organisationen.

— Systemisch-konstruktivistischen Theorien zufolge lassen sich Menschen und lebende Systeme (zu denen auch Organisationen zu rechnen sind) nicht nach dem gleichen Muster begreifen wie *triviale* Maschinen (H. V. FOERSTER). Diese Aussage klingt simpel, in der Umsetzung bricht sie aber viele unserer gewohnten Denkschemen und entfaltet anfangs fast beängstigende Wirkun-gen (Stichwort: Nicht-Kontrollierbarkeit). Es ist das Prinzip der *Kontingenz* anzuwenden: Was ist, *kann so sein, könnte* aber auch *ganz anders sein* bzw. ganz anders gesehen werden (in Anlehnung an LUHMANN).

— Die Einheiten, aus denen soziale Systeme bestehen und die soziale Systeme selbstbestimmt erzeugen, sind nicht Menschen, sondern Kommunikatio-nen, Entscheidungen, Handlungen und Erwartungen (WILLKE 1998 u.a.).

— Das jeweilige (Kommunikations-)Verhalten erhält vor dem Hintergrund einer persönlichen Landkarte Bedeutung und den Status des Wirklichen (Wirklichkeitskonstruktion). Jedes Verhalten einer Person wird von einer anderen vor dem Hintergrund ihrer «anderen» individuellen Landkarte wahrgenommen und gedeutet. Die Handlungen der anderen Person, die darauf folgen, sind dann auch vor diesem neuen Deutungshintergrund zu sehen. Übereinstimmungen von Bedeutungen sind so unwahrscheinlich und auch nicht überprüfbar. Zugespitzt formuliert wird von der Unmög-lichkeit zu verstehen ausgegangen.

— Wie eine Person (kommunikatives) Verhalten anderer Personen interpre-tiert, hängt davon ab, welchen Unterscheidungen von Systemen und ihren Umfeldern sie folgt (den inneren Landkarten entsprechend). Kurz: Der konstruierte Rahmen bestimmt zugewiesene Bedeutungen.

— Das heißt nun wenig erstaunlich: Bedeutungszuweisungen sagen mehr über die innere Landkarte der bedeutenden Person aus als über das (wahr-genommene) Verhalten von anderen.

Die Konsequenzen dieses Ansatzes sind weitreichend und tangieren insbesondere die Haltungen von Führungskräften ihrem eigenen Tun gegenüber und im Hin-blick auf andere Systeme (Personen, Organisationen, Kommunikationen ...). Die Schlussfolgerungen für die Führungspraxis zeigen sich weniger in konkreten

Anleitungen, wie was zu tun ist. Vielmehr werden Haltungen, Handlungsprinzipien und Aufmerksamkeitsrichtungen beschrieben. Einige leitende Handlungsprinzipien seien angeführt:

— Systeme, Organisationen und Menschen, mit Respekt behandeln: Systeme sind nicht trivialisierbar, sie sind geprägt durch zahlreiche Perspektiven und Auffassungen, durch viele interagierende und relativ autonome Teile.
— Mehrdeutigkeit, Unbestimmtheit und Unsicherheit kennzeichnen Systeme, das sind Herausforderungen: Man kann lernen, mit ihnen umzugehen.
— Ziel des Handelns sollte es sein, Möglichkeiten zu erhalten und zu erweitern.
— Autonomie und Integration schließen sich nicht aus, beides ist zu stärken.
— Probleme, Konflikte und Störungen stellen Chancen und Möglichkeiten dar.
— «Prozesse sind Prozesse», es gibt keine endgültigen Lösungen.
— «Lösungen» bestehen oft in Verhandlungsräumen, versehen mit klarem Fokus.

Es soll nun kurz ein Entwicklungsmodell für Führungskräfte, Teams und Organisationen beschrieben werden, das sich aus ähnlichen Annahmen speist.

3.7 Die fünf Disziplinen für Führungskräfte in einer lernenden Organisation nach P. Senge

Welche Modelle und Theorien führen zu einem erfolgreichen Führungshandeln in einer (lernenden) Organisation? Peter SENGE entwickelt aus seinem Konzept der lernenden Organisation interessante Überlegungen und Anknüpfungspunkte für Führung und Management. Zum Schlüsselbegriff wird «Lernen», was für Führungskräfte grundsätzlich zum Programm werden könnte. Fünf grundlegende Merkmale von lernenden Menschen und lernenden Organisationen («Disziplinen») werden von SENGE (1998) ausgeführt:

→ **Systemdenken**
Wiederkehrende Prozesse und Situationen bilden Muster. Um die für das eigene Handeln relevanten Muster zu erkennen und darin handlungsfähig zu sein,

erscheint es beispielsweise günstig, immer wieder die Perspektiven und Ebenen zu wechseln. Diese Disziplin, das Denken auf systemtheoretischer Basis, ist auch die integrative Disziplin, die alle nachfolgenden miteinander verknüpft und sie zu einer einheitlichen Theorie und Praxis zusammenfügt.

→ Mentale Modelle

Unter «Mentalen Modellen» versteht SENGE «tief verwurzelte Annahmen, Verallgemeinerungen oder auch Bilder und Symbole, die großen Einfluss darauf haben, wie wir die Welt wahrnehmen und wie wir handeln. Sehr oft sind wir uns dieser mentalen Modelle oder ihrer Auswirkungen auf unser Verhalten nicht bewusst» (SENGE 1998, 17). Sich dieser mentalen Modelle ansatzweise bewusster zu werden, sie in ihren Auswirkungen ein kleines Stück klarer zu haben, das erscheint als eine hohe Kompetenz von Führungskräften.

→ Eine gemeinsame Vision entwickeln

Die Fähigkeit, gemeinsame Vorstellungen von der Zukunft, d.h. eine gemeinsame Vision zu erzeugen, gilt als grundlegendste Führungsidee erfolgreicher Organisationen. Dazu gehört die Fähigkeit, «gemeinsame ‹Zukunftsbilder› freizulegen, die nicht nur auf Einwilligung stoßen, sondern echtes Engagement und wirkliche Teilnehmerschaft fördern» (SENGE 1998, 18f.).

→ Team-Lernen

Teams haben in bestimmten Bereichen und Situationen ein ungeheures Potenzial zu Kreativität, komplexem Denken, koordiniertem Handeln und zu höchster Handlungsfähigkeit. Es stellt sich die Frage, wie ein Team dazu kommt, diese Fähigkeiten zu erwerben und sich auch danach zu verhalten? Nach SENGE beginnt das Team-Lernen mit dem «Dialog», «mit der Fähigkeit der Teammitglieder, eigene Annahmen ‹aufzuheben› und sich auf ein echtes ‹gemeinsames Denken› einzulassen» (SENGE 1998, 19). Und diesen Rahmen zu schaffen wird damit zur Führungsaufgabe.

→ Personal Mastery

In einem Artikel über führungstheoretische Grundlagen ist die Disziplin der persönlichen Entwicklung von Führungskräften besonders herauszuheben. Mit der Disziplin der Selbstführung und der Persönlichkeitsentwicklung ist ein hoher Grad an Professionalität oder «Meisterschaft» gemeint, der über Fachkompetenz und Fachwissen hinausgeht und sich auf jene «persönlichen Kompetenzen» bezieht, deren Basis Selbstreflexion ist. Diese umfassenden Kompetenzen gründen

— auf dem Wissen darüber, was einem wichtig ist,
— auf der Fähigkeit, Visionen zu entwickeln, und der tiefen Überzeugung, dass man die richtigen Ziele anstrebt,
— auf der Beziehungskompetenz und dabei insbesondere auf der Fähigkeit zu Mehrperspektivität in dieser Beziehungskompetenz, zu Distanz und Nähe, zur Wahrnehmung der Verbundenheit mit der Welt und der Verbundenheit allen Seins.

Konkreter zeigt sich diese Personal Mastery darin,

— dass man eigene Handlungsmuster und eigene Wahrnehmungsmuster erkennt,
— dass man kreative und individuell positiv besetzte Ziele entwickeln und anstreben kann,
— dass man Vernunft und Intuition verbindet (darunter versteht man einerseits die Kompetenz, Ebenen auseinander zu halten – Sach- und Beziehungsebene, Tiefenstruktur und Symptomebene, usw. –, und auf der anderen Seite intuitive Analogien, Parallelen, kreative Problemlösungen zu entwickeln und als gleichwertig zu betrachten),
— dass «komplexe Aufgaben mit Anmut und Leichtigkeit zu erfüllen» sind (SENGE 1998, 198). Dies ist auch als Kompetenz zu beschreiben, komplexe Verhaltensprogramme abzuspeichern und bei Bedarf verfügbar zu haben – so beispielsweise Klavier spielen, sich in einer komplexen Organisation bewegen u.a.m. (bei SENGE ist dies dem «Unterbewusstsein» zugeordnet).
— dass Wechselbeziehungen und Rückkopplungsprozesse in allem Handeln berücksichtigt werden.

Die Konsequenzen für die Fortbildung für Führungskräfte liegen auf der Hand: Über technische Fähigkeiten, fachliche Kompetenzen hinaus sind Impulse zur Persönlichkeitsentwicklung ein zentraler Bestandteil.

3.8 Führungsmodelle für das mittlere Management

Für die Situation des mittleren Managements sind systemtheoretische Modelle des Führens gut brauchbar, wenn sie ergänzt werden mit handgreiflicheren Modellen und Theorien, wie sie weiter oben vorgestellt wurden.

Im mittleren Management treffen die Komplexität der Organisation in ihrer Mitte und die an dieser Position extrem stark entwickelte Kundenorientierung zusammen (vgl. STAHL 2004). Hier werden vielfache Kompetenzen gebraucht, um Hierarchien auszubalancieren und Fachwissen und Führungskompetenzen flexibel zu handhaben. Es sind Unternehmensbotschaften nach unten zu kommunizieren und Mitarbeitendenperspektiven nach oben weiterzuleiten. Veränderungen bedürfen an dieser Stelle einer flexiblen Begleitung und Förderung, die Mehrdeutigkeiten im Dickicht der Organisation sind konstruktiv zu interpretieren.

Führungskräften im mittleren Management ist nicht mit fixen Theorien und Rezepten, sondern mehr mit flexiblen Modellen gedient, um grundlegende Kompetenzen, so genannte Schlüsselkompetenzen, auszubilden.

3.9 Symbolische Führung

Symbolische Führungstheorien schärfen bei Führungspersonen den Blick für die Mehrdeutigkeit von Handlungen, Entscheidungen und Beziehungen. In dieser Offenheit und Mehrdeutigkeit liegen nicht nur Gefahren und Einschränkungen, sondern auch Möglichkeiten. Es geht darum, die vielfältigen und nicht kontrollierbaren Sinnzuschreibungen zu nutzen, wobei natürlich die Schwierigkeit besteht, diese Mehrdeutigkeit zu erfassen. Bedeutungen auf der Symbolebene sind zu erschließen über die Bildung von Hypothesen, die Suche nach möglichst vielschichtigen Interpretationen und vor allem durch eine Akzeptanz dieser Offenheit für Bedeutungszuweisungen durch alle Beteiligten.

Ein Beispiel, das im sozialwirtschaftlichen Kontext nicht untypisch ist, sei erwähnt: Ausgangspunkt sind Probleme unterer Führungsebenen mit ihrem Akzeptiertwerden innerhalb der Organisation. Dies wäre auf einer funktionalen Ebene zu untersuchen, gleichzeitig wäre auch die symbolische Dimension mitzudenken. Symbolischen Charakter haben beispielsweise Umgangsformen zwischen den Führungsebenen für alle beteiligten Mitarbeiter und Mitarbeiterinnen.

Damit wird symbolisiert, wie ernst Führung genommen wird, wie sehr Führungskräfte auf unteren Ebenen von «oben» ernst genommen werden. Effekte sind vielfach.

3.10 Gleichstellungsorientiertes Führen

Im öffentlichen wie im sozialwirtschaftlichen Bereich hält zunehmend *Gender Mainstreaming* Einzug (→ vgl. dazu den folgenden Beitrag von SCHÖRGHUBER/ ROSENBICHLER). Öffentliche Institutionen werden angehalten und teilweise verpflichtet, Gleichstellungsziele zu formulieren und die Implementierung von Gender Mainstreaming nachzuweisen. Teilweise werden Auftragsvergaben und Förderungen an diesen Nachweis gebunden.

Nachdem Gender Mainstreaming Führungsaufgabe ist *(top down)* und die Implementierung einem Organisationsentwicklungsprozess (auch eine Führungsaufgabe) ähnelt, entstehen hier neue Anforderungen. Welches sind Funktionen von Führungskräften im Rahmen von Gender Mainstreaming? Wie ist das Gender Mainstreaming einzuführen und durchzusetzen? Welche Bereiche der Organisation und der Umfeldbeziehungen sind davon berührt? In welcher Weise ist die Wertebene von Organisationen, ihre Kultur, ihre Normen und Tabus davon angesprochen? Wie wird Gleichstellung in Organisationen überprüft?

Diese Themen sind nun hier nicht auszuführen, da es sich weniger um Führungstheorien als um Führungsaufgaben handelt. Auf die zentrale Bedeutung dieser Aufgaben sei aber unbedingt hingewiesen.

Im Rahmen des *Diversity Management* wird von der Aufgabe ausgegangen, dass alle Mitarbeitenden eines Unternehmens mit ihren Unterschieden und Ähnlichkeiten wahrgenommen, diskriminierende Rahmenbedingungen und Kommunikationsmuster aufgespürt und gleichstellungsorientierte Strukturen und Prozesse entwickelt werden müssen. Einbezogen werden, über das Geschlecht hinaus, ethnische Herkunft, Alter, sexuelle Identität, religiöse Zugehörigkeit und andere kulturell und regional bedeutsame Unterschiede.

Die Ziele von *Diversity Management* stellen im Profitbereich natürlich auf eine Nutzensperspektive ab, die teilweise auch jenseits der ethischen Dimension und Forderungen nach einer menschenwürdigen Gesellschaft liegen. Durch die vermehrte Teilhabe aller unterschiedlichen Gruppierungen und Personen wird der Nutzen für das Gesamtsystem (Gesamtoutput) erhöht. Die langfristige Sicherung von Personalressourcen und die Kommunikation dieser Grundhaltungen nach außen sind bedeutsame Elemente dieses Ansatzes.

Wie Gender Mainstreaming ist auch Diversity Management ein tief greifendes Kulturthema, das in die Entwicklung der Organisation und ihrer Kultur einzubetten ist. Im sozialwirtschaftlichen Kontext kann die Perspektive der Gleichstellungsorientierung in zweifacher Hinsicht erfolgreich angewandt werden: Diversity Management kann den Diskurs über die Wertebasis der Organisation substanziell bereichern und zusätzlich wirtschaftlichen Nutzen bringen.

4. Zum Abschluss

Ich gehe davon aus, dass in allen Modellen brauchbare Überlegungen für Führungskräfte stecken. Sie können unterstützen, das Alltagshandeln weiter zu professionalisieren, können vor heiklen Interventionen Entscheidungshilfen geben und das persönliche Führungshandeln reflektieren helfen. Alle genannten Modelle können nützlich sein, die Auseinandersetzung mit dem individuellen Führungshandeln zu vertiefen.

Viele dieser Überlegungen sind aber nicht einem Kochrezept entsprechend anzuwenden und bedürfen einer intensiveren Auseinandersetzung. Es handelt sich ja um Modelle der Entwicklung von Personen und Organisationen.

Literatur

ANTONS, Klaus (1998): Praxis der Gruppendynamik (7. Aufl.). Göttingen [u.a.]: Hogrefe.

ARDELT-GATTINGER, Elisabeth (Hrsg.) (1998): Anspruch und Wirklichkeit in der Arbeit in Gruppen. Göttingen: Verlag für angewandte Psychologie (Schriftenreihe Psychologie für das Personalmanagement).

BADELT, Christoph (Hrsg.) (2002): Handbuch der Nonprofit Organisation. Strukturen und Management (3., überarb. und erw. Aufl.). Stuttgart: Schäffer-Poeschel.

FOERSTER, Heinz VON/GLASERSFELD, Ernst von (1999): Wie wir uns erfinden: Eine Autobiographie des radikalen Konstruktivismus (Konstruktivismus und systemisches Denken). Heidelberg: Carl-Auer-Systeme.

KRIZ, Willy Christian (1997): Lernziel: Systemkompetenz. Planspiele als Trainingsmethode. Göttingen: Vandenhoeck & Ruprecht.

LANGE, Reingard (1999): Unternehmenskulturen. Was Führungskräfte von sozialwirtschaftlichen Organisationen brauchen. In: Visionen in Entwicklung begriffen. Schriften aus Lainz 14, 48–55.

MAJCE-EGGER, Maria (Hrsg.). (1999): Gruppentherapie und Gruppendynamik – Dynamische Gruppenpsychotherapie: theoretische Grundlagen, Entwicklungen und Methoden. Wien: Facultas (Bibliothek Psychotherapie, Bd. 9).

NEUBERGER, Oswald (2002): Führen und führen lassen: Ansätze, Ergebnisse und Kritik der Führungsforschung (6., völlig neu bearb. und erw. Aufl.). Stuttgart: UTB/Lucius & Lucius.

PECHTL, Waldefried (1995): Zwischen Organismus und Organisation (3. Aufl.). Linz: Veritas.

ROSENSTIEL, Lutz von/COMELLI, Gerhard (2003): Führung zwischen Stabilität und Wandel. München. Vahlen.

ROSENSTIEL, Lutz von (1999): Grundlagen der Führung. In: Lutz von ROSENSTIEL/Erika REGNET/Michel E. DOMSCH (Hrsg.): Führung von Mitarbeitern. Handbuch für erfolgreiches Personalmanagement (S. 3–22). Stuttgart: Schäffer-Poeschel.

SCHINDLER, Raoul (1999): Rangdynamik in Anwendung. In: Maria MAJCE-EGGER (Hrsg.): Gruppentherapie und Gruppendynamik – Dynamische Gruppenpsychotherapie: Theoretische Grundlagen, Entwicklungen und Methoden (S. 271–286). Wien: Facultas.

SENGE, Peter M. (1997): Das Fieldbook zur Fünften Disziplin (2. Aufl.). Stuttgart: Klett-Cotta.

SENGE, Peter M. (1998): Die fünfte Disziplin: Kunst und Praxis der lernenden Organisation (6. Aufl.). Stuttgart: Klett-Cotta.

STAHL, Heinz K. (2004): Stützen des Unternehmens. In: Harvard Business Manager, 4, 24–35.

WILLKE, Helmut (1998): Systemisches Wissensmanagement. Stuttgart: UTB/ Lucius & Lucius.

WUNDERER, Rolf (2003): Führung und Zusammenarbeit. Eine unternehmerische Führungslehre. München: Luchterhand.

Karl Schörghuber/Ursula Rosenbichler

Gender Mainstreaming in sozialwirtschaftlichen Organisationen

Der folgende Beitrag stellt sich der Herausforderung, eine relativ neue, komplexe Thematik auf wenigen Seiten und in nachvollziehbarer Weise darzustellen, ohne unzulässig zu vereinfachen. Wir versuchen es in der Form, dass *Gender Mainstreaming* (GM) und Gleichstellung langsam entwickelt werden, um so zum theoretischen und praktischen Herzstück des Vorgehens zu kommen, nämlich zur Beschreibung der Umsetzung von GM in Organisationen. Als roter Faden dient uns die These, dass es bei der Strategie des Gender Mainstreaming nicht mehr um Frauen und Männer als Personengruppen geht, sondern um *Beziehungen* zwischen Frauen und Männern *in einem prägenden Umfeld*. Einfach dahingestellt und doch komplex in den Auswirkungen.

1. Gender Mainstreaming und Gleichstellung der Geschlechter

Gender Mainstreaming (GM) ist eine Strategie, um Gleichstellung von Frauen und Männern in der Öffentlichkeit, in Politik und Verwaltung zu erreichen. Diese Strategie sollte in allen Bereichen eines politischen Systems oder einer Organisation verankert werden. Bei allen Entscheidungen ist eine geschlechterbezogene Sichtweise zu berücksichtigen und sind die Wirkungen auf Frauen, Männer und Mann-Frau-Verhältnisse zu überlegen. Gender Mainstreaming ist damit eine Querschnittsmaterie, was heißt, dass Strukturen und Prozesse einer Organisation dementsprechend zu entwickeln sind.

Das Konzept des GM wurde Mitte der neunziger Jahre in die Politik der EU eingeführt. Bekannt geworden ist die Strategie im Rahmen der internationalen Entwicklungszusammenarbeit. 1985 wurde auf der dritten Welt-Frauenkonferenz der Vereinten Nationen in Nairobi 1985 diese neue Form der Gleichstellungspolitik vorgestellt. Die Vereinten Nationen nahmen sich dieses Themas an, und auch in der EU wurden Initiativen gesetzt. Jetzt gilt die Umsetzung von GM in allen politischen Bereichen und in jeder Maßnahme in der EU als verbindlich. Rechtsgrundlage ist der Amsterdamer Vertrag aus dem Jahr 1999. Dementsprechend haben sich höchste politische Vertretungen in Europa, wie zum Beispiel auch die österreichische Bundesregierung, politisch und rechtlich verpflichtet, die Strategie des Gender Mainstreaming in alle politischen Konzepte und Handlungsfelder einfließen zu lassen. Diese Verpflichtung wird in einigen öffentlichen Bereichen zunehmend wirksam und tangiert auch sozialwirtschaftliche Organisationen. So sind vielfach Aufträge und Förderungen an den Nachweis des umgesetzten GM und der Gleichstellungsorientierung gebunden.

Für den Durchbruch des Gender Mainstreaming und die hohe Bedeutung, die damit der Gleichstellung der Geschlechter gegeben wird, können vielerlei Entwicklungsstränge ausgemacht werden. So ist beispielsweise der ethische Begründungs- und Entwicklungsstrang zu nennen, wonach eine Gleichstellung von Menschen unterschiedlicher Hautfarbe, unterschiedlichen Geschlechts usw. ein Gebot der Menschenwürde ist. Frauenpolitik, Frauenforschung und Theorien, die sich mit der Konstruktion von Geschlecht und Geschlechterverhältnissen auseinander setzen, sowie demokratiepolitische Veränderungen haben ebenfalls die Einführung der Politik des Gender Mainstreaming stark begünstigt. Selbstverständlich gibt es auch massive wirtschaftliche Überlegungen und Argumente, die helfen, die Gender-Thematik in den «Mainstream» zu befördern: Die chancengleiche Beteiligung von Frauen und Männern im öffentlichen Leben wie auch in den einzelnen Organisationen und Unternehmen eröffnet den Gesellschaften in wirtschaftlicher und gesellschaftspolitischer Hinsicht eine Steigerung von Qualität und Effektivität und führt zu einer Dynamisierung des gesellschaftlichen und wirtschaftlichen Lebens. Natürlich ist aber gerade bei eindimensional wirtschaftlichen Begründungen für die Einführung von Gender Mainstreaming die Gratwanderung zwischen Nutzen und Be-Nutzen von Personen und Wertvorstellungen immer wieder zu diskutieren.

Wenig Raum geben wir in unseren Ausführungen aus Platzgründen der Herleitung der einzelnen Begriffe. Ihre Herkunft sei kurz angedeutet, auf Diskussionen im Hintergrund gehen wir nicht näher ein. Unter *sex* wird das biologische Geschlecht verstanden, *gender* bezeichnet das soziale Geschlecht, wie es im Laufe der gesellschaftlichen Entwicklung und der individuellen Sozialisation angeeignet und zugewiesen wird. Um *gender* in den «Mainstream» zu bringen, ist dieses soziale Geschlecht in allen Bereichen, auf allen Ebenen und in allen Prozessen zu berücksichtigen.

2. Gleichstellung als dynamisches Ziel

Bevor die Strategie des Gender Mainstreaming genauer erklärt wird, halten wir fest: Ihr Ziel ist *Chancengleichheit*, das heißt die Gleichstellung von Frauen und Männern im öffentlichen, beruflichen und privaten Bereich.

Das Thema «Gleichstellung von Frauen und Männern» nimmt bekannte Forderungen auf, die noch immer berechtigt sind. Die Ungleichstellung zeigt sich nicht nur in den Zahlen: von Frauen und Männern in Führungsfunktionen, in bestimmten Beschäftigungsverhältnissen, bei der Einkommenshöhe usw. Hinter diesen Zahlen stehen – quasi verdeckt – vielschichtige Handlungsnormen, System«zwänge», Rollenbilder und gesellschaftlich wirksame Haltungen und Einstellungen. Die Mechanismen von Gleichstellung und Ungleichstellung sind tief in den Werten, Normen und Strukturen einer Gesellschaft verwurzelt und lassen sich teilweise schwer aufspüren, erscheinen doch gesellschaftliche Verhältnisse und Handlungsweisen von Frauen und Männern gewohnt und plausibel, gleichsam natürlich und naturgegeben. Die Auswirkungen dieser Mechanismen sind dann auf einer Zahlenebene deutlich wahrnehmbar.

Ob Gleichstellung «beobachtet» und festgestellt werden kann oder nicht, hängt aber davon ab, wie hingesehen wird:

— mit welchen Vorannahmen (Wertvorstellungen, individuelles und gesellschaftliches Umfeld);

— vor dem Hintergrund welcher Erfahrungen (Sozialisation als Frauen und Männer, in bestimmten Geschlechterverhältnissen aufgewachsen);

— mit welchen Hilfsmitteln (Statistiken, Strukturanalysen, Analyse von Mythen und Normen ...);
— mit welchen heimlichen oder offenen Zielen.

Was bedeutet nun Gleichstellung? – Gleichstellung ist zu definieren als «gleichgestellte» Handlungsmöglichkeiten von Frauen und Männern, wobei die Bewertung dieser individuellen Möglichkeiten auch aus einer Außenperspektive und vor dem Hintergrund statistischer Daten zu berücksichtigen ist. Welche Handlungsmöglichkeiten Personen haben und ob diese Handlungsmöglichkeiten tatsächlich gleichgestellt sind, hängt nur zu einem Teil von den Personen selbst ab. Entscheidend sind die Rahmenbedingungen, unter denen sie leben. Und die sind so zu gestalten, dass gleiche Chancen für Frauen und Männer ermöglicht werden.

Damit wird deutlich: Es geht weniger um Maßnahmen auf der Ebene der Person, der Sensibilisierung von Personen oder der Überzeugung, dass Frauen/ Männer eben in Zukunft so oder so handeln oder denken müssten. Vielmehr ist die Strukturebene angesprochen, zentral ist die Gestaltung und Veränderung von Rahmenbedingungen für das Handeln des Einzelnen.

Auf der Personenebene mag vieles, was Diskriminierung ist, nicht als solche wahrgenommen werden, auf einer allgemeineren Ebene sieht das aber manchmal auch anders aus. So ist beispielsweise der einzelnen Hausfrau nicht vorzuwerfen, dass sie nicht mehr beruflich tätig sein will und dies absolut nicht als Ergebnis einer Diskriminierung sieht. Es sind die Rahmenbedingungen eben so, dass bestimmte Wünsche, Interessen usw. nicht entstehen bzw. nicht entstehen können. Es ist auch dem einzelnen Mann nicht vorzuwerfen, dass er eine Führungsposition hat und viele gleich qualifizierte und geeignete Frauen diese nicht haben.

Es sind auch hier die Rahmenbedingungen zu hinterfragen, wie Führungskräfte gefördert, rekrutiert und installiert werden.

Die Gestaltung gleichstellungsorientierter Strukuren und Rahmenbedingungen ist der Auftrag an die politisch Verantwortlichen und jeweiligen Führungskräfte in den Teilsystemen: von der Politik auf allen Ebenen bis zu den Leiterinnen und Leitern von Organisationen und Unternehmen.

Vielfach ist unklar, welche Rahmenbedingungen und welche kulturellen Ausprägungen entscheidend sind und wie sie zu gestalten sind, um Chancengleichheit zu ermöglichen. Zur Klärung dieser Frage ist ein Prozess in Gang zu setzen, in welchen alle Beteiligten und Betroffenen verantwortlich und chancengleich miteinbezogen werden. Die Formulierung von Gleichstellungszielen unterliegt einem politischen bzw. einem unternehmensbezogenen Aushandlungsprozess. Und dieser Prozess des Aushandelns scheint eine zentrale Konsequenz des untrennbaren Pakets aus Gender Mainstreaming und Gleichstellungszielen zu sein.

Gender Mainstreaming ist abhängig von der Schaffung von Kommunikationsräumen, in die alle Beteiligten und Betroffenen miteinbezogen werden, um eben kontinuierlich an der Formulierung von Gleichstellungszielen mitzuwirken. Gleichstellung kann, so gesehen, nicht alleine von außen verordnet oder gestaltet werden, sie kann auch nicht alleine von den Personen als vorhanden oder nicht vorhanden betrachtet werden, sondern braucht die kontinuierliche Verhandlung im System. Und das ist nicht nur die Erschwernis, sondern auch der Nutzen für die Systeme.

So verstanden, bedeutet Gender Mainstreaming einen Schritt in Richtung Demokratisierung und Modernisierung der Gesellschaft, wie die EU-Kommission schon 1996 feststellte:

> *«Die Förderung der Gleichstellung ist nämlich nicht einfach der Versuch, statistische Parität zu erreichen: Da es darum geht, eine dauerhafte Weiterentwicklung der Elternrollen, der Familienstrukturen, der institutionellen Praxis, der Formen der Arbeitsorganisation und der Zeiteinteilung usw. zu fördern, betrifft die Chancengleichheit nicht allein die Frauen, die Entfaltung ihrer Persönlichkeit und ihre Selbständigkeit, sondern auch die Männer und die Gesellschaft insgesamt, für die sie ein Fortschrittsfaktor und ein Unterpfand für Demokratie und Pluralismus sein kann.»*

> (Kommissionsmitteilung zur «Einbindung der Chancengleichheit in sämtliche politische Konzepte und Maßnahmen der Gemeinschaft» 1996).

3. Gender Mainstreaming als Strategie

Gleichstellung ist das Ziel, aber damit sind noch keine bestimmten Maßnahmen und Tätigkeiten zur Erreichung definiert. Zur Beschreibung des Weges und der Maßnahmen, die geeignet sind, das Ziel zu erreichen, wird nun Gender Mainstreaming als Strategie formuliert. Die folgende Definition kann als konkrete Handlungsanweisung angesehen werden:

«Gender Mainstreaming besteht in der (Re-)Organisation, Verbesserung, Entwicklung, Evaluation politischer Prozesse mit dem Ziel, eine geschlechterbezogene Sichtweise in alle politischen Konzepte, auf allen Ebenen, in allen Phasen, durch und für alle an politischen Entscheidungen beteiligte und betroffene Akteurinnen und Akteure einzubeziehen» (erweitert nach: Europarat Straßburg 1998).

In der Definition der EU-Kommission ist Chancengleichheit auch als Ziel genannt: Es geht darum, «die Bemühungen um das Vorantreiben der Chancengleichheit nicht auf die Durchführung von Sondermaßnahmen für Frauen zu beschränken, sondern zur Verwirklichung der Gleichberechtigung ausdrücklich sämtliche allgemeinen politischen Konzepte und Maßnahmen einzuspannen» (Kommissionsmitteilung zur «Einbindung der Chancengleichheit in sämtliche politische Konzepte und Maßnahmen der Gemeinschaft» 1996).

Das Hauptaugenmerk liegt damit auf der Veränderung von Strukturen. Die Gestaltung und Veränderung von (politischen) Rahmenbedingungen für das Handeln der oder des Einzelnen rückt in den Mittelpunkt. Erreicht wird das durch die Einführung der Gender-Perspektive in allen Verantwortungsbereiche: Auf EU-Ebene sind andere Prozesse aus der Gender-Brille zu planen, umzusetzen und zu evaluieren als auf Bezirksebene. Im Bezirk gibt es andere Entscheidungsspielräume und sind daher andere Gleichstellungsziele zu definieren als für Leiterinnen und Leiter eines Kindergartens.

Hier wird deutlich:

— Es sind in einem ersten Schritt Verantwortungsbereiche zu definieren und Entscheidungsspielräume abzugrenzen.
— In einem weiteren Schritt sind Ziele zu definieren, die im Hinblick auf Gleichstellung zu reflektieren und zu überprüfen sind.
— Schließlich sind die einzelnen Schritte von der Planung bis zur Überprüfung der Wirkung der Maßnahmen aus Gender-Perspektive zu strukturieren.

Das bedeutet, auf ein einzelnes Vorhaben, ein Projekt umgelegt, dass nach einer Abgrenzung des Projektes nicht nur Gleichstellungsziele zu entwickeln sind, sondern auch alle Prozesse, Strukturen und Ergebnisse im Hinblick auf deren Wirkungen auf Frauen, Männer und insbesondere auf Frau-Mann-Beziehungsverhältnisse überprüft werden müssen. Die Implementierung von Gender Mainstreaming und Gleichstellungszielen in einem Projekt entspricht grundsätzlich den gängigen Vorgehensweisen und Prinzipien in Projekten zur Sicherung und Entwicklung von Qualität, wobei einige hier nicht näher auszuführende Punkte einer besonderen Berücksichtigung bedürfen.

Dieses Vorgehen soll anhand einer Skizzen verdeutlicht werden:

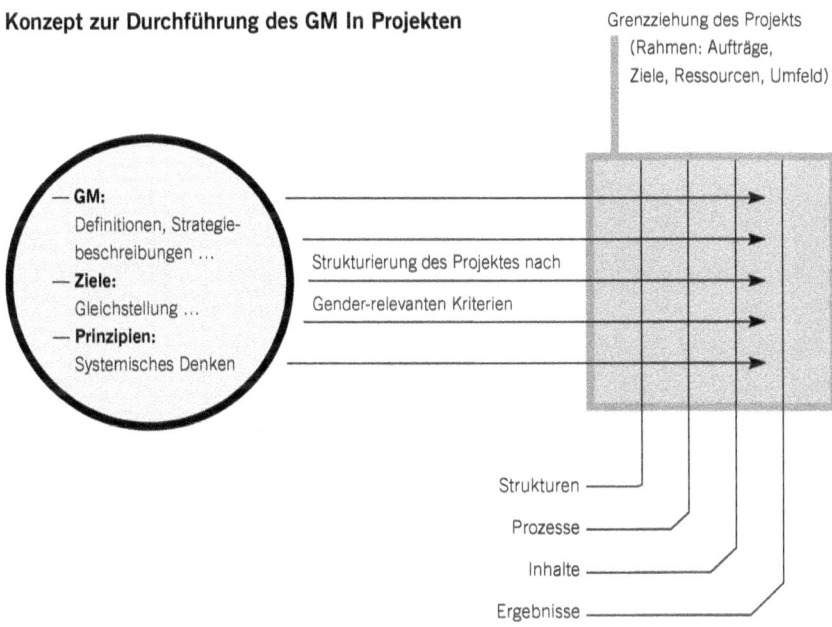

Konzept zur Durchführung des GM In Projekten

Grenzziehung des Projekts
(Rahmen: Aufträge,
Ziele, Ressourcen, Umfeld)

— **GM:**
Definitionen, Strategie-
beschreibungen ...
— **Ziele:**
Gleichstellung ...
— **Prinzipien:**
Systemisches Denken

Strukturierung des Projektes nach
Gender-relevanten Kriterien

Strukturen
Prozesse
Inhalte
Ergebnisse

Erfahrungsgemäß führt die Implementierung von Gender Mainstreaming zu einer Qualitätssteigerung des Projektes und zu einer Erhöhung der Gesamteffektivität, auch wenn anfangs sicherlich die Komplexität steigt.

4. Nutzen von Gender Mainstreaming

Bevor die Umsetzungsmöglichkeiten genauer beschrieben werden, gilt es, mögliche Zielbereiche und Nutzensrichtungen von Gender Mainstreaming und gleichstellungsorientierten Maßnahmen aus sozialwirtschaftlicher Sicht zu fokussieren. Diese Zielbereiche bilden mögliche Ansatzpunkte für Impulse der Umsetzung.

Gender Mainstreaming bringt Unternehmen mehrfachen Nutzen:

— Weibliche und männliche Beschäftigte können vermehrt ihre Potenziale einbringen und erweitern;
— die Zufriedenheit der Mitarbeiter/innen wird erhöht, und das Arbeitsklima wird verbessert;
— die Organisationskultur erhält einen Entwicklungsimpuls;
— Innovation und Kreativität werden durch das Nutzen von Unterschieden und die Überwindung von Elementen der Monokultur erhöht;
— die Qualitätsentwicklung wird forciert und die Effektivität gesteigert.
— Das Gleichstellungsprinzip fördert die soziale Verantwortung innerhalb des Unternehmens, unterstützt die Entwicklung gemeinsamer Wertvorstellungen, verbessert die Orientierung an Kundinnen und Kunden und ist auch dem Image des Unternehmens förderlich.
— Damit trägt der Gender-Mainstreaming-Ansatz zum Gelingen der betrieblichen Organisations- und Qualitätsentwicklung bei und leistet einen Beitrag zur langfristigen Sicherung der Wettbewerbsfähigkeit.

Die Effekte von Gender Mainstreaming und Gleichstellung bewegen sich, zusammengefasst, in zwei Dimensionen:

1. Eine ethische Dimension: Inwieweit fühlt sich eine Organisation einer Werteebene und deren Gestaltung verpflichtet, inwieweit fühlt sie sich für die gesellschaftlichen Entwicklungen verantwortlich?
2. Optimierung der Leistungsfähigkeit der Organisation: Qualität der Strukturen und Prozesse der Organisation, Qualität und Effektivität der öffentlichen Wirksamkeit der Leistungen und Wertvorstellungen des Unternehmens und des Auftritts auf dem Markt.

Geht man davon aus, dass sich sozialwirtschaftliche Organisationen mit Entwicklungen und Veränderungen von Menschen beschäftigen, dann ist die erste der beiden Dimensionen eine zentrale Entwicklungsperspektive für diese Organisationen.

Geschieht diese Leistungsbereitstellung in einem gesellschaftspolitischen Umfeld, in dem Effizienz, Effektivität und betriebswirtschaftliche Kosten-Nutzen-Rechnungen immer bedeutsamer werden, kann die zweite angeführte Dimension als eine zusätzliche «Entscheidungshilfe» für die Implementierung von Gender Mainstreaming angesehen werden.

5. Konkrete Umsetzung von Gender Mainstreaming in Organisationen

Die Maßnahmen zur Implementierung von Gender Mainstreaming mit dem Ziel der gleichstellungsorientierten Gestaltung des Unternehmens in seinen Innen- und Außenbeziehungen, sind – wie schon angedeutet – den Prozessen der Organisationsentwicklung sehr ähnlich. Gender Mainstreaming bedeutet nicht, neue Methoden oder grundlegende Vorgehensweisen zu erfinden, sondern es ist auch mit den vorhandenen Instrumenten effektiv und nutzbringend durchzuführen. Diese stammen – logisch weitergedacht – aus den Bereichen der Qualitätsentwicklung und Organisationsentwicklung.

5.1 Die formale Vorgehensweise

Welches sind erste Schritte in einem Gender-Mainstreaming-Prozess? Der Prozess dieses «Gender-Mainstreamens», des Überprüfens und Entwickelns von Strukturen und Prozessen im Hinblick auf die geschlechterspezifischen Wirkungen, folgt einem bekannten Muster:

Anwendung der Entwicklungs-Schleife auf die Materie GM

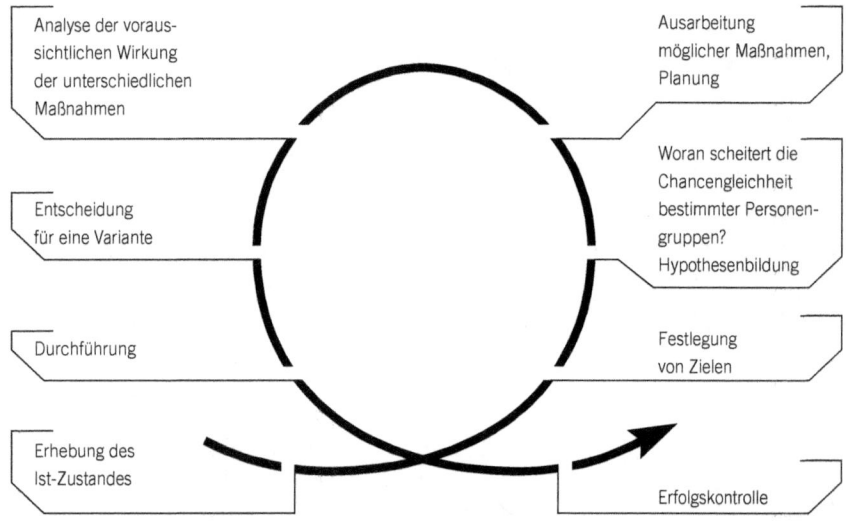

1. Es sind entsprechend dem projektorientierten Vorgehen Ist-Analysen durch-
    zuführen und Zielbereiche abzustecken. Darin erhalten Gleichstellungs-
    analysen und Gleichstellungsziele einen besonderen Stellenwert.
    Die zu erarbeitende Ist-Analyse muss einer Reflexion auf Gender-Ebene
    unterliegen. D.h., die Ist-Analyse einer Organisation oder eines Organisa-
    tionsteils enthält zusätzliche Fragen und Beschreibungen zum Geschlech-
    terverhältnis innerhalb der Organisation, zu vermuteten Wirkungen von
    Arbeitszeiten auf Frauen und Männern, zu geschlechterspezifischen Impli-
    kationen bei der Suche, Ansprache und Auswahl von Mitarbeitenden usw.
    Wie bei allen Ist-Analysen sind dabei die Beschreibungsperspektiven zu
    wählen. Es sind nicht nur die unternehmensrelevanten Funktionsgruppen
    zu erfassen, sondern auch die Verhältnisse von Frauen und Männern
    darin, wobei hier wiederum die besonderen Dienstverhältnisse und indivi-
    duellen Rahmenbedingungen der Frauen und Männer zu berücksichtigen
    sind.

Um eine gemeinsame Sicht des Ist-Standes zu ermöglichen, braucht es einen Austausch zu dieser Ist-Analyse in der Organisation und dazu einer sorgfältigen Gestaltung und Vorbereitung. Es sind dabei beispielsweise folgende Fragen zu berücksichtigen: Wie sieht der Kommunikationsprozess von Frauen und Männern im Austauschprozess zur Ist-Analyse aus? Inwieweit ist dabei eine gleichgestellte Teilnahme und Wirksamkeit zu gewährleisten? Wie ist die Verhandlung der Gleichstellungsfrage gleichwertig mit anderen Entwicklungsfeldern einer Organisation, wie beispielsweise der Qualitätsanalyse oder der Erhöhung der Produktivität auf technischer Ebene, zu verhandeln?

Heikel wird die Ist-Analyse im sozialwirtschaftlichen Bereich, wenn es um die Werteebene geht, wo die Gleichstellung der Geschlechter und die in den Tiefenstrukturen einer Organisation verankerten Vorstellungen von Frauen, Männern und Geschlechterverhältnissen nicht unbedingt zusammenpassen, wenn jene Bilder von den Aufgaben einer Frau oder eines Mannes in der Gesellschaft, die innerhalb einer Organisation existieren, nur wenig kompatibel sind mit gleichgestellten Möglichkeiten von Frauen und Männern.

2. Entsprechend dem zielorientierten Vorgehen ist mit der Ist-Analyse auch eine Zielbestimmung auf mehreren Ebenen auszuarbeiten. Hierbei sind Gleichstellungsziele auszuformulieren – jene Ziele gleichsam durchdringend, die auf den einzelnen Ebenen der betriebswirtschaftlichen Unternehmensführung, der Aufbau- und Ablaufprozesse, des Marketings und der Leitbildentwicklung definiert werden.

3. Im Gender Mainstreaming ist, abweichend vom bekannten Vorgehen, nochmals der Weg zurück zum Ist-Stand zu wählen. Es sind Hypothesen darüber anzustellen, welche der derzeitigen Bedingungen in der Organisation die Gleichstellung von Frauen und Männern erschweren oder behindern und wie diese Bedingungen zu erklären sind. Die möglichen Entstehungsmechanismen eröffnen ein komplexeres und genaueres Bild über gender-wirksame Faktoren in der Organisation und deren Zusammenspiel. Diese Hypothesen sind über die geeignete Wahl der Zieldefinitionen hinaus für die Ausarbeitung von Planungsalternativen von großer Bedeutung.

An einem Beispiel verdeutlicht: Kann das Ziel der Einführung einer Quote noch als Ziel angesehen werden angesichts der bisherigen Erfahrungen mit

Quoten in der jeweiligen Organisation? Unabhängig davon, dass eine Quote zumeist nur wenig über Gleichstellung aussagt und mehr eine Maßnahme als ein Ziel auf Gleichstellungsebene darstellt, ist Skepsis angebracht, inwieweit hier nicht eine weitere Wiederholungsrunde gezogen wird und andere Zielformulierungen im Hinblick auf Gleichstellung effektiver und vorrangiger wären.

4. In der Folge sind entsprechende Veränderungsprozesse zu planen (Architektur eines Entwicklungsprozesses sowie dessen inhaltliche Füllung), in dem Beratungsangebote externer Expertinnen und Experten nützlich sein können. Da viele der Ziele und Maßnahmen im Bereich der Gleichstellung und des Gender Mainstreaming auf Tiefenebenen abzielen und die Organisationskultur miteinbeziehen, erscheint ein externer Beratungsprozess günstig.

5. Im Rahmen dieser Entwicklungsprozesse können nun die unterschiedlichsten Methoden und Bausteine eingesetzt werden: Von Leitbildentwicklung, Strategieklausuren und Organisationsstrukturveränderungen bis zu Maßnahmen der Personalentwicklung sind vielerlei Zwischenschritte möglich. Es sind auch punktuelle Maßnahmen möglich und als ein Einstieg in Prozesse der Organisations- und Qualitätsentwicklung zu sehen.

6. Auch die Evaluation der Maßnahmen ist wie bei allen Unternehmensentwicklungsprojekten auch insofern großes Augenmerk zu richten, da an dieser Stelle die weiteren Lernprozesse der Organisation angestoßen und optimiert werden können.

Diese grundlegenden Vorgangsweisen zur Umsetzung von Gender Mainstreaming und zur Formulierung von Gleichstellungszielen sind natürlich auf die jeweiligen Organisationen und Situationen anzupassen.

5.2 Konkrete Instrumente

Im Gender Mainstreaming beruhen viele gängige Instrumente – und unglücklicherweise auch Denkweisen von Beraterinnen und Beratern – hauptsächlich auf der Methode des Zählens, in der Analyse und in der Umsetzung (Stichwort: *Quoten, sex-counting*). Das Schöne daran ist, dass sie «objektiv» ist und so einfach erscheint, das Kritische, dass sie in der derzeitigen Situation mit teilweise noch wenig ausgefeilten und aussagekräftigen Kennzahlensystemen bald an

Grenzen stößt, wenig Akzeptanz auf Dauer erhalten kann und damit mehr oder weniger wirkungslos wird. Dies spricht nicht gegen die quantitative Zugangsweise an sich, als Ausgangspunkt für Diskussionen ist sie höchst brauchbar. Es spricht vielmehr für einen reflektierten Einsatz, für die Notwendigkeit der Entwicklung von Kennzahlensystemen und für die Bedeutung ergänzender Maßnahmen. Nur am Rande bemerkt und hier nicht weiter ausgeführt: Die Ebene der Statistiken und Daten ist zentral im Rahmen des *Gender Budgetings*. Dieser Ansatz der geschlechtergerechten Budgetpolitik beruht auf der Erhebung und Interpretation von Daten und Statistiken.

Gender-Analysen als Ist-Analysen dienen der Sichtbarmachung der Gender-Verhältnisse in Organisationen, ein erprobtes Instrument dafür ist die in Schweden entwickelte 3-R-Methode, bei der *Repräsentationen, Ressourcen* und *Realitäten* untersucht werden, unter Umständen ergänzt um weitere R's (z.B. Rechte).

Zu den einzelnen R's werden nach Möglichkeit zahlenmäßig darstellbare Organisationswirklichkeiten abgebildet. Unter dem Stichwort *Repräsentationen* werden beispielsweise folgende Fakten erhoben:

— Wer ist an welchen Stellen/Positionen im System? Wer hat welche Funktionen und Aufgabenbereiche?
— Wer ist an welchen Ausbildungsplätzen? Wer bewirbt sich wofür?
— Wer ist im Rahmen der Familie wie gebunden? Bei neuen Maßnahmen zur Organisationsentwicklung (neue Konzepte, Zielvereinbarungen etc.) wird jeweils geprüft, wie viele Frauen und Männer von einer Maßnahme betroffen sind.

In der Kategorie *Ressourcen* wird geprüft, wie die Verteilung von Geld, Raum und Zeit zwischen den Geschlechtern geregelt sind. Um die Ressource Geld zu analysieren, werden Mittelflussanalysen geschlechtsspezifisch durchgeführt, bei der Frage nach Raum und Zeit wird beschrieben, in welcher Weise Männer und Frauen Raum nehmen und Zeit bekommen oder auch in welcher Weise sie Zeit nutzen. Bei den *Realitäten* wird – fast gegensätzlich zum Begriff – nach den Ursachen der festgestellten Repräsentationen und Ressourcenverteilungen zwischen den Geschlechtern und ihren Veränderungsmöglichkeiten gefragt, es soll auf diesem Weg eine qualitative Sicht auf das Normengefüge und die Wertestruktur der Organisation entwickelt werden. Hier ergeben sich auch die größten Schwierigkeiten in der praktischen Durchführung. Dieser Bereich kommt leicht zu kurz bzw. wird auf digital darstellbare Fakten reduziert: Welche Vorgangsweisen bei der Gestaltung von Entscheidungs- und Durchsetzungsprozessen gibt es? Wie sehen Beteiligungsmöglichkeiten von Frauen und Männern aus? Hier sind nun nicht mehr Personen, sondern Verhältnisse sowie Beziehungen und deren normative Grundlagen zu thematisieren.

Weitere R's, wie eben «Rechte» oder «Redezeiten», können ebenfalls nach diesem Schema abgearbeitet werden.

Es gibt Anlass zu zweifeln, ob über den Einsatz von Zählinstrumenten und insbesondere durch die Fokussierung auf Frauen und Männer als Personen die Reproduktion diskriminierender Geschlechterverhältnisse, das Sich-Einschleifen von Stereotypen oder die Wiederholung asymmetrischer Kommunikationsmuster erklärt oder gar verändert werden können. Die diskriminierenden, gender-wirksamen Mechanismen sind auf den Tiefenstrukturen von Systemen angesiedelt und nicht über Personenfokussierung zu beobachten (SENGE, WILLKE, SIMON u.a.). Nur: Wie kommen wir dahin? Wie hellen wir ein wenig von den impliziten Vorurteilen auf, die das Thema Gender vor der bewussten und rationalen Gestaltung so hartnäckig abschotten? Die Methode des Zählens liefert zwar hervorragende Ausgangspunkte, sie ist aber durch analoge Methoden zu ergänzen.

Vorgehensweisen, Werkzeuge und Theoriemodelle sind aus anderen Zusammenhängen ebenfalls bekannt. Eingesetzt werden:

— Vorgehensweisen der Organisationskulturentwicklung;
— analoge Methoden, die eine Ahnung möglicher zugrunde liegender Muster entstehen lassen;
— Methoden aus der Gruppendynamik, um Kommunikationsmuster beobachtbar und besprechbar zu machen (mit oder ohne des reflektiert einzusetzenden gruppendynamischen Beratungsverständnisses);
— Nutzen von Resonanzräumen und Spiegelungen als Erkenntnisraum für Organisation und deren Mitglieder;
— Einführung neuer Perspektiven durch kreative Settings in Beratungssituationen oder durch Aufstellungen;
— Erwartungsklärungen: Welches sind die Erwartungen an Frauen und Männer? Auf welchen Ebenen werden an Frauen und Männer Erwartungen gebildet?
— u.a.m.

Diese Zugangsweisen thematisieren allesamt Beziehungssysteme. Um Systeme angemessen beschreiben zu können und um in ihnen handlungsfähig zu sein ist es günstig, weniger die einzelnen Elemente zu sehen, sondern die Beziehungen zwischen den Elementen. Um Gleichstellung zwischen zwei oder mehreren Elementen begreifen zu können, um jene Prozesse, die zu Ungleichstellung oder Gleichstellung führen auch nur ansatzweise erklären zu können, muss der Fokus weg von der Person und hin zu Beziehungen zwischen Personen und Beziehungen zwischen Personen und ihrer Umwelt gehen. Und diese Beziehungen ruhen auf einem breiten Fundament aus Haltungen, Normen, kulturellen Annahmen, impliziten Vorannahmen und unbewussten Wissensfragmenten. Vor diesem Hintergrund sind die Methoden des Gender Mainstreaming auszuwählen und in ihrer Wirkung zu überprüfen, inwieweit sie geeignet sind, im System den Blick auf Beziehungen, Rahmenbedingungen des Handelns, Handlungsmuster, Werthaltungen und Wirkzusammenhänge zu öffnen.

«Organisationskulturen sind unsichtbar, sie werden gewöhnlich unbewusst gelebt, vermögen aber gleichsam viel zu bewegen» (ROEHL 2002, 44).

5.3 Zwei Beispiele

Anhand zweier Beispiele soll die Denkweise des Gender Mainstreaming und der Gleichstellungsorientierung verdeutlicht werden.

Im ersten Beispiel wird Gender Mainstreaming in seiner Integration in das «traditionelle» Vorgehen der Organisations-und Managemententwicklung gezeigt, im zweiten wird anhand einer Frauenförderungsmaßnahme der Unterschied zum Gender Mainstreaming verdeutlicht.

Das erste Beispiel führt uns in eine Organisation, in der im Rahmen einer Managemententwicklung auch Organisationsentwicklungsmaßnahmen erarbeitet werden und die Gleichstellungsorientierung befördert werden soll. Im Rahmen der Ist-Analyse werden dem Auftrag entsprechend mehr die Managementkompetenzen, die Rahmenbedingungen des Führens sowie Strukturen und Prozesse beobachtet und analysiert, wobei hier neben den Perspektiven der klassischen Management- und Organisationsanalyse auch die Gender-Perspektive zentral mitgedacht wird. Im Verlauf der Beratungsprozesse und Fortbildungsmaßnahmen wird das Thema Gleichstellung immer bedeutsamer, und die

Themen Gender Mainstreaming und (hier nicht weiter mitdiskutiert, in der Praxis jedoch wenig trennbar) *Diversity Management* kommen langsam auf den Tisch. Nun können die Informationen aus der Ist-Stand-Erhebung auch eingebracht werden, können vom System angenommen werden. Es werden Gleichstellungsziele diskutierbar und Maßnahmen zur Gleichstellung erarbeitet und beschlossen. So wird beispielsweise die Kommunikationskultur in den Pausen an den Kaffeetischen beredet. Die Tatsache, dass Frauen dort weniger zu finden sind, was mit den Gesprächsthemen und Späßen zu tun haben könnte, wird für interne Kommunikations- und Entwicklungsprozesse als hinderlich eingestuft, aber genauso auch für individuelle Karrieren, die auch von diesen Informationen abhängen. Änderungen werden angedacht und durchgeführt.

In einem zweiten Beispiel wird die Einführung eines Mädchenzimmers in einer großen technischen Schule beschrieben. Da der Mädchenanteil an der Schule sehr gering ist und gesteigert werden soll, überlegen sich engagierte Lehrerinnen, ein Mädchenzimmer einzuführen. Dies gelingt nach zähem Ringen und unter großem Einsatz. Das Zimmer erhält nach einer kurzen Anlaufphase großen Zuspruch der Mädchen, im Laufe der Zeit wird es allerdings immer weniger frequentiert und schließlich kaum mehr. Was ist passiert? Das Mädchenzimmer wurde im System Schule zu einem Symbol für die Unterstützungsbedürftigkeit der Mädchen, für deren geringere Leistungsfähigkeit und – pointiert formuliert – für ihre «Dummheit». Das Mädchenzimmer, als eine Maßnahme der Frauenförderung gedacht, verkehrte sich in deren Gegenteil, die Mädchen müssen sich fast vor ihr schützen.

Unseres Erachtens kann es nun nicht darum gehen, die Maßnahme «Mädchenzimmer» in den Mistkübel der Geschichte zu werfen, es können auch nicht die Männer, die abwerten, als «Schuldige» ausfindig gemacht werden, und auch nicht die Mädchen, die sich abwerten lassen. Entsprechend der oben ausgeführten Herangehensweise sind die «Mechanismen» der Abwertung im gesamten Schulsystem aufzuspüren.

Was ist daraus zu lernen? Würde die Schule in einen Prozess des Gender Mainstreamings einsteigen, wäre die Einführung von Mädchenzimmern im Rahmen der Gleichstellungsorientierung in der gesamten Schule zu diskutieren. Entsprechend der oben skizzierten Vorgehensweise wären die Wirkungen im Gesamtsystem zu überlegen. Möglicherweise wäre das Ergebnis dieses Prozesses durchaus die Einrichtung eines Mädchenzimmers, es wären dennoch

der Prozess und die Form der Einführung, die Einbindung der unterschiedlichen Persongruppen und die Art der gewählten Begleitmaßnahmen in einer
veränderten und hoffentlich konstruktiveren Form wirksam.

6. Nutzen für alle

Die Zweifel an den Strategien des Gender Mainstreaming sollen hier nicht ver-
schwiegen werden, und ihre Ursachen liegen eigentlich auf der Hand.

Zum Ersten ist das politische Handeln der obersten politischen Ebenen
nicht geeignet, das Vertrauen in die Vorgehensweisen des Gender Mainstreaming zu stärken. So haben sich zwar die höchsten politischen Vertretungen in
Europa wie zum Beispiel auch die österreichische Bundesregierung «politisch
und rechtlich verpflichtet, die Strategie des Gender Mainstreaming in alle politischen Konzepte und Handlungsfelder einfließen zu lassen» – so die österreichische Ministerin M. RAUCH-KALLAT in einem Vortrag an den österreichischen
Ministerrat am 9. März 2004. Angesichts vieler Maßnahmen mit gegenteiliger
Wirkung, wie beispielsweise Kindergeldregelung oder Pensionsreform, die
erwiesenermaßen Benachteiligungen von Frauen am Arbeitsmarkt oder im
öffentlichen Leben nicht verringern, sondern teilweise sogar erhöhen, werden
natürlich kritische Stimmen laut, wonach GM zwar ein viel versprechendes
Konzept sei, in der Umsetzung aber grundsätzliche Probleme auftreten würden.

Zum Zweiten könnten mit der Politik des Gender Mainstreaming auch
Konzepte der Frauenförderung und der Kampf von Frauen für Gleichberechti-
gung und Gleichstellung in den Hintergrund gedrängt werden. Die finanziellen
Mittel fließen in die Strategien des Gender Mainstreaming mit zweifelhaften
Wirkungen und kommen nicht mehr den benachteiligten Gruppen zugute.

Zum Dritten kann bei der Umsetzung des Gender Mainstreaming immer
wieder beobachtet werden, dass dieses Thema ausgelagert wird: Arbeitsgruppen ohne konkreten Auftrag und ohne konkrete Befugnisse werden gebildet,
Beauftragte für Gender Mainstreaming befinden sich auf der fünften oder
zehnten Ebene einer Institution oder eines Unternehmens, obwohl klar definiert ist, dass Gender Mainstreaming eine Aufgabe der obersten Führung ist,
würden Benachteiligte und Frauen mit Gender Mainstreaming ruhig gestellt
und in der Organisation selbst zugleich auch das Thema «Gleichstellung». Auf
diese Weise lassen sich auch etablierte Machtverhältnisse oder die weniger

offensichtlichen Benachteiligungen auf einer tieferen Ebene des öffentlichen Lebens nicht verändern.

Dennoch gehen wir hier davon aus, dass Gender Mainstreaming mit dem Ziel der Gleichstellung einen hohen gesellschaftlichen und wirtschaftlichen Nutzen auf breitester Basis beinhaltet.

Die Thesen dazu lauten:

a) Gender Mainstreaming ist ein hoch wirksames Instrument und eine effektive Strategie für das Erreichen von Gleichstellungszielen. Indem Gender Mainstreaming zur Querschnittsmaterie wird und praktisch in allen Phasen der Planung zu berücksichtigen ist, sind auch weiter reichende Zusammenhänge in politischen und organisationalen Systemen zu erfassen und tiefer greifende Muster wie Einstellungen und Werthaltungen in Beziehungen zu verflüssigen – auch wenn natürlich dazu gesagt werden muss, dass das langwierige Prozesse sind.

b) Gender Mainstreaming ist auf der Ebene der obersten Leitung zu verankern, es ist eine Führungsaufgabe genauso wie Personalmanagement, Ressourcenmanagement, Organisationsentwicklung usw. Damit sind Verantwortlichkeiten klar – sollten sie nicht wahrgenommen werden, ist wenigstens auch klar, dass dieser Aufgabenbereich der Führung nicht erfüllt wird.

c) Die Strategie des Gender Mainstreaming entfaltet neben der ethischen Wirksamkeit einen Nutzen auf (betriebs-)wirtschaftlicher Ebene (vgl. zuletzt BANAJI, BAZERMANN/CHUGH 2004) und hat – quasi als Nebenprodukt – auch den Effekt der Qualitätssicherung und Qualitätsentwicklung: Es werden bedeutsame Bereiche von Organisationen, Unternehmen und politischen Systemen aus der Gender-Perspektive betrachtet und auf grundsätzlicher Ebene reflektiert, es werden Ziele definiert und Prozesse professionalisiert.

d) Bei «unsachgemäßer» Verwendung ist Gender Mainstreaming allerdings abzulehnen. Zu nennen sind hier unprofessionelles Vorgehen bei Information und Implementierung, das Nutzen der Bezeichnung Gender Mainstreaming für alles Mögliche und Gegenteilige, die Auslagerung von Gender Mainstreaming in Abteilungen und an Beauftragte ohne Befugnisse und ohne definierte Rückbindung und das Verständnis von Gender Mainstreaming als Frauenförderung – um nur einiges anzuführen. Gender Mainstreaming ist eine komplexe Strategie wie auch die Verfahren der

Organisationsentwicklung und des Qualitätsmanagements, mit denen es auf struktureller Ebene eine hohe Ähnlichkeit aufweist. Ist nun beispielsweise Organisationsentwicklung deswegen schlecht, weil es in einem Unternehmen schlecht eingesetzt wird oder weil Führungskräfte mit den Instrumenten der Organisationsentwicklung andere Ziele als die ausgesprochenen anvisieren?

e) Gender Mainstreaming und Gleichstellung sind unabhängig von der Systemgröße zu sehen, sie betreffen große politische Systeme ebenso wie kleine überschaubare Einheiten bis hin zur Paarbeziehung. Die Methoden und Instrumente mögen andere sein, die grundsätzliche Herangehensweise ist gleich. Damit wird auch von einem breiten Begriff des Politischen ausgegangen, wonach sämtliche öffentlich wirksamen Handlungen davon erfasst werden. Gleichzeitig wird damit auch die Übertragbarkeit der Strategie des Gender Mainstreaming und der Gleichstellungsorientierung behauptet: Die Berücksichtigung dieses Prinzips kann alle sozialen Beziehungssysteme erfassen.

Damit kehren wir an den Anfangspunkt unserer Überlegungen zurück, wo wir feststellten, dass sich durch Gender Mainstreaming der Blick weniger auf die einzelnen Persongruppen und mehr auf Beziehungen richtet.

Wenn in einer modernen Gesellschaft die Rahmenbedingungen so gestaltet werden, dass Frauen und Männer gleichgestellte Handlungsmöglichkeiten haben, dass die Gestaltungsmöglichkeiten für Beziehungen zwischen den Personen von diesen selbst auch bestimmt und ausgehandelt werden können und sich somit jede Person aktiv und verantwortlich einbringen kann, ist das ein Gewinn für alle, es kann von einer *Win-Win-Situation* gesprochen werden.

Vor diesem Hintergrund gilt es, sich auf die Suche nach Erweiterungen der Möglichkeiten für Frauen und Männer, für Beziehungen zwischen Frauen und Männern und somit für die Gesellschaft insgesamt zu machen – mit dem Ziel der Chancengleichheit. Dieser Entwicklungsprozess muss die öffentlichen Institutionen erfassen und sollte – nicht zuletzt aus wirtschaftlichen Überlegungen – auch in (sozialen) Wirtschaftsunternehmen umgesetzt werden.

Literatur

BANAJI, Mahzarin.R./BAZERMANN, Max H./CHUGH, Dolly. (2004): Die Illusion der Objektivität. In: Harvard Business Manager 3, 63–73.

FOERSTER, Heinz von/GLASERSFELD, Ernst von (1999): Wie wir uns erfinden: Eine Autobiographie des radikalen Konstruktivismus (Konstruktivismus und systemisches Denken). Heidelberg: Carl-Auer-Systeme.

Kommissionsmitteilung zur «Einbindung der Chancengleichheit in sämtliche politische Konzepte und Maßnahmen der Gemeinschaft», 1996, http:// europa.eu.int/comm/employment_social/equ_opp/gms_de.html, Zugriff: 24.5.2004.

ROEHL, Heiko (2002): Organisationen des Wissens. Anleitung zur Gestaltung. Stuttgart: Klett-Cotta.

SENGE, Peter M. (1998): Die fünfte Disziplin: Kunst und Praxis der lernenden Organisation. Stuttgart: Klett-Cotta.

WILLKE, Helmut (1996–1998): Systemtheorie. Bde. I–III. Stuttgart: UTB.

Aufgabenfelder im
Sozialmanagement

Zukunft sichern – Umfeldanforderungen wahrnehmen

Harald Fasching/Renate Buber[1]

Strategieentwicklung und Leitbildarbeit – ein Widerspruch?

1. Zielsetzung und Problemstellung

Strategieentwicklung und Leitbildarbeit gehören zu den Dauerbrennern der Diskussion über die Professionalisierung von NPOs.[2] Die einschlägige Literatur bietet zahlreiche phasenorientierte Modelle und verschiedenste Zugänge zur wissenschaftlichen wie zur praxisorientierten Beschäftigung mit diesen Themen an (vgl. HINTERHUBER 1992; BUBER/FASCHING 1999). Wir beginnen unseren Beitrag mit einer kurzen theoretischen Diskussion der Vernetzung von Strategieentwicklung und Leitbildarbeit und versuchen anschließend, anhand ausgewählter Erfahrungen und Einschätzungen von acht Expertinnen und Experten des österreichischen Sozialbereiches Hypothesen zur Vernetzung von Strategie und Leitbild in NPOs zu generieren.

Leitbilder sind für eine kontinuierliche Weiterentwicklung und die Identifikation der Mitarbeitenden mit der Strategie, den Zielen und Aktivitäten von Organisationen wichtig. Vor allem aber wenn das Leitbild partizipativ

---

1   Mag. Peter Edelmayer, Sr. Jutta Falkner, Dr. Otto Huber, Mag. Rainer Kinast, Toni Kellner, Dr. Martin Krexner, Edith Piroska und Semi Semotan danken wir sehr herzlich für die Zeit, Energie und die vielen Aussagen, mit denen sie diesen Beitrag «mitgestaltet» haben.
2   Zu Fragen der Professionalisierung vgl. BADELT (2002) und HORAK/HEIMERL (2002).

entwickelt wurde, werden bei den Betroffenen Hoffnungen hinsichtlich Veränderungen bzw. Verbesserungen im Managementalltag und insbesondere in der externen und internen Kommunikation geweckt, deren konsequente Einlösung zu den wichtigsten Aufgaben des Managements im Rahmen der Umsetzung eines Leitbildes gehören. Weil nun aber ein Leitbildentwicklungsprozess vom Management initiiert und getragen werden muss, bleibt auch die Verantwortung für die Initiative zur konsequenten Umsetzung bei den Managerinnen und Managern. Nur allzu oft sehen sich die Verantwortlichen für die Leitbildumsetzung vor dem unüberwindbaren Problem des «Wie». Einerseits haben sie die Leitbildentwicklung verantwortet und mitgetragen, anderseits sollen sie im Rahmen der Umsetzung durchaus auch in für die Mitarbeitenden unattraktiven Bereichen Entscheidungen treffen.

Vor allem eine partizipative Entwicklung des Leitbildes (vgl. BUBER/ FASCHING 1999) wird von vielen Mitwirkenden als ein angenehmer, schöner, auch motivierender Prozess erlebt, der meist von der Hoffnung getragen ist, dass das Arbeiten in der Organisation durch gegenseitige Wertschätzung und durch den Teamgedanken gekennzeichnet ist und dass gemeinschaftlich koordiniertes Vorgehen als «hoher Wert» angesehen wird. Frei nach METZGER (1962) entsteht ein «lebensmagnetischer Sog», der in vielen Mitarbeitenden die Sehnsucht nach idealen Rahmenbedingungen am Arbeitsplatz schürt und die Hoffnung nährt, dass diese auch tatsächlich zu verwirklichen seien.

Aber die Umsetzung eines Leitbildes in operative Handlungsanweisungen wird oft als schmerzhafter Prozess erlebt. Die Operationalisierung einzelner im Leitbild formulierter Gedanken, Werthaltungen oder auch Variablen bringt immer wieder Unwägbarkeiten hinsichtlich der Umsetzbarkeit (Machbarkeit) und auch Widersprüchlichkeiten zutage. Schließlich stehen die Managerinnen und Manager oft vor der schwierigen Frage, was mächtiger ist, die Strategie (sehr oft von den Rechtsträgern, der öffentlichen Hand, den Shareholdern vorgegeben) oder das Leitbild (sehr oft unter Mitwirkung vieler, *aber nicht aller* Stakeholdergruppen entwickelt). Verschärft wird die Situation oft noch durch das mehr oder minder zufällig Vergessene, vor allem durch die budgetären Rahmenbedingungen, die in der Mehrzahl der Fälle im Zuge der strategischen Entscheidungen thematisiert werden und nicht selten einer optimalen Umsetzung des Leitbildes im Wege stehen.

2. Methodisches Vorgehen

Neben der Diskussion der in der einschlägigen Literatur angebotenen Phasen-
modelle, die zeigen, inwieweit Strategie und Leitbild im hierarchischen Zusammenhang zu sehen sind, interessierten hier die Sichtweisen von Expertinnen und Experten im Sozialmanagement. Acht Personen mit langjähriger,
einschlägiger Erfahrung wurden gebeten, ihre Einschätzungen und Erfahrungen bezüglich Strategieentwicklung in NPOs und Leitbildentwicklung sowie
Leitbildarbeit «von innen heraus», orientiert am betrieblichen Alltagsgeschehen (FLICK/KARDORFF/STEINKE 2003, 14) mit dem Autor und der Autorin dieses Beitrags zu diskutieren (vgl. dazu auch MORSE/RICHARDS 2002). Dieser
qualitative Forschungszugang will zu einem besseren Verständnis sozialer
Wirklichkeit(en) beitragen und auf Abläufe, Deutungsmuster und Struktur-
merkmale aufmerksam machen; diese bleiben Nichtmitgliedern verschlossen,
sind aber auch den in der Selbstverständlichkeit des Alltags befangenen Ak-
teuren in der Regel nicht bewusst. Mit ihren genauen und «dichten» Beschreibungen bildet qualitative Forschung weder Wirklichkeit einfach ab, noch
pflegt sie einen Exotismus um seiner selbst willen; vielmehr nutzt sie das Fremde oder von der Norm Abweichende und das Unerwartete als Erkenntnisquel-
le und als Spiegel, der in seiner Reflexion das Unbekannte im Bekannten und
Bekanntes im Unbekannten als Differenz wahrnehmbar macht und damit erweiterte Möglichkeiten von (Selbst-)Erkenntnis eröffnet (FLICK/KARDORFF/
STEINKE 2003, 14).

Es wurden unstrukturierte Interviews (Leitfaden-Interviews) durchgeführt
(LAMNEK 1989, 377). Abbildung 1 zeigt die Fragen, die bei der Interviewfüh-
rung leitend waren.

Fragenbereich	
Strategie	**Leitbild**
1. Aus Ihrer persönlichen Erfahrung heraus: Was verstehen Sie unter strategischer Ausrichtung der Organisation und unter strategischer Planung? 2. Wie wird bei Ihnen Strategie entwickelt? 3. Wer entscheidet über strategische Ausrichtungen und Maßnahmen? 4. Wer ist daran wo, wann, wie beteiligt? Wie wird über Strategie informiert? 5. Worin sehen Sie die Stärken und Schwächen der Strategiearbeit in Ihrer Organisation? 6. Inwieweit können strategische Überlegungen quasi selbstbestimmt erfolgen? Inwieweit haben Sie auf wirtschaftliche Belange Rücksicht zu nehmen bzw. sind Sie von wirtschaftlichen Überlegungen getragen?	1. Aus Ihrer Erfahrung heraus: was umfasst der Begriff Leitbild? 2. In welcher Form wurde in Ihrer Organisation das Leitbild entwickelt? Wer war beteiligt, wie war der Ablauf, gab es hinderliche Aspekte? 3. Wann und wie erfolgte die Umsetzung des Leitbildes? 4. Worin sehen Sie die Stärken und Schwächen der Leitbildarbeit in Ihrer Organisation? Was ist für die Leitbildarbeit in Ihrer Organisation hinderlich, was ist förderlich? 5. Was waren die Erfahrungen, wenn Sie die Leitbildentwicklung der Umsetzung gegenüberstellen?

Abildung 1   Interviewleitfaden

Die Gespräche dauerten durchschnittlich eineinhalb Stunden, wurden auf Tonband aufgezeichnet und transkribiert. Die Texte wurden anhand eines Kategorienschemas mit QSR_N6, einer Software zur qualitativen Datenanalyse, ausgewertet (RICHARDS 2002).

3. Stellenwert des Leitbildes im Rahmen der Strategieentwicklung

3.1 Theoretische Sicht

Abbildung 2 zeigt idealtypisch die Einbettung des strategischen Leitbildes in das Planungssystem einer NPO. HORAK/MATUL/SCHEUCH (2002) verstehen das strategische Leitbild als Teil des normativen Managements, neben der Politik und Kultur der Organisation, und ordnen ihm Fragen der Werthaltungen, des

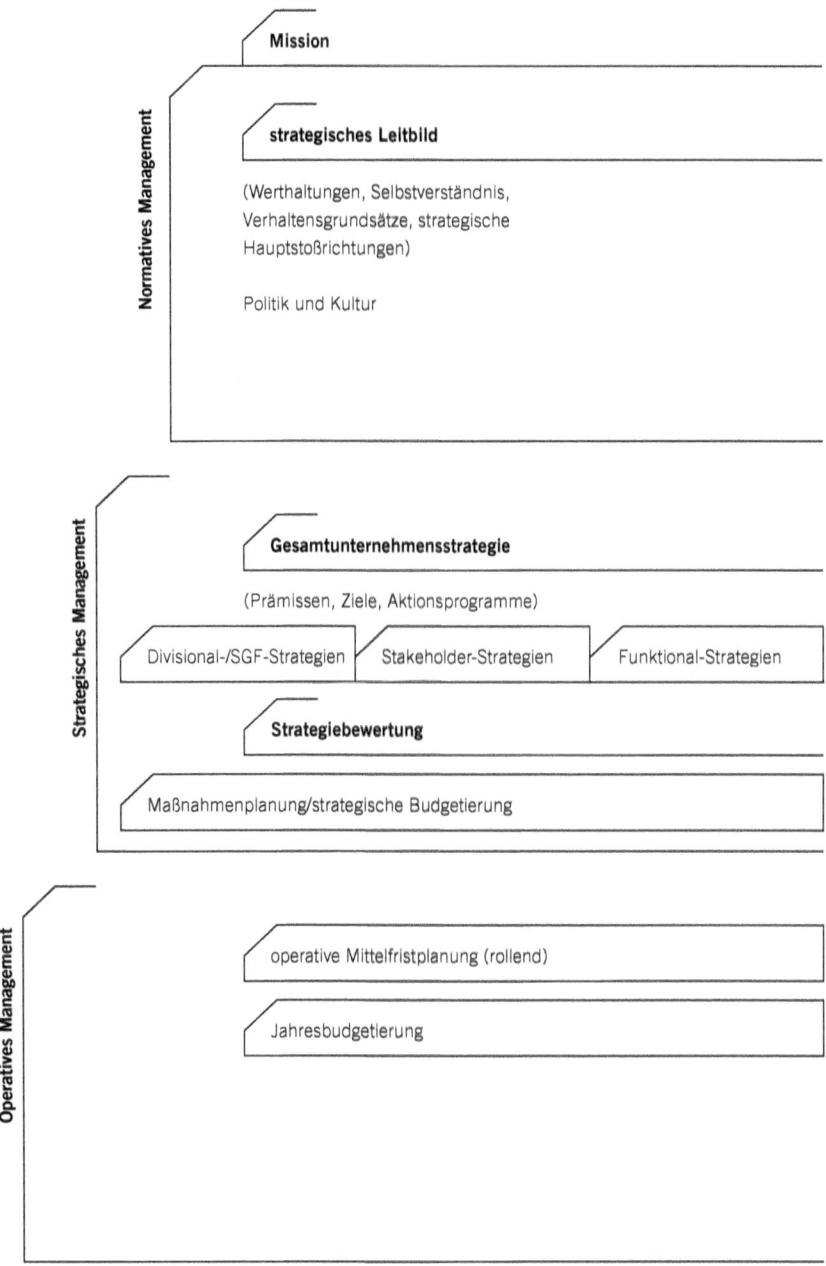

Abbildung 2 Die Dimensionen des Planungssystems (entnommen aus Horak/Matul/Scheuch 2002, 212)

Selbstverständnisses, der Verhaltensgrundsätze und der strategischen Stoßrichtungen zu. Es leitet sich aus der Mission der Organisation ab. «Im Rahmen des Leitbilds werden die allgemeinen Grundsätze einer Organisation schriftlich ausformuliert und damit kommunizierbar gemacht. Es ist ausführlicher als die Mission und muss inhaltlich mit dieser abgestimmt werden. Auch das Leitbild muss wie die Mission im Team erarbeitet werden und bietet eine detaillierte Grundlage für die daraus abzuleitenden Strategien» (HORAK/MATUL/SCHEUCH 2002, 211).

Die Strategieentwicklung «beinhaltet den gesamten Prozess der Festlegung konkreter strategischer Ziele und die Entwicklung und Ableitung von Maßnahmen, um diese Ziele zu erreichen» (HORAK/MATUL/SCHEUCH 2002, 211). Folgt man diesem Modell, kann man von einem «Stufenbau» sprechen, für den das Leitbild das «Dach», den Rahmen für die Entwicklung der jeweiligen Strategien verbindlich vorgibt. Ähnliches wird auch bei HINTERHUBER (1992, 39) ausgewiesen (vgl. Abbildung 3). Aus den Grundsätzen der Unternehmenspolitik und aus dem Leitbild werden die Strategien abgeleitet und spezifiziert.[3] Diese in der einschlägigen Literatur beschriebene idealtypische Vorgangsweise sei in der Folge einer Überprüfung durch die Erfahrungen, Meinungen und Einstellungen von Expertinnen und Experten des österreichischen Sozialbereiches unterzogen.

3.2 Sicht der Praxis – Ergebnisse der Befragung

Nachfolgend werden die Meinungen der Expertinnen und Experten zum Stellenwert von Leitbildentwicklung und Leitbildumsetzung sowie zur Strategiearbeit vorgestellt. Bei den kursiv gesetzten Texten handelt es sich um Originalzitate aus den Interviews. Die Statements wurden nur soweit redigiert, dass die Lesbarkeit erhöht werden konnte. Auf sprachliche (auch auf grammatikalische) Korrekturen wurde verzichtet, um die Aussagen nicht zu verfälschen.

---

3   Vgl. dazu auch das Kapitel über die «konzeptionelle Basis der Leitbildarbeit» bei BUBER/FASCHING (1999, 17–65).

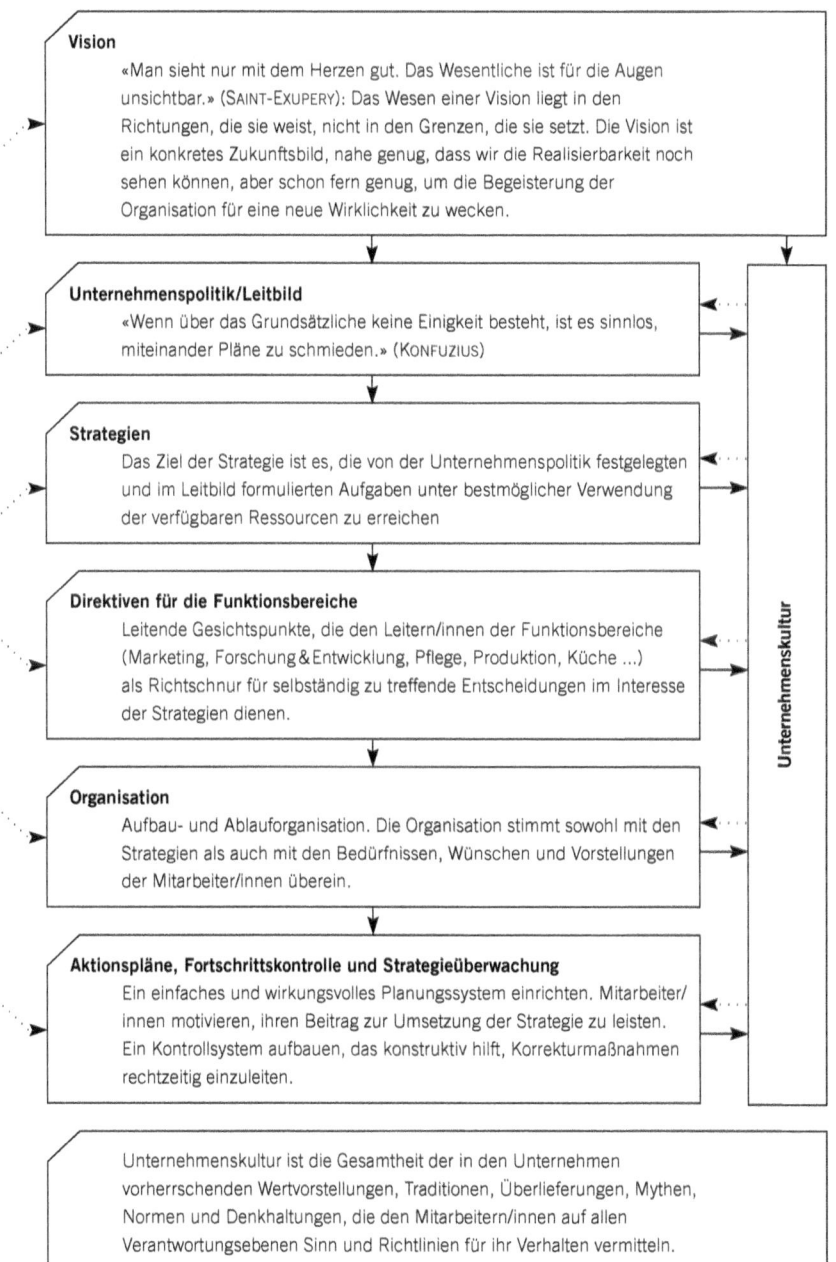

Vision

«Man sieht nur mit dem Herzen gut. Das Wesentliche ist für die Augen unsichtbar.» (SAINT-EXUPERY): Das Wesen einer Vision liegt in den Richtungen, die sie weist, nicht in den Grenzen, die sie setzt. Die Vision ist ein konkretes Zukunftsbild, nahe genug, dass wir die Realisierbarkeit noch sehen können, aber schon fern genug, um die Begeisterung der Organisation für eine neue Wirklichkeit zu wecken.

Unternehmenspolitik/Leitbild

«Wenn über das Grundsätzliche keine Einigkeit besteht, ist es sinnlos, miteinander Pläne zu schmieden.» (KONFUZIUS)

Strategien

Das Ziel der Strategie ist es, die von der Unternehmenspolitik festgelegten und im Leitbild formulierten Aufgaben unter bestmöglicher Verwendung der verfügbaren Ressourcen zu erreichen

Direktiven für die Funktionsbereiche

Leitende Gesichtspunkte, die den Leitern/innen der Funktionsbereiche (Marketing, Forschung & Entwicklung, Pflege, Produktion, Küche ...) als Richtschnur für selbständig zu treffende Entscheidungen im Interesse der Strategien dienen.

Organisation

Aufbau- und Ablauforganisation. Die Organisation stimmt sowohl mit den Strategien als auch mit den Bedürfnissen, Wünschen und Vorstellungen der Mitarbeiter/innen überein.

Aktionspläne, Fortschrittskontrolle und Strategieüberwachung

Ein einfaches und wirkungsvolles Planungssystem einrichten. Mitarbeiter/innen motivieren, ihren Beitrag zur Umsetzung der Strategie zu leisten. Ein Kontrollsystem aufbauen, das konstruktiv hilft, Korrekturmaßnahmen rechtzeitig einzuleiten.

Unternehmenskultur

Unternehmenskultur ist die Gesamtheit der in den Unternehmen vorherrschenden Wertvorstellungen, Traditionen, Überlieferungen, Mythen, Normen und Denkhaltungen, die den Mitarbeitern/innen auf allen Verantwortungsebenen Sinn und Richtlinien für ihr Verhalten vermitteln.

Abbildung 3   Einbettung des Leitbildes in die Gesamtstruktur der Organisation (in Anlehnung an HINTER-HUBER 1992, 39 ff.)

3.2.1 Die Verwobenheit von Strategie und Leitbild

Inwieweit Strategie und Leitbild einer Organisation miteinander verwoben sind, wird von Praktikerinnen und Praktikern sehr unterschiedlich gesehen. Ganz allgemein gilt die Strategie als Rahmen für das unternehmerische Handeln; das Leitbild bildet den Rahmen in dem sich die tägliche Arbeit abspielt.

Leitbild, würd' ich sagen, beinhaltet ein bisschen schon die Strategie. Auch hier geht es darum, zu sagen, wer sind wir, was machen wir, wo wollen wir hin? ... die Strategie würd' ich sagen, ist ganz tief verwurzelt in dem Leitbild. (I3)[4]

Ich denk', es geht nicht das eine ohne dem anderen ... gehören sie zusammen. Wenngleich es sehr unterschiedliche Ausprägungen gibt, aber ... aus dem täglichen Erleben und aus der Erfahrung gehören sie zusammen. Weil auch, egal, welche Strategie du entwickelst und fährst, denk ich, dahinter geht's nicht nur darum, ein Ziel zu erreichen, sondern auch in der Frage, in welcher Qualität erreiche ich das Ziel und welche Qualität ist dann in der Umsetzung zu erzielen, und da brauche ich weder eine Philosophie, da brauche ich eine Kultur. Ist gleich Leitbild. (I5)

... das Leitbild ist nicht Strategie, es ist etwas anderes. Die Strategie ist ... Rahmen. Dass ... unsere Einrichtungen betrieben werden können und quasi die politischen Rahmenbedingungen ... in der Altenarbeit. Das Leitbild als solches ist quasi das Grundgerüst bzw. der Rahmen, wo wir sagen, wo ... der Kunde bei uns im Mittelpunkt dieses Leitbildes steht, und nach dem hat sich die tägliche Arbeit zu orientieren. (I6)

Ich tue mir schwer da etwas unter- oder überzuordnen. Es gibt vielleicht Zeiten, wo man sagt ... spielt das alles eine Rolle? Aber ich glaube, wir können nicht überleben ohne Strategie. (I8)

Abbildung 4   Die Verwobenheit von Strategie und Leitbild einer Organisation

---

4   I_n = interviewte Person n.

Im Allgemeinen wird von einem logischen Zusammenhang zwischen Strategie und Leitbild ausgegangen. Doch das Überleben der Organisation wird eher als Ziel der strategischen Arbeit zugeordnet. Auf der Ebene der Mitarbeitenden wird stärker die Betroffenheit durch und Informiertheit über das Leitbild als das Wissen über die strategische Ausrichtung der Organisation betont. Ob es mittel- und langfristig sinnvoll ist, das Überleben (= Strategie) vom Leitbild abzukoppeln, sei schon an dieser Stelle in Frage gestellt.

3.2.2 Das Leitbild

Abbildung 5 zeigt im Überblick die von den Interviewten angesprochenen Stärken und Schwächen des Leitbildes.

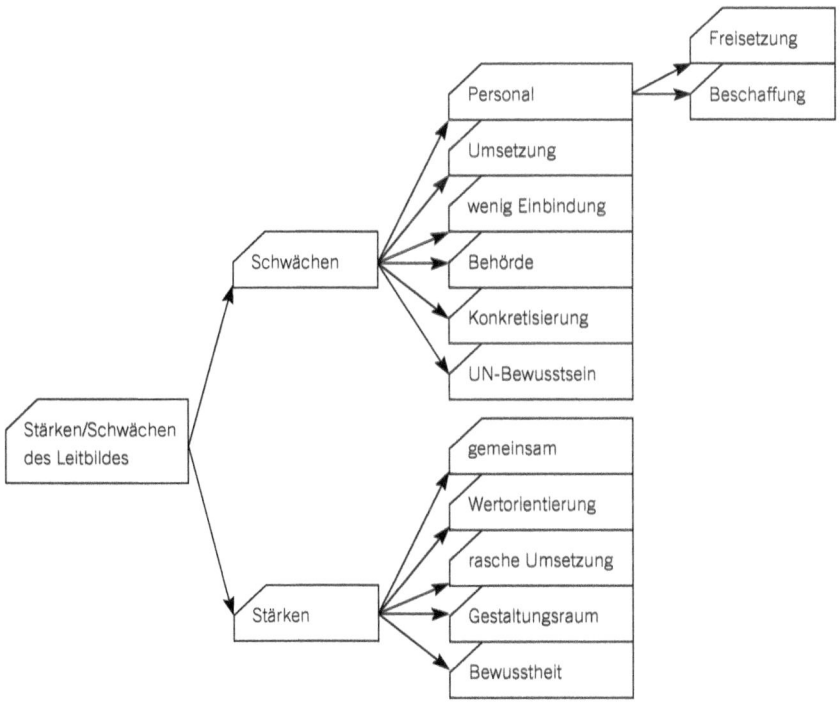

Abbildung 5   Stärken und Schwächen des Leitbildes im Überblick

Die Stärken

Leitbilder schaffen Unternehmensbewusstsein. Die Entwicklung eines Leitbildes wird grundsätzlich positiv gesehen. Besonders erwähnt wird dabei das gemeinsame Vorgehen bei der Leitbildentwicklung und die Diskussionen rundherum. Vorteilhaft wird auch gesehen, wenn man in der Organisation schon auf gewisse Werte aufbauen konnte und nicht erst im Zuge der Leitbilddiskussion eine grundsätzliche Wertediskussion beginnen musste. Dem eigenen Gestaltungsspielraum kommt dabei auch zentrale Bedeutung und motivierende Kraft zu:

Das darf ich tun … Ich frage ganz gerne und ich habe auch Informationen … und … Rückhalt gerne, aber was auch wirklich so um das ganz Alltägliche, und um diesen Kleinkram auch des Alltäglichen geht oder wo es um die Mitarbeiter geht in ihren Schwierigkeiten oder auch in ihren Fähigkeiten, da bin ich schon froh, wenn ich so meinen eigenen Weg gehen kann, wo ich nicht ständig rückfragen muss, was soll ich jetzt da tun, [was] ist jetzt notwendig und was ist nicht notwendig. (I8)

In einer Organisation wird der Nachteil, dass Personalressourcen sehr knapp sind, als Vorteil in der Leitbilddiskussion gesehen. Es werden zwar die Betroffenen an der Diskussion beteiligt, aber man versucht – notgedrungen – zügig voranzukommen:

Es gibt Organisationen, gerade im sozialen Bereich, die … dem Mythos nachgehen, es muss alles basisdemokratisch entwickelt werden. … es geht schon darum, die Leute zu beteiligen, damit sie es mittragen, aber das sehr dosiert … dadurch, dass wir den Nachteil haben, dass wir personell ziemlich knapp sind, kommen die mittleren Führungskräfte gar nicht in Versuchung, ewig Arbeitsgruppen zu machen, weil sie dann mit der Diensteinteilung nicht zurecht kommen. Kooperationspartner, die personell um vieles besser gestellt sind, die schauen sehr neidisch … auf uns, weil sie sagen, es hat einen Vorteil, mit gerade solchen … Organisationsentwicklungsprozessen sehr dosiert umgehen zu müssen. Dadurch werden die Leute auch nicht müde, Dinge zu entwickeln, dadurch gehen Dinge auch rascher weiter und kommen auch rascher zur Umsetzung. Wir sind gezwungen, wenn die irgendeinen organisationsentwicklerischen Prozess machen, und das ist so eine Leitbildentwicklung, sehr effizient diese Dinge anzusetzen. Das heißt, wir haben gar keine Zeit, jetzt hochphilosophisch Dinge zu machen, sondern wir fangen ganz einfach an, was leben wir schon und was wäre eigentlich toll, wenn wir das, was wir schon an Stärken haben, gut weiterentwickeln, was können wir da für Ziele entwickeln, was ist auch realistisch. (I1)

Bei der Frage, was alles in einem Leitbild stehen soll, besinnt man sich auf vorhandene Stärken und achtet darauf, keine überzogenen Ziele zu formulieren:

Worauf sind wir stolz … was wollen wir verändern … was sind denn schon unsere Stärken, dadurch habe ich schon die Motivation der Leute verstärkt … ich nehme nicht irgendwelche Ziele, die nicht realistisch sind, ich komme nicht in die Versuchung, am Markt nach außen hin irgendwas zu deklarieren, was wir nicht haben. (I1)

Da die Leitbildentwicklung in den meisten Fällen, vor allem wenn sie partizipativ erfolgt, viele Zeit- und Personalressourcen benötigt, stellt sich natürlich auch die Frage, ob diese Ressourcen effizient eingesetzt werden und welchen Einfluss das Leitbild auf die Organisation generell hat. Es wird jedenfalls vermutet, dass vom Leitbild kein negativer Effekt ausgeht:

Betriebswirtschaftlich positiv, [das] müsste man sich im Detail anschauen. Ich würde es eher positiv als negativ sehen. Ich glaube nicht, dass es negativ für das Unternehmen ist. (I8)

… allein schon die Tatsache, es gemeinsam zu erarbeiten, sei es Kunden … auch interne Kunden, sprich Mitarbeiter usw., glaube ich, dass da allein das Feedback durch die Diskussion und durch Fragestellungen, die sich ergeben und durch Lösungen, die sich … vielleicht nicht direkt auf das Leitbild bezogen, aber im Zuge des Zusammensitzens … ergeben sich irrsinnig viele positive Aspekte für das Unternehmen. (I3)

Schwächen

Bei den Gesprächen über die Schwächen bei der Leitbildentwicklung und -umsetzung war vor allem von fehlenden Personalressourcen und mangelnder Einbindung der Mitarbeitenden die Rede. Die Bewertungen des Prozesses reichen von spannend und motivierend bis zu mühsam:

Es war so, dass es den Arbeitskreis gegeben hat, der hat sich dann aufgegliedert in Werkstätten und Wohnen … bestimmte Muster entwickelt … mit Inhalten gefüllt. Das wurde weitergetragen in die Leiterbesprechung, dort ist es wieder besprochen worden, die haben es wieder mitnehmen müssen in ihre Teamsitzungen, mit den Mitarbeitern besprechen. … von dort ist das … wieder zurückgekommen. Es war ein bisschen mühsam. Weil das nicht für jedes

> *Kapitel eigentlich ein Weg war, bis es bei den Mitarbeitern war, dann zurück, dann ist es überarbeitet worden, dann ist es in die Bereichsleitungen gegangen. Darum war das ein sehr langer Prozess. Das war es auch, was hinderlich war. Also, eineinhalb Jahre mit dem gleichen Thema beschäftigt zu sein, das ist dann irgendwie, erstens hasst du das, wenn du es zu lange machst, hast du das Gefühl, das ist ein Blödsinn, bevor es fertig ist. ... Das war ... wirklich mühsam, weil es dann schon zu lange ... dauert ... jetzt würde das Ganze schneller gehen und effizienter auch noch dazu, weil jetzt sehr viele Leute mit eingebunden sind. (I2)*

Das A und O in der Leitbildumsetzung ist, dass die Leitbildinhalte konkretisiert und laufend aufgefrischt werden, damit das Bewusstsein für das Leitbild bei den Mitarbeitenden erhalten bleibt. Das Entwickeln wird als spannend gesehen, die Erhaltung des Leitbildes hingegen als mühsam.

Leitbildumsetzung

Als das Wichtigste an der Leitbildentwicklung und Leitbildumsetzung wird die Diskussion gesehen, die stattfindet, wenn eine Organisation versucht, zu einem Leitbild zu gelangen. Der Weg ist das Ziel, scheint das Motto in der Leitbildentwicklung zu sein:

> *... das Wichtigste für mich am Leitbild [ist] die Diskussion, um zum Leitbild zu gelangen. Das andere ist dann das Ergebnis. Aber ich glaub', wenn man das gut organisiert und gut strategisch vorbereitet, das Leitbild zu erarbeiten, und die Leute auch einbindet, glaube ich, dass die Diskussion, die Ergebnisse aus der Diskussion das Allerwichtigste sind. (I3)*

Einflussfaktoren

Abbildung 6 zeigt die Einflussfaktoren auf die Leitbildumsetzung im Überblick.

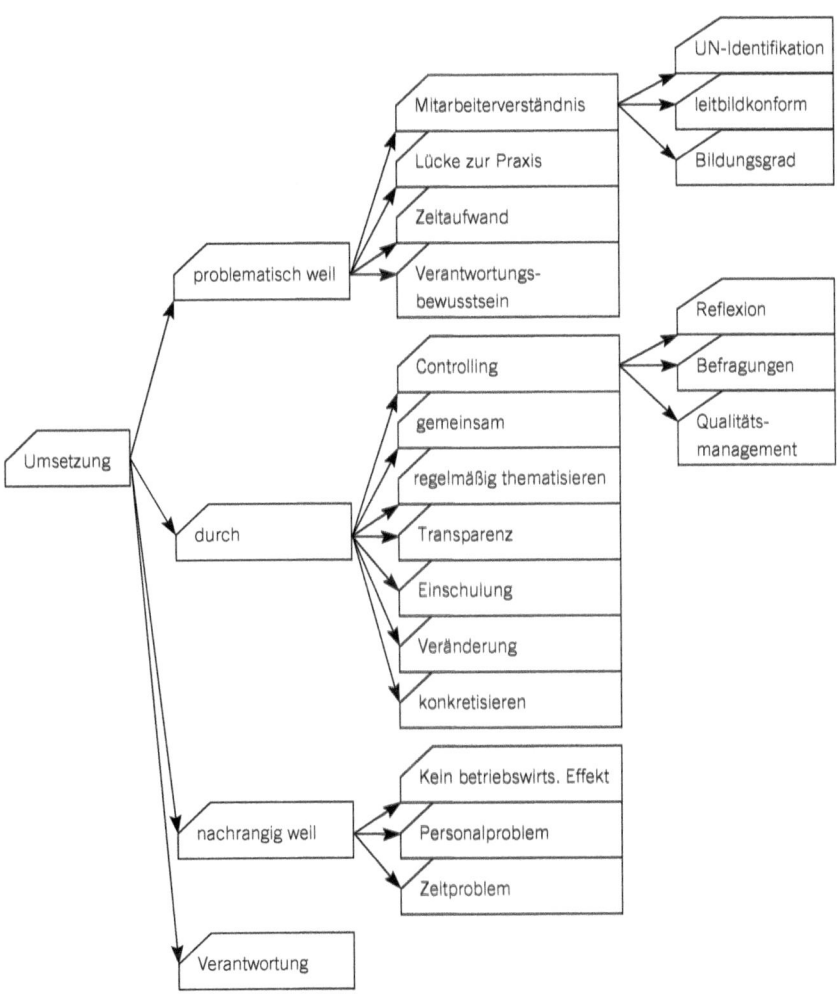

Abbildung 6   Einflussfaktoren auf die Umsetzung des Leitbildes im Überblick

Die Umsetzung des Leitbildes wird aus mehreren Gründen als problematisch empfunden: aufgrund des hohen Zeitaufwands, der eine kontinuierliche Beschäftigung mit dem Leitbild unmöglich macht; wegen der Lücke, die sich zwischen dem im Leitbild formulierten Anspruch und der praktischen Umsetzung öffnet; wegen des fehlenden Verständnisses der Mitarbeitenden, die nicht am Prozess beteiligt waren; und schließlich auch wegen des mangelnden Verantwortungsbewusstseins der Mitarbeitenden. Letzteres zeigt sich in deren fehlender Identifikation mit der Organisation, einem nicht leitbildkonformen Verhalten, das auch schon mal zu Kündigungen führt. Im Allgemeinen wird es mit einem niedrigen Bildungsgrad der betreffenden Mitarbeitenden erklärt.

Die Verantwortung für die Leitbildentwicklung und die Leitbildumsetzung liegt vorrangig bei der Geschäftsführung, einer Leitbildentwicklungs- und -umsetzungsgruppe und den leitenden Mitarbeitenden der Organisation. Allerdings sollte sich auch jede und jeder Einzelne für seinen Anteil an der Entwicklung, am Umsetzen und Leben des Leitbildes in der täglichen Arbeit verantwortlich fühlen. Inwieweit dieser Anspruch realistisch ist, bleibe dahingestellt.

Die Lücke zwischen dem theoretischen Anspruch an eine Leitbildformulierung und den in der Praxis gesetzten Handlungen wird wie folgt thematisiert:

Das Problematische beim Leitbild ist: Entwicklung in Ordnung, aber dann die Lücke zur Praxis. Und da passiert dann eben so viel Demotivation, Enttäuschung, Frustration wie ohne Leitbild oder mehr eigentlich als wie mit Leitbild. (I3)

Ob es eine Bedeutung für die Praxis hat, das weiß ich nicht ... das wär' ja viel Arbeit in der Zukunftskonferenz. Viel Zukunftskonferenz ist ja aus dem gekommen oder hat sich dann in das reinentwickelt. Das ist schon so, dass das schon klare Grundsätze sind ... Wie weit das mit den einzelnen Bereichen ist, das ist halt immer schwer zu überprüfen. Es ist so, das weiß ein jeder, dass es das gibt, das bekommt ein jeder Mitarbeiter, und das wird geschult bei verschiedenen Informationsveranstaltungen. Das bekommt ein jeder ... für die Arbeit mit. Die Leiter sind verantwortlich, dass ... es gemacht wird. ... und es wird schon überprüft. (I6)

In der Realität entsprechend umsetzen zu können, das heißt ... wir haben derzeit ein großes Problem, die Erfüllung ... der sehr juristisch formulierten Rahmenbedingungen ... Das ist derzeit im Wesentlichen das Problem, das alle

Träger haben in Österreich … die Anforderungen im Bereich der Qualität … entsprechend in Realität umsetzen … da gibt es ein Leitbild, das sehr idealistisch … ist, den Bewohner in den Mittelpunkt stellt, aber dann in der Umsetzung … (18)

Hinsichtlich des mangelnden Verständnisses für die Leitbildentwicklung und Leitbildumsetzung von Mitarbeitenden, die nicht am Prozess beteiligt waren, wird die Erklärung vorgebracht, dass die Einführung neuer Mitarbeitender nicht allzu systematisch vor sich geht:

Da sind wir leider noch nicht allzu systematisch dran an der Mitarbeitereinführung, aber das müsste geschehen. Sie werden auf alle Fälle bei der Vorstellung und auch an dem ersten Tag mit dem Leitbild konfrontiert, und dadurch, dass eine Person sie begleitend einführt, wird auch immer darauf geschaut, wo wird das konkret … diese Konkretisierung des Leitbildes wird bewusst gemacht und der Nutzen sozusagen für den Kunden und für das Unternehmen, also das sind, glaube ich, zwei wichtige Punkte, die laufend herausgestrichen werden müssen. (12)

Es wird auch berichtet, dass es schon einmal eine Trennung von einem Mitarbeiter oder einer Mitarbeiterin gegeben hat, weil er oder sie sich nicht leitbildkonform verhalten habe:

… ist ja momentan sehr schwierig, überhaupt Personal zu bekommen, und es ist ein äußerst mutiger Schritt … eine diplomierte Pflegekraft zu entlassen, weil sie zum Leitbild nicht hineinpasst, aber das wird gemacht … das macht die Hausleitung bzw. die Pflegedienstleitung. Die achten natürlich schon sehr darauf, auch bei der Aufnahme, dass das passt, was auch oft sehr mutig ist, weil … die Versuchung ist, wir nehmen halt alle, weil es gibt eh wenig am Personalmarkt, die zu finden sind, aber auf der anderen Seite bringt es sehr viel, darauf wirklich zu schauen. (12)

Kritisch angemerkt wurde auch das mangelnde Unternehmensbewusstsein und die mangelnde Identifikation der Mitarbeitenden mit dem Leitbild, den Zielen und Aufgaben sowie den Umsetzungserfordernissen. Dieses fehlende Interesse, aber auch die mangelnden Fähigkeiten zum Verständnis für das Leitbild und seine Ziele stehen einer effizienten Leitbildumsetzung in der Praxis im Wege.

Umsetzungsimpulse

Die Umsetzung des Leitbildes erfolgt durch Konkretisieren, Adaptieren, regelmäßiges Thematisieren, Kontrollieren sowie durch Schulungs- und Transfermaßnahmen (vgl. Abbildung 7).

Konkretisieren	*Da sind wir leider noch nicht allzu systematisch dran an der Mitarbeitereinführung, aber das müsste geschehen. Sie werden auf alle Fälle bei der Vorstellung und auch an dem ersten Tag mit dem Leitbild konfrontiert, und dadurch, dass eine Person sie begleitend einführt, wird auch immer darauf geschaut, wo wird das konkret, also diese Konkretisierung des Leitbildes wird bewusst gemacht und der Nutzen sozusagen für den Kunden und für das Unternehmen, also das sind, glaube ich, zwei wichtige Punkte die laufend herausgestrichen werden müssen. (I2)*
Adaptieren an Veränderungen	*Wenn jetzt ein Behinderter aus der Schule kommt, ist das ein anderer Mensch als wie vor zwanzig Jahren ... Die haben mehr Selbstwertgefühl, die haben schon Vorstellungen, die wissen, was sie wollen. Und auf das muss man sich immer wieder einstellen. (I6)* *... das Leitbild nicht einschlafen lassen ..., dass es veränderbar ist und entwicklungsfähig oder sogar notwendig ist, dass man es weiterentwickelt ... Bewegung hineinzubringen, damit es nicht in Vergessenheit gerät. (I7)*
Regelmäßig thematisieren	*... es war dann auch ... der Wunsch und der Wille in der Steuerungsgruppe, wir müssen so weitermachen, ganz gezielt weitermachen, und das haben wir dann versucht, eben im Ziel des Umsetzungsprozesses ... wo man dann merkt, da muss man jetzt noch etwas tun, da wird [es] jetzt Zeit, dass man da wieder einmal hinschauen muss ..., ob das jetzt Mitbestimmung ist, ob das jetzt ist Sitzen beim Esseneingeben. ... Das sind sehr unterschiedliche Dinge, wo man merkt, da müsste man wieder einmal etwas tun ... es ist nicht ganz einfach, wirklich dranzubleiben, aber mir wurde ganz klar, es ist unbedingt wichtig, dranzubleiben, das heißt, es darf nicht ganz abreißen. (I1)*

... was wir auch machen, ist in Mitarbeiter/innenbesprechungen Reflexionen zu dem Thema Leitbild. (I2)

... wir definieren, was wir tun, und das wird auch gemacht. Es wird dann ... auch kommuniziert, aber die Kommunikation mit allen Mitarbeitern beginnt am nächsten Tag. Und bei Mitarbeiterversammlungen komme ich zwei Monate später, und ich möchte schon hören, dass ... die Leute das gehört haben. Also, gestern zum Beispiel, haben wir klar definierbar diskutiert, und jetzt weiß man noch nichts, weil wir die Mitarbeiterversammlung noch haben. Aber da muss sich etwas tun, ich möchte hören, «wow» da geht jetzt etwas. Dann haben sie es verstanden. (I5)

... durch Workshops, die einmal im Jahr stattfinden, das Leitbild zum Thema machen, aber durch ganz verschiedene Zugänge ... (I7)

... berufsübergreifend, aber auch innerhalb der neuesten Berufsgruppen, dass Leitbild regelmäßig Thema ist. Das heißt, einer bereitet es vor, dass es ... ein Tagesordnungspunkt ist. (I7)

Blöde Idee ... immer wieder Steine reinwerfen ins stille Wasser. Das ist für mich ganz wichtig, darum auch diese ... Workshops, dann versuchen wir wieder Leitsätze, die die Berufsgruppen dazu animieren, Leitsätze zur formulieren, dann werden wir die Häuser in einer weiteren Stufe motivieren, dass sie Leitsätze formulieren ... für mich ist es ganz wichtig ..., Bewegung hineinzubringen, qualitativ hochwertig, aber richtig verstanden, sozusagen egal, welcher Art, aber es muss immer wieder Bewegung geben. Damit die Leute nicht daran vorbeikommen. (I7)

Controlling, Qualitäts- management	*Dass dieses Leitbild und diese Leitgedanken und diese Arbeitsgrundsätze, die wir haben, umgesetzt werden. ... da gibt es ... extern durchgeführte Audits ... die schauen auch, dass alle Leitgedanken, die festgeschrieben sind, wie weit die der Realität entsprechen. Das zählt für den ganzen Bereich, für alles. Da wird geschaut ob auch die richtigen Formulare verwendet werden. (I6)*

Abbildung 7   Umsetzungsimpulse

Das umfassendste, aber auch schwierigste Problem in der Entwicklung und Umsetzung eines Leitbildes wird darin gesehen, es für alle Gruppen von Mitarbeitenden so verständlich zu machen, dass sich diese damit identifizieren können und die Ausführung ihrer Arbeit auch daran orientieren:

Die große Herausforderung wird sein, wirklich das Leitbild so aufzubereiten, um es allen … zugänglich und umsetzbar zu machen … nur die Frage ist, ob sie es … schaffen. Nimm dir eine Mitarbeiterin her aus einem einfacheren Beruf und frag sie nach ihrem Lebensziel. Ja, was ist Leitbild anderes, als Werte zu formulieren, Ziele zu formulieren. Frag' die nach den Grundwerten ihres Lebens, da wird sie dich groß anschauen und wird sagen: Was ist das? Auto kaufen, wann ist ihr nächster Urlaub, wie viel Geld ist noch da für den Urlaub, Probleme mit den Kindern, vielleicht noch … Freizeit kommendes Wochenende. Und dann formuliert man im Leitbild so … Grundsätze wie Eigenverantwortlichkeit und Selbstentwicklung. Wir waren so bei dem Leitbild, es herunterzubrechen oder verstehbar und lebbar zu machen für alle Mitarbeiterinnen im Unternehmen, nicht nur für die … Führungskräfte … ich denke … vierzig Prozent … können mit dem, kommen aufgrund ihres Denkens, ihrer Lebensphilosophie, ihrer Herkunft, Bildungsgrad … mit Leitbild grundsätzlich zurecht. … Gibt es etwas, das Menschen dieser Bildungsschicht in ähnlicher Weise ansprechen und mobilisieren kann, wie es für uns das Leitbild ist? Was diskutiere ich mit Leuten einer niedrigeren Bildungsschicht? … dieses Thema denke ich wird uns die weiteren Jahre noch gemeinsam beschäftigen… mein Ansatz ist der, dass man möglicherweise bei diesen Leuten mehr mit emotionaler Bindung arbeiten muss. Natürlich ist es rein so ins Leere gesprochen. Ja, weil in dem Moment, wo sie weniger Entwicklungsmöglichkeit haben, einfach zu denken, ja, dann bleibt nur mehr so das Zwischenmenschliche über. Das ist eh … bei uns so dominant, aber wir können es halt ausdrücken, … wir können Worte dafür finden, wir können entwickeln im Kopf, das tun diese nicht. Ja, das wird eine spannende Geschichte, das ist bei der Entwicklung so und bei der Umsetzung genauso … Aber ich merke, dass bei diesen Bildungs- und Gesellschaftsschichten die Sache sich dann relativ stark reduziert, einfach auf das, wie komme ich mit denen aus? Wie gut bin ich mit denen? Das ist ein netter Chef, und deswegen mache ich etwas. Mit Leitbild zu kommen bringt da fast niemand. Ich sage jetzt einfach, wenn ich nett bin zu denen, wenn sie sich angenommen fühlen, … wenn sie ihre Arbeit geschätzt wissen von mir, dann tun sie das, aber ihnen zu sagen, du tust es für den Ruf des Unternehmens oder für das Wohl des Kunden, nein. Sie tun es meines Erachtens am ehesten noch deshalb, weil sie sagen, der ist lieb zu mir, da fühle ich mich geborgen und angenommen, und daher mache ich dem zuliebe meine Arbeit ordentlich. (I7)

... da wird es mehr über die persönliche Bindung laufen. Eigentlich, das sind so nichts anders als auch gelebte, im Leitbild formulierte Werte, Respekt vor einzelnen Personen, ja also ich glaube, das ist wichtig. Das schaut halt so aus, ich meine auf/in den Direktionsebenen schaut das halt anders aus als wie in der Küche mit den Hilfskräften dort, aber im Grunde ist es Zuhören, Wertschätzen, Respekt, aufmerksam sein. (I7)

3.2.3 Strategie

Der Strategiebegriff

Abbildung 8 gibt einen Überblick über den Umfang des Strategiebegriffes. Strategische Planung baut auf dem Wissen über die Marktveränderungen auf, etwa über die demografischen Daten zur Bevölkerungsentwicklung. Man weiß zum Beispiel sehr genau, wie sich die Altersstruktur der Bevölkerung verändern und welche Konsequenzen dies für die Altenpflege haben wird. Sich danach zu richten ist eine andere Geschichte.

Die Planung beinhaltet neben der Imagebildung die Positionierung der Organisation an sich. Diese erfolgt in Absprache mit den Rechtsträgern, den Politikerinnen und Politikern – Landesregierung, Landesrätinnen und -räten, Bürgermeisterinnen und Bürgermeister. Infrastruktur und Angebot spielen dabei eine wichtige Rolle. Zur Illustration sei das Beispiel einer österreichischen Altenpflegeeinrichtung präsentiert:

Wir wollen nie Heime haben, die nur geschlossen sind, das ist das ... strategische Ziel, wir bauen keine Pflegeheime, wir bauen nur Sozialzentren. Entweder ist drinnen eine Kindergarteneinrichtung, hier nicht in Konkurrenz zum örtlichen Kindergarten, sondern andere Öffnungszeiten, wir decken damit unsere Mitarbeiter ab. Das sind familienfreundliche Betriebe geworden ... Immer mit dem Hintergrund, ... ein breiteres Angebot zu entwickeln. Das heißt inklusive ... stationäre Betten ..., aber in jedem Haus eine Sonderform der Pflege. (I5)

Innovationen, etwa in der Zusammenarbeit mit einem privaten Anbieter bei der Angebotserstellung, stellen ebenfalls eine Möglichkeit dar, sich zu positionieren.

Ressourcen allgemein und Finanzierungsfragen im Besonderen bilden einen wesentlichen Bereich strategischer Überlegungen. Folgendes Beispiel illustriert die Problemsituation:

> *Das heißt, wir sterben zurzeit ... um 8 000 bis 11 000 Euro pro Monat in einer stationären Einrichtung, das ist nicht finanzierbar, niemand traut sich aber, die Frage zu stellen, wo soll es hingehen. (I5)*

Existenzsicherung wird als wesentliches Ziel einer Strategie formuliert:

> *... strategische Ausrichtung ist für mich eine Maßnahme, dass es uns auch in Zukunft gibt, ... was können wir tun, damit wir auch in Zukunft mit unserem qualitativ guten Angebot existieren können? Der Grund ist, dass wir wirtschaftlich ohne strategische Ausrichtung wahrscheinlich alleine nicht existieren können in Zukunft, das heißt, wir müssen uns überlegen, wie wir uns gerade mit den anderen Unternehmungen, die es am Markt gibt, wie wir hier kooperieren. (I2)*

Wenn von Strategie gesprochen wird, dann kommen Begriffe wie Vision, Traum, Mission und Ziele ins Spiel. Ungeachtet dessen, wo sie in einer Organisation geschieht, denkt man bei strategischer Planung an ein, zwei, fünf oder zehn Jahre, für die vorgedacht werden muss; in denen Maßnahmen gesetzt werden, die mittel- und langfristig zur Zielerreichung führen. Man spricht auch von Lenkung der Organisation, von Vorausgehen, um den Mitarbeitenden den Weg zu zeigen.

Darüber hinaus werden folgende strategische Ziele genannt:

— sich am Markt platzieren (Marktpositionierung),
— Bau von Sozialzentren anstatt Pflegeheimen,
— Ressourceneinsatz- und Umfeldanalyse zur Erreichung der Ziele,
— Unternehmensentwicklung,
— sich auf Kernkompetenzen besinnen: *Welche Felder sieht sie als zukunftsorientiert für die Organisation ... und was will sie wirklich umsetzen? Dass das nicht ... dort einmal ein bisschen was und da ein bisschen was, sondern ok, es gibt Sachen, die wollen wir nicht machen. Die lehnen wir auch ab. Weil es einfach keinen Sinn hat. Wir haben nicht die Kernkompetenz, und wir wollen diese Kompetenz nicht aufbauen. Sozusagen o.k.,*

aber die Felder forcieren wir. Da machen wir auch wirklich was. Und da setzen wir auch entsprechend die Ressourcen ein, überlegen uns, was zu machen ist. Ich hab so … das Gefühl, es ist ein bisschen einmal dort etwas und ein bisschen … da was, und das, was kommt, ist aber nicht wirklich gut vorbereitet, nicht wirklich gut geplant. Wir beginnen dann damit, und dann geht es irgendwie los. Es geht immer irgendwie. Das hör ich immer … Nicht geplant und nicht wirklich … systematisiert. (I3)

— Hafen-Leuchtturm-Metapher: *Strategische Weiterentwicklung heißt immer aus dem einen Hafen raus, um mal ein anderes Ziel, den Leuchtturm zu erreichen. (I2)*

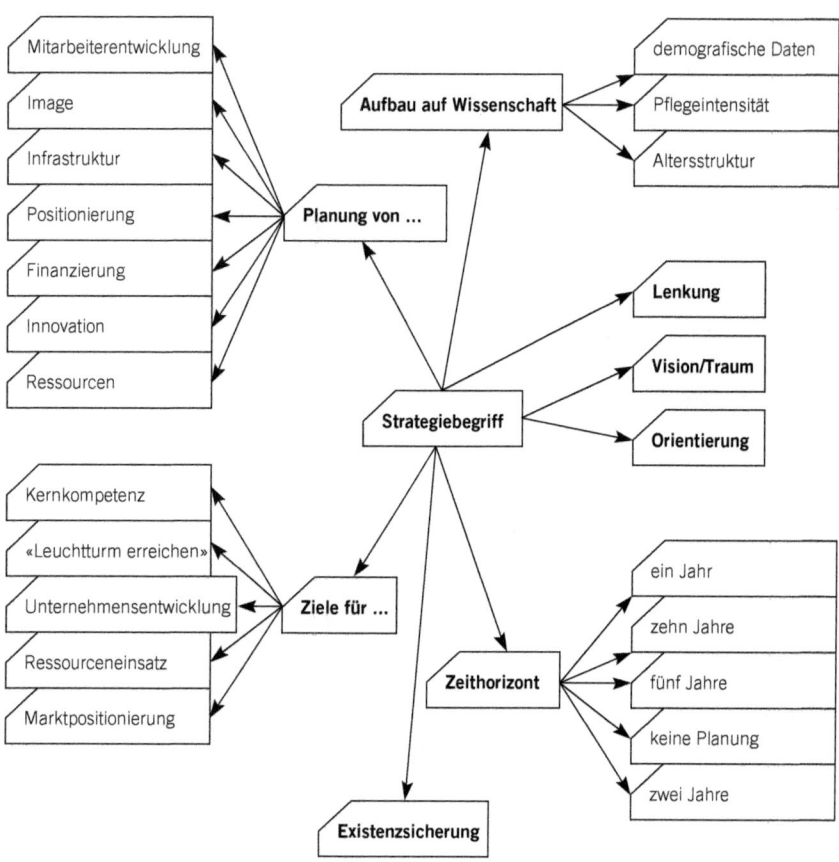

Abbildung 8   Der Strategiebegriff im Sozialbereich

Die Strategieentwicklung

Auf die Fragen, wer für die Strategieentwicklung verantwortlich ist und wie diese vor sich geht, gibt Abbildung 9 Antwort.

Leitbild und partizipative Umsetzung	*Wir haben unser Leitbild … unsere Grundsätze, die wir … in einer intensiven Zeit von einem Jahr mit den ganzen Mitarbeitern entwickelt haben. Das läuft grundsätzlich weiter so in der persönlichen Ausrichtung, wo die einzelnen Pflegenden beteiligt sind. Und auf der anderen Seite, so eine frühe Ebene gibt es dann mit dem Geschäftsführer und sicher auch in der … Richtung, wohin kann es wirklich noch gehen … Mit den Leitenden soweit abgestimmt … Zukunftsperspektiven … und finanzielle Unterstützung. (I1)*
Ideen entwickeln und Terrain sondieren	*… der Hauptjob ist es einmal von mir, also es geht darum, Ideen zu entwickeln, das Terrain zu sondieren, Gespräche nach außen und nach innen zu führen, und wenn es dann eine Idee gibt, dann muss ich diese sowohl mit meinen Stellen, denen ich zu berichten habe, als auch mit meiner unmittelbaren nächsten Führungsebene abstimmen, damit die ganz einfach das mittragen. (I2)*
Willkürliche Entscheidung vs. langfristiges Denken	*Das ist … alles eher eine willkürliche Entscheidung, langfristiges Denken ist praktisch nicht auszuführen. Aber wir diskutieren natürlich schon. Wir schauen uns den Markt an, z. B. ein konkretes Beispiel wär' das betreute Wohnen … Da war ganz klar… das ist aus meiner Sicht nicht die Zukunft … Ich glaube, dass das betreute Wohnen immer weniger angenommen wird. Hier muss man … strategisch überlegen, macht es Sinn … Überlegen wir strategisch, das betreute Wohnen wird immer mehr zurückgehen, weil einfach mobile Dienste etc. mehr werden, und dann, was würden wir für Zimmer machen, welche Dienstleistungen könnten wir statt dem betreuten Wohnen anbieten … diese Überlegungen gibt es schon jetzt aufgrund der mangelnden Auslastung, aber nicht … institutionalisiert, das ist eine von vielen … aber strategische Planung gibt es keine … explizit titulierte Strategieklausuren einmal im Jahr oder jedes halbe Jahr oder eine Kommunikationsstruktur mit Mitarbeiter und Mitarbeiterinnen oder Bewohner und*

Bewohnerinnen, wo man sagt, jetzt ist Strategie, das gibt es nicht. Bis dato ... passiert strategische Planung ausschließlich in der Zentrale. (I3)

Teamarbeit	*An sich erfolgt Strategieentwicklung ... in einer sehr intensiven Teamarbeit, die sich orientiert an den Bedürfnissen am Markt. Der nächste Schritt ist, dass wir dann diese Ideen ... in unseren Vorstand einbringen. (I4)*
Meeting der Geschäfts- führerinnen und Geschäfts- führer	*Wir haben jetzt drei Geschäftsführer in der Organisation ... entwickeln dort für Vorarlberg ganz andere Strukturen, viel kleinere Einheiten, andere Tarife, ganz eine andere Land- schaft, und dort steht wieder jemand operativ zur Seite, der entwickelt Vorarlberg, geht dann wieder auch stark in die Schweiz hinein. Dort haben wir schon den ersten Standort in Erwartung zu Deutschland ... Da wird jeder Standort verklei- nert ... jedes Bundesland, jede Ausrichtung, im Hintergrund hinterfragen wir jedes Mal wissenschaftliche Fakten, die sind vorhanden, und es gibt ein genaues Konzept über die Größe, den Betriebsstandort, und was wir dort überhaupt für welche Ziele haben. (I5)*

Abbildung 9   Formen der Strategieentwicklung

Wie erwartet, erfolgt die Strategieentwicklung in den ersten Schritten in den Teilorganisationen, etwa in den Altenpflegehäusern. Die Vorgangsweisen sind hier unterschiedlich. Sie reichen von Ideenentwicklung in Teamarbeit und dem Führen von Gesprächen nach innen und außen bis hin zu Treffen zwischen Ge- schäftsführerinnen und Geschäftsführern im engsten Kreis und zu monatlichen Strategieklausuren. Die unmittelbare strategische Arbeit wird jedoch in den Unternehmen geleistet, wie etwa im folgenden Beispiel:

Da musst du unterscheiden zwischen Unternehmen und Haus. Im Unterneh- men gibt es solche Gruppen schon, das sind die Direktorinnen und Direktoren, wo man einfach konzeptionell überlegt oder darüber etwas philosophieren kann, es gibt eine Beratungsgruppe Leitbild, wo wir schon immer vordenken. Und es gibt einen eigenen Arbeitskreis, der sich mit Zukunft beschäftigt. (I7)

Die Bedeutung der Orientierung der Strategieentwicklung an wissenschaftlichen Grundlagen wird im folgenden Statement deutlich:

Grundlage der strategischen Entwicklung ist bei uns einmal die wissenschaftliche Grundlagenforschung ... das sind die demografischen Daten. Das sind genau die alten Pläne, die alle drei Jahre ... vorgeschrieben werden. (I7)

Die Abstimmung der in den Teilorganisationen erarbeiteten strategischen Überlegungen mit den verschiedenen Leitungsverantwortlichen ist in allen Fällen erforderlich.

Die Stärken und Schwächen strategischer Arbeit
Als Schwächen in der strategischen Arbeit werden genannt:

— keine Struktur,
— Probleme bei der Kommunikation und der Information (hinsichtlich der Weitergabe der Ziele an die Mitarbeitenden) aufgrund der raschen Veränderungen im Leitungsbereich,
— fehlende Personalressourcen für die strategische Arbeit,
— Abhängigkeit von der Politik, Rolle der parteipolitischen Entscheidungen, fehlende Fachkompetenz der Politikerinnen und Politiker, Interventionen und Macht,
— Interessenkonflikte.

Vermutlich kommt hier die strukturelle Unschärfe besonders zum Tragen. Wie schon erwähnt, ist vor allem im Bereich der Finanzen ein hoher Zentralisierungsgrad auszumachen. Auf der einen Seite wird bei der Entwicklung von Leitbildern auf eine stark partizipative Vorgangsweise geachtet, wobei dann bei den Beteiligten sehr leicht der Eindruck des eigenverantwortlichen Entscheidens und Handelns entstehen könnte – und auf der anderen Seite haben die Entscheidungsträger mit einer fast hundertprozentigen Abhängigkeit von Zentralstellen im Finanzbereich zu kämpfen. Offensichtlich wird das dann als Interessenkonflikt und Abhängigkeit von der Politik bezeichnet. Befragte betroffene Mitarbeitende erleben dieses Dilemma dann öfter als «wenig Struktur» beziehungsweise «keine Struktur»:

Ich sehe ein Problem ... unstrukturierte Prozesse, relativ stark dann mitunter auch ... autoritäre[n] Entscheidungen. Was habe ich dann von der ganzen Strategieentwicklung, wenn die autoritäre Entscheidung von oben dann ganz anders ist? (I7)

Bei uns ... gibt es überhaupt keine Struktur. Ich lebe, ich bin Geschäftsführer einer Organisation, die ich sozusagen Hunderprozent-Tochter einer Gesellschaft, aber für all die Projekte, die uns herangetragen werden, die Tätigkeiten, die auch wir im Haus hier machen, gibt es überhaupt keine Struktur. Es gibt keine Struktur. Es fehlt völlig die Struktur, die Projekte zu behandeln, wie gehe ich mit gewissen Aufgaben und Projekten um, wer ist dafür wirklich zuständig, wer entscheidet letzten Endes, welche Gremien müssen entscheiden. Die meisten Entscheidungen, die an mich herangetragen werden hier als Geschäftsführer, ja, die ich dann letzten Endes mitbestimmen kann oder in gewissem Teil lenken kann und dann auch umsetzen oder nicht, werden mir eigentlich aufgetragen, das hat so zu erfolgen. Und intern wird es in einer sehr kleinen Gruppe diskutiert. (I3)

Andererseits wurde in der Diskussion über die strategische Arbeit auch Positives diskutiert (vgl. die Stärken der Strategie im Überblick, Abbildung 8), wie etwa:

— Querdenken ist erlaubt,
— im Intranet gibt es eine Diskussionsplattform,
— Leidensdruck ist gut, weil damit die Notwendigkeit besteht, etwas Neues in Angriff zu nehmen: *Unsere Stärke ist sicher, dass wir einerseits einen großen Leidensdruck haben, dass wir uns strategisch entwickeln müssen, auf der anderen Seite, dass eine hohe Bereitschaft dadurch da ist, auf Neues sich einzulassen ... ich sehe damit die Chance, dass die Leute die Notwendigkeit der Veränderung sehen und die Notwendigkeit der strategischen Entwicklung. (I2)*
— Flexibilität ist möglich, Gestaltungsspielraum ist vorhanden,
— das Führungsduo «Heimleitung und Pflegedienstleitung» ist ein Vorteil,
— einheitliche Qualitätsstandards: *... die Hauptaufgabe ... vom Landesträger ist es [die Strategie vorzugeben] im Wesentlichen, eine Stärke [sind] ... die Grundstandards ... fürs ganze [Bundes-]Land ... einheitlich zu definieren und dafür, was ja der politische Auftrag ist, für jedermann der ... eine Pflege in Anspruch [nimmt]. Das hat einen großen Vorteil. (I8)*

— Beziehungsaufbau zwischen Klientinnen oder Klienten und den Mitarbeitenden, persönliche Orientierung an Kundinnen und Kunden,
— zentrale Finanzierung für das Bundesland: *Das sehen wir als sehr großen Vorteil. Man kann damit, … sowohl was Bauliches und Personelles betrifft, … gleiche Kriterien … entwickeln und auch die entsprechenden notwenigen infrastrukturellen Voraussetzungen schaffen. (18)*

Im Großen und Ganzen geht es bei den Stärken der Strategiearbeit um die klare Orientierung, etwas Greifbares, wenig Interpretierbares als Orientierung für das Handeln in der Organisation zu haben. Das Motto scheint zu lauten: Da weiß man wenigstens, woran man ist. Allerdings streuen die Antworten auf diese Frage sehr stark, und es entsteht der Eindruck, dass die Befragten hier eher generell über Stärken der Organisation an sich reflektiert haben.

4. Leitbild und Strategie in der Strukturfalle

Bei der praktischen Arbeit mit Managerinnen und Managern und Mitarbeitenden in NPOs entsteht oft der Eindruck, dass Leitbilder akzeptiert werden, strategische Positionierungsentscheidungen, etwa die Entwicklung von Portfolios, hingegen nicht. In NPOs sind Leitbilder, in denen es um die Werterichtung der Organisation geht, scheinbar wichtig. Wenn es aber um monetäre Zielvorgaben, also im weitesten Sinne um «das Geld» geht, ist das Leitbild schnell vergessen. Das Leitbild kann als Bibel gesehen werden, die Strategie als Landkarte, die zeigt, wo es tatsächlich «langgeht». Das Leitbild postuliert etwa «Chancengleichheit, Regeln für die Zusammenarbeit und das Miteinander, Respekt und Würde, Qualitäts- und Betreuungskonzepte» (vgl. etwa BUBER/FALKNER/FASCHING 1999, 157 ff.; DÄHLER 2002). In der Praxis hingegen wird das Leitbild als «etwas Tolles» angesehen, mit dem «tolle Gedanken» vermittelt werden und in dem die Werthaltungen festgeschrieben sind. Allerdings gibt dann die Strategie den wahren Ton an. Sparen, Steigerung der Effizienz, Zusatznutzen, es muss schneller und intensiver gearbeitet werden, das sind Themen, mit denen die Mitarbeitenden konfrontiert werden. Es werden zum Beispiel die Leistungen der Küche eines Pflegeheimes für Cateringzwecke angeboten, das heißt, nicht genutzte Räume werden an Externe vermietet, verschiedenste Veranstaltungen (z.B. Hochzeiten, Vereinssitzungen) finden im Haus statt. Für die Erstellung der damit zusätzlich anzubietenden Dienstleistungen steht aber kein zusätzliches Personal zur Verfügung. Ganz im Gegenteil, die Personaleinsatzpläne werden gestrafft, oder es wird sogar bei Ausweitung des Leistungsangebotes Personal abgebaut.

Wenn man unter Strategie die budgetären Rahmenbedingungen versteht, findet man in der Praxis kaum eine gelungene Vernetzung von Leitbild und Strategie. Sehr oft entsteht der Eindruck, dass das Leitbild etwas Eigenständiges sei und es bei den strategischen Entscheidungen nur um «mehr Arbeit» gehe und um die Tatsache, dass es «mit der Gemütlichkeit vorbei ist» – ganz nach dem Motto: «Schluss mit Lustig» (vgl. MAIR 2002).

Dieses Dilemma zeigte sich auch in unseren Gesprächen mit den Expertinnen und Experten aus dem Sozialbereich sehr deutlich.

Das Leitbild wird also meist als sehr individuell auslegbares und persönlich interpretierbares Normenkonzept gesehen. Die Strategie mit ihren – zumeist – unbarmherzigen Vorgaben auf der Basis von Zahlen und Fakten wird von den Managerinnen und Managern einerseits schon als Orientierung für das zukünftige Handeln gesehen, aus der Sicht der Mitarbeitenden allerdings wird die strategische Arbeit dann doch eher als «Feindbild» betrachtet.

Ein Ausweg aus dieser Konfliktsituation kann theoretisch darin gesehen werden, dass das Leitbild in die Unternehmensstrategie als ein sinnvolles Ganzes eingebettet sein muss, dass die Abhängigkeiten und die Über- und Unterordnungen genau definiert sein müssen und darüber hinaus im Leitbild auch auf die Wirtschaftlichkeit und Rentabilität einer Organisation eingegangen werden sollte. Als Beispiele für erste Ansätze in diese Richtung seien die Leitbilder der *Kolpingfamilie Wien-Zentral* 1998 und das Leitbild des *Kuratoriums Wiener Pensionisten-Wohnhäuser* 1998 genannt. Diese integrative Vorgangsweise erfordert jedoch, dass im Vorhinein ein verbindliches Kommunikationskonzept zu erstellen ist, dass alle Ansprechgruppen entsprechend eingebunden werden und genau festgelegt wird, wer, wann und wie bei der Erstellung und Umsetzung des Leitbildes «mitredet».

Das Leitbild kann natürlich auch für Teilbereiche der Unternehmensführung eingesetzt werden, was theoretisch zum Beispiel von MATJE (1996) oder JONES (1998) beschrieben wird und auch in der Praxis vorzufinden ist. Geläufig ist das etwa unter den Konzepten «Leitbild als Führungsinstrument» oder «Leitbild als Beitrag zur Öffentlichkeitsarbeit und zum Marketing». Ob es sich dabei um den richtigen oder falschen Einsatz des Leitbildes im Rahmen der

Unternehmensführung handelt, steht hier nicht zur Diskussion. Wichtig ist in diesem Kontext, dass am Beginn eines möglichen Leitbildentwicklungs- bzw. -umsetzungsprozesses eine Klarstellung hinsichtlich der Ziele, Beteiligungen und Konsequenzen erfolgt.

Sozialwirtschaftliche Unternehmungen sind jedoch in ein äußerst kompliziertes, oftmals schon unübersichtliches Netzwerk von unterschiedlichsten Einflüssen «eingesponnen». Oft gelingt es den Managerinnen und Managern nur unter äußersten Anstrengungen, dieses Netzwerk zu entflechten und Maßnahmen für die strategische Positionierung und die Leitbildentwicklung und Leitbildumsetzung in Gang zu setzen. Es stellt sich aber immer wieder die Frage, wer letztendlich die Entwicklungsrichtung vorgibt – und ob es nicht einer Darstellung irrealer Tatsachen gleichkommt, in einem derartigen «Dschungel» von Einflüssen und Interventionsmöglichkeiten den Mitarbeitenden und den Kundinnen und Kunden eine hohe Mitgestaltungsmöglichkeit zu suggerieren, wie es oftmals in partizipativ angelegten Leitbildentwicklungsprozessen geschieht.

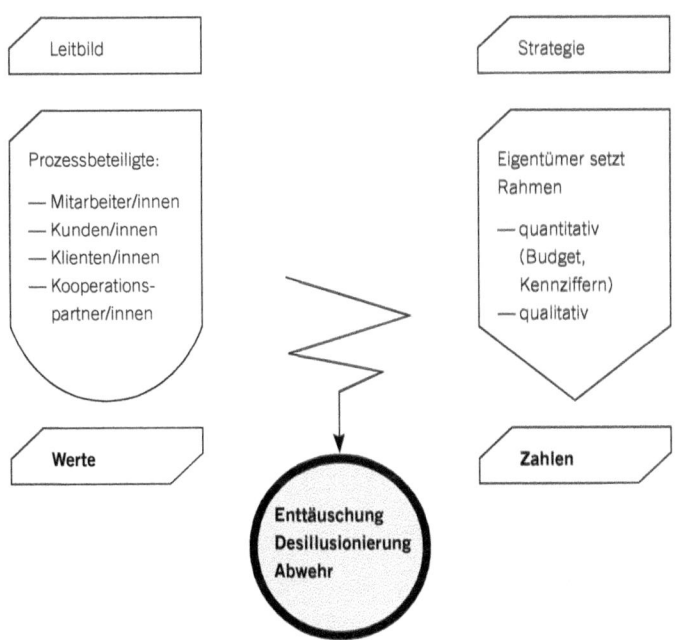

Abbildung 10   Leitbild und Strategie in der «Strukturfalle»

5. Schlussfolgerungen

Derzeit läuft praktische Leitbildarbeit in NPOs zum großen Teil auf mehreren Schienen. Es kommen unterschiedlichste Signale von unterschiedlichen Ansprechgruppen. Leitbildarbeit und Strategie stehen in einem diffusen, ungeklärten Verhältnis zueinander. Vor allem bei Mitarbeitenden entwickelt sich daher ein eher schlechtes «Verhältnis zum Leitbild». «Komm mir nicht schon wieder mit dem Leitbild» ist ein oftmals gehörter Satz im Gespräch mit Betroffenen. Hier ist die Frage zu stellen, welche Personen oder Führungskräfte wohl gemeint sein könnten, wenn vom «Leitbild» gesprochen wird? Denn das Leitbild selbst ist ja unschuldig – oder haben Sie schon einmal ein Leitbild auf der Anklagebank oder beim Mitarbeitendengespräch gesehen?

Unklarheiten über die Verantwortung für die Umsetzung des Leitbildes kann ein Grund dafür sein, dass die Identifikation der Mitarbeitenden mit dem Leitbild gering ist.

Das Leitbild kann aber auch als «Sündenbock» für strukturelle Unklarheiten benützt werden. Wenn zum Beispiel die wirtschaftlichen Rahmenbedingungen am Beginn der Leitbildentwicklung nicht deutlich und klar genug kommuniziert werden, könnte man aus Organisationsentwicklungssicht sagen, dass es kein ausgereiftes, gemeinsames Bild der Wirklichkeit gibt. Somit ist keine tragfähige Basis für eine Entwicklungsarbeit vorhanden. Die (zukünftigen) Rahmenbedingungen, in die das Leitbild «hineinentwickelt» wird, sind und bleiben diffus beziehungsweise von unterschiedlichen Auffassungen der Führungskräfte und Mitarbeitenden geprägt.

SCHWARZ (1996, 465f.) sieht als wesentliche Kennzeichen der Zielsetzung und Planung die *Zukunftsorientierung* und die *Effizienz- und Erfolgsorientierung* und verlangt als notwendigen und primären Einstieg in ein Planungs- und Managementsystem die Formulierung der «obersten» Grundsatzdokumente Leitbild und Organisationspolitik, die beide einer ganzheitlichen, gesamtorganisationalen Betrachtungsweise mit Langfristdauer gerecht werden mit der Absicht, Ziele, Grundsätze und Richtlinien für das künftige Organisationsbewusstsein und -handeln festzulegen. Gesamthaft gesehen, wird damit bereits ein Schritt in Richtung der strategischen Organisationsführung getan.

Man kann nun darüber streiten, ob die Leitbildentwicklung ein integrierender Bestandteil der strategischen Arbeit ist oder ob die beiden Elemente zwei unterschiedlichen Planungsstufen zugeordnet werden müssen (SCHWARZ 1996,

33 und 354). «Vom zeitlichen Ablauf her gesehen ist das Zwei-Stufenmodell von ROGGO (1983) zweifellos das richtige» (SCHWARZ 1996, 466). Die Formulierung der Organisationspolitik wäre dann die erste zu bewältigende Etappe, um die strategischen Ziele und Strategien anschließend aus diesem Grundsatzdokument abzuleiten; in der Praxis zeigen sich aber deutlich inhaltliche Überschneidungen; so sind in den von Organisationen erarbeitenden Organisationspolitiken und Leitbildern immer auch Ziele und Grundsätze enthalten, die man füglich auch der strategischen Stufe zuordnen könnte; dies rührt daher, dass organisationspolitische und strategische Inhalte kaum sauber voneinander abgrenzbar sind; zum anderen beruhen ja beide Planungsstufen auf der gleichen Informationsbasis (SCHWARZ 1996, 466 f.).

Versucht man nun, den Prozess der Leitbildentstehung mit jenem der strategischen Planung zu harmonisieren, so ergibt sich der in Abbildung 11 illustrierte Zusammenhang zwischen Leitbild- und Strategiearbeit unter Berücksichtigung der Prinzipien der Klarheit und Verantwortung (Leitbild und Strategie sind Chefsache) sowie der Partizipation (soweit es möglich und sinnvoll ist, sollen Ansprechgruppen in die Entstehung und Umsetzung von beidem, nämlich Leitbild und Strategie, in geeigneter Form beteiligt werden). Leitbild- und Strategiearbeit müssen Hand in Hand gehen. Den Betroffenen müssen die Verwobenheit und die gegenseitigen Rahmenbedingungen für die strategische Arbeit wie für die Leitbildarbeit bewusst gemacht werden.

Demnach müssen folgende Entscheidungen getroffen werden:

— Transparente Einbettung in das unternehmerische Gesamtsystem und dessen Kommunikation an alle Ansprechgruppen. In diesem Fall bedeutet dies auch für Mitarbeitende, Mitverantwortung für die Gesamtentwicklung der Organisation, der Unternehmung zu übernehmen.
— Oder das Leitbild wird als ein spezielles Instrument der Unternehmensführung in einem ausgewählten Bereich («Leitbild als Instrument zu/r …») des Gesamtsystems gesehen. In diesem Fall wäre die Leitbildarbeit abgekoppelt von den normativen Entwicklungen der Organisation. Das hätte zur Folge, dass das Leitbild auch im Gesamtsystem der Organisation einen neu zu definierenden Stellenwert innehätte.

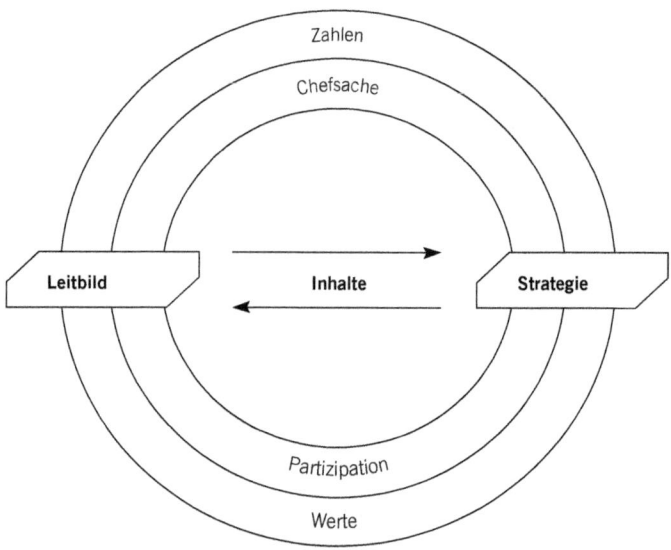

Abbildung 11   Leitbild- und Strategiearbeit als gleichwertige Aufgaben in einer NPO

Die Auswirkungen dieser Entscheidung sind enorm und wurden schon in vielen Publikationen diskutiert (vgl. u. a. DOPPLER/FUHRMANN/LEBBE-WASCHKE/VOIGT 2002; DOPPLER 2001; BECKER/LANGOSCH 2002; MINTZBERG/AHLSTRAND/LAMPEL 2002).

Leitbilder «leiden» unter Konformität – eines gleicht dem anderen; sie verlieren daher rasch an Wirkung. Jedes Leitbild wird im Spannungsfeld zwischen realen, praktischen Handlungsanweisungen und möglichst abstrakten Orientierungspunkten, die auch für große und größte Organisationen gelten müssen, entwickelt. Oftmals wird «Floskel an Floskel» gereiht, oder die eine «Worthülse» durch eine andere ersetzt. Hier fehlt oft

— der Mut zum Auffälligen,
— die Kreativität zum Eigenen, zum Anderen, oder zu etwas völlig Neuem,
— das Stehvermögen zur Provokation,
— das Nutzen der Chancen des Unverständlichen,
— … .

In den meisten Fällen stehen die Managerinnen und Manager und die Mitarbeitenden unter der Fernbeobachtung und Kontrolle der Vertreter und Vertreterinnen der Eigentümer, was oft einen viel engeren Spielraum vermuten lässt, als tatsächlich der Fall wäre. Wer sich nicht bewegt, spürt seine Fesseln nicht. Ein «bisserl» zu provokant? Möglicherweise ja, aber: Nützen sie die Möglichkeit des «Zurückgepfiffenwerdens»!

Wenn die «Über- und Umsetzungsbegleitung» in der Leitbildarbeit fehlt, werden Leitbilder oft destruktiv in ihrer Wirkung beurteilt.

«Beteiligung der Betroffenen» – «Betroffene beteiligen» – sind die Schlüsselbotschaften für erfolgreiche Leitbild- und Strategieentwicklung. Dort, wo es eine breite Beteiligung der Betroffenen gab, war erfolgreichere und kontinuierlichere Umsetzungsarbeit die Folge. Hier geht es nicht darum, einem «basisdemokratischen Wahn» das Wort zu reden. Nein, es geht darum, die beteiligten Personen entsprechend ihrer Qualifikationen und Informationen entsprechend in den Prozess zu integrieren. Im Zweifelsfalle befürworten wir die Variante, wo mehr Menschen beteiligt werden.

Dezentrales Gestalten und hohe Eigenverantwortung bei den Mitarbeitenden, die «direkt am Kunden arbeiten» sind als Erfolgsfaktoren zu sehen. Hohe Beteiligung der Betroffenen und hoher Zentralisierungsgrad schließen sich aus, da es sonst zu einem hohen bürokratischen Aufwand des immerwährenden Abstimmens mit den jeweiligen Zentraleinheiten kommt.

Präzise Rahmenbedingungen und deren konsequente Einforderung mit entsprechenden Konsequenzen sind für eine abgestimmte Leitbild- und Strategiearbeit erforderlich. Nichts ist zermürbender und demotivierender als lasch formulierte Rahmenbedingungen und das Nichtwahrnehmen und inkonsequente Tolerieren von Abweichungen. Wenn Abweichungen keine Konsequenzen haben, schließt sich der «Teufelskreis».

Der Bereich der betriebswirtschaftlichen Realität steht (noch immer!) am meisten in Gefahr, dass er nicht in seiner realen Bedeutung berücksichtigt wird. Die Gefahr, sich als Geschäftsführerin oder Geschäftsführer mit unpopulären Maßnahmen bei der Belegschaft eher unbeliebt als beliebt zu machen, ist eine offensichtliche.

Mit der Orientierung an ganzheitlichen Systemkonzepten (vgl. GLASL 2004; BUBER/FASCHING 1999, 28 f.) am Beginn von Leitbildentwicklungsprozessen gelingt es eher, mögliche «blinde Flecken» bei den Leitbildthemen aufzuspüren. Ein straffer und mitunter schmerzender Zahlenkorridor von Seiten der

Eigentümerinnen und Eigentümer wird leicht ignoriert, im Sinne einer projektiven Abwehr und eines Ruhenlassen in der gewohnten Komfortzone.

In Zeiten der Rationalisierung, der zunehmend geforderten Effizienz und Effektivität eröffnet die möglichst hohe Beteiligung der betroffenen Menschen – und hier vor allem die der Mitarbeitenden – eine neue Falle: Es fordert von ihnen ein gerüttelt Maß an Selbstbewusstsein, die von anderen Ansprechgruppen oftmals geforderten Personaleinsparungen auch noch mitzutragen. Diese Aushandlungsprozesse müssen vorerst einmal sinnvoll geführt werden. Verständlicherweise trauen sich erst wenige Unternehmensführerinnen und -führer diese Aushandlungsprozesse zu, denn sie bergen enormes Potenzial an Konflikten, Verirrungen und Verwirrungen an Interessengegensätzen in sich.

Eine mögliche Differenzierung im langfristigen Planen wird darin gesehen, die

— *hard facts* – die Strategie (in erster Linie auf Zahlen beschränkt, budgetäre Vorgaben von Seiten der Eigentümerinnen und Eigentümer, zumeist in sozialen Einrichtungen von der öffentlichen Hand, gewachsen auf der Bühne der politischen Auseinandersetzung) – mit den
— *soft facts* – dem Leitbild (Wertemanagement; abgekoppelt von der «Knechtschaft der Zahlen», doch der Wirkung dieser unterlegen) –

in Einklang zu bringen und umgekehrt. Hier geht es nicht darum, sich für eine Linie zu entscheiden. Es ist Aufgabe des Managements, beide Linien gemeinsam und ausbalanciert mit den Ansprechgruppen zu entwickeln und umzusetzen. Es heißt nicht das eine oder das andere, sondern sowohl als auch. Bleibt diese Spaltung «Strategie–Leitbild» weiterhin bestehen, so ist die Gefahr, die «Rechnung ohne den Wirt zu machen», latent. Enttäuschungen und Frustrationen bei den Betroffenen sind die logische Folge.

Diesen «Spagat» einzufädeln und in Zukunft zu managen wird keine leichte Aufgabe, doch eine «moderierbare» beziehungsweise regelbare sein. Von «lösbar» wollen wir hier lieber (noch) nicht schreiben.

Literatur

BADELT, Christoph (2002): Ausblick: Entwicklungsperspektiven des Nonprofit Sektors. In: Christoph BADELT (Hrsg.): Handbuch der Nonprofit Organisation. Strukturen und Management (S. 659–691). Stuttgart: Schäffer-Poeschel.

BECKER, Horst/LANGOSCH, Ingo (2002): Produktivität und Menschlichkeit. Stuttgart: Lucius & Lucius.

BONSEN, Matthias zur (2000): Führen mit Visionen. Der Weg zum ganzheitlichen Management. Wiesbaden: Falken-Gabler.

BUBER, Renate/FALKNER, Sr. Jutta/FASCHING, Harald (1999): Alten- und Pflegeheim «St. Katharina» der Barmherzigen Schwestern vom hl. Vinzenz von Paul: Leitbildarbeit unter Beteiligung aller Betroffenen. In: Renate BUBER/Harald FASCHING (Hrsg.): Leitbilder in Nonprofit-Organisationen. Entwicklung und Umsetzung (S. 69–169). Wien: Management Book Service.

BUBER, Renate (2000): Die Einstellung von Führungskräften zum internen Marketing. In: Renate BUBER/Josef ZELGER (Hrsg.): GABEK II. Zur Qualitativen Forschung – On Qualitative Research (S. 259–299). Innsbruck/ Wien/München: Studienverlag.

BUBER, Renate/FASCHING, Harald (Hrsg., 1999): Leitbilder in Nonprofit-Organisationen. Entwicklung und Umsetzung. Wien: Management Book Service.

BUBER, Renate/FASCHING, Harald (1999): Konzeptionelle Basis der Leitbildarbeit. In: Renate BUBER/Harald FASCHING (Hrsg.): Leitbilder in Nonprofit-Organisationen. Entwicklung und Umsetzung (S. 17–65). Wien: Management Book Service.

DÄHLER, Erika (2002): Leitbildentwicklung in einem Gemeinwesen. Oder: Wie die Entwicklung des Integrationsleitbildes in der Stadt Rorschach aussieht. Wien: unveröff. Diplomarbeit, ISMOS Lehrgang, Wirtschaftsuniversität Wien.

DOPPLER, Klaus (2001): Dialektik der Führung. Opfer und Täter. München: Gerling.

DOPPLER, Klaus/FUHRMANN, Hellmuth/LEBBE-WASCHKE, Birgitt/VOIGT, Bert (2002): Unternehmenswandel gegen Widerstände. Frankfurt/New York: Campus.

FLICK, Uwe/KARDORFF, Ernst von/STEINKE, Ines (2003): Was ist qualitative Forschung? Einleitung und Überblick. In: Uwe FLICK/Ernst von KARDORFF/ Ines STEINKE (Hrsg.): Qualitative Forschung. Ein Handbuch (S. 13–29). Reinbek b. Hamburg: Rowohlt.

GLASL, Friedrich/LIEVEGOED, Bernard (2004): Dynamische Unternehmensentwicklung. Bern/Stuttgart: Haupt/Freies Geistesleben.

HINTERHUBER, Hans (1992): Strategische Unternehmungsführung I & II. Berlin/ Stuttgart/New York: de Gruyter.

HORAK, Christian/HEIMERL, Peter (2002): Management von NPOs – Eine Einführung. In: Christoph BADELT (Hrsg.): Handbuch der Nonprofit Organisation. Strukturen und Management (S. 181–195). Stuttgart: Schäffer-Poeschel.

HORAK, Christian/MATUL, Christian/SCHEUCH, Fritz (2002): Ziele und Strategien in NPOs. In: Christoph BADELT (Hrsg.): Handbuch der Nonprofit Organisation. Strukturen und Management (S. 197–223). Stuttgart: Schäffer-Poeschel.

JONES, Laurie Beth (1998): Mission Statement – Vom Lebenstraum zum Traumleben. Wien: Signum.

LAMNEK, Siegfried (1989): Qualitative Sozialforschung. Band 2: Methoden und Techniken. München: Psychologie Verlags Union.

MAIR, Judith (2002): Schluss mit Lustig! Warum Leistung und Disziplin mehr bringen als emotionale Intelligenz, Teamgeist und Soft Skills. Frankfurt a. Main: Eichborn.

MATJE, Andreas (1996): Unternehmensleitbilder als Führungsinstrument. Komponenten einer erfolgreichen Unternehmensidentität. Wiesbaden: Gabler.

METZGER, Wolfgang (1962): Schöpferische Freiheit. Frankfurt: Kramer.

MINTZBERG, Henry/AHLSTRAND, Bruce/LAMPEL, Joseph (2002): Strategy Safari. Eine Reise durch die Wildnis des strategischen Managements. Frankfurt/Wien: Ueberreuter.

MORSE, Janice M./RICHARDS, L. (2002): Readme First for a User's Guide to Qualitative Methods. Thousands Oaks, CA: Sage.

RICHARDS, Lyn (2002): Using N6 in Qualitative Research. Doncaster: QSR International.

ROGGO, J. (1983): Konzeptionelle Grundlagen für ein strategisches Management in Wirtschaftsverbänden. Diss, Freiburg/Schweiz.

SCHWARZ, Peter (1996): Management in Nonprofit-Organisationen. Bern: Haupt.

Renate Buber

Marketing im Sozialbereich

1. Problemstellung und Zielsetzung

Veränderte Markt- bzw. Rahmenbedingungen haben zur Folge, dass die Bedeutung des Marketings für Nonprofit-Organisationen (NPO) bzw. im Sozialbereich stetig zunimmt. Knappe finanzielle Mittel in den Organisationen und der derzeitige Nachfragemarkt im Personalsektor des Sozialbereiches stellen eine Herausforderung für die Marketingplanung dar.

Wenn man nach den Besonderheiten des Marketings von NPOs im Allgemeinen und Sozialeinrichtungen im Speziellen fragt, dann bieten sich in der wissenschaftlichen Literatur vor allem der Marketingbegriff, die Interessentinnen- und Interessentengruppen des Marktsystems, die Zielfelder, die strategischen Marketingentscheidungen und die operativen Marketingentscheidungen zur Diskussion an (SCHEUCH 2002, 290 ff.). Im folgenden Beitrag interessiert, inwieweit dieses Marketingdenken in der Praxis bei der Gestaltung der Marketingplanung in NPOs von Relevanz ist. Zunächst werden kurz die NPO-spezifischen Marketingperspektiven diskutiert; anschließend stellen wir ausgewählte Ergebnisse von Leitfaden-Interviews mit acht Expertinnen und Experten des österreichischen Sozialbereiches vor, die nach ihren Erfahrungen mit Marketing und ihren Einschätzungen zu dessen Stellenwert in «ihren» sozialen NPOs befragt wurden. Ziel der Untersuchung war es, anhand der empirischen Daten

Hypothesen zum Stellenwert von Marketing in NPOs im Allgemeinen und im Sozialbereich im Besonderen zu generieren und Veränderungsfelder im Bereich der Marketingplanung zu diskutieren.

2. Marketing in NPOs: Die Sichtweise der wissenschaftlichen Literatur

2.1 Der Marketingbegriff

Marketing befasst sich mit Entscheidungen und Maßnahmen zur Gestaltung von Austauschbeziehungen und Unternehmensaktivitäten, die sich auf Märkte richten (KOTLER 1982; MEFFERT 2000; SCHEUCH 1996).[1] Bei der Entwicklung eines Marketingkonzeptes geht man davon aus, dass die Organisation dann erfolgreich ist, wenn sie die Bedürfnisse, Bedarfsinhalte, Wünsche, Erwartungen und Verhaltensmuster der Zielpersonen (Zielmärkte) kennt und diese besser als die Konkurrenz berücksichtigen beziehungsweise befriedigen kann. Demnach ist die vorrangige Aufgabe des Marketings in jeder Organisation die Orientierung am Kunden oder an der Kundin.[2] Die «Kundinnen und Kunden» von NPOs sind häufig Leistungsempfängerinnen und Leistungsempfänger, «die den Absichten der NPO entsprechend ohne direkte Entgeltlichkeit behandelt, informiert, geschützt, unterstützt etc. werden» (SCHEUCH 2002, 291).

Neben dem Absatzmarketing spielt aber gerade in NPOs das Beschaffungsmarketing für Ressourcen, wie etwa materielle Güter (zum Beispiel Sachspenden), Nutzungsrechte (etwa in Bezug auf Räume), Geld (zum Beispiel Spenden, Sponsorengelder) und Arbeitsleistungen (zum Beispiel freiwillige Mitarbeit), eine bedeutende Rolle (KLAUSEGGER/SCHARITZER/SCHEUCH 2003, 100).

---

1   Auf Fragen des strategischen Marketings gehen wir hier nicht näher ein. Einen Überblick zu Strategiealternativen bietet etwa BECKER (1995).

2   Der Marketingbegriff entwickelte sich von der reinen Produktionsorientierung (um 1908, Tin Lizzy von Henry FORD) über die Produktorientierung zur Verkaufsorientierung und schließlich seit etwa 1950 zur Kund/innenorientierung (siehe dazu etwa SCHIFFMAN/KANUK 2004, 10f.).

     SCHWARZ (1996, 34f.) spricht im Zusammenhang mit der Marketingphilosophie im Sinne einer Denkhaltung von einer Außenorientierung des Marketings, die sich im «Übergang von einer Dienstgesinnung (Identifikation mit dem System und der Aufgabe, also produktionsorientiert) zu einer Dienstleistungsgesinnung (Orientierung der Leistungsbestimmung und -abgabe an den Bedürfnissen der Adressaten und den Möglichkeiten der relevanten Umwelten)» konkretisiert.

     Mit der Denkhaltung der Kund/innenorientierung im Allgemeinen setzt sich LONG (2000) kritisch auseinander.

Zur Abgrenzung von spezifischen Marketingaufgaben von NPOs ist vor allem die Besonderheit der Zielkonzeption geeignet; der dominante Zweck der Gründung oder Aufrechterhaltung einer NPO ist ein bedarfswirtschaftliches strategisches Oberziel wie zum Beispiel die Bekämpfung von Krankheit und Armut. Zielsysteme für NPOs umfassen folgende Zielarten (SCHEUCH 2002, 293 u. 296 f.):

— Leistungsziele,
— Ziele für Aktivitäten der Ressourcensicherung und
— Beeinflussungsziele.

Zur Erreichung insbesondere der Marketingziele werden unter anderem folgende Marketingmaßnahmen gewählt, die so genannten *Marketinginstrumente:*[3]

— Leistungspolitik (Betreuungsleistung, Serviceleistung, Beratungsleistung, Informationsleistung etc.),
— Gegenleistungspolitik (Preise, Konditionen, Verhaltensweisen),
— Distributionspolitik (Kontakt-, Abgabestellen, Transportaufgaben) und
— Kommunikationspolitik (Werbung, Öffentlichkeitsarbeit, persönliche Beratungsgespräche, Verkaufsförderung).

Das Zusammenspiel dieser Instrumente bezeichnet man als *Marketingmix.*

2.2 Das Stakeholder-Konzept

Als *Stakeholder* bezeichnen wir «any group or individual who can affect or is affected by the achievement of the organizations' objectives» (FREEMAN 1984, 52). Demnach sind Stakeholder Anspruchs- beziehungsweise Interessengruppen einer NPO. Die Stakeholder-Analyse dient der Identifikation der relevanten Anspruchsgruppen einer NPO, der Untersuchung beziehungsweise Klärung ihrer Ansprüche, ihres Verhaltens und der Koalitionen zwischen den verschiedenen

---

3   Der Katalog des Marketingmix kann je nach Autorin oder Autor und sektoraler Betrachtung unterschiedlichen Umfanges sein. Allgemein durchgesetzt hat sich allerdings der Ansatz der 4 P's: Price, Promotion, Product, Place.

Stakeholdern, sie schafft damit Transparenz und ist auch Ausgangsbasis für die Strategieentwicklung (HADDAD 2003, 22; KUBIENA/STEINER-BINDER 1997, 174). Das Stakeholder-Konzept ist oft der erste Einstieg zur systematischen Marketingplanung einer sozialen Organisation. Durch die systematisierte Suche nach den Anspruchs- beziehungsweise Interessengruppen wird nämlich deutlich, wie vielfältig und widersprüchlich deren Ansprüche an die Organisation sind und wie wichtig es für die NPOs ist, sich im Umfeld der Mitanbieter zu positionieren und für geeignete Marketingmaßnahmen zu sorgen, mit denen sie einen Positionsvorteil, eine *unique selling position* auf den Zielmärkten erreichen können.

2.3 Internes Marketing

In Ergänzung zum «traditionellen» Ansatz des Absatz- und Beschaffungsmarketings wird verstärkt auch der Ansatz des internen Marketings diskutiert, dessen Denkhaltung, Gedanken und Ziele in NPOs von besonderer Bedeutung sind (vgl. dazu ADLER 2002).

Der Grundgedanke des internen Marketings besteht darin, Mitarbeitende ebenfalls als Kundinnen und Kunden bzw. eben als Anspruchsgruppe der Organisation zu sehen und organisationspolitische Maßnahmen daran zu orientieren (KOTLER 1972; GEORGE 1990; GRÖNROOS 1981; BERRY 1984). Folgen wir BRUHNS Definition, so ist internes Marketing die systematische Optimierung unternehmensinterner Prozesse mit Instrumenten des Marketing- und Personalmanagements, um durch eine konsequente und gleichzeitige Orientierung an den Kundinnen und Kunden und an den Mitarbeitenden das Marketing als interne Denkhaltung durchzusetzen, damit die marktgerichteten Organisationsziele effizient erreicht werden (BRUHN 1999, 20). Demnach kennzeichnen folgende drei Aspekte den Ansatz des internen Marketings (BRUHN 1999, 20f.):

1. Internes Marketing ist mit systematischen Planungs- und Entscheidungsprozessen verbunden. Es muss mit Zielen, Strategien und Einzelmaßnahmen verknüpft und als Managementprozess in der Organisation geplant und implementiert werden.
2. Internes Marketing ist der Versuch, sich gleichzeitig an den Kundinnen und Kunden und an den Mitarbeitenden zu orientieren. Es gibt kein Primat eines betrieblichen Funktionsbereichs; vielmehr müssen sämtliche

organisationsinternen Prozesse intensiv aufeinander abgestimmt werden. Bei allen Zielen, Strategien und Maßnahmen des Marketing- und Personalmanagements sind die inhärenten Wechselbeziehungen zu berücksichtigen.

3. Internes Marketing stellt eine Denkhaltung in der Organisation dar (Marketing als Leitidee). Marketing ist damit eine Unternehmensphilosophie, die von allen Führungskräften und Mitarbeitenden getragen und intern genauso wie extern gelebt wird.

Auf der Grundlage dieses Begriffsverständnisses wird deutlich, dass durch das interne Marketing in bestimmten Bereichen nicht nur eine Neuorientierung in der Marketingwissenschaft, sondern auch in der Marketingpraxis der Organisationen erforderlich ist (BRUHN 1999, 21). Abbildung 1 verdeutlicht die Zusammenhänge und Interdependenzen bei den Beziehungen zwischen Kundinnen

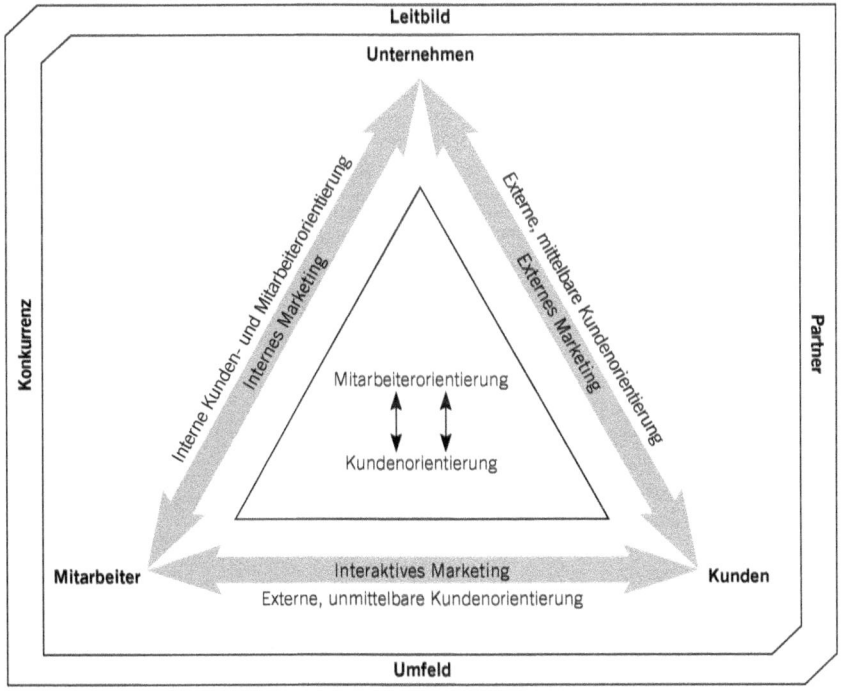

Abbildung 1   Orientierung an Kundinnen und Kunden und an den Mitarbeitenden als zentrale Maxime des internen Marketings (Quelle: BRUHN 1999, 21)

und Kunden, Organisation und Mitarbeitenden in einem «Beziehungsdreieck» (vgl. dazu auch KOTLER/BLIEMEL 2001, 782).

Internes Marketing befasst sich also mit den Aktivitäten, welche die Organisation durchführt, um ihr gesamtes Personal zu schulen und zu motivieren, als Team die Kundinnen und Kunden voll zufrieden zu stellen; nach BERRY (1986) besteht der wichtigste Beitrag der Marketingabteilung zum Erfolg einer Organisation darin, dass sie auf besonders geschickte Weise jedermann in der Organisation dazu bringt, Marketing so zu praktizieren, wie es sein sollte, nämlich orientiert an der Kundin oder am Kunden (KOTLER/BLIEMEL 2001, 781).

An einem Beispiel wollen wir die Denkhaltung des internen Marketings illustrieren (KOTLER/BLIEMEL 2001, 781): Das Radford Community Hospital (USA) gehört zu den Krankenhäusern, die noch einen Schritt weitergingen, indem mit der vom Personal geforderten Orientierung am Kunden, an der Kundin eine monetäre Belohnung verbunden wurde: Man führte eine Art «Leistungsgarantie» ein. Das Krankenhaus richtete dafür einen Fonds in Höhe von zehntausend Dollar ein, aus dem es nun Patientinnen und Patienten entschädigt, die eine berechtigte Beschwerde vorbringen – angefangen beim kalt gewordenen Essen bis hin zur unzumutbar langen Wartezeit in der Notaufnahme. Der springende Punkt ist jedoch, dass alle Gelder, die sich am Jahresende noch in der Fondskasse befinden, unter den Krankenhausmitarbeiterinnen und -mitarbeitern aufgeteilt werden. Für das Personal ist dies nicht nur finanziell ein beträchtlicher Anreiz, die Patientinnen und Patienten gut zu behandeln, sondern auch weil Mängel sichtbar werden. Und in den ersten sechs Monaten war es tatsächlich so, dass das Krankenhaus nur dreihundert Dollar an unzufriede Patientinnen oder Patienten auszahlen musste.

3. Die empirische Studie

3.1 Das Untersuchungsdesign

Ziel der Studie war es, anhand der Erfahrungen und des Wissens der befragten Expertinnen und Experten im Sozialmanagement den Stellenwert des «traditionellen» Marketings in NPOs herauszuarbeiten und nach Besonderheiten des Marketings in NPOs zu suchen. Acht Personen mit langjähriger, einschlägiger Erfahrung im Sozialmanagement wurden gebeten, ihre Erfahrungen und

Einschätzungen zum Marketing in NPOs «von innen heraus», orientiert am betrieblichen Alltagsgeschehen (FLICK/KARDORFF/STEINKE 2003, 14) mit der Autorin zu diskutieren. Die Auswahl der Interviewpersonen war *«convenient»* (zu Fragen des Samplings vgl. HENRY 1990). Allerdings kann davon ausgegangen werden, dass die unterschiedlichen Erfahrungen der Befragten im Sozialmanagement einen einigermaßen gültigen Querschnitt hinsichtlich des Stellenwertes von Marketing in sozialen Organisationen zeigt (zu den Gütekriterien qualitativer Forschung vgl. STEINKE 2003; WALLENDORF/BELK 1989).

3.2 Die Befragung der Expertinnen und Experten

Es wurden unstrukturierte Interviews (Leitfaden-Interviews) durchgeführt (LAMNEK 1989, 377). Die Interviews wurden sehr offen und aufgrund weniger, vorab festgelegter Fragen geführt (zu den Arten von qualitativen Interviews vgl. HOPF 2003). Mit den Fragen wurden die wesentlichen Entscheidungstatbestände im Marketing abgedeckt (vgl. Abbildung 2).

1. Aus Ihrer Erfahrung heraus, was verstehen Sie unter Marketing?
2. Wie ist das Marketing in Ihrer Organisation verankert?
3. Wie sehen der Prozess und die Ergebnisse der Marketingplanung aus? Wie wird darüber informiert?
4. Wo liegen die Schwerpunkte des Marketings hinsichtlich des Ressourceneinsatzes?
5. Wie sieht die Leistungs- und Gegenleistungspolitik aus (Preise, Leistungen der Organisation)? Was müssen die Kundinnen und Kunden «bezahlen»?
6. Wie sieht die Kommunikationspolitik (Werbung, persönliche Gespräche, Öffentlichkeitsarbeit, Promotion) aus?
7. In welcher Form werden Marketingmaßnahmen kontrolliert und einer Zielerreichungskontrolle unterzogen?
8. Wo sehen Sie die Stärken und Schwächen im Marketing Ihrer Organisation?
9. Wie werden die Mitarbeitenden über Marketingphilosophie, Marketingziele und Marketingmaßnahmen informiert?
10. Wie sieht es nach Ihrer Einschätzung mit dem internen Marketing in Ihrer Organisation aus?

Abbildung 2   Interviewleitfaden

Die Gespräche dauerten durchschnittlich eineinhalb Stunden, wurden mit Einverständnis der Interviewten auf Tonband aufgezeichnet und transkribiert. Die Texte wurden anhand eines Kategorienschemas mit QSR_N6 strukturiert und analysiert (vgl. RICHARDS 2004; 2002).

4. Die Ergebnisse der Befragung

4.1. Der Marketingbegriff

Der Marketingbegriff umfasst zwei Dimensionen, einerseits die Aktivitäten der Organisation nach außen (wie etwa Positionierung und Information der Öffentlichkeit), andererseits jene nach innen. Folgendes Statement illustriert diese Sichtweise:

> *Dazu [zum Marketing] zählt, den Markt zu analysieren, zu schauen, was gibt's am Markt, wohin entwickelt er sich, wo sind Chancen, wo sind Bedrohungen. Das Zweite ist, sich zu positionieren, zielorientiert, wo wollen wir hin. Das Dritte ist ..., innerlich sich auch dorthin zu entwickeln, dort, wo wir hinwollen, das heißt, ich muss auch ein Pädagoge [sein] all den Mitarbeitern ... gegenüber ... Wie gewinn' ich sie, dass sie das auch mittragen? Damit auch sie in die Öffentlichkeit hinaustreten. Und dann heißt es, wenn wir das tatsächlich auch leisten und tragen, eine gezielte Kommunikationsstrategie, dass die Öffentlichkeit davon weiß. (I2)[4]*

Marketing nach innen wird als Maßnahme gesehen, die Mitarbeitenden über die Aktivitäten der Organisation zu informieren, sie so weit zu motivieren, dass sie die Organisation in der Öffentlichkeit auch gut vertreten.

Beim Marketing nach außen wird die Positionierung als wichtiges Ziel gesehen. Marketing wird mit Verkaufen gleichgesetzt. Marketing, Öffentlichkeitsarbeit und PR werden ganz im Sinne der Darstellungen von BRUHN & AHLERS (2004) des Öfteren als etwas Getrenntes verstanden, manchmal wird aber auch nicht unterschieden.

---

4   In = Interviewte Expertin/interviewter Experte (→ auch den Text von FASCHING/BUBER zur Strategieentwicklung in diesem Band).

Marketing ist ..., wobei ich Marketing, Öffentlichkeitsarbeit und PR eigent-
lich jetzt nicht trenne. Für mich ist das ... aber ein operatives Gebiet ... Ich
kann es natürlich definitionsmäßig trennen, das ist klar. Aber von der Umset-
zung her ... bedeutet es für mich ..., wie ich meine Leistungen [die ich] hier in
dem Hause ... habe, nach außen verkaufe. Wie kann ich dieses Haus, die Leis-
tungen, das was wir anbieten, publik machen? (I3)

Wobei hier aber die Meinung vertreten wird, dass das Verkaufen nach außen
aufgrund der Marktsituation nicht notwendig ist. Wenngleich dies eine extreme Sichtweise darstellt, so ist doch nachvollziehbar, dass Anbieter von Altenpflege derzeit nicht mit Nachfrageproblemen zu kämpfen haben und darüber
hinaus die persönliche Information und die Empfehlungen, die unter den Kundinnen und Kunden kursieren, vor allem bei den Angehörigen der zu Pflegenden, eine sehr große Rolle spielen.

Was ich heute weiß, ist, dass die persönliche Information und auch so die
Empfehlung von außen her, die uns gar nicht bewusst ist, ... besser funktio-
niert, als wir glauben. Wir brauchen uns nicht verkaufen nach außen. (I1)

Abgesehen von der eher instrumenteorientierten Sichtweise definiert eine Ex-
pertin Marketing, im Besonderen Orientierung an den Kundinnen und Kunden, wie folgt:

Marketing ist für mich der Kreislauf und das Spiel zwischen Bedürfnissen, die
der Kunde an die Anbieter schickt, und dem guten Argument der Anbieter, das
Zurückgeben ... das ist einfach ein Kreislauf und ein ewiges Spiel ..., dass Be-
dürfnisse geschaffen werden müssen ..., weil sonst die ganze Wirtschaft steht,
und das ist ein Kreislauf, ein Marktspiel mit vielen, vielen Mitspielern, wo es
immer darum geht, einen Ausgleich zu finden zwischen ... Bedürfnissen und
eben dem, was angeboten wird. Mit einem guten Nutzenargument, mit einem
starken Einschlag auf Erlebnisnutzen, den man in der heutigen Gesellschaft so
hat ... Das hat ... viel mit Kommunikation zu tun, Kommunikation zwischen
den entsprechenden Ansprechgruppen ... auch mit Spiel. Na ja, dann bringen
wir dir bei, dass du eigentlich doch dieses Bedürfnis hast ... ich vergleiche es
einmal bisschen ... mit den ... Autokonzernen, die noch immer glauben ... zu
wissen, welche Autos die Menschen brauchen, und das produzieren, was sie
am besten können. Ja, also so sehe ich das einfach, und Dialog ist so wichtig.
Hängt auch ... zusammen mit dieser komischen Gläubigkeit nach ständigem
Wirtschaftswachstum, ich halte das für absurd. Solange wir immer nur dem

Wirtschaftswachstum nachrennen, wird es keinen gescheiten Dialog geben oder immer nur Dialoge über Wachstum, aber nicht Dialoge über Erhaltung zum Beispiel, wer spricht denn über Erhaltung, ... das ist ja auch nicht das Ziel. Neu, neu muss alles sein. Aber ... damit erhalte ich weder Umwelt, noch Werte ... Einen ordentlichen USP[5] ... das sollte man mehr ... betonen ... Die Unverwechselbarkeit ist immer noch zu wenig. (I7)

4.2. Der Stellenwert des Marketings

Über die derzeit geringe Bedeutung des Marketings für den Erfolg einer Organisation gibt folgendes Statement Auskunft:

Im Moment ... spielt ein offizielles Marketing nicht die große Rolle ... wir sind zurzeit sehr nachgefragt, wir haben eine sehr konsequente Entwicklung, daher brauchen wir ... nicht wirklich was zu tun, um uns ständig zu präsentieren. (I1)

Allerdings steigt mit der Größe der Organisation auch die Bedeutung und Notwendigkeit von Marketing:

Dadurch, dass wir jetzt zu groß geworden sind und zu viele Berufe vereinen, haben wir ein klares Marketingkonzept. (I5)

Für die Zukunft hingegen wird vermutet, dass das Marketing für die NPOs insgesamt wichtiger werden wird. Es wird auch befürchtet, dass das verstärkte Auftreten Privater im Pflegebereich dazu führen könnte, dass die NPOs ihre Marketingaktivitäten immer stärker an der Gewinnorientierung werden ausrichten müssen. Das zeigen die Antworten der Expertinnen und Experten auf die Frage: «Denken Sie, dass die Bedeutung der Marketingabteilungen in zehn Jahren eine andere sein wird als heute?», in denen die Bedeutung von Marketing für NPOs mit den Verhältnissen in der Privatwirtschaft verglichen wird.

Ich hoffe es zumindest. Ich sehe auch sehr stark im Profitbereich der Wirtschaft ... diesen unglaublichen Unterschied, der immer mehr klafft zwischen dem, was das Marketing verspricht, und dem, was die Organisation hält. Das kann es nicht sein. Das ist ja unglaublich, schau dir das Marketing der Österreichischen Bundesbahnen an, und da lass ich mir schon einen Zugbegleiter durch den Zug

---

5   USP = unique selling proposition (einzigartiges, unverwechselbares Verkaufsargument)

marschieren ... da klaffen solche Welten dazwischen, und das ist meines Er-
achtens ganz schlecht ... da müsste das Marketing ... vorsichtiger werden. (I7)
Marketing und Öffentlichkeitsarbeit gehen ... Hand in Hand, auch bei der Or-
ganisationsstruktur ... Es geht ganz klar darum, unser Produkt am Markt zu
positionieren und letztendlich auch zu verkaufen. (I4)

Ein systemisches Spiel ... ich denke, dass vieles in der Wirtschaft deshalb pas-
siert, weil die Manager als Kinder zu wenig Eisenbahn gespielt haben. Und
jetzt machen wir mal eine tolle Werbung, und jetzt entwickeln wir irgendein
spielerisches Produkt, oder sonst wie, und wenn der Kunde nicht will, dann
schaffen wir Bedürfnisse ... Dann machen wir ein bisschen einen gesellschaft-
lichen Druck drauf, wie beim Handy ... eine Spielwiese. Im Nonprofit-Bereich
haben wir das Problem nicht. Wachstum ist nicht unser Ziel ... Wir sind aller-
dings aber auch sehr groß, aber ... diese Gefahr sehe ich hier nicht so. Aber
dass wir genauso blindwütig Marketing machen wie andere ... es gibt die Be-
fürchtung, aber auch die gute Hoffnung, dass es nicht so sein wird. Zumindest
da muss man jetzt unterscheiden, im Sozialbereich hoffe ich doch, dass es sich
in Grenzen hält. Aber indem mehr Gewinnorientierte mitspielen, desto eher
wird das natürlich bei uns auch Platz bekommen. Das wird sich nicht verhin-
dern lassen. Wobei da auch immer ein bisschen hineinkommt ... dieser Kampf
um Supervisionsgelder, bei uns geht es ja mehr in diese Richtung. Wir bewer-
ben ja nicht nur den Kunden, sondern wir haben den Kunden als Leis-
tungsbezieher, und wir haben ja immer noch einen Kunden, nämlich den Geld-
geber. Das macht ja unser Marketing ganz anders. Weil wir bewerben immer
zwei ganz verschiedene Kundengruppen, und das Ranking gibt es eher noch ...
den Kampf gibt es eher noch auf der Seite, wo es um Supervisionen geht. (I7)

Der Bedarf nach Altenpflege wird steigen. Das bedeutet, dass Marketing im Sinne der Akquisition von Kundinnen und Kunden nur bedingt notwendig sein
wird. Hingegen wird das Beschaffungsmarketing (für Spenden, freiwillige Mitarbeitende, Sponsoren) mehr und mehr in den Vordergrund rücken. Es wird auch
mehr Intensivpflege notwendig sein. Aus diesem Grund werden sich die Marke-
tingverantwortlichen auch neue Fragen in der Leistungspolitik stellen müssen.

Der Bedarf an Pflegebetten ... in nächster Zeit, das weiß man genau, 2008, da
wird man ungefähr so viele Pflegebetten brauchen ... Der Bedarf der ... In-
tensivpflege ... des höheren Pflegebedarfes steigt ... das spüren wir im Haus ...
wenn ich denke, vor neun Jahren, wie ich hergekommen bin, hat es geheißen:
keine Diskussionen anregen ... Pflegebedürftige ... sind nicht einmal aufge-
nommen geworden. Das ist heute nicht einmal denkbar. (I1)

4.3. Die Verankerung des Marketings in der NPO

Die Verankerung des Marketings in den NPOs ist sehr unterschiedlich. Sie reicht von der Übernahme der Verantwortung für das Marketing in der Zentrale und auf Leitungsebene über die Linienfunktion bis zur Stabsstellenlösung; auch eine lose Begleitung der Marketingarbeit durch eine externe Beratung kommt vor (siehe Abbildung 3).

Zentrale	*Weil das [Marketing] sozusagen von der Zentrale entsprechend gesteuert und bestimmt wird ... das heißt, die Zusammenarbeit mit dieser externen Agentur, die ist im neuen Jahr, also 2004, jetzt nicht mehr. (I3)*
Führungsebene: **• Heimleitung, Geschäftsführung** **• (externe) PR-Beratung**	*Wir sind ein Unternehmen, das sehr knappe Ressourcen hat und sich so manches nicht leisten kann, deswegen ist es von unten her wichtig, dass ... dieses unternehmerische Denken auch im Sinne von Marketing, zumindest die Führungskräfte immer mehr mittragen, und dann bedeutet das einerseits auf Lokalebene, dass die Heimleitungen selber diese Marketingarbeit machen, also vor allem Marktbeobachtung und Umsetzung von Zielen beziehungsweise Öffentlichkeitsarbeit, dass die Öffentlichkeit die Kommunikationsarbeit, die Öffentlichkeit davon weiß, und jetzt von der Geschäftsführung her ... der Gesamtleitung ist es dann ganz stark meine Geschichte plus einer externen PR-Beraterin, die ganz einfach ihr Knowhow einbringen muss, weil ich da überfordert bin, zeitlich ... das alles selber tragen zu können. Die [Gesellschafterinnen und Gesellschafter] sind ein ganz massiver Motor, weil sie mit dieser Marketinggeschichte in der Krankenhausholding ganz entscheidende positive Erfahrungen gemacht haben. (I2)*
Marketingabteilung	*Es gibt eine Marketingabteilung, die ein sehr braves und solides Marketing macht. Mir ist es viel zu brav, ... weil es sich zu wenig unterscheidet. Mit diesem Marketing unterscheiden wir uns nicht von vielen anderen Organisationen, außer von denen, die überhaupt keines haben. (I7)*

Stabsstelle	*Von der Organisationsstruktur her ist die Marketingabteilung eine Stabsstelle, die direkt der Geschäftsführung [zugeordnet ist] ... vier Personen, inkl. Leitung. (I4)*
Büro	*Sehr, sehr schwierig ist die Anzahl [der Mitarbeitenden] in der Öffentlichkeitsarbeit. Wir haben ein professionelles Büro. (I5)*
Mitarbeiter/in (angestellt, freiberuflich): Öffentlichkeitsarbeit, Marketing	*Wir haben ... eine Mitarbeiterin, die für das Wohlfühlen der Pensionäre zuständig ist, und die soll auch zuständig sein, laut Stellenbeschreibung, für Öffentlichkeitsarbeit, Marketing. Aber aufgrund der vielfältigen Aufgaben hier im Haus ist ... keine Ressource ... dafür frei. Das haben wir auch mitgeteilt. (I3) Wir haben einen Öffentlichkeitsarbeiter ... seit einiger Zeit. Bis vor einem Jahr haben wir nur freiberufliche Menschen gehabt, die das gemacht haben. Zurzeit haben wir einen Öffentlichkeitsarbeiter, einen Angestellten. Nicht zurzeit, das wird auch bleiben. Er hat mit zwanzig Stunden angefangen und [wird] jetzt dann bald auf [die] Vierzigstundengrenze stoßen. (I6)*
Externe Firma	*Wir haben eine externe Firma beauftragt, die uns begleitet, die uns ... vorbereitet, die Medieninterviews macht, wir zahlen auch relativ ... einen Wert ... Es ist uns wichtig, präsent zu sein, verbunden zu werden mit all dem ... Wissen, wie ältere Menschen betreut werden, mit allen Fachthemen. Wir wissen ... wenn heute ein Reporter vom Kurier einen Bericht ... Artikel schreiben muss über die Menschen, dann weiß der genau, wo er nachfragt, dass er Informationen kriegt, denn viel Zeit hat der nicht ... Also ruft der bei uns an. (I5)*
PR-Agentur	*Es ist so, dass wir bis dato eine PR-Agentur gehabt haben, die uns ... seit der Eröffnung begleitet hat. Das heißt, mit der gemeinsam haben wir uns überlegt, welche Maßnahmen können wir treffen, um das Haus in der Öffentlichkeit bekannt zu machen, welche Akzente setzen wir, wo inserieren wir, Media-Marketingplan ... wie schauen unsere Eröffnungsfeiern [aus], welche Feierlichkeiten machen wir, welche Aktionen, punktuelle, setzen wir, Tag der Offenen Tür usw.? (I3)*

Abbildung 3   Formen der Marketingorganisation in NPOs und ihre Aufgabenbereiche

4.4. **Die Marketingziele**

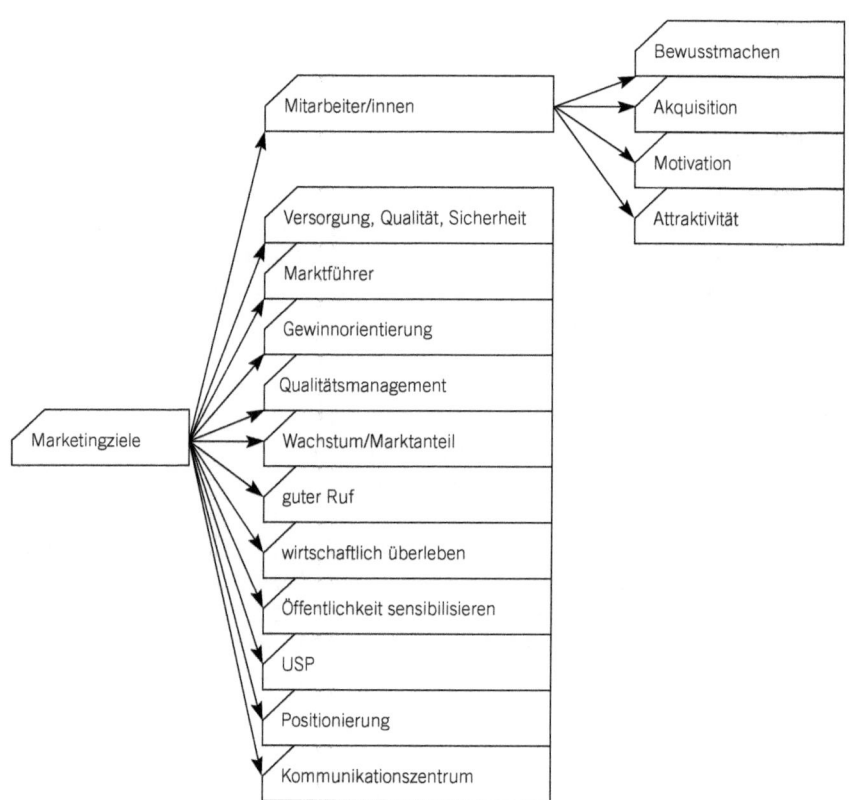

Abbildung 4   Marketingziele (USP = unique selling proposition)

Die Zielsetzungen für das Marketing der NPOs lassen sich in zwei Bereiche unterteilen. Einerseits beinhalten sie die auf den Markt gerichteten Bereiche. Auf strategischer Ebene werden Ziele wie wirtschaftliches Überleben, Versorgung, Qualität, Sicherheit, Gewinnorientierung, Marktanteil und Wachstum sowie Positionierung genannt. Auf der Instrumentalebene sind kommunikationspolitische Ziele und das Qualitätsmanagement angesprochen. Anderseits behandeln die genannten Ziele personal- beziehungsweise mitarbeiterinnen- und mitarbeiterorientierte Inhalte, wie zum Beispiel die Akquisition von Personal, die Erhöhung der Attraktivität der NPO bei den Mitarbeitenden, allgemeine Fragen der Motivation von Mitarbeitenden und das Bewusstmachen bestimmter Themen bei den Mitarbeitenden. Abbildung 4 gibt dazu den Überblick.

4.5 Die Ziel- beziehungsweise Anspruchsgruppen

Folgende Zielgruppen werden in den Interviews explizit genannt:

— die Geldgeber,
— die Leistungsempfängerinnen und -empfänger (die Seniorinnen und Senioren),
— Angehörige der Seniorinnen und Senioren (die Vierzig- bis Fünfzigjährigen).

Darüber hinaus erfolgt implizit eine Diskussion weiterer Anspruchs- beziehungsweise Interessengruppen; genannt werden die Gruppe der Mitarbeitenden, die Zentrale und die Führung auf der Landesebene der jeweiligen Organisation.

4.6 Die Marketingplanung

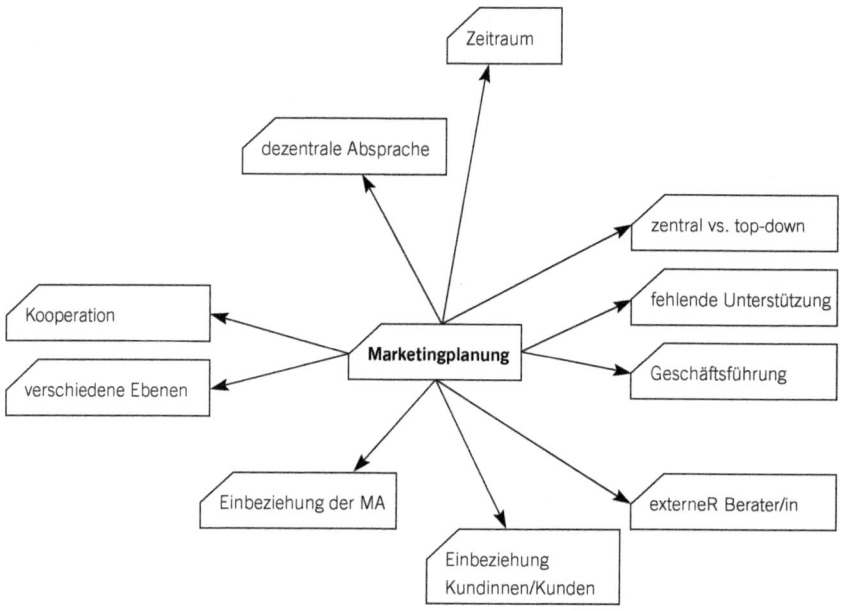

Abbildung 5   Marketingplanung (MA = Mitarbeitende)

Abbildung 5 zeigt die Themen, die bei der Marketingplanung relevant sind. Es werden folgende Planungsformen ersichtlich:

— *Kooperation:* Die Führungskraft/Leitung entwickelt eine Idee, legt die Inhalte fest, findet Fakten und formuliert klare Botschaften. Danach gibt es eine Besprechung mit der nächsthöheren Führungsebene beziehungsweise dem Träger. Im Anschluss daran – meistens wegen der Kostenaufteilung – werden Kooperationspartner in der Organisation gesucht, und schließlich wird die Ideenumsetzung im Detail mit externen Beraterinnen und Beratern in Angriff genommen wird. Wenn es zum Beispiel um die Planung und Umsetzung einer gezielten Kommunikationsstrategie geht, kann sich das eine Teilorganisation aus Kostengründen nicht leisten, und es muss daher mit anderen Stellen in der Organisation zusammengearbeitet werden. Die Führungskraft selbst sieht ihre Rolle im Rahmen der Marketingplanung etwa so:

*Was ich schon noch tun kann, dass ich ein Motor bin, dass ich ... mir Partner
suche, mit denen ich in Bewegung komm, und wenn einmal was ... in Bewegung [kommt], dann ist [es] gut, weitere Partner zu suchen, die ganz einfach
sagen, ja da machen wir mit. (I2)*

— *Prinzip der Zentralisierung vs. Dezentralisierung:* Die Marketingplanung
erfolgt zentralistisch unter Einbeziehung von dezentralen Partnern. Als
Gründe dafür werden Kosten und gemeinsame Ausbildung genannt. Zwei
Beispiele illustrieren diese Planungsform:

*Es kann nicht so sein, dass ... in drei Häusern ... Maler sitzen, Leute, die mit
dem Pinsel wahnsinnig gut umgehen können und die Häuser verschönern ...
Das gehört zentral bearbeitet. Was wir dezentral ... machen, [sind] ... die
Heimzeitungen ..., die die einzelnen Häuser selbst beschreiben ... Eigenverantwortlichkeit der Häuser. Das Übergeordnete ... die Strategien, die wir umsetzen wollen, die wir in der Öffentlichkeit präsentieren wollen, geht nur zum
Teil. (I5)*

— *Zentral und top-down:* In diesem Fall werden Marketingschwerpunkte
zentral festgelegt, aber es wird Rücksprache mit den betroffenen Teilorganisationen gehalten.
— *Die externen Beraterinnen und Berater:* Diesbezüglich gibt es Erfahrungen, aber es wurde diese Form der Begleitung der Marketingplanung auch
schon wieder aufgegeben.
— *«Der Marketing-Mensch»:* In diesem Fall gibt es eine Person, die für das
Marketing in der Organisation verantwortlich ist. Der oder die Marke-
ting-Verantwortliche erstellt ein Konzept, zum Beispiel für eine Veranstaltung, und stellt die Information ins Intranet. Das ermöglicht jeder Mitarbeiterin und jedem Mitarbeiter, am Planungsprozess teilzunehmen. Wenn
Aktivitäten im Marketing nach außen gesetzt werden sollen, dann geht
das aber immer über die Leitung.
— *«Der Öffentlichkeitsarbeiter als Zwischenstufe»* sei mit folgenden Aussagen illustriert:

*... nicht mal ... wenn ich ... einen Journalisten bekomme [wenn ein Journalist
anruft] wegen irgendwas, ... muss ich auch fragen, worum geht es, wie schnell
brauchen Sie die Information und wo kann ich Sie zurückrufen. Und dann
muss ich mit dem Geschäftsführer oder ... Öffentlichkeitsmenschen Kontakt
aufnehmen. Und dann wird geschaut, wer die Arbeit macht. Macht es der Geschäftsführer selber? Alles, was an die Öffentlichkeit geht, muss er wissen und*

muss eingebunden sein ... Der arbeitet ganz stark, wo er nicht mehr weiß, muss er mit dem Chef sofort Rücksprache halten ... Warum das heute so geschieht, das weiß ich nicht. Ich weiß nur, es ist was ganz Heikles. (16)

Der mögliche Grund für diese Kommunikationsform liegt vor allem in der Öffentlichkeitswirksamkeit der getroffenen Aussagen und in der Gefahr, dass etwa der politische Gegner daraus Nutzen ziehen kann.

— *Zentrale vs. Marketingabteilung:* Strategische Aufgaben werden in der Zentrale erledigt. Der Verkauf von Leistungen nach außen, zum Beispiel der Mittagstisch, ist Aufgabe der Marketingabteilung.

— *Die Marketingabteilung:* Bei dieser Form der Marketingplanung entwickelt die Marketingabteilung ihre Konzepte, und die Geschäftsführung genehmigt diese. Es gibt wenig bis keine Beteiligung der Betroffenen. Wenn aber Aufgaben im Verantwortungsbereich der Marketingabteilung liegen, dann erfolgen intensive Information und Schulungen, zum Beispiel Medientrainings, um «eine gemeinsame Sprache» aller Beteiligten zu sichern.

Bei der Gestaltung einzelner Marketingmaßnahmen, wie etwa eines Folders, werden hingegen sowohl Mitarbeitende wie auch Kundinnen und Kunden (Leistungsempfängerinnen und -empfänger) mit einbezogen. Der Zeitraum für die «grobe» Marketingplanung, die «große Linie für das Marketing», liegt bei drei Jahren. Es wird zwar angemerkt, dass sehr oft *rasch* auf eine Entwicklung am Markt reagiert werden müsse, aber alles in allem wird ein solcher Planungshorizont als sinnvoll – weil *realistisch und überschaubar (14)* – angesehen.

Es gibt auch eine kritische Stimme, die anmerkt, dass die genannten idealtypischen Formen der Marketingplanung noch nicht in die Realität umgesetzt sind:

Wobei natürlich, wie gesagt, wenn ich im Marketing, [in der] Öffentlichkeitsarbeit bleibe ... , wenn es .. vom Dachverband gutes Marketing geben würde und auch gewisse Richtlinien, Leitlinien, grafische Ausführung, Gestaltung von Inseraten, was auch immer ... wenn es hier eine klare Struktur geben würde ..., dass wir auf dem aufbauen könnten und ... die für das Haus spezielle Aktivitäten machen könnten, täten wir uns leichter. Aber nachdem [es] ... in der Zentrale nichts Wirkliches gibt, müssen wir das immer gemeinsam machen. Und da ist es natürlich irrsinnig schwierig. (13)

4.7 **Die Marketinginstrumente**

4.7.1 Die Kommunikationspolitik

Die Struktur der Marketinginstrumente wird in Abbildung 6 gezeigt. Es wird daraus ersichtlich, dass die Kommunikationspolitik dominiert. Folgende Bereiche, in denen die kommunikationspolitischen Maßnahmen wichtig sind, werden unterschieden:

— *Akquisition neuer Mitarbeitender:* Der Großteil der Leute wird über die Schulen und über den Werkstättenbereich gefunden. Bei so genannten Schulabgängerbesprechungen, bei denen Eltern und Schülerinnen und Schüler anwesend sind, wird das Angebot vorgestellt.
— *Absatz der Leistungen:* Hier sieht man, dass die klassische Werbung und die Öffentlichkeitsarbeit als wichtige Subinstrumente der Kommunikationspolitik genannt werden. Besonders erwähnt sei an dieser Stelle, dass die Bewohnerinnen und Bewohner und die Mitarbeitenden als die besten «Werberinnen und Werber nach außen» gesehen werden. Bei den «Sprechstunden» wird besonders betont, dass es im Moment aufgrund der Kapazitätsengpässe nicht sinnvoll wäre zu werben, sondern die Leute werden auf Sprechstunden verwiesen, in denen individuelle Problemsituationen besprochen werden können.

Folgendes Statement illustriert die Gruppe der Adressatinnen und Adressaten für die Öffentlichkeitsarbeit; das Beispiel handelt von der Errichtung eines Kommunikationszentrums in einer Gemeinde:

... in der Öffentlichkeit, vor allem jetzt auf der Ebene ... der Gemeinde, die Einrichtung als Kommunikationszentrum zu positionieren ... starke[r] Ansatz der Zusammenarbeit, mit allen Partnern, sei es jetzt ... Ärzten, sozialen Diensten, Schulen, Kindergärten, Gewerbebetrieben ... Angehörigenbesuchsdiensten, ehrenamtlichen Besuchsdiensten ... Mitarbeiter ... Das verstehe ich in Summe unter Öffentlichkeitsarbeit im Sinne ... des Bewusstmachens in der täglichen Arbeit in einer Einrichtung. (I8)

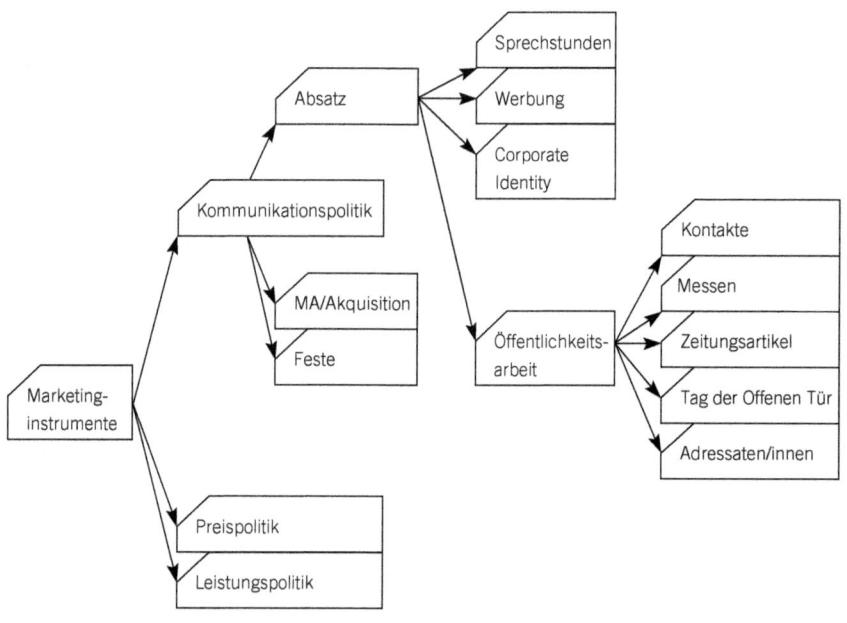

Abbildung 6   Marketinginstrumente (MA = Mitarbeitende)

4.7.2 Die Preispolitik

Im Rahmen der Preispolitik werden kaum klare Aussagen getroffen. Die folgenden Beispiele illustrieren das Antwortverhalten zu diesem Thema:

> *... wenn ich sehr billig bin oder sehr preisgünstig, und ich biete viel, wird es ... relativ leicht ... dass die Häuser voll sind ... Ich sage, dass wir wieder von den Preisen her anfechten müssen, dass [wir] ... uns von der Gemeinde, Unterstützung ... erwarten an Erhöhung, das wäre eine Chance, das wäre eine große Hilfe für uns, einerseits die Kompetenz ... zu erhöhen, weil wir es momentan nicht so gut finanzieren können, aber andererseits auch die gewährten Tarife zu erhöhen, das wäre für uns ... ein Stück essenzielle Notwendigkeit. (I1)*

Und da muss man die Qualitätsstandards einbauen, die gehören in diese Ge-setze … hinein, das kann man nur politisch durchsetzen. Nur wenn es an die-sem Verein liegt, und [der] sagt, das ist mein Standard … und ich bin der ein-zige, der den hat, da bin ich auf jeden Fall der Teuerste … Es wird ein paar geben, die bieten … unheimlich billig an, weil die suchen sich die Zuckerl raus … Ein Kunde, der bei dir kauft, oder so bei der Gemeinde Wien oder eine öf-fentliche Institution, die bei dir Leistung einkauft, die will ja nicht für dein Marketing zahlen. (I6)

4.7.3 Die Leistungs- und Gegenleistungspolitik

Die Leistungs- und Gegenleistungspolitik wurde kaum erläutert: … *das ist kein Thema in der Leitung (I3)*. Lediglich der Hinweis, dass bei der Leistungserstel-lung gewisse Standards einzuhalten sind, wurde gegeben.

4.8 Die Stärken und Schwächen des Marketings

Die genannten Stärken und Schwächen sind vielfältig. Abbildung 7 gibt einen Überblick. Die Reflexion der Stärken und Schwächen im Marketing der Orga-nisation ist auch das eine oder andere Mal kein Thema. Diese Aufgabe wird et-wa der Holdingebene zugeschrieben. Hier einige Detailaussagen zu den Schwä-chen:

Wenn heute jemand kommt und sagt … da hast du eine zusätzliche Kraft oder ein Budget von so und so viel tausend Euro, dann … würde ich mir leichter tun, wobei es allerdings so ist, dass ich Vorgaben vom Eigentümer habe, dass alles, was in irgendeiner Form Marketing, PR, Öffentlichkeitsarbeit usw. [ist], ausschließlich von der Zentrale gemacht wird … es ist auch schwierig … es ist bei uns … nicht gestattet …, dass wir zum Beispiel mit Reportern sprechen. Das ist ausschließlich dem Eigentümer vorbehalten. Da sind wir nicht einmal dabei bei den Interviews. (I3)

Wir sind noch im Aufbau eines guten Marketings. Derzeit [ist] vermutlich noch die hohe Zentralisierung die Schwäche. (I5)

… noch ein bisschen schwach sind wir im Bereich des Schreibens … ein Arti-kel in den Medien, so einen Artikel schreiben. (I4)

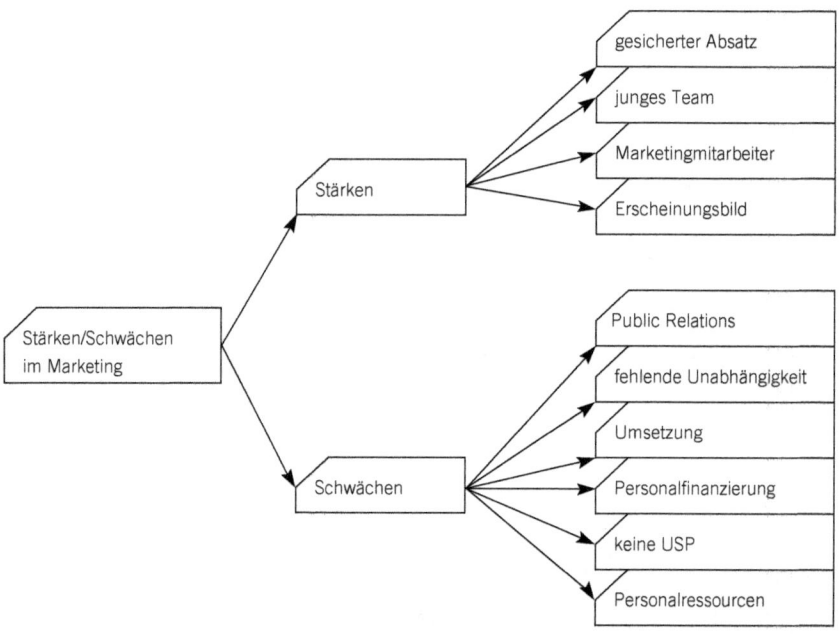

Abbildung 7   Stärken und Schwächen im Marketing (USP = *unique selling proposition*)

Die Stärken reichen von der gesicherten Absatzsituation und der damit fehlenden Notwendigkeit der Vermarktung der Leistungen über die Entwicklung des Marketingplanes durch ein junges Team bis zum einheitlichen Erscheinungsbild der Organisation nach außen, für das eine Marketingmitarbeiterin oder ein Mitarbeiter verantwortlich ist:

> *Es [das Marketing] wird nicht von dem ... gemacht, der grad Zeit hat, so wie es früher war, oder was grad passiert ist in diesem Bereich, sondern der [Marketingmitarbeiter] ist immer da. Der hat auch die ... Kontakte zu den Journalisten, der ist dafür verantwortlich. Der ist der Ansprechpartner für das nach außen und gleichzeitig nach innen. (I6)*

4.9 **Die Marketing-Erfolgskontrolle**

Abbildung 8 zeigt die Vielfalt bei der für die Marketing-Erfolgskontrolle relevanten Themen. Erstaunlich ist, dass für die Kontrolle der Marketingmaßnahmen zuweilen durchaus auch kein Bedarf gesehen wird beziehungsweise keine
Ressourcen vorhanden sind:

*Brauchen wir ... nicht. Die Diskussion mit der öffentlichen Hand schlägt sich
sofort in höheren Tagessätzen nieder. Da haben wir die Kontrolle ... unmittelbar. (I1)*

*Aber sonst andere Dinge, die sind so Spielereien, die wir nicht brauchen, also
wir haben die Ressourcen nicht dazu. (I2)*

... gibt es keine. (I3)

Im Gegensatz dazu wird der Erfolg der Pressearbeit auf unterschiedlichsten
Ebenen evaluiert:

*... in der einen Geschichte, wo wir schon sehr viel mit Pressekonferenz und
Pressearbeit gearbeitet haben, da haben wir unsere Ziele ganz klar erreicht. Also bisher mit unserer wenig dosierten Öffentlichkeitsarbeit, glaube ich, ist es
uns gelungen ... Ich meine, wie wird eine Pressekonferenz ... gemessen am Erfolg? Man könnte ja sagen, ok, eh so viel Zeit, Presseresonanz in ... Tageszeitungen am nächsten Tag oder ... solche Sachen. Also, wenn wir das eine Ziel
gehabt haben, dass in der einen Stadt, wo wir ein Heim haben, dass die Leute
mobilisiert werden, dass sie sagen, wir wollen ..., dass dieses Heim weiter existiert. Dann haben wir das Ziel erreicht, weil die Behörden nachher allerlei
Briefe und auch die Zeitungen Leserbriefe bekommen haben. Da haben wir
das erreicht. Klar gibt's dann immer wieder, wenn ich jetzt denke an ein Inserat, wo wir Geld reingesteckt haben und eigentlich kaum ein Echo gehabt haben. (I2)*

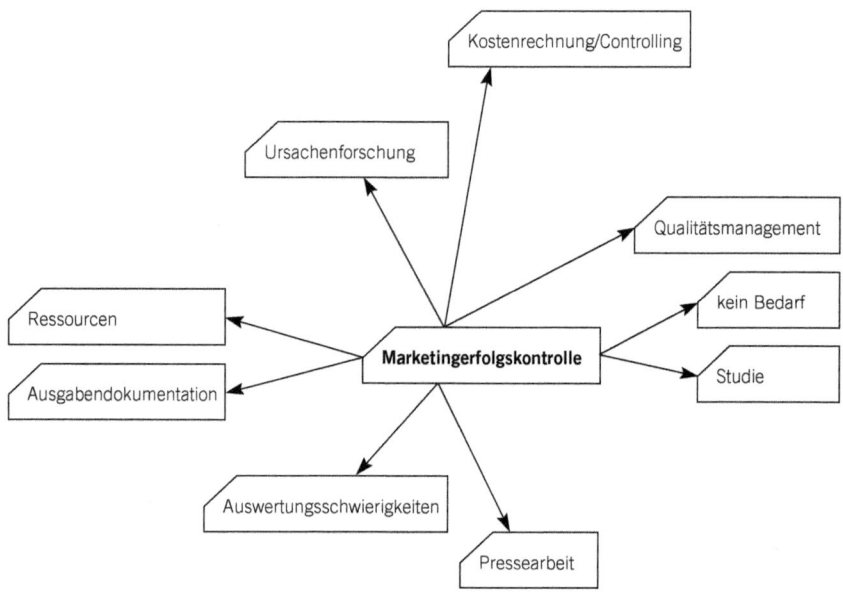

Abbildung 8   Erfolgskontrolle im Marketing

Abbildung 9 gibt die Aussagen zum Qualitätsmanagement und zur Kontrolle der Qualität wieder.

Vierteljährliche Zielüberprüfung *… wir haben jährlich unsere Ziele, die werden überprüft, die werden vierteljährlich … überprüft, in den Leitersitzungen werden die bekannt gegeben, wieweit der Stand ist, in der Planung wird das vierteljährlich besprochen, damit man bei diesen Sachen auch wirklich schaut, dass die wirklich erreicht werden, oder wenn sie nicht erreicht werden, dass man dann schaut, warum können sie nicht erreicht werden. (I6)*

… im Vierteljahr sind das hauptsächlich Zahlen, Einnahmen, Ausgaben, Kennzahlen … und inhaltliche Sachen werden … besprochen und im Prinzip [fest]gesetzt. Was muss erreicht werden. Zum Beispiel … hab ich für heuer … einen Arbeits-

kreis, der heißt «Wir brauchen einen medizinischen Standard für unsere Mitarbeiter». (I6)

Qualität vs. Geld	*... im Sozialbereich ist es sicher so, dass die Qualitätsanforderungen extrem steigen und das Geld immer weniger wird ... das Geld spielt ... plötzlich eine Rolle ... alles wird auch geprüft mit Hinblick darauf, dass das Geld vorhanden ist oder nicht. (I7)*
Controlling vs. Qualität	*... ist es sicher so, dass die sozial orientierten Organisationen einfach sehr viel mehr Augenmerk auf Controlling, Verzeihung, auf Qualität legen als die erfolgsorientierten. Das ist einfach so, dass die letzten Endes quittiert werden von Institutionen oder von Leuten die wirklich überhaupt nichts für Soziales übrig haben ... jetzt kommen die ... großen Versicherungen und Banken, ... diese Seniorenresidenzen usw. (I7)*

Abbildung 9   Formen des Qualitätsmanagements in sozialen NPOs

Darüber hinaus wird neben Ausgabendokumentationen auch an Kostenrechnungsmodellen und Controllingansätzen gearbeitet. Immer wieder taucht dabei die Frage auf, wer der Bessere ist, wer das bessere Ranking hat usw. Auf der anderen Seite wird aber auch nach den Ursachen für ein bestimmtes Ranking geforscht, wobei die Analyse der Stärken und Schwächen der einzelnen Einrichtungen im Vordergrund steht.

Es bestehen auch Schwierigkeiten hinsichtlich der Auswertung oder Bewertung von diversen Medienberichten. Allerdings gibt es auch positive Erfahrungen mit der Evaluierung: Eine NPO beteiligte sich an einer österreichweit angelegten Studie zum Thema Seniorinnen und Senioren und deren Betreuung und konnte dadurch eine sehr brauchbare Rückmeldung über den eigenen Bekanntheitsgrad erhalten.

4.10 **Die Mitarbeiterinnen- und Mitarbeiterorientierung des Marketings**

Die Mitarbeiterinnen- und Mitarbeiterorientierung der Marketingaktivitäten wurde sehr ausführlich geschildert. Es konnten zwei Bereiche unterschieden werden, nämlich die Informationsformen beziehungsweise Informationswege und das interne Marketing, bei dem es im Wesentlichen um die interne Kommunikation geht (vgl. Abbildung 10).

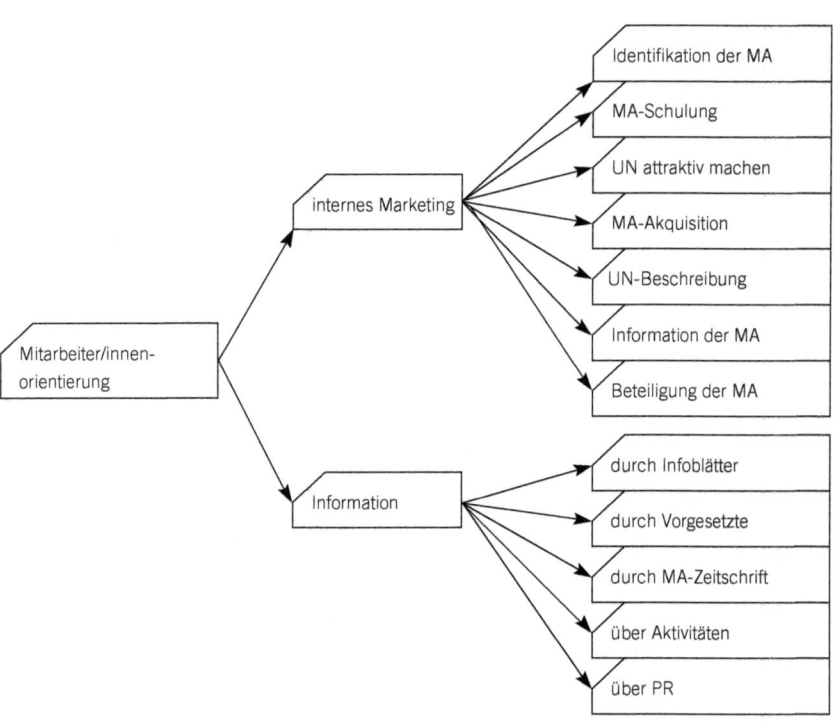

Abbildung 10   Mitarbeiterinnen- und Mitarbeiterorientierung des Marketings (UN = Unternehmen; MA = Mitarbeiterin oder Mitarbeiter)

Es herrscht einhellig die Meinung, dass die Information der Mitarbeitenden über die Öffentlichkeitsarbeit und alle Marketingaktivitäten einen wichtigen Stellenwert in der Organisation hat. Informiert wird vor allem über Informationsblätter, die Mitarbeitendenzeitschrift und durch die Vorgesetzten. Das Motto der Aussagen heißt, kurz zusammengefasst: Je besser die Mitarbeitenden informiert sind, desto stärker identifizieren sie sich mit der Organisation. Darüber hinaus sollen die Mitarbeitenden auch motiviert werden, an eventuell stattfindenden Veranstaltungen teilzunehmen und/oder bei der Gestaltung von *Werbemitteln* zu helfen.

Beim internen Marketing wird erwähnt, dass es für die Mitarbeitenden wichtig ist, zu wissen, wer ihr Arbeitgeber ist, welche sozialen und wirtschaftlichen Ziele die Organisation verfolgt (Organisationsbeschreibung).

> *... unser Ziel, oder ... ein Beispiel der Strategie ist es auch, jeden einzelnen Mitarbeiter auch zu einem sehr guten Verkäufer zu machen. (I4)*

Die Information der Mitarbeitenden, etwa in Informationsrunden, sowie ihre Beteiligung an Entscheidungen sind ein wesentliches Ziel des internen Marketings. Darüber hinaus sollen sich die Mitarbeitenden mit der Organisation identifizieren und zu guten Repräsentantinnen und Repräsentanten der Organisation werden. Um die Organisation für die Mitarbeitenden attraktiv zu machen, werden

— flache Hierarchien,
— die Zugehörigkeit zu einem unkonventionellen Personal,
— rasche Entscheidungsfindung,
— diverse Mitbestimmungsmöglichkeiten und
— *Incentives* (Sauna, Solarium, Massage)

«angeboten».

Als eine heikle Aufgabe wird die Akquisition beziehungsweise das «Halten» von Mitarbeitenden gesehen. Einerseits wird eine hausinterne Jobbörse als Maßnahme zum *Recruiting* eingeführt, und anderseits werden Kündigungen eingehend analysiert, um daraus für das Personalmanagement zu lernen.

4.11 Die Unterschiede zwischen Nonprofit- und Profit-Organisationen

Nachdem gerade für die Entwicklung des Marketingansatzes die Frage des Unterschieds zwischen Nonprofit- (NPO) und Profit-Organisationen (PO) von besonderer Bedeutung ist, sei auf diese hier gesondert eingegangen (vgl. Abbildung 11).

Werbeträger	*... gerade im sozialen Bereich glaube ich halt, dass die wichtigsten Werbeträger die Mitarbeiter sind und zufriedene Kunden. (I2)*
Engagierte Führungskräfte	*Die Gefahr im sozialen Bereich ist, dass man immer total engagierte Führungskräfte [hat], die natürlich auch etwas dafür haben wollen, und das, was sie dafür bekommen, ist sozusagen, dass sie Profil in der Öffentlichkeit haben ... Und das ist dann das Problem bei der Kooperation ... Wer ist dann in der Öffentlichkeit derjenige, der sich rauslehnen darf? ... von daher glaube ich, dass schon im sozialen Bereich das Kooperieren nicht so einfach ist. (I2)*
Qualitätsverständnis Wertvorstellung	*Ich kann zum Beispiel Personal im Kerngeschäft komplett reduzieren, kann natürlich gewisse Wertevorstellungen ... nicht mehr umsetzen. Dadurch machen die Werte auch noch einmal Druck, ... aber wenn wir diese Qualität liefern wollen unter wirtschaftlich gesicherten Voraussetzungen, dann braucht es ganz einfach mehr, als nur wirtschaftlich besser zu arbeiten, ... dann braucht es eine gute strategische Positionierung. (I2)* *... wenn ich eine Verkaufskette bin, dann kann ich mir überlegen, was geht denn momentan gut ... Und dann pass' ich mich flexibel an das an ... Das ist nicht unsere Frage. Sondern bei uns gibt's eine Entschlossenheit, eine bestimmte Qualität, die muss es am Markt geben, also von daher ist die Herausforderung des [sich]-strategisch-am-Markt-Positionierens umso schwieriger. (I2)*

Weil ich mich nicht an das, was momentan sehr gefragt ist, anpassen kann, sondern ich muss schauen, wie kann ich das ausnutzen, was momentan gefragt ist, und das, was wir von der Wertvorstellung umsetzen wollen. (I2)

Angst vor Politik *Dann komm ich auch auf das Thema Politik und politische Entscheidungsträger. Du denkst, da ist die Politik am Zug, klar zu bekennen. Uns ist … sagen wir mal, das Leben in hohem, … höheren und höchsten Alter, das ist uns was wert, und … das muss … ein Thema der Wertigkeit [sein]. (I4)*

Da wird ganz genau geschaut, dass kein Fehler gemacht wird. Und da passieren die meisten. Weil sie dann zu genau schauen. Vorsichtigkeit, bevor man irgendwas nach außen gibt. So hängt das mit der politischen Besetzung des Vorstandes zusammen. (I6)

Mitarbeiterinnen- und Mitarbeiter-führung *Jetzt haben wir sehr viele gute Leute, wir zahlen für alle unsere Leute die Ausbildung, das ist nicht überall in Österreich so. (I5)*

Die sind einfach gewinnorientiert, und fertig. Also, das heißt, ich glaube, dass sich der Mittelweg durchsetzen wird, wo ein Manager immer auch einen starken sozialen Aspekt mitbringen muss. Das ist der Erfolgsweg, und ich denke, dass die, ich habe so eine Theorie, dass die Privatwirtschaft und auch die Erfolgs-orientierten eigentlich von den Nonprofit-Organisationen lernen können. Denn wie die mit Mitarbeitern umgehen und das ständige Drücken [führt] nicht wirklich zu einem Erfolg … Das ständige Drücken und Unterdrücken und noch ein bisschen mehr, meines Erachtens geht das nicht. Wir haben lange von denen gelernt, ja, ich finde vom wirtschaftlichen Denken, Opti-mieren, Organisation, Ziele setzen und so weiter. Das ist o.k., das haben wir von ihnen gelernt … Aber ich halte es für nicht richtig, wenn wir als Nonprofit-Bereich versuchen, den Profit-Bereich einfach zu imitieren. Das wäre dumm und kurzsichtig, weil wir haben einfach unsere Stärken, wo der Lernfluss in die umgekehrte Richtung geht. Da bin ich mir ganz sicher. (I7)

Motivation und Werte

Im Sozialbereich sehe ich das nicht so stark, weil ich den Eindruck habe, dass im Sozialbereich die Motivation der Mitarbeiter hier eine sehr viel stärkere ist, eine höhere ist, weil da irgendwo doch ideale Werte sind, die einen Mitarbeiter dazu veranlassen, etwas zu tun, die hat der Zugbegleiter nicht, der macht seine Arbeit und ist fix und fertig. Dahin sind unsere Mitarbeiter doch so, dass sie sagen, wir wollen den Menschen helfen und so, das gibt es bei uns sehr stark ausgeprägt. (I7)

Ziele

… es hat sich jetzt ziemlich ausgeglichen insofern, weil die Profits früher schlicht und einfach … geschaut [haben], dass unterm Strich so viel wie möglich rausschaut. Das war ja eigentlich, wenn du die Nonprofits dazu vergleichst, früher nicht wirklich unser Thema. Das ist jetzt aber unser Thema, weil die Ressourcen schlicht und einfach … knapp geworden sind. (I4)

Im Nonprofit-Bereich haben wir das Problem [blindwütig Marketing zu machen] nicht. Wachstum ist nicht unser Ziel. Wir sind allerdings aber auch sehr groß … diese Gefahr sehe ich hier nicht … es gibt die Befürchtung, aber auch die gute Hoffnung, dass es nicht so sein wird. (I7)

Wir sollten gerade deshalb unser Marketing anders gestalten. Das heißt nicht, so zu gestalten, wie wir es von der Wirtschaft lernen, vom Profitbereich, sondern auch wieder anders einfach. Und zwar so, dass diese ganzheitlichen Stärken mehr zur Geltung kommen. Darum wäre ich auch dafür, dass wir unser Unternehmen nicht nur mit den Leistungen bewerben, die wir für die Senioren haben, sondern an und für sich auch Mitarbeiterfreundlichkeit und Entwicklungsmöglichkeiten der Mitarbeiter, auch Frauenfreundlichkeit oder Mitarbeiterinnenförderung im Bereich Umweltschutz, da muss ich sagen, dass es bei uns selbstverständlich ist, dass wir Abfallkonzepte und weiß Gott was haben. Im Bereich Gastronomie, Qualität in der Gastronomie, ja, also bewusst unser Unternehmen positionieren, auch als überall sehr aufgeschlossen und sehr innovativ. (I7)

Produkt
Also, was wir von den Profits sicher, sag ich jetzt, nicht mal mehr lernen können, da haben wir schon viel gelernt, ist schlicht und einfach, dass wir sehr gute Produkte nicht unter der Hand handeln, sondern einfach sagen und zeigen, was wir Gutes tun und anbieten. Das haben uns die Profits lang vorgemacht, jetzt sag ich auch was sehr Ketzerisches, wenn man dann hinter die Bühne geschaut hat, war oft nicht wirklich was dahinter. Umgekehrt können die Profits, oder werden die Profits und die Profitorientierten sicher eines von uns, sie lernen es auch schon, und sie sind mitten drinnen, weil das zeigen mir viele Kontakte, die ich habe ... Eine gute Qualität um einen entsprechenden Preis auf den Markt zu bringen, und sie wollen wissen, einfach, was ist Qualität, in welcher Ausprägung. Und sie sind ja sehr daran interessiert. Vor allem weil ihnen teilweise auch so, sag ich jetzt, ein Stück soziale Kompetenz fehlt. Wir verkaufen kein Auto. Wir verkaufen soziale Dienstleistung, und das, denk ich, werden, oder wollen auch die Profitorientierten in diesem Segment tun. Also, da gibt es schon sehr viel Interesse und diese Anfragen dazu. (I4)

... wir verkaufen ... eher Freunde als Blech, weil Dienstleistung, das sind halt einmal Menschen, und nur Menschen können Freunde sein. (I7)

Erfolgskontrolle
Ich habe gestern eine ganz nette Analyse gekriegt über die Auswirkungen von Marketingmaßnahmen, das heißt, die Marketingabteilung selber setzt halt in Beziehung irgendwelche Werbemaßnahmen mit Anmeldungen von Kunden und sagt ..., jetzt haben wir einen Tag der Offenen Tür gemacht, und daher haben wir ... sechs Anmeldungen mehr. Das macht eine Steigerung von zweihundert Prozent, und da lache ich dann darüber ein bisschen, denn eine Steigerung von zweihundert Prozent ist ja toll, aber wenn das dann sechs Anmeldungen sind ... ich habe dann gestern unserer Marketingleitung gesagt, dass sie irrsinnig aufpassen soll bei der Ursachenforschung. Ja, sie ist viel komplexer als diese Werte zählen. Das ist auch nicht immer die Hitze, die das Mineralwasser, die es [den Umsatz] steigen lässt, es kann auch ein kleiner Zeitungsbericht sein über die Nitrathaltigkeit vom Hausbrunnen. Ja, und da sind

Welten dazwischen, und da sind wir ganz schwach ... in der Interpretation ..., aber es gibt gute Ansätze. (I7)

Aufbau der Forschung	*Grundlage der strategischen Entwicklung ist bei uns einmal die wissenschaftliche Grundlagenforschung. Das heißt, das sind die demografischen Daten. Das sind genau die alten Pläne, die alle drei Jahre ... vorgeschrieben werden ... seit zehn Jahren ... unser Partner [liefert] die Datenfakten ..., und nach dem orientiert sich ... die sozialpolitische Entscheidung. (I8)*

Abbildung 11   Unterschiede zwischen NPOs und POs

5. Gemeinsamkeiten – Widersprüche: Theorie und Praxis

Vergleicht man nun die in der Marketingtheorie diskutierten Begriffe und Ansätze, so lassen sich aufgrund der Ergebnisse der empirischen Untersuchung folgende Überlegungen hinsichtlich der Verankerung des Marketingdenkens in NPOs anstellen.

Das Stakeholder-Konzept

Das Stakeholder-Konzept scheint nicht vorrangig die Basis für die Zielgerichtetheit aller Marketingaktivitäten zu sein. Allerdings werden Anspruchsgruppen der NPO (zum Beispiel Politikerinnen und Politiker, Leistungsempfängerinnen und -empfänger) genannt. Auch wird über Zielgruppen des Marketings gesprochen, etwa die Gruppe der Angehörigen von zu pflegenden Personen; sie werden als die Gruppe der Vierzig- bis Fünfzigjährigen, die sehr oft die Entscheidung treffen, ob eine ältere Person in eine Pflegeeinrichtung kommt oder nicht, operationalisiert. Abbildung 12 zeigt beispielhaft die Anspruchsgruppen einer sozialen NPO.

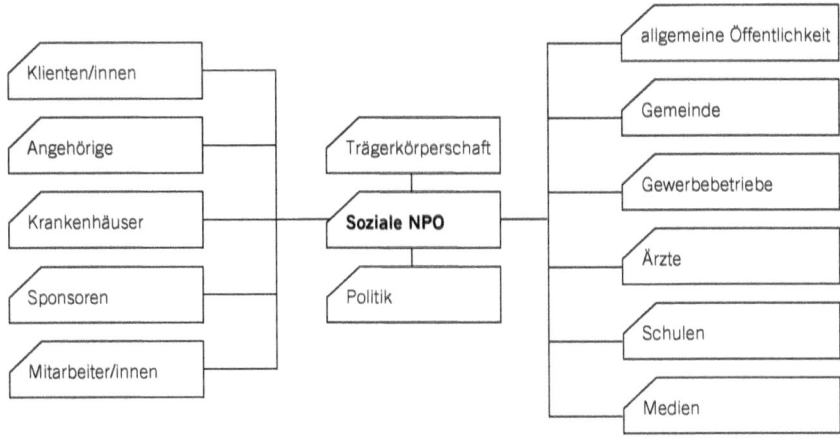

Abbildung 12   Anspruchsgruppen einer sozialen NPO

Der Ansatz des internen Marketings

Internes Marketingdenken ist hinsichtlich der Orientierung an den Mitarbeiterinnen und Mitarbeitern sehr stark ausgeprägt. Die Mitarbeitenden werden als wichtige Personengruppe gesehen, die die Organisation nach außen vertritt, die für die Organisation in der Öffentlichkeit «wirbt».

Auf der Seite der Kundinnen und Kunden gibt es zum Beispiel das Bekenntnis, diese so weit wie möglich in Aktivitäten einzubeziehen, wenn man allerdings nach konkreten kundinnen- und kundenorientierten Marketingmaßnahmen sucht, wird man nicht fündig. Möglicherweise werden all jene Aktivitäten, die sich an den Wünschen, Bedürfnissen und Erwartungen der Kundinnen und Kunden orientieren, mehr im Rahmen der Leitbildentwicklung und Leitbildumsetzung diskutiert (–> FASCHING/BUBER, Strategieentwicklung und Leitbildarbeit). Es könnte auch sein, dass der Umgang mit Kundinnen und Kunden, die Orientierung der Marketingaktivitäten an deren Wünschen und Bedürfnissen, in NPOs stärker im Rahmen der Auseinandersetzung mit der Qualität der Leistungserstellung thematisiert wird (vgl. dazu etwa die Diskussion der Qualitätsbeurteilung und des Qualitätsmanagement in stationären Einrichtungen der Altenhilfe von MATUL 1997; MEINHOLD/ MATUL 2003).

Jedenfalls scheint im Konzept des internen Marketings eine viel versprechende Chance für NPOs zu liegen, die Besonderheiten in der Orientierung an den Mitarbeitenden mit jenen der Orientierung an den Kundinnen und Kunden zu verbinden. Allerdings ist bei der Implementierung eines internen Marketingkonzeptes auch auf diverse Barrieren zu achten. Diese sind in Abbildung 13 im Überblick dargestellt.

Inhaltlich-konzeptionelle Barrieren	Organisatorisch-strukturelle Barrieren	Personell-kulturelle Barrieren
— Fehlverständnis der Inhalte des internen Marketings — Zufriedenheit mit der Implementierung von Teilkonzepten — Probleme der Erfolgsbeurteilung und Erfolgszurechnung	— Schnittstellenprobleme zwischen Abteilungen (Ressortdenken) — fehlende oder unklare Festlegung von Verantwortlichkeiten — Divsionale Organisationsstrukturen	— Führungsschwächen beim Management — inadäquate Personalakquisition — emotional-psychologische Vorbehalte gegenüber Veränderungen

Abbildung 13   Ausgewählte Barrieren der Implementierung von Programmen des internen Marketings (entnommen aus BRUHN 1999, 33)

Der Marketingmix

Die Aktivitäten in der Kommunikationspolitik dominieren den Marketingmix. Leistungs- und Gegenleistungspolitik sowie Preispolitik als die weiteren Marketinginstrumente werden als nachrangig gesehen – offensichtlich, weil die Chancen, sie zu beeinflussen, als äußerst gering eingeschätzt werden. Dies ist für die preispolitischen Entscheidungen einigermaßen nachvollziehbar. Im Rahmen der Leistungspolitik sind jedenfalls Chancen zur systematisierten Aufarbeitung der Marketingaktivitäten zu orten, um durch die Leistungsbeschreibungen geeignetes Informationsmaterial für die Mitarbeitenden und die Kundinnen und Kunden zur Verfügung zu haben. Die gegenleistungspolitischen Ziele fokussieren zum Beispiel auf ein erwünschtes Verhalten von Klientinnen und Klienten und sollten ebenfalls im Rahmen der Marketingmixplanung systematisch erarbeitet werden.

Soziale Organisationen verfügen aber in den meisten Fällen über einen sehr ausgefeilten Maßnahmenpool in der Kommunikationspolitik. Sieht man von einigen wenigen großen NPOs ab, dann konzentrieren sich die Aktivitäten in der Kommunikationspolitik nicht auf den Bereich der klassischen Mediawerbung, wie TV, Radio und Printmedien. Aus verschiedensten Gründen werden Werbemittel wie Folder, Broschüren, Aufkleber und Plakate gestaltet, die meist in großen Mengen zur Verfügung stehen. Außenstehende erhalten oft den Eindruck, dass zahlreiche Einzelaktivitäten in der Kommunikationspolitik gesetzt werden. Logo und Visitenkarten sind selbstverständlich vorhanden. Es mangelt aber meist an der Zielorientierung beim Einsatz dieser verschiedenen Kommunikationsmittel und an der Beachtung des Marketingmix beziehungsweise der marketingstrategischen Ausrichtung beim Einsatz einzelner Maßnahmen.

Die Gefahr des unkoordinierten Einsatzes einer Vielzahl von Kommunikationsinstrumenten für die externen Kommunikationsempfängerinnen und -empfänger ist darin zu sehen, dass es zu keiner geschlossenen Wahrnehmung eines Organisationsbildes kommt und eine klare Differenzierung von Konkurrenzorganisationen nur schwer erreicht werden kann. Diese Tendenz wird dadurch verstärkt, dass in Organisationen vielfach keine übergeordneten Regeln für den Einsatz der Kommunikationsinstrumente vorliegen und jedes Instrument autonom in seiner Gestaltung ist, ohne dass auf übergeordnete Zielsetzungen geachtet würde (BRUHN 1997, 90).

Vielleicht ist dies auch auf die Einflussnähe der Politik zurückzuführen? Gedruckte Kommunikationshilfen sind schnell produziert und ebenso schnell herzeigbar. Es könnte dies auch ein Ausdruck des enormen Legitimationsdruckes sein, der auf NPOs lastet.

Um solche Kommunikationsdefizite zu verhindern, ist die konsequente Ausrichtung aller Kommunikationsaktivitäten an einem übergeordneten strategischen Kommunikationskonzept für die gesamte Organisationskommunikation notwendig (BRUHN 1997, 90). Eine detaillierte Diskussion der integrierten Kommunikation bietet BRUHN (1997).

Besonders hervorgehoben sei an dieser Stelle auch noch die Frage nach dem Zusammenspiel zwischen Marketing und Öffentlichkeitsarbeit in NPOs. Die Untersuchung zeigte verschiedene Auffassungen über die Zuordnung der Öffentlichkeitsarbeit (PR) zur Kommunikationspolitik einer NPO. Einerseits wurde die Öffentlichkeitsarbeit als etwas Eigenständiges in Abgrenzung zum

Marketing gesehen und anderseits als Subinstrument der Kommunikationspolitik besprochen (vgl. dazu www.net-lexikon.de/OEffentlichkeitsarbeit.html). Seit vielen Jahren gibt es diesen Streit um die Vormachtstellung von Marketing und PR (vgl. dazu BRUHN/AHLERS 2004). Wenn Marketing jedoch – wie eingangs definiert – Entscheidungen und Maßnahmen zur Gestaltung von Austauschbeziehungen und Organisationsaktivitäten, die sich auf Märkte richten, zum Inhalt hat und es idealerweise für Organisationen ein integriertes Kommunikationskonzept gibt, dann ist zu fordern, dass sich PR-Aktivitäten in den Kontext der Kommunikationspolitik einer Organisation einzugliedern haben. Diese Forderung ist schon allein aus Gründen eines einheitlichen Auftretens der Organisation auf dem Markt überlegenswert, denn die Organisation – nicht die Dienstleistung – steht im Mittelpunkt von PR-Bemühungen (vgl. www.net-lexikon.de/Marketing.html).

Die Marketingkontrolle

Um die Marketingerfolgskontrolle in den sozialen NPOs scheint es generell eher schlecht bestellt zu sein. «Kennzahlen und Indikatoren dienen zur Messung des Erfolges einer NPO. Sie geben den Entscheidungsträgern in kompakter Form einen Überblick über die wichtigsten Daten der Organisation. Das Zielsystem der NPO bietet einen sinnvollen Rahmen zur Ableitung und Auswahl von Messgrößen. Durch eine aktive Nutzung der Messgrößen im Rahmen von Zeitvergleichen, Betriebsvergleichen und Plan-Ist-Vergleichen wird aus der Erfolgsmessung Erfolgsmanagement» (FURTMÜLLER 2003, 286).

Nachdem die Kommunikationspolitik einen wichtigen Stellenwert im Rahmen des Marketings von NPOs einnimmt, sei auf die in der Literatur zahlreich präsentierten Verfahren der Werbeerfolgskontrolle verwiesen (vgl. dazu BRUHN 1997, 217 ff.; SCHWEIGER/SCHRATTENECKER 2001, 282 ff.).

Die Marketingplanung und Marketingumsetzung

Es bestehen zwar Idealvorstellungen hinsichtlich des Ablaufes der Marketingplanung – durchaus in Anlehnung an die Vorstellungen der Theorie, allerdings gibt es in der Praxis viele Ungereimtheiten und Probleme damit. Auch im Marketing liegt eine entscheidende Frage darin, ob der Zentralisierung oder der Dezentralisierung der Vorzug gegeben werden soll. Es ist zu fordern, dass die Befugnisse nach dem Subsidiaritätsprinzip gestaltet werden sollen. Darunter ist zu verstehen, dass die Organisationseinheit im Bereich der Marketingumsetzung über jene Entscheidungsbefugnisse verfügen sollte, die es den Verantwortlichen in den Teilorganisationen ermöglicht, das, was sie können, auch umsetzen «zu dürfen». Lange Entscheidungswege gerade in einer Zeit, die von der Erfordernis hoher Flexibilität gekennzeichnet ist, können kontraproduktiv sein, und vor allem können sie sich auch negativ auf die Motivationslage der Mitarbeitenden auswirken. Zu den Schwerpunkten der Marketingplanung vgl. etwa KUSS/ TOMCZAK 2002).

Marketingziele

In Zukunft wird sich das Marketing von sozialen NPOs stärker am Gewinn ausrichten müssen. Die vielen Privatanbieter werden sich als Konkurrenten etablieren, und deshalb müssen die sozialen NPOs danach trachten, noch profitabler zu wirtschaften und ihre Leistungen Gewinn bringend anzubieten.

Mit diesem Ziel steht im Einklang, dass Marketingverantwortliche in sozialen NPOs die Meinungen zur (Un-)Wichtigkeit des Verkaufens ihrer Leistungen rasch und eingehend überdenken müssen. Auch wenn sich jetzt und in Zukunft auf der Seite der Kundinnen und Kunden eine Marktsituation zugunsten der sozialen NPOs zeigt, so muss sich doch jede Organisation auf eine veränderte, schwieriger werdende Marktsituation einstellen. Den Marketingbemühungen auf der Seite der Mitarbeitenden und der Kundinnen und Kunden ist in Zukunft verstärkte Aufmerksamkeit zu widmen.

Wenn wir annehmen, dass das oberste Ziel einer sozialen NPO ein Versorgungsziel ist und bei der Erreichung dieses Zieles jedenfalls auf die Qualität der Leistungen beziehungsweise der Leistungserstellung geachtet werden muss, so stellt sich die Frage, wie der Kommunikationsprozess zwischen Organisation und Anspruchsgruppen gestaltet werden kann, wie er in Bewegung gehalten werden kann. Dabei handelt es sich zweifellos um eine herausfordernde Aufgabe, die mit der Entwicklung der Denkhaltung des internen Marketings und der Implementierung eines internen Marketingkonzeptes in der Organisation in Angriff genommen werden kann.

Literatur

ADLER, Tine (2002): Die Einstellung von MitarbeiterInnen zum Internen Marketing – eine empirische Untersuchung in einer Fachklinik für geriatrische Rehabilitation. Wien: unveröffentliche Diplomarbeit, ISMOS Lehrgang, Wirtschaftsuniversität Wien.

BECKER, Jochen (1995): Strategisches Marketing. In: Bruno TIETZ (Hrsg.): Handwörterbuch des Marketing (S. 2411–2425). Stuttgart: Schäffer-Poeschel.

BERRY, Leonard L. (1984): The Employee as Customer. In: Christopher H. LOVELOCK (ed.): Services Marketing (pp. 271–278). Englewood Cliffs, NJ: Prentice Hall.

BERRY, Leonard L. (1986): Big Ideas in Services Marketing. In: Journal of Consumer Marketing, Spring, pp. 47–51

BUBER, Renate/MEYER, Michael (1997): Fallstudien zum Nonprofit Management. Praktische BWL für Vereine und Sozialeinrichtungen. Stuttgart: Schäffer-Poeschel.

BUBER, Renate (2000): Die Einstellung von Führungskräften zum internen Marketing – eine empirische Untersuchung mit GABEK. In: Renate BUBER/ Josef ZELGER (Hrsg.): GABEK II: Zur qualitativen Forschung – On Qualitative Research (S. 259–300). Innsbruck/Wien/München: Studienverlag.

BRUHN, Manfred (1997): Kommunikationspolitik. München: Vahlen.

BRUHN, Manfred (1999): Internes Marketing. Integration der Kunden- und Mitarbeiterorientierung. Grundlagen – Implementierung – Praxisbeispiele. Wiesbaden: Gabler.

BRUHN, Manfred/AHLERS, Grit Mareike (2004): Der Streit um die Vormachtstellung von Marketing und Public Relations in der Unternehmenskommunikation. In: Marketing ZFP, 26. Jg., 1, S. 71–80.

FLICK, Uwe/KARDORFF, Ernst von/STEINKE, Ines (2003): Was ist qualitative Forschung? Einleitung und Überblick. In: Uwe FLICK/Ernst von KARDORFF/ Ines STEINKE (Hrsg.): Qualitative Forschung. Ein Handbuch (S. 13–29). Reinbek b. Hamburg: Rowohlt.

FREEMAN, R. Edward (1984): Strategic Management – A Stakeholder Approach. Marshfield.

FURTMÜLLER, Stefan (2003): Erfolgsmessung. In: Rolf ESCHENBACH/Christian HORAK (Hrsg.): Führung der Nonprofit Organisation. Bewährte Instrumente im praktischen Einsatz (S. 286–291). Stuttgart: Schäffer-Poeschel.

GEORGE, William R. (1990): Internal Marketing and Organizational Behavior: A Parntership in Developing Customer-Conscious Employees at Every Level. In: Journal of Business Research, 20, pp. 63–70.

GRÖNROOS, Christian (1981): Internal Marketing – an Integral Part of Marketing Theory. In: James H. DONNELLY/William R. GEORGE (eds.): Marketing of Services. AMA proceedings series (pp. 236–238). Chicago-Illinois.

HADDAD, Tarek (2003): Stakeholder-Analyse. In: Rolf ESCHENBACH/Christian HORAK (Hrsg.): Führung der Nonprofit Organisation. Bewährte Instrumente im praktischen Einsatz (S. 22–28). Stuttgart: Schäffer-Poeschel.

HENRY, Gary T. (1990): Practical sampling. Beverly Hills, CA: Sage.

HOPF, Christel (2003): Qualitative Interviews – ein Überblick. In: Uwe FLICK/ Ernst von KARDORFF/Ines STEINKE (Hrsg.): Qualitative Forschung. Ein Handbuch (S. 349–360). Reinbek b. Hamburg: Rowohlt.

KLAUSEGGER, Claudia/SCHARITZER, Dieter/SCHEUCH, Fritz (2003): Instrumente für das Marketing in NPOs. In: Rolf ESCHENBACH/Christian HORAK (Hrsg.): Führung der Nonprofit Organisation. Bewährte Instrumente im praktischen Einsatz (S. 99–140). Stuttgart: Schäffer-Poeschel.

KOTLER, Philip (1972): A Generic Concept of Marketing. In: Journal of Marketing, Vol. 36, April, No. 2, pp. 46–54.

KOTLER, Philip (1982): Marketing for nonprofit organizations. Englewood Cliffs, NJ: Prentice Hall.

KOTLER, Philip/BLIEMEL, Friedhelm (2001): Marketing-Management. Analyse, Planung, Umsetzung und Steuerung. Stuttgart: Schäffer-Poeschel.

KUBIENA, Edith/STEINER-BINDER, Marion (1997): Diplomierte DiätassistentInnen & ernährungsmedizinische BeraterInnen: Marketing für den Verband. In: Renate BUBER/Michael MEYER (Hrsg.): Fallstudien zum Nonprofit Management. Praktische BWL für Vereine und Sozialeinrichtungen (S. 171–195). Stuttgart: Schäffer-Poeschel.

KUSS, Alfred/TOMCZAK, Torsten (2002): Marketingplanung. Einführung in die marktorientierte Unternehmensführung und Geschäftsfeldplanung. Wiesbaden: Gabler.

LAMNEK, Siegfried (1989): Qualitative Sozialforschung. Band 2: Methoden und Techniken. München: Psychologie Verlags Union.

LONG, Susan (2000): Preis und Tyrannei der Kundenorientierung: Eine Gruppen- und Gesellschaftsanalyse aus systemischer und psychoanalytischer Sicht. In: Freie Assoziation, 3, 1, S. 9–34.

MATUL, Christian (1997): Stephansheim Horn: Qualitätsbeurteilung und Qualitätsmanagement in stationären Einrichtungen der Altenhilfe. In: Renate BUBER/Michael MEYER (Hrsg.): Fallstudien zum Nonprofit Management. Praktische BWL für Vereine und Sozialeinrichtungen (S. 271–294). Stuttgart: Schäffer-Poeschel.

MEINHOLD, Marianne/MATUL, Christian (2003): Qualitätsmanagement aus der Sicht von Sozialarbeit und Ökonomie. Baden-Baden: Nomos.

MEFFERT, Heribert (2000): Marketing. Wiesbaden: Gabler.

RICHARDS, Lyn (2002): Using N6 in Qualitative Research. Doncaster, VIC: QSR International.

RICHARDS, Lyn (2004): Qualitative Software Meets Qualitative Marketing: Are These Tools the Right Tools? In: Renate BUBER/Johannes GADNER/Lyn RICHARDS (eds.): Applying Qualitative Methods to Marketing Management Research (pp. 32–45). Houndmills-Basingstoke-Hampshire: Palgrave Macmillan.

SCHEUCH, Fritz (1996): Marketing. München: Vahlen.

SCHEUCH, Fritz (2002): Marketing für NPOs. In: Christoph BADELT (Hrsg.): Handbuch der Nonprofit Organisation. Strukturen und Management (S. 291–307). Stuttgart: Schäffer-Poeschel.

SCHIFFMAN, Leon G./LAZAR KANUAK, Leslie (2004): Consumer Behavior (int. 8th edition). Upper Saddle River, NJ: Pearson, Prentice Hall.

SCHWARZ, Peter (1996): Management in Nonprofit-Organisationen. Eine Führungs-, Organisations- und Planungslehre für Verbände, Sozialwerke, Vereine, Kirchen, Parteien usw. Bern/Stuttgart/Wien: Haupt.

SCHWEIGER, Günter/SCHRATTENECKER, Gertraud (2001): Werbung. Weinheim/Basel: Beltz.

STEINKE, Ines (2003): Gütekriterien qualitativer Forschung. In: Uwe FLICK/ Ernst von KARDORFF/Ines STEINKE (Hrsg.): Qualitative Forschung. Ein Handbuch (S. 319–331). Reinbek b. Hamburg: Rowohlt.

WALLENDORF, Melanie/BELK, Russel W. (1989): Assessing Trustworthiness in Naturalistic Consumer Research. In: Elizabeth C. HIRSCHMANN (ed.): Interpretive Consumer Research. Provo, UT: Association for Consumer Research.

www.net-lexikon.de/OEffentlichkeitsarbeit.html. Zugriff: 22. Juni 2004.

Günther Kienast

Öffentlichkeitsarbeit im sozialen Feld

Die folgenden Ausführungen basieren sowohl auf der jahrelangen Erfahrung in der Begleitung von sozialen Organisationen im Bereich der Öffentlichkeitsarbeit als auch auf zahlreichen Diskussionen bei der Vermittlung von Inhalten zum Thema Öffentlichkeitsarbeit in Seminaren an der Wiener Akademie für Sozialmanagement.

Theoretisch wird einerseits vom Konzept einer «mitwirkungsorientierten» Öffentlichkeitsarbeit ausgegangen (d. h., dass der *Dialog* mit Adressatinnen und Adressaten und ihre Einbindung als wichtiger eingestuft wird als Einwegkommunikationsmaßnahmen), anderseits von Konzepten integrierter Kommunikationspolitik (vgl. BRUHN 2002; PURTSCHERT 2001).

In diesem Sinne kann Öffentlichkeitsarbeit definiert werden als *das bewusste, geplante und dauernd-langfristige Bemühen, gegenseitiges Verständnis und Vertrauen in der Öffentlichkeit aufzubauen und zu pflegen.* Prozesse der Öffentlichkeitsarbeit werden so grundlegend zur Imagearbeit, zur Kommunikationsarbeit, zur Vertrauensarbeit und zur vorbeugenden Konfliktarbeit.

Öffentlichkeitsarbeit ist als kontinuierlicher, in die Gesamtorganisation integrierter Prozess zu verstehen, sie bezieht sich auf alle für die Organisation relevanten Teilöffentlichkeiten (und nicht nur auf die öffentlichen Medien!) und besteht nicht bloß aus einer losen Aneinanderreihung von Einzelaktivitäten.

Bei Organisationen mit sozialem Arbeitsauftrag bekommen Aktivitäten der Öffentlichkeitsarbeit zusätzliche Bedeutung, weil sie die Sozialpolitik beeinflussen und mitgestalten. In diesem Zusammenhang kann es effizient sein, über die eigene Organisation hinaus sich mit gleichartigen Organisationen zu vernetzen und gemeinsam Lobbyarbeit z.B. für eine Gruppe von Klientinnen und Klienten (etwa für Kinder mit besonderen Bedürfnissen) zu machen.

1. Bestimmungsfaktoren für den Prozess der Öffentlichkeitsarbeit

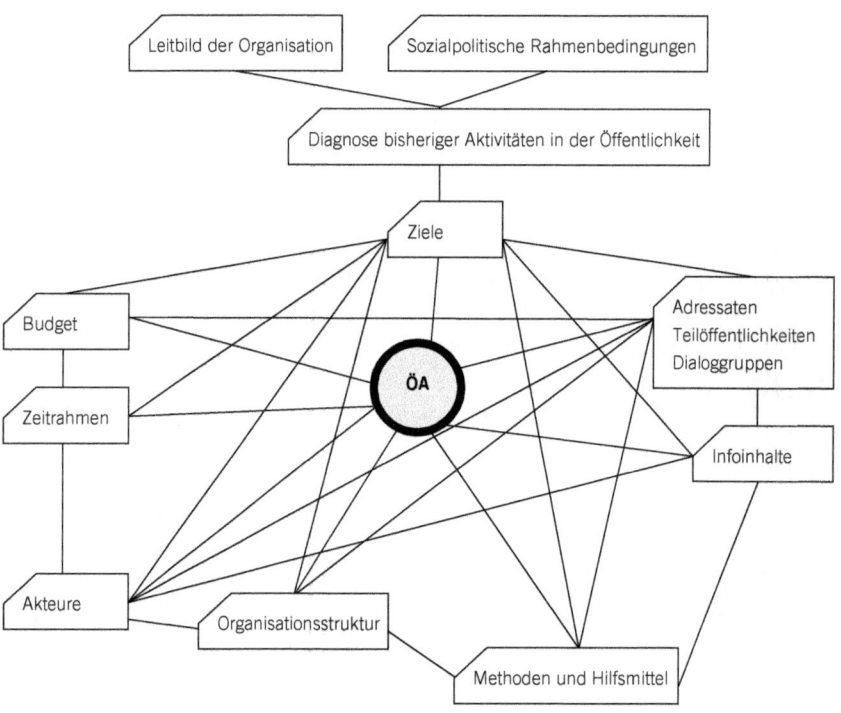

Abbildung 1

Unser Schaubild soll verdeutlichen, in welch vernetzten Wirkzusammenhängen der Prozess der professionellen Öffentlichkeitsarbeit stattfindet. Diese Vernetzung bringt es mit sich, dass bei jeder Veränderung bzw. «Bearbeitung» eines Elementes die anderen Elemente beeinflusst werden. So tauchen zum Beispiel bei der Neugestaltung einer Broschüre («Hilfsmittel») sofort Fragen nach der Zielsetzung der Öffentlichkeitsarbeit und nach ihren Adressatinnen und Adressaten auf. Ganz allgemein ist festzustellen, dass soziale Organisationen sich in der Praxis sehr häufig an den Methoden und Hilfsmitteln orientieren («Machen wir einen Tag der Offenen Tür ....»; «Gründen wir einen Nachbarschaftsbeirat!»; «Machen wir Lobbying bei der Stadträtin XY...»), ohne sich differenziert Gedanken über Ziele und Teilöffentlichkeiten zu machen. Ein weiteres Problemfeld stellt der Zusammenhang «Einbau der Aufgaben und der Abläufe der Öffentlichkeitsarbeit in die Organisationsstruktur» und «Akteurinnen und Akteure» dar, insbesondere in Organisationen, in denen es eine zentrale Stelle für Öffentlichkeitsarbeit gibt, wo die «eigentliche» Arbeit jedoch in dezentralen Einrichtungen erfolgt. Darauf soll später noch näher eingegangen werden.

In der Folge werden nun die einzelnen Bestimmungsfaktoren kurz erläutert, dann wollen wir jene Faktoren detaillierter behandeln, die in Gesprächen mit Verantwortlichen aus sozialen Organisationen häufig kritisch angesprochen werden.

Das *Leitbild der Organisation* (→ FASCHING/BUBER, Strategieentwicklung und Leitbildarbeit) ist Ausgangspunkt für Öffentlichkeitsarbeit, insbesondere im Sinne von Image- und Vertrauensarbeit, bei der unter anderem die der Organisation zugrunde liegenden Werte und Qualitätsmaßstäbe vermittelt werden.

Eine *systematische Diagnose bisheriger Aktivitäten* ist Ausgangspunkt für die Planung von weiteren Aktivitäten der Öffentlichkeitsarbeit. Eine solche Diagnose bezieht sich sowohl auf die bisherigen Aktivitäten und deren «Wirkung», unter anderem in Bezug auf das Leitbild und die angesprochenen Teilöffentlichkeiten, als auch auf die aktuellen sozialpolitischen Rahmenbedingungen.

Das Ergebnis der Diagnose liefert die Grundlage für die Erarbeitung von *Zielen der Öffentlichkeitsarbeit*. Wie bei allen Zielen im Rahmen von Managementprozessen ist auch bei den Zielen der Öffentlichkeitsarbeit darauf zu achten, dass sie Kriterien enthalten, die eine spätere Evaluierung ermöglichen. Ziele der Öffentlichkeitsarbeit stehen in einer engen Wechselbeziehung mit den für die Organisation bedeutsamen Zielgruppen und den auszuwählenden Informationsinhalten.

In der einschlägigen Literatur werden für die Personen und Personengruppen, die im Rahmen der Öffentlichkeitsarbeit angesprochen werden sollen, unterschiedliche Begriffe – teilweise synonym – verwendet: *Zielgruppen, Adressatinnen und Adressaten, Teilöffentlichkeiten, Dialoggruppen.* Personen, bei denen die entsprechende Analyse ergibt, dass sie im Gesamtsystem der Teilöffentlichkeiten einen besonderen Stellenwert hinsichtlich ihrer Kommunikationsbeziehungen einnehmen, werden als *Multiplikatoren* bezeichnet, solche, die besonderen Einfluss auf die Meinungsbildung anderer Menschen haben, als *Opinionleader.* Integrierte Kommunikationsmodelle verweisen immer darauf, dass bei der Planung von Öffentlichkeitsarbeit nicht nur an die externen Teilöffentlichkeiten zu denken ist, sondern immer auch an die Mitarbeitenden der eigenen Organisation.

Abgestimmt auf Ziele, Dialoggruppen und Informationsinhalte werden *Methoden der Öffentlichkeitsarbeit und die erforderlichen Hilfsmittel* ausgewählt. Eine grobe Einteilung bei den Methoden der Öffentlichkeitsarbeit unterscheidet zwischen *Informationsmethoden* (Dialog, Feedback ist nicht oder nur in geringem Ausmaß möglich), *Kommunikationsmethoden* (direkte Kommunikation wird angestrebt und ist möglich) und *Partizipationsmethoden* (Dialog wird geführt, mit dem Ziel der Miteinbeziehung in Gestaltung und in Entscheidungen). Einige *Beispiele* für diese Systematisierung gibt die folgende Tabelle:

Informationsmethoden	Kommunikationsmethoden	Partizipationsmethoden
— Schriftliche Informationsdarstellungen	— Gespräche	— Klientinnen- und Klientenkonferenz
— Informationsveranstaltung	— aktivierende Befragungen	— Nachbarschaftsbeirat
— Präsentationen	— Tag der Offenen Tür	— Zukunftswerkstatt
— Ausstellungen	— Tagungen – Workshops	— moderierte Arbeitskreise
— Tag der Offenen Tür	— Ausstellungen	— Projektgruppen
— Internet	— Feedbackprozesse	
— Infotelefon	— Exkursionen	
	— Feste	
	— Lobbying-Arbeit	

Abbildung 2

Doppelnennungen sollen darauf hinweisen, dass eine bestimmte Methode sowohl in der einen als auch in der anderen Kategorie gestaltet werden können. Als besonders effizient wird in der Fachliteratur ein Methodenmix dargestellt.

Hilfsmittel der Öffentlichkeitsarbeit sind vielfältig und reichen von der «Geschäftsausstattung» (etwa Briefpapier, Visitenkarten) in der entsprechenden grafischen Linie, mit dem imagetragenden Logo oder Signet, über Folder, Prospekte, Jahresberichte, Infobroschüren, audiovisuelle Hilfsmittel, Homepages etc., Dienstautogestaltung, Arbeitskleidung ...

Öffentlichkeitsarbeit ist in ihrer strategischen Ausrichtung und Planung vorrangig Aufgabe der Führungskräfte. Im operativen Agieren müssen aber alle Mitarbeitenden Träger und *Akteure* von Aktivitäten der Öffentlichkeitsarbeit sein. So werden beispielsweise die Ziele und Methoden der Öffentlichkeitsarbeit gegenüber zukünftigen Klientinnen und Klienten und gegenüber deren Angehörigen von den verantwortlichen Führungskräften entschieden, die jeweilige Durchführung der Kontaktarbeit erfolgt durch Mitarbeitende der Organisation «vor Ort». Diese Feststellung führt auch zur Fragestellung nach der organisatorischen Verankerung der Planung und Evaluierung von Öffentlichkeitsarbeit. Die koordinierende Hauptverantwortung ist bei der Führung einer Organisation anzusiedeln. Bei großen Organisationen, die auch aus dezentralen Einrichtungen besteht, wird hinsichtlich der Öffentlichkeitsarbeit eine *Organisationsstruktur* mit den entsprechenden Verantwortlichkeiten aufzubauen sein, die ein auf die jeweiligen Dialoggruppen abgestimmtes flexibles Agieren der dezentralen Organisationseinheiten im Rahmen der Vorgaben für die Gesamtorganisation ermöglicht.

Aktivitäten der Öffentlichkeitsarbeit werden naturgemäß auch vom *Faktor Zeit* mitbestimmt, sowohl was die zeitlichen Ressourcen der Akteure als auch was den jeweiligen Planungszeitraum angeht. Beides kann wie das zur Verfügung stehende *Budget* unter anderem auf Prioritätensetzungen bei den Teilöffentlichkeiten oder bei der Wahl der Methoden und Hilfsmittel wesentlichen Einfluss haben. Im Sinne mitwirkungsorientierter Öffentlichkeitsarbeit, die im Dialog und Einbeziehen von Adressatinnen und Adressaten die höchste Effizienz in der Vertrauensbildung sieht, wären bei erforderlichen Prioritätensetzungen sowohl bei der Ressource Zeit als auch bei der Ressource Geld diejenigen Methoden zu bevorzugen, die einen Dialog mit den ausgewähltenTeilöffentlichkeiten ermöglichen (Beispiel: Nachbarschafts- und Lobbyinggespräche vor Plakatationen).

2. Teilöffentlichkeiten von sozialen Organisationen

Die Frage nach den besonders wichtigen Teilöffentlichkeiten von sozialen Organisationen wird häufig gestellt. Einen ersten, beispielhaften Überblick gibt die nachstehende Tabelle:

Interne Adressatinnen- und Adressatengruppen (Beispiele)	Externe Adressatinnen- und Adressatengruppen (Beispiele)
— Entscheidungsträgerinnen und -träger in der Organisation — Mitarbeitende — Lieferantinnen und Lieferanten — Fachpromotoren — Machtpromotorinnen	— Klientinnen und Kunden — Angehörige — Nachbarinnen und Nachbarn — Lokale Politikerinnen und Politiker — Ärzte und Ärztinnen des Umfeldes — Sozialpolitikerinnen und Politiker — Behörden (Beamtinnen und Beamte) — Spenderinnen, Sponsoren — Ausbildungseinrichtungen — zukünftige Mitarbeitende — vergleichbare Organisationen — Berufsverbände — öffentliche Medien/Presse

Abbildung 3 Teilöffentlichkeiten sozialer Organisationen

Geht man nun von den Definitionselementen von Öffentlichkeitsarbeit aus, wie Imagebildung und Vertrauensbildung, dann lassen sich mindestens fünf Gruppen von Adressatinnen und Adressaten als Hauptgruppen kontinuierlicher Öffentlichkeitsarbeit herausarbeiten:

— aktuelle und künftige Klientinnen und Klienten,
— Nachbarinnen und Nachbarn von Einrichtungen der Organisation als Imageträgerinnen und -träger des Nahraumes,

— Sozialpolitikerinnen und Beamte auf lokaler und überregionaler Ebene, insbesondere wenn öffentliche Gelder in die Organisation fließen bzw. wenn Einfluss auf die Sozialpolitik genommen werden soll,
— Spender und Sponsorinnen,
— Journalistinnen und Vertreter der öffentlichen Medien, über die vertrauensbildend auf die öffentliche Meinung eingewirkt werden kann.

Bei all diesen Gruppen trägt Kontinuität in der Öffentlichkeitsarbeit (Kontaktarbeit) wesentlich zur Imagebildung und zur erforderlichen Vertrauensbildung bei. Form und Intensität hängen von der bisherigen Öffentlichkeitsarbeit ab und können auf der Basis einer entsprechenden *Adressatinnen- und Adressatenanalyse* festgelegt werden. In einer derartigen Analyse wird versucht, ein möglichst genaues Bild von den für die geplante Öffentlichkeitsarbeit ausgewählten Teilöffentlichkeiten zu bekommen, um später Informations- und Kommunikationsmaßnahmen entsprechend genau abstimmen zu können

Themen einer derartigen Analyse können zum Beispiel sein:

— Informationsbedürfnis – Kommunikationsbedürfnis – möglicher Nutzen für die Adressatinnen und Adressaten,
— Werthaltungen – Einstellungen der Adressatinnen und Adressaten (vermutete, geäußerte),
— vermuteter bzw. tatsächlicher Wissensstand über die Organisation,
— bisherige Kontakte, Aktivitäten und ihre Qualität.

Für die Adressatinnen- und Adressatenanalyse können zum Beispiel Fragebögen, aktivierende Befragungen der Zielgruppe, Multiplikatorenbefragungen, moderierte Zusammenkünfte (wie zum Beispiel Kundinnen- und Kundenkonferenzen), Beschwerdeanalysen oder Statistiken hilfreich sein.

3. **Informations- und Kommunikationsarbeit gegenüber öffentlichen Medien**

Oft herrscht seitens sozialer Organisationen eine gewisse Scheu, die Dialoggruppe «Redakteurinnen und Redakteure» offensiv und kontinuierlich zu betreuen. Kontakte entstehen manchmal erst in Krisenfällen. Dann fehlt aufgrund mangelnder Kontaktarbeit aber meistens das entsprechende Vertrauensverhältnis.

Bei großen Organisationen wird professionelle Medienarbeit häufig zentral abgedeckt, was aber in Anlassfällen den dezentralen Organisationseinheiten nicht allzu viel nützt. Daher ist es sinnvoll, auch bei der Medienarbeit eine entsprechende Kompetenzverteilung zwischen «zentral» und «dezentral» aufzubauen. In der Praxis hat sich zum Beispiel folgende Regelung als zweckmäßig und effizient bewährt: Kontakte mit den Medien im Nahraum (zum Beispiel Gemeindeblätter, Regionalausgaben von Wochenmedien, regionaler Privatrundfunk) werden von den dezentralen Einrichtungen gepflegt, welche diese Medienleute mit Informationen über die eigene Einrichtung versorgen; Aussagen über die Gesamtorganisation erfolgen nur von Seiten der «Zentrale». Ein entsprechendes internes Informations- und Berichtswesen stellt sicher, dass sowohl die zentrale Öffentlichkeitsarbeitsstelle als auch die dezentrale Einrichtung gut vernetzt im Sinne der gemeinsamen Ziele arbeiten.

Bei den Kontakten zu den Vertreterinnen und Vertretern der öffentlichen Medien ist es – wie bei den anderen Dialoggruppen – nötig, kontinuierlich und mit einer zweckmäßigen Kontaktfrequenz vorzugehen. Diese Kontakte können in einem Mix von direkten Gesprächen und schriftlichen Informationen erfolgen.

3.1 Hinweise zur Medienarbeit im Krisenfall

Kaum eine Organisation kann ausschließen, dass es auch einmal zu einem Ereignis kommt, das eine Krise auslöst (Beispiel: Verdacht gegenüber einem Mitarbeiter, er habe eine Jugendliche sexuell belästigt). In solchen Krisenfällen bewährt sich eine offensive Vorgangsweise gegenüber den Medien. Mögliche Schritte können sein:

— wenn es die Zeit erlaubt: sich zusätzliche Informationen und Veranschaulichungshilfen über Fakten besorgen und vorbereiten;
— einen Ort für das Gespräch wählen, in dem man «guten Boden unter den Füßen» hat;
— beim Gespräch selbst:
  – jegliche Halbwahrheiten vermeiden – statt halben oder unsicheren Informationen lieber gar nichts sagen;

- eine offensive, klare Sprache sprechen, die sowohl die Sache als auch Emotionen berücksichtigt;
- klar zu Fakten Stellung nehmen, Versäumnisse ohne Umschweife eingestehen, aber sofort zukünftige Vorgangsweisen und zum Beispiel transparente Kontrollmaßnahmen verdeutlichen;
- tatsächliche Unterstellungen zurückweisen, aber Kooperation anbieten.

— Nach dem Gespräch: Einladung zur weiteren Information aussprechen.

4. Planung von Öffentlichkeitsarbeit für eine soziale Organisation

Prozesse professioneller Öffentlichkeitsarbeit werden geplant. Ausgehend von den Zielen und der Auswahl der vorrangigen Teilöffentlichkeiten, sollte die Planung der Aktivitäten über einen längeren Zeitraum hinweg erfolgen (zum Beispiel sechs Monate).

Wichtig erscheint dabei, dass im Grunde alle Ereignisse im Ablauf des Organisationsgeschehens Anlässe für Aktivitäten im Zusammenhang mit der Öffentlichkeitsarbeit sein können und nur dort zusätzliche Ereignisse für die Öffentlichkeitsarbeit kreiert werden müssen, wo Ziele gegenüber einer Dialoggruppe und/oder die Besonderheit der Teilöffentlichkeit dies erfordern.

So kann ein geplantes Frühlingsfest mit den Bewohnerinnen und Bewohnern einer Einrichtung genutzt werden, um Aktivitäten mit Angehörigen und/oder mit Vertreterinnen und Vertretern der öffentlichen Medien zu setzen. Anderseits kann es erforderlich sein, sich einen gesonderte Anlass zu überlegen, um mit verantwortlichen Sozialpolitkerinnen und -politikern in Kontakt zu kommen.

Mögliche Planungshilfen zeigen die nachstehenden Abbildungen.

	Informationsziele	Kommunikationsziele
Zielgruppe 1	Aktivität bis ...	
Zielgruppe 2		
Zielgruppe 3		

Abbildung 4

	Monat 1	Monat 2	Monat 3	Monat 4	Monat 5	Monat 6
Ereignisse aus dem Organisationsablauf						
Informationsarbeit						
Zielgruppe 1						
Zielgruppe 2						
Zielgruppe 3						
Kommunikationsarbeit						
Zielgruppe 1						
Zielgruppe 2						
Zielgruppe 3						
Medienarbeit						

Abbildung 5

Literatur

BRUHN, Manfred (2002): Kommunikationspolitik. München: Vahlen.

KIENAST, Günther (1988): Mit den Betroffenen. Wien: Signum-Verlag.

PURTSCHERT, Robert (2001): Marketing für Verbände und weitere Nonprofit-Organisationen. Bern: Haupt.

Leistungsprozesse managen –
Organisation gestalten

Norbert Schermann

Fehler, freundliche Kulturen und die Qualität

Aufbau und Sicherung einer fehlerfreundlichen Kultur in sozialen Dienstleistungsorganisationen

1. Als das Managen noch geholfen hat

Kaum jemand, der eine Leitungsfunktion in einer sozialen Dienstleistungsorganisation innehat, kann es sich leisten, in der Öffentlichkeit *nicht* ständig zu beteuern, dass «an der Qualität gearbeitet» werde. Als die Mittel knapp wurden, war klar: Qualitätsmanagement musste her. Die ersten Selbstversuche wurden gestartet. Zum Einsatz kamen vor allem Steuerungssysteme, die sich an gängigen Modellen wie der DIN EN ISO 9001:2000ff.-Norm oder an Excellence-Modellen nach EFQM und ihren verschiedenen Varianten orientierten (vgl. SCHERMANN 2001). Es brauchte mehrere Entwicklungswellen, um die aus Rüstungs- und Autoindustrie, aus Raumfahrtstechnik und allgemeinen Produktionsbetrieben stammenden Systeme für den sozialwirtschaftlichen Bereich zu adaptieren.

Inzwischen hat sich eine gemeinsame Basisstrategie herauskristallisiert – beteuern zumindest die Vertreterinnen und Vertreter all dieser Ansätze. Eine Strategie, die auf der Idee der kontinuierlichen Verbesserung der Dienstleistungen aufsetzt, und zwar bezogen auf die gesamte Organisation. Es geht darum, in den wichtigsten Handlungsfeldern exzellente Ergebnisse zu erzielen. Stichworte dazu: Kundenorientierung, Mitarbeiterorientierung und Prozessorientierung. Das Ganze nennt sich dann *Total Quality Management* (TQM).

1.1 Ein Sprachuniversum, aber keine Universalsprache

Im Zusammenhang mit «Qualität» hat sich im Laufe der Jahrzehnte ein regelrechtes neues Sprachuniversum herausgebildet, das nach spezieller Einführung verlangt.

TQM konzentriert sich auf die strategische Perspektive der Organisation. An erster Stelle steht die Frage, ob das «Richtige gemacht» wird, erst danach wird erhoben, inwieweit die Dinge «richtig gemacht» werden.

Grafik 1 soll helfen, die wesentlichen Begriffe zu verdeutlichen: Der *Weg* eines Unternehmens (in der Grafik die schiefe Ebene) erhält von der *Vision*, die im Leitbild formuliert ist, seine strategische (Aus-)*Richtung*. Damit die *Qualität* (die Kugel Q) auf dem bereits erreichten Niveau fixiert werden kann, muss ein Keil gesetzt werden; dieses Prinzip definiert den Begriff der *Qualitätssicherung* (QS): In Form von Standards werden die jeweils erreichten Leistungen nach innen und nach außen beschrieben – damit definieren sie das Mindestmaß an Qualität für die zu erbringenden Leistungen. Regelmäßige Evaluation (also die systematische Sammlung von Daten) gibt Auskunft darüber, inwieweit die Ziele erreicht wurden bzw. «wie gut» die Organisation, das Team, die Mitarbeitenden in Richtung Ziel unterwegs sind. Evaluationen leisten damit einen zentralen Beitrag zum Controlling.

Im Hinblick auf die Vision bzw. die jeweilige Unternehmensstrategie werden nun *Verbesserungsziele* definiert (in der Grafik als Kugel in der Position Q′ symbolisiert) und davon entsprechende Maßnahmen abgeleitet. Die Organisation wird nun also versuchen, die Differenz zwischen dem bereits erreichten Qualitätsniveau und dem angestrebten höheren Niveau nach dem *Prinzip der kontinuierlichen Verbesserung* zu überwinden, ein Vorgang, den wir als *Qualitätsentwicklung* (QE) bezeichnen.

Als Qualitätsmanagement bezeichnen wir den ganzen Prozess – von der Feststellung bereits erreichter Qualität(en) über die Qualitätssicherung bis hin zur Qualitätsentwicklung im Hinblick auf die Unternehmensziele.

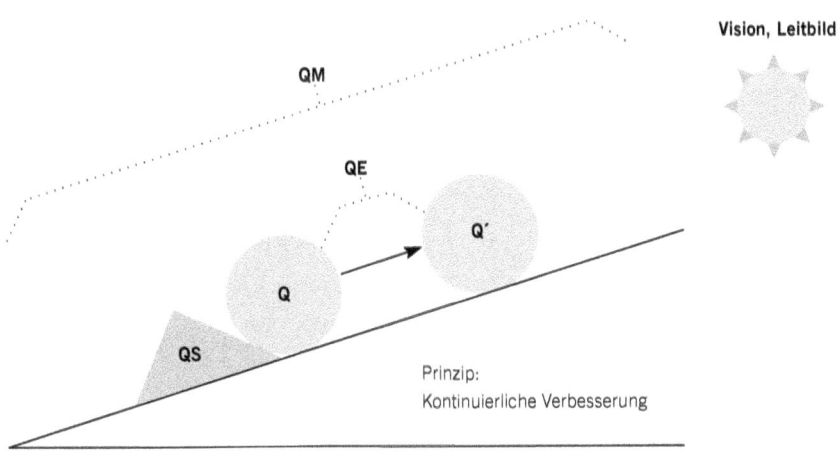

Q	Definierte und nachgewiesene Qualität(en)
Q′	angestrebte, verbesserte Qualität(en)
QS	Qualitätssicherung (auch in Form von Standards)
QE	Qualitätsentwicklung
QM	Qualitätsmanagement

1.2 «Ich erkenne sie, wenn ich sie sehe» – Die Sache mit der Qualität

Viele herkömmlichen Definitionen von Qualität gehen von einer radikalen Kundenorientierung aus. Qualität wird als «Erfüllung der Wünsche von Kundinnen und Kunden» begriffen. Andere Definitionen zielen eher auf das Preis-Leistungs-Verhältnis oder die mustergültige Herstellung eines Produktes bzw. einer Dienstleistung ab (vgl. BEYWL 1996, 8–19). Der Qualitätsbegriff im Bereich sozialer Dienstleistungen (und weit darüber hinaus!) ist jedoch nur zu fassen, wenn er multiperspektivisch verstanden wird (vgl. TRUBE/SCHÄDLER/SCHWARTE 2002, 228). Kommt hinzu, dass der Begriff Qualität gesamtgesellschaftlich höchst positiv aufgeladen, zugleich aber individuell besetzt wird. Im Anschluss an Carl ROGERS könnten wir sagen: «Es gibt ebenso viele Qualitätsverständnisse, wie es Menschen gibt!»

Daher muss, wer sich um Verständigung über den Qualitätsbegriff bemüht, zumindest zwischen einer individuellen, persönlichen Ebene und einer fachlich-organisationalen Ebene unterscheiden. Qualität auf individueller Ebene ist ein

Wert, den ein Mensch einem Produkt, einer Dienstleistung, einer Beziehung usw. beimisst (vgl. BEYWL 1996, 8–19).

Diese verschiedenen Verständnisse von Qualität mit ihren unterschiedlichen Bezugspunkten müssen in einer Organisation jedoch auf einen gemeinsamen Nenner gebracht werden.

Qualität auf fachlich-organisationaler Ebene (unter den jeweiligen Rahmenbedingungen) ist daher das *Ergebnis von Verhandlungen* und/oder die *Verständigung über Vorgaben* darüber, *was* sie zum *Inhalt* hat.

Grafik 1 verdeutlicht auch diese Definition: Zuerst sind strategische Entscheidungen zu treffen – jedes Leitbild enthält vor dem Hintergrund dieser Qualitätsdefinition zumindest implizit eine Qualitätsphilosophie. Jeder Schritt in der Qualitätsentwicklung ist ans Leitbild rückzukoppeln.

2. Gut und gut gemeint

Dass jede noch so gut gemeinte Qualitätsmanagement-Strategie nicht automatisch auch für verbesserte Qualität sorgt, hat sich herumgesprochen. So mancher Qualitätsentwicklungsprozess gerät nach exzellentem Start ins Stocken.

Ein Knackpunkt dabei: Initiierung und Durchführung von Verbesserungen sind immer an eine kritische Rückschau gebunden. Daran knüpft die Fähigkeit von Führungskräften und Mitarbeitenden gleichermaßen an, aktiv mit Abweichungen von angestrebten Resultaten umzugehen. Wenn es sich darum handelt, die von allen vereinbarte und akzeptierte Qualität zu sichern und zu verbessern, dann ist eine gemeinsame «Kulturanstrengung» verlangt: Zwischenergebnisse sind regelmäßig zu sichten, und Abweichungen von den vereinbarten Zielen sind zu benennen – nur so lässt sich etwas verbessern. Und nur so ist es möglich, sich als Organisation von anderen produktiv zu unterscheiden.

Damit steht die Frage im Raum, wie innerhalb einer Organisation mit Fehlern umgegangen wird.

2.1 Teure Fehler

Eine zentrale Grundidee im Qualitätswesen war und ist es, Fehler (im Produktions- wie auch im Dienstleistungsbereich) auszuschalten oder ihre Rate möglichst gering zu halten. Je später ein Fehler entdeckt wird, desto teurer wird es, ihn zu beheben. Die «Zehner-Regel» besagt, dass es zehnmal teurer ist, einen Fehler zu beseitigen, der in der Produktionsphase entdeckt wird, als wenn er bereits in der Entwicklungs- und Planungsphase entdeckt worden wäre, und hundertmal teurer, wenn er erst in der Nutzungsphase entdeckt wird (vgl. BRUNNER/WAGNER 1999). Auch wenn im Einzugsbereich sozialer Dienstleistungsorganisationen keine unmittelbare Produktionsphase benennbar ist – schließlich können Pflege, pädagogische Arbeit oder sonstige Gesundheitsmaßnahmen nicht auf Lager gelegt werden –, können Fehler doch teuer werden. Eine Wohneinrichtung für betagte Frauen und Männer wird es sich nicht leisten können, auf Dauer die (zumindest politisch wichtige) Pflegedokumentation zu ignorieren, nur weil die Zuständigkeit dafür nicht eindeutig geklärt ist. Dieser Zustand der Nicht-Klärung wäre durchaus vergleichbar mit einem Fehler in der Nutzungsphase von produzierenden Organisationen. Er würde die Einrichtung in der Folge «teuer zu stehen kommen».

Viele Bemühungen und Entwicklungen im Bestreben, «Qualität zu managen», leiten sich von den Folgekosten von Fehlern ab. Eine Reihe von «Qualitätstechniken» wurde entwickelt, eine Sammlung von Methoden, die entlang des Wertschöpfungsprozesses eingesetzt werden können (z.B. kundenorientierte Produkt- und Dienstleistungsplanung oder FMEA, das heißt Fehler-Möglichkeits-Einfluss-Analyse, verschiedenste Arten von Diagrammen zur Visualisierung). Eine Umfrage unter Organisationen, die solche Qualitätstechniken gezielt einsetzen, erbrachte folgende repräsentative Werte bezüglich Kostensenkung und nichtmonetären Nutzen: Fehlerkosten wurden um einundzwanzig Prozent reduziert, Materialkosten um zehn Prozent, und die Personalkosten konnten um drei Prozent gesenkt werden. Teamwork, beobachtete gesteigerte Motivation der Mitarbeitenden und die Verbesserung im Sinne der *(Business) Excellence* wurde unterstützt (vgl. KAMISKE/UMBREIT 2003, 47–49).

2.2 Gelernt ist gelernt!

Woran erkennen Mitarbeitende und Führungskräfte einer Organisation eigentlich, dass sie es mit einem Fehler zu tun haben? So merkwürdig die Frage klingen mag, so zentral ist sie für ein konstruktives Managen von Fehlern.

Gesellschaftlich und individuell-biografisch ist der Fehlerbegriff stark vor-belastet. Individuelle Erfahrungen aus Schule oder Ausbildung oder mit religiös-ethischen Standards haben viele von uns gelehrt, begangene Fehler – wenn überhaupt – nur beschämt zu thematisieren. Fehler werden mit Schuld (an etwas) assoziiert.

In diesem Zusammenhang ist so etwas wie eine «gelernte Fehlerfokussierung» zu beobachten, eine Konzentration auf das, was «nicht funktioniert», zu Lasten dessen, was gut läuft.

Die Entwicklung eines konstruktiven Umgangs mit eigenen, aber auch mit fremden Fehlern muss mit solchen Erfahrungen zurecht kommen, die in als «schuldträchtig» erlebten Situationen offenbar immer wieder aktualisiert werden. «Ich bin nicht schuld daran!» ist zunächst der klassische Reflex, wenn die Vermutung nahe liegt, dass ein Fehler passiert sein könnte.

Der Appell, «aus Fehlern zu lernen», verlangt nach einem Auf- und Ausbau einer «fehlerfreundlichen Kultur». Das setzt aber die Konfrontation mit den Konsequenzen des eigenen Handelns voraus, das sich hinterher als Fehlhandeln herausgestellt hat.

Eine sinnvolle Auseinandersetzung mit Fehlern, ein Fehlermanagement muss daher möglichst weit weg von der einzelnen Person angesiedelt werden. Das bedeutet die konsequente und beharrliche Bearbeitung auf der Ebene der Funktionen und ihres Zusammenwirkens auf der Systemebene. Funktion bedeutet dabei die «erworbene, verliehene, vereinbarte oder festgelegte Rahmenbedingung, [...] die an beidseitig abgesprochene Tätigkeiten gebunden ist» (PECHTL 1995, 202).

2.3 Also – wann ist ein Fehler ein Fehler?

Im vorliegenden Zusammenhang wird der Fehlerbegriff daher sehr genau definiert und auf seine Implikationen hin untersucht: «Fehler» bezeichnet die Abweichung (eines Ergebnisses, eines Verhaltens etc.) von einem Ziel bzw. von einer vereinbarten Norm. Dieses Fehlerverständnis enthält zuerst drei unausgesprochene, aber zentrale Voraussetzungen, die damit wichtige Funktionen übernehmen:[1]

---

1 Dass Fehler auch Ressourcen sind, weil sie Auskunft über den Entwicklungsstand der Organisation und Perspektiven zur Verbesserung geben, soll hier nur erwähnt werden. Damit würden wir uns dem Thema «Fehlermanagement» von einer anderen Seite nähern als von jener, die in diesem Beitrag als Ausgangspunkt gewählt wurde.

1. Erst durch die *Möglichkeit* eines Fehlers kann die *Existenz eines Zieles* bzw. einer dahinter stehenden Absicht nachgewiesen werden. Mit anderen Worten: Wer keine Fehler macht, hat keine Ziele – oder in logischer Konsequenz: Wer keine Ziele hat, macht keine Fehler. Jemandem einen Fehler vorzuwerfen macht demnach wenig Sinn, wenn man sich nicht vorher in irgendeiner Form über Ziele und/oder Vorgaben verständigt hat.

2. Wenn Fehler von der Existenz von Zielen abhängen, dann waren sie auch *potenziell vermeidbar*, es muss also eine Beeinflussbarkeit im Hinblick auf das Erreichen des Zieles gegeben sein. Ein zentrales Qualitätskriterium in der Zielformulierung ist u. a. die grundsätzliche Möglichkeit, auf die Erreichung des Zieles einen zumindest relativen Einfluss ausüben zu können. Mitunter kann es sich also bei genauerer Betrachtung herausstellen, dass ein vermeintlicher Fehler gar keiner war, weil sich hinterher die Zielvereinbarung als ungenau erwies (was allerdings dann wohl selbst ein Fehler wäre).

3. Eine Unterscheidung zwischen dem *Fehler* als solchem und seinen *Auswirkungen* (Fehlerkonsequenz) wird notwendig.

Daraus ergeben sich zwei Handlungsrichtungen im Fehlermanagement, nämlich die Bearbeitung der Fehlerkonsequenzen, also der unmittelbaren *Auswirkungen* des Fehlers, und in der Folge die Arbeit an der künftigen Vermeidung des Fehlers, die *Fehlerprävention*. Im Grunde besteht eine Fehlermanagement-Strategie aus drei Schritten, die in einer zeitlichen Abfolge zueinander stehen, und stellt kontinuierlich die folgenden drei Fragen:

— *Im Hinblick auf die Fehlerbehebung:* Welche Maßnahmen sind nach den bekannt gewordenen Auswirkungen des Fehlers zu treffen?
— *Im Hinblick auf die Fehleranalyse:* Welche Bedingungen haben darauf Einfluss gehabt, dass es zu dem Fehler gekommen ist?
— *Im Hinblick auf die Fehlerprävention:* Wie kann verhindert werden, dass in Zukunft dieser oder ein ähnlicher Fehler auftritt?

2.4 **«Falsche» Fehler – Ist denn das die Möglichkeit?**

Ob ein Ereignis (oder ein Nicht-Ereignis) als Fehler klassifiziert werden kann, hängt auch von der *Art und Weise der Evaluation* bzw. vom *Zeitpunkt* ihrer Durchführung ab. In der Evaluation ist die Unterscheidung zwischen dem Prozess/Verlauf und dem Ergebnis von hoher Wichtigkeit. Soziale Dienstleistungsorganisationen arbeiten an und mit Menschen. Sie haben in ihrem «Output» der Einmaligkeit ihrer Klientinnen und Klienten gerecht zu werden und ihre fachlichen Qualitätsziele individuell auf diese hin – und nach Möglichkeit zusammen mit ihnen – zu entwickeln. Die Rahmenbedingungen der Organisation orientieren sich in der Folge daran. Damit werden die Mittel und Wege hin zu den Zielen – also die Prozesse – auch immer weniger steuerbar.

Wenn in einer sozialpädagogischen Einrichtung als ein Entwicklungsziel für eine Jugendliche (einen Jugendlichen) die selbständige Organisation ihrer (seiner) Tagesstruktur vereinbart wird, so führt dies auf dem Weg dorthin mitunter zu massiven Konflikten zwischen Sozialpädagoginnen (Sozialpädagogen) und Jugendlichen. Eine Zwischenevaluation im Hinblick auf das vorher formulierte Ziel «selbständig organisierte Tagesstruktur» mitten in diesen Konfliktsituationen könnte zu dem Schluss gelangen, dass in der Vorgangsweise der Sozialpädagogin ein Fehler vorliege. Das professionelle Wissen um notwendige Ablösungsprozesse von den wesentlichen Bezugspersonen als Entwicklungsaufgabe schützt in der Regel allerdings vor einer solchen offenkundigen Fehleinschätzung der Situation.

Der Mechanismus der Zwischenevaluation wird automatisch von den Beteiligten angewendet: Es findet eine nicht ausgesprochene Unterscheidung von *Prozess* – der nach außen hin beobachtbare und als schwierig eingeschätzte Entwicklungsverlauf – und angestrebtem *Ziel/Ergebnis* statt.

Ein «falscher Fehler» wäre es, aus der Deutung des Ereignisses den Schluss zu ziehen, dieser sei die Folge eines Fehlers. Die Deutung eines als schwierig eingeschätzten Prozesses darf keinesfalls mit dem Nicht-Erreichen des Zieles – also dem Vorliegen eines Fehlers – verwechselt werden. Allgemein lässt sich sagen, dass die Interpretation von beobachteten Fakten und Daten immer auch den aktuellen Kontext berücksichtigen muss.

2.5 **Wann ist ein Fehler also ein «richtiger» Fehler?**

Wenn die besprochenen Kriterien (Zielorientierung, potenzielle Vermeidbarkeit, Differenz von Fehler und Auswirkungen ergibt Handlungsbedarf) zutreffen, müssen der Vollständigkeit halber zwei weitere Abgrenzungen vorgenommen werden:

— Ein Fehler liegt nicht vor, wenn das bewusste Verursachen von Fehlern mit der Absicht zu schaden offenkundig wird – Sabotage ist und bleibt Sabotage, und Fahrlässigkeit ist und bleibt Fahrlässigkeit.

— *Irrtümer* sind menschlich und kommen immer wieder vor: «Ein Irrtum ist kein Fehler, er signalisiert vielmehr das Vorliegen eines Fehlers» (ARGYRIS 1999, 47).

Unter vielen verschiedenen Fehlerarten, die bekannt sind, erscheinen vor allem drei im Hinblick auf die unmittelbare Praxis interessant:

— *Wissensfehler*: Fehler, die auf einem Defizit an Anwendungswissen beruhen und tendenziell mit dem Grad der fachlichen Qualifizierung zusammenhängen. Neue Mitarbeitende begehen im Vergleich zu ihren länger bediensteten Kolleginnen und Kollegen wesentlich mehr Wissensfehler.

— *Gewohnheitsfehler:* Fehler, die aufgrund einer Handlung passieren, die zum falschen Zeitpunkt ausgeführt wird. Gewohnheitsfehler werden etwa fünfmal so schnell korrigiert wie Fehler auf der Wissensebene (WEHNER 2001, 2). Im Hinblick auf allfällig entstehende Fehlerkosten kann das Investieren in die Einschulung neuer Mitarbeitender daher ein wesentlicher Beitrag zur Kostenminimierung werden.

— *Entscheidungsfehler und strategische Fehler:* Dietrich DÖRNER (2003) beschreibt eine Persönlichkeitsvariable, die er als «Tendenz zum ballistischen Handeln» bezeichnet und die Einfluss auf die Art und Weise hat, wie Menschen ihre Funktionen ausüben. Ein Geschoss, zum Beispiel eine Kanonenkugel, lässt sich von der einmal eingeschlagenen Flugbahn grundsätzlich nicht abbringen – und ein vergleichbarer Effekt zeigt sich nun bei der Art und Weise, wie eine Person zum Beispiel Führungsaufgaben wahrnimmt: Je komplexer sich eine als kritisch eingeschätzte Situation darstellt, desto stärker die Tendenz, das zu tun, was man bisher schon getan hat. Dazu kommt, dass die Maßnahmen immer weniger auf ihre Wirkung hin kontrolliert werden. Je länger die schwierige Situation anhält, desto eher tritt das Prinzip des «Zwecks, der die Mittel heiligt» jenseits übergeordneter moralischer Standards in den Vordergrund. Soweit das statistisch nachweisbare Phänomen. Die Frage, warum dem so ist, soll uns hier nicht weiter beschäftigen (dazu vgl. DÖRNER 2003, 253–275). Beobachtbar ist aber, dass auffallend wenige Informationen über die Auswirkungen eigener Handlungen und/oder Entscheidungen eingeholt werden. Feedbackschleifen scheinen, falls überhaupt vorhanden, unterbrochen zu sein.

3. Perspektiven, auf der Ebene der Organisation Fehler zu managen

3.1 Herzlich willkommen in der Sackgasse!

Den ersten, die den Versuch wagten, Qualitätsmanagement (QM) in sozialen Dienstleistungsorganisationen einzuführen, klang die Idee, Strategien zu übernehmen, die sich vorwiegend in Produktionsbetrieben bewährt hatten, verlockend. Nullfehlermentalität, die «Erzeugung» von Qualität und die Verbesserung der Konkurrenzfähigkeit erschienen durch die Übernahme von QM-Systemen quasi-automatische, berechenbare Folgen zu sein. Soziale Dienstleistungsorganisationen arbeiten an und mit Menschen, ein nicht geringes Maß an Unberechenbarkeit bleibt (wie in der Steuerung einer Organisation) immer erhalten.

Die einzige Möglichkeit, Fehler mit großer Sicherheit zu vermeiden, besteht in der Technisierung, also darin, störende innere und äußere Einflüsse auf den Prozess auszuschalten. Da die Technisierung des menschlichen Verhaltens unmöglich ist, ist auch die Annahme sinnlos, dass eine Organisation wie eine triviale Maschine funktionieren könnte (vgl. von FOERSTER 1993, 356–363).

3.2 Fehler verändern die Organisation – so oder so!

Der Weg zum konstruktiven, freundlichen Umgang mit Fehlern führt über einen geplanten Wandel der jeweiligen Organisationskultur. Darunter sollen «akzeptierte, bewusste und nicht bewusste Werte der Orientierung in gemeinsamen Situationen» (BAECKER 1999, 346) verstanden werden. Daraus folgt: Ein Team, eine Organisation, das bzw. die sich auf einen orientierenden Wert «Fehlerfreundlichkeit» ausrichtet, schafft sich eine Basis, den Prozess der kontinuierlichen Verbesserung am Leben zu halten und damit ihre Qualitäten weiterzuentwickeln.

Fehlerfreundlichkeit bedeutet, dass man eine Vereinbarung darüber trifft, wie der Umgang mit Fehlern in den Arbeitsalltag integriert und beobachtbar gelebt wird. Damit wird die Qualität der Fehlerfreundlichkeit selbst zum unterscheidenden Qualitätsmerkmal der Organisation nach innen und außen. Erst dann kann deutlich werden, wie man mit Fehlern «richtig umgeht»: nämlich nicht auf «das richtige und das falsche Verhalten» zu achten, sondern – davon entlastet – die Frage zu reflektieren, wie der aufgetretene Fehler und ein möglicher Lernertrag für die Organisation in der konkreten Situation zusammenhängen (vgl. BAECKER 2003, 24–29).

4. Prinzipien zur Entwicklung einer fehlerfreundlichen Kultur:

4.1 Von der Feuerwehr lernen, ohne ständig Feuerwehr zu spielen

Der amerikanische Organisationspsychologe Karl E. WEICK hat in den letzten Jahren Organisationen untersucht, die es sich aufgrund ihrer Aufgaben gar nicht leisten dürfen, Fehler zu machen (Atomkraftwerke, Feuerwehr, Flugzeugträger usw.), weil es ansonsten zu Katastrophen kommt. Diese so genannten «hochzuverlässigen Organisationen» (*High Reliable Organizations* – HRO) zeichnen sich durch bestimmte Merkmale aus, die sie von allen anderen Organisationen unterscheiden. Dazu gehört eine in der Kultur verankerte Achtsamkeit, die sich darin zeigt, dass diese Organisationen souverän mit dem Unerwarteten umzugehen gelernt haben (vgl. WEICK/SUTCLIFFE 2003).

Mehrere Faktoren wirken hier zusammen. Die Konzentration auf mögliche Fehler steht dabei an erster Stelle. HROs setzen außerdem auf Komplexität,

d. h., sie geben sich mit einfachen Erklärungen nicht zufrieden. Sie gehen von der grundsätzlichen Nicht-Steuerbarkeit der Organisation und ihrer Umwelt aus und beobachten die internen Abläufe und Prozesse sehr genau. Sie schätzen das Fachwissen und Können externer Expertinnen und Experten wie auch den «fremden Blick», den neue Mitarbeitende mitbringen. Dadurch erzeugen sie eine Kultur der Fehlerprävention, die eine hohe Flexibilität der Organisation sichert.

4.2 Als Organisation lernen

Das Bild von der lernenden Organisation muss kein Mythos sein. Chris ARGYRIS (1999) beschreibt zwei Arten von Lernen in Organisationen. Zunächst kann Lernen als das Aneinanderreihen von einfachen Kreisläufen *(single loops)* gesehen werden. Es geht davon aus, dass «man es das nächste Mal einfach anders oder besser macht». Die Verbesserungswirkungen werden bei solchem Vorgehen zu wünschen übrig lassen.

Lernen in doppelten Kreisläufen *(double loops)* stellt sich als ungleich komplexer dar: Es werden grundsätzlich mehrere Perspektiven eingenommen, unter anderem werden standardmäßig die eigenen Annahmen gleich mit hinterfragt. Damit werden die Möglichkeiten, präventiv zu reagieren, vervielfacht, und es wird eine Wahlmöglichkeit geschaffen.

4.3 Zwei neue Differenzen einführen

Eine lösungsorientierte Haltung einzunehmen ist die eine, neue Differenz. Die Frage lautet: «Wo liegt der Fehler?», und nicht mehr: «Wer hat ihn gemacht?» Die andere Differenz besteht darin, dass die Dichotomie «richtig/falsch» durch das Begriffspaar «Fehler/Lernen» ersetzt wird (vgl. oben, BAECKER 2003, 24–29).

4.4 Lernen und nicht Wissen!

Wissen hört auf, Unterschiede wahrzunehmen und darauf zu achten, wo Veränderungen im Gange sind. Es ist seiner Struktur nach «gesichert», also nicht bzw. schwer veränderbar. Lernen (auch und gerade in Organisationen) zielt jedoch auf Veränderung in eine gewünschte Richtung ab. Fritz SIMON (2002, 156) weist pointiert darauf hin: «Wissen macht dumm oder zumindest lernbehindert!»

5. Ausgesuchte Tools zum systematischen Fehlermanagement

5.1 Einige Grundsätze

5.1.1 Perspektive «außen» – Beschwerden

Einen Teil der Fehlerbehebung macht das Beschwerdemanagement aus. Wie die Erfahrung in sozialen Dienstleistungen aber zeigt, reicht dieses jedoch weit über «klassische» Fehler hinaus. Zu einem großen Teil werden kommunikative Bedürfnisse der Klientinnen bzw. Kunden, Angehörigen und sonstiger Besucherinnen und Besucher abgedeckt.

5.1.2 Perspektive «innen» – Mitarbeitende

Für Führungskräfte gilt in der Konfrontation mit Mitarbeitenden folgende «Faustregel»: Die Person (bzw. die Personen), die für das Zustandekommen des Fehlers (mit) verantwortlich ist (sind), müssen primär mit den Auswirkungen des Fehlers konfrontiert werden. Eine konstruktive Kommunikation über Auswirkungen, Analyse und Prävention ist nur dort möglich, wo die ohnehin vorhandenen Verteidigungshaltungen nicht unnötig bemüht werden. «Was ist jetzt zu tun?», ist die primär zu entscheidende Frage.

5.2 Tools zur Fehleranalyse & Fehlerprävention

Im Laufe der Entwicklung des Qualitätswesens wurde eine Fülle von «Qualitätstechniken» erfunden und erfolgreich eingesetzt. Viele davon haben sich auch im Bereich sozialer Dienstleistungen bewährt. Dabei gilt, dass im Prinzip alle hier angeführten Tools sowohl in der Fehleranalyse als auch bei der

Fehlerprävention eingesetzt werden können. Voraussetzung für alle Tools ist die konsequente *Visualisierung* mit Flipchart, Moderationskärtchen und Pinnwänden – aber auch nicht mehr.

5.2.1 Die sechs M

Systematisch werden die *sechs M* (Maschine/Material, Mensch, Mitwelt, Methode, Management, Messen) durchgearbeitet und entsprechende Fehlerquellen zugeordnet. Wo könnte ein Fehler seine Ursachen haben?

5.2.2 Die WWW-Methode» – Einfach Warum? Fragen!

Ausgangspunkt ist die Auswirkung eines Fehlers. Es wird konsequent gefragt, *warum* diese oder jene Wirkung aufgetreten sein könnte. Jede weitere Antwort wird wieder auf mögliche «Warums» befragt. In der Regel reichen fünf Durchgänge, um ein Bild mit gerade noch «erträglicher Komplexität» zu erstellen.

5.2.3 Blueprint-Analyse

Die «Blaupause» macht den Ablauf einer Dienstleistung, den Prozess mit allen seinen Schnittstellen zwischen Klientinnen und Klienten und der Organisation sichtbar.

Je nach Zielen und Zwecken der Analyse werden mehrere Ebenen voneinander unterschieden, die in gut visualisierter Form mögliche Fehlerquellen identifizierbar machen. Am besten werden die vier Ebenen untereinander, aber übersichtlich, auf einer oder mehreren, nebeneinander stehenden Pinnwänden auf Kärtchen dargestellt. Die Gesamtschau zeigt die wesentlichen «Schnittstellen/Nahtstellen» und ihre «Fallen».

Ebene 1   Welche sichtbaren Aktivitäten haben die Klientinnen oder Klienten selbst zu unternehmen?

Ebene 2   Mit welchen Aktivitäten werden welche Mitarbeitende der Organisation für die Klientinnen oder Klienten sichtbar?

Ebene 3 Mit welchen unterstützenden Aktivitäten sind welche Mitarbeitende der Organisation betraut, ohne für die Klientinnen und Klienten sichtbar zu werden?

Ebene 4 Welche Aktivitäten sind von welchen Mitarbeitenden vorzubereiten, bevor die Klientinnen oder Klienten vor Ort sind?

5.2.4 Klein aber oho! Ein Tool zur Kulturarbeit

Um gemeinsam an einer «fehlerfreundlichen» Kultur zu arbeiten, wird es von Zeit zu Zeit nötig sein, dies neben den Routineverfahren auch *explizit* zu tun. Spezielle Klausuren widmen sich dann dem «Unsichtbarsten» des Wesens einer Organisation. Werte zu identifizieren und neue gemeinsame Werte zu entwickeln, die dann auch für alle Beteiligten lebbar sind, dazu braucht es kommunikative Aushandlungsprozesse – also die verbindliche Erarbeitung organisationaler Qualitätskriterien zum Umgang mit Fehlern. Eine humorvolle Annäherung kann nicht schaden. Die Vorgangsweise ist einfach. Folgende fünf Schritte werden der Reihe nach bearbeitet. Je mehr Perspektiven gefunden werden, desto besser – lassen Sie sich nicht vom Papier begrenzen!

— Wie können wir verhindern, dass wir aus Fehlern lernen, deren Konsequenzen wir in unserer Arbeit erkannt haben?
— Wie könnten die zehn besten Ausreden, über Fehler nicht weiter zu kommunizieren, in einer Organisation wie der Unsrigen lauten?
— Wie können wir die (Weiter-)Entwicklung unserer Sensibilität für Fehler dauerhaft untergraben?
— Welche Vereinbarungen leiten wir daher für unsere Zusammenarbeit ab?
— Formulierung von Leitsätzen:
    – Gemeinsame Werte im Umgang mit Fehlern (Kultur)
    – Leitsätze für das Verhalten der Personen in den Funktionen (Person/Funktion)
    – Leitsätze für das Zusammenwirken der Funktionen (Struktur)

Literatur

ARGYRIS, Chris/SCHÖN, Donald (1999): Die lernende Organisation. Grundlagen, Methode, Praxis. Stuttgart: Klett-Cotta.

BAECKER, Dirk (1999): Organisation als System. Frankfurt a. Main: Suhrkamp.

BAECKER, Dirk (2003): Plädoyer für eine Fehlerkultur. In: Zeitschrift für Organisationsentwicklung, Heft 2, 24–29.

BEYWL, Wolfgang (1996): Die fünf Dimensionen der Qualität. Anregungen zur Übertragung auf Kinder-, Jugend- und Familienhilfe. In: BMFSFJ (Hrsg.): QS5-Materialien zur Qualitätssicherung in der Kinder- und Jugendhilfe. Bonn: o. A. 1996, 8–19.

BRUNNER, Franz/WAGNER, Karl (1999): Taschenbuch Qualitätsmanagement. Leitfaden für Ingenieure und Techniker. München/Wien: Hanser.

DÖRNER, Dietrich (2003): Die Logik des Misslingens – Strategisches Denken in komplexen Situationen. Reinbek b. Hamburg: Rowohlt.

FOERSTER, Heinz von (1993): Wissen und Gewissen. Frankfurt a. Main: Suhrkamp.

KAMISKE, Gerhard/UMBREIT, Gunnar (Hrsg.) (2003): Qualitätsmanagement. Eine multimediale Einführung (2. Aufl.). Leipzig: Fachbuchverlag im Carl Hanser Verlag.

PECHTL, Waldefried (1995): Zwischen Organismus und Organisation. Wegweiser und Modelle für Berater und Führungskräfte. Linz: Veritas Verlag.

SCHÄDLER, Arnim/SCHWARTE, Norbert/TRUBE, Arnim (Hrsg.) (2001): Der Stand der Kunst. Qualitätsmanagement sozialer Dienste. Münster: Votum Verlag.

SCHERMANN, Norbert (2001): Qualität managen. Excellence-Modelle für NPOs? In: SUB – Sozialarbeit und Bewährungshilfe, Heft 3. Wien: VBSA. Eine ähnliche Fassung unter:
www.sozialmanagement.at/PUB_Schermann_QM.doc

SIMON, Fritz, B. (2002): Die Kunst nicht zu lernen. Und andere Paradoxien in Psychotherapie, Management, Politik (3. Aufl.). Heidelberg: Carl-Auer-Systeme.

WEHNER, Theo (2001): Die positiven Seiten der Fehler. In: Top-on-Job-Projekt News. 3. Jg., H. 2 (Dezember). (Suchtfachstelle Oberthurgau, Bankstrasse 4, CH-8590 Romanshorn)

WEICK, Karl/SUTCLIFFE, Sabrina (2003): Das Unerwartete managen. Wie Unternehmen aus Extremsituationen lernen. Stuttgart: Klett-Cotta.

Kornelia Steinhardt/Wilfried Datler

Organisation und Psychodynamik

Psychoanalytische Überlegungen zur Wahrnehmung von Leitungsaufgaben

1. Die Fokussierung des Individuellen und die Frage nach der Organisationsdynamik

Immer wieder wird die Öffentlichkeit mit Skandalen und Missständen in Einrichtungen des Sozial- und Gesundheitswesens konfrontiert. So hört man beispielsweise von katastrophalen Zuständen in Pflegeeinrichtungen, von menschenunwürdiger Behandlung in Behinderteninstitutionen oder auch von unzumutbaren Bedingungen in verschiedenen Bereichen der Krankenversorgung.

Werden solche Vorfälle bekannt, so wird meist auch der Ruf laut, dass die Führungsriege der betroffenen Organisation oder die politisch Verantwortlichen die Konsequenzen tragen müssten (und es wird zumindest ihre Entlassung oder gar ihre strafrechtliche Verfolgung gefordert). Daneben sind aber immer wieder auch mahnende Stimmen zu hören, die auf die enorme Arbeitsbelastung oder auf die schlechte Ausstattung und Überforderung der Mitarbeiterinnen und Mitarbeiter hinweisen. Was folgt, sind meist Beteuerungen, die Vorfälle würden umgehend untersucht, und die Ankündigung von Verbesserungen. Doch all dies kann nicht verhindern, dass in der Folge auch in anderen Einrichtungen vergleichbar unhaltbare Zustände aufgezeigt und beklagt werden.

Solche Vorkommnisse können nun personalisiert werden, man kann Einzelne als Schuldige herausgreifen, in der Hoffnung, dass sich damit künftigen Verfehlungen vorbeugen lässt. Problemsituationen in Organisationen, die sich in der unzureichenden Betreuung von Klientinnen oder Patienten manifestieren kann man jedoch auch in anderer Weise verstehen und interpretieren. Geht man nämlich davon aus, dass solche Missstände nicht bloß Ausdruck individueller Verfehlungen sind, sondern dass darin – in völlig inadäquater Weise – Schwierigkeiten und Probleme einer ganzen Organisation zum Ausdruck kommen, so wird man von einem veränderten Standpunkt aus über das Spannungsfeld von Arbeitsbedingungen, Arbeitsbelastung und Leitung in Organisationen nachdenken. Konzentriert man sich nicht allein auf die Analyse von Rollen, Funktionen, strategischen Abläufen und offiziellen Hierarchien, lassen sich jene Prozesse eingehender betrachten, die augenscheinlich irrational, störend, ja sogar destruktiv wirken. Wenn wir nun diese Perspektive einnehmen, können wir

— danach fragen, welche bewussten *und* unbewussten dynamischen Prozesse in Organisationen ablaufen und das Arbeitsgeschehen beeinflussen;
— überlegen, wie sich die Arbeitssituation und deren Rahmenbedingungen im Erleben der einzelnen Mitarbeiterin, des einzelnen Mitarbeiters niederschlagen und in weiterer Folge deren berufliches Handeln bestimmen;
— darauf aufbauend letzlich auch untersuchen, welche besondere Bedeutung den Leiterinnen und Leitern innerhalb der Organisationsdynamik zukommt und welche Kompetenzen sie benötigen, um ihre Leitungsfunktionen in zufrieden stellender Weise wahrzunehmen.

Die nun folgenden Ausführungen werden sich mit diesen Aspekten aus der Perspektive jenes Ansatzes befassen, der am Londoner *Tavistock Institute of Human Relations* entwickelt wurde und in der Fachliteratur mit dem Begriff *«Group Relations»* bezeichnet wird (LAZAR 2000, 40).

2. Strategien zur Bewältigung belastender Arbeitssituationen

Organisationsberaterinnen und Organisationsforscher, die sich mit «Group Relations» befassen, begannen sich schon in den fünfziger Jahren des letzten Jahrhunderts mit der Frage zu beschäftigen, wie es den Mitarbeiterinnen und

Mitarbeitern von Organisationen gelingt, die vielen Anforderungen zu bewältigen, mit denen sie sich im Arbeitsprozess konfrontiert sehen. In diesem Zusammenhang wird auch gefragt, welche Strategien eingesetzt werden, damit
Mitarbeiterinnen und Mitarbeiter von den Belastungen, die sie erfahren, nicht
aufgerieben werden.

In Hinblick auf die Beantwortung solcher Fragen hat es sich als hilfreich
erwiesen, nach der primären Arbeitsaufgabe einer Organisation zu fragen,
zumal in dieser primären Arbeitsaufgabe die Existenz und Legitimation der
betreffenden Organisation begründet liegt (OBHOLZER 2000, HIRSCHHORN
2000). So ist es etwa die primäre Aufgabe eines Krankenhauses, kranke Menschen im Heilungsprozess zu unterstützen bzw. Leben zu retten; die primäre
Aufgabe der Feuerwehr, die Gesellschaft vor Bränden und deren Folgen zu
schützen; und die primäre Aufgabe einer Schule, Kinder und Jugendliche zu bilden. Die strukturellen und handlungsleitenden Bedingungen innerhalb einer
Organisation sollten daher so gestaltet sein, dass sie die Erfüllung der primären
Aufgabe ermöglichen bzw. weitestgehend unterstützen.

Ausgehend von ihrer primären Aufgabe trägt jede Organisation Verantwortung dafür, dass sie diese Aufgabe so weit als möglich erfolgreich erfüllt. Im
Rahmen der Organisation Krankenhaus ist demnach zu fragen, wie gut es
gelingt, Menschen zu heilen. Und Feuerwehren bzw. Schulen stehen vor der
Frage, ob sie es in zufrieden stellender Weise schaffen, Brände zu löschen bzw.
Kinder zu bilden. Diese Verantwortung, die letzten Endes von allen Mitarbeiterinnen und Mitarbeitern – implizit wie auch explizit – mitzutragen ist, beinhaltet zugleich immer ein gewisses Risiko, dass es nicht gelingt, die Aufgabe zu
erfüllen (HIRSCHHORN 1998). Tritt dies ein, so sind die Gründe dafür zumeist
zahlreich und nicht immer beeinflussbar. Die Gefahr des Scheiterns, des Nicht-
erfüllen-Könnens der primären Aufgabe, ist daher in einer Organisation (jedenfalls unterschwellig) ständig präsent und stellt für Belegschaft und Leitung –
wenn auch in unterschiedlichem Ausmaß – eine hohe psychische und soziale
Herausforderung dar. So muss im beruflichen Alltag neben der Verantwortung
für das Erfüllen der primären Aufgabe auch das ständig existente Risiko des
Scheiterns gemanagt werden.

In diesem – oft nur latent wahrnehmbaren – Spannungsfeld verrichten die
Mitglieder einer Organisation ihre Arbeit. Gleichgültig, ob es im Einzelnen um
die unmittelbare Begegnung mit Klientinnen und Klienten oder um kooperati-
ves Handeln im Umgang mit Kollegen und Kolleginnen geht – immer bewegen

sich die einzelnen Mitarbeitenden in einem triadischen Feld, das bestimmt wird:

a)   durch Anforderungen, die mit dem Bemühen verbunden sind, die primäre Aufgabe zu erfüllen;
b)   durch die Dynamik der Organisation und ihrer Strukturen und
c)   durch die Art des persönlichen Empfindens und Erlebens.

Das Zusammenspiel dieser drei Faktoren kann nun beim Einzelnen äußerst heftige Affekte wecken, die ihn zu überschwemmen und die Arbeitsabläufe zu dominieren drohen. Im Verlangen, sie zu regulieren, sieht sich der Einzelne dann gedrängt, solche Affekte abzuwehren, um sie bewusst nicht verspüren zu müssen und um die Spannung, die mit ihnen verbunden ist, etwas zu lindern. Dies führt zu Handlungen, die über weite Strecken im Dienst der unbewussten Abwehr stehen und durchaus funktional sind, solange sie der Erfüllung der primären Aufgabe der Organisation dienlich sind.

Werden die geschilderten Emotionen und Affekte jedoch zu stark, so können sie Abwehraktivitäten nach sich ziehen, die zu dysfunktionalen Handlungen führen. Diese können in jene Arbeitsprozesse, die der Erfüllung der primären Aufgabe der Organisation dienen, nicht mehr integriert werden und erschweren die angemessene Erfüllung der Aufgabe. Der Einzelne kann sich in solchen Situationen gedrängt fühlen, beispielsweise sachlich notwendige Situationen im Umgang mit Klientinnen oder Kollegen zu vermeiden oder gewissen unverzichtbaren Arbeitsabläufen auszuweichen. Die tieferen Gründe für solche Handlungen sind ihm dabei nicht bewusst. Auf seine Handlungen angesprochen, nennt er vielleicht augenscheinlich «vernünftige» Gründe, die seine Vermeidungsstrategien rechtfertigen. Gar nicht so selten wirken entsprechende Erklärungen auch für Außenstehende recht plausibel, wodurch es besonders schwierig wird, den Abwehrcharakter mancher Handlungen zu erkennen.

3.   **Psychosoziale Abwehrarrangements**

Die Art und Weise, wie belastende Affekte reguliert werden und wie entsprechend in der Arbeitssituation gehandelt wird, betrifft nicht bloß den Einzelnen in der Organisation, sondern die gesamte Belegschaft. Denn die explizit ausgesprochenen und auch die implizit wirkenden Anforderungen, die mit der Forderung nach Erfüllung der primären Aufgabe verbunden sind, können bei allen Mitarbeiterinnen und Mitarbeitern bedrohliche Emotionen wecken, die mit der Besonderheit der Arbeitssituation eng verbunden sind. Um zwei Beispiele zu nennen:

— Das Personal, das auf der Intensivstation eines Krankenhauses arbeitet, sieht sich permanent mit der Anforderung konfrontiert, Entscheidungen zu treffen, die im optimalen Fall das Überleben sichern, im ungünstigsten Fall aber auch todbringend sein können.

— Und die Mitarbeitenden einer Einrichtung, die mit Menschen mit Behinderungen arbeitet, stehen laufend vor der Frage, welches Maß an Autonomie sie den einzelnen Klientinnen und Klienten zumuten können: Muten sie ihnen zu wenig Autonomie zu, so laufen sie Gefahr, die einzelnen Klientinnen und Klienten in ihrem Recht auf selbstbestimmtes Leben zu stark zu beschneiden. Gewähren sie aber ein zu geringes Maß an Unterstützung, so drohen sie ihre Klientinnen und Klienten zu überfordern oder gar inneren und äußeren Gefährdungen auszusetzen.

Die strukturell gegebenen Belastungen, die mit der Besonderheit der Arbeitssituation verbunden sind, können nun dazu beitragen, dass in der gesamten Organisation oder in einem ihrer Subsysteme (etwa einer Abteilung, einer Arbeitsgruppe, einem Team) unbewusst bestimmte Strategien entwickelt werden, die den einzelnen Mitarbeitenden davon entlasten, Gefühle der Angst, des Zweifels, der Unsicherheit oder der Schuld wahrnehmen zu müssen:

Für Mitarbeiterinnen und Mitarbeiter eines Wohnheims für Menschen mit einer Behinderung ist es vielleicht schwer zu ertragen, dass mancher Bewohner in der Öffentlichkeit extrem unangepasste, aggressive Verhaltensweisen zeigt. Mitarbeiterinnen und Mitarbeiter können dann die Entscheidung treffen, mit solchen Bewohnerinnen und Bewohnern öffentliche Räume zu meiden. In weiterer Folge kann diese Haltung zu einer (un-)ausgesprochenen Regel innerhalb der Einrichtung erhoben werden, die nicht mehr hinterfragt und innerhalb der Organisation allseits akzeptiert wird. Diese Regelung kann darüber hinaus etwa damit begründet werden, dass andernfalls die persönliche Sicherheit der Klientinnen und Klienten wie auch anderer Menschen nicht gewährleistet werden könne. Mit Hilfe dieses scheinbar rational nachvollziehbaren Arguments wird letztlich aber bloß verdeckt, dass die Betreuerinnen und Betreuer Gefühle der Scham und der Peinlichkeit empfinden, wenn sie mit ihren Klienten/innen auf die Straße gehen; bzw. es wird verhüllt, dass die Betreuenden sich mit Hilfe dieser Regelung gegen solche Peinlichkeitsgefühle schützen.

Eliott JAQUES (1955) und Isabel MENZIES (1974) haben als Erste gezeigt, dass solche Handlungsarrangements keine individuellen Abwehrmaßnahmen darstellen, sondern als psychosoziale bzw. institutionelle Abwehrstrategien verstanden werden können (vgl. auch MENTZOS 1994). Betrachtet man von außen die Prozesse, die innerhalb einer Organisation ablaufen, so scheinen diese manchmal irrational und nicht besonders effizient im Sinne der Aufgabenerfüllung zu sein; von den Organisationsmitgliedern hingegen können sie als praktikabel, entlastend, stabilisierend und Sicherheit gebend erlebt werden.

Wie kann dieser Widerspruch psychodynamisch verstanden werden? Nach MENZIES (1974, 189f.) wird die Entwicklung von Strukturen, Funktionsmodalitäten und der speziellen Kultur einer Organisation von unterschiedlichen, interagierenden Faktoren beeinflusst, die für die Erfüllung der primären Aufgabe entscheidend sind. Dazu zählen die Beziehungen zur Umwelt außerhalb der Organisation, die technische Ausstattung und die technischen Erfordernisse sowie die unterschiedlichen Bedürfnisse der Mitarbeiterinnen und Mitarbeiter eines Betriebes. Das unbewusste Bedürfnis der Organisationsmitglieder, dass sie innerhalb der Organisation vor belastenden, ängstigenden Affekten geschützt sind bzw. darin unterstützt werden, sie auszuhalten, zu regulieren und zu ertragen, führt zur Entwicklung von psychosozialen Abwehrmechanismen, die zum Bestandteil der Strukturen, der Funktionsmechanismen und der Kultur einer Organisation werden.

Indem die Interaktionen – samt Absprachen und Vereinbarungen – zwischen Organisationsangehörigen unbewusst so gestaltet werden, dass bedrohliche, ängstigende Affekte nicht bewusst werden müssen, werden im Laufe der Zeit die unbewussten innerpsychischen Abwehrmechanismen der Einzelnen zu einem Bestandteil der äußeren Realität einer Einrichtung. Diese – nun institutionellen – Abwehrmechanismen können als Teil der Organisationskultur, als Mythen oder Regeln in der Realität der Organisation wahrgenommen werden. Die Organisation stellt somit ein soziales System dar, das mit Hilfe seiner psychosozialen Abwehrarrangements einen Rahmen bietet, der Mitarbeiterinnen und

Mitarbeitern ausreichend Stabilität und Schutz bieten kann, um belastende Affekte, Gefühle der Überforderung, der Angst und Ähnliches zu regulieren.

Die geschilderten Prozesse führen zuletzt dazu, dass sozial gebildete Abwehrarrangements die konkrete Gestaltung der Arbeitsabläufe beeinflussen und über die Zeit hinweg ein gewisses Maß an Stabilität entwickeln. Die Arbeitsbedingungen, die daraus erwachsen, sind von den Mitarbeiterinnen und Mitarbeitern einer Organisation zu erfüllen. Ebenso wird von Personen, die neu in die Organisation eintreten, implizit erwartet, dass sie sich an die Arrangements anpassen. Mitarbeitende, denen dies nicht gelingt bzw. denen diese Form der Affektregulierung nicht entspricht, verlassen meist rasch den Betrieb. Umgekehrt werden gerade jene Personen als (zukünftige) Mitarbeitende angezogen, denen diese Abwehrarrangements besonders entgegenkommen.

Dass all diese Themen innerhalb einer Organisation für sämtliche Mitglieder immer präsent sind, bedeutet jedoch nicht, dass über sie auch nachgedacht und gemeinsam gesprochen würde. Ebenso wenig können wir davon ausgehen, dass es einer Organisation in ihrer Gesamtheit gelingt, mit diesen Themen in konstruktiver Weise umzugehen, so dass aufgabenorientiert gearbeitet werden könnte. Denn dies würde voraussetzen, dass die emotionalen Belastungen, die mit der Übernahme von Verantwortung und Risiko verbunden sind, im Erleben der Mitarbeitenden so weit integriert werden können, dass verunsichernde, ängstigende und damit bedrohliche Affekte nicht übermächtig werden.

4. Auswirkungen psychosozialer Abwehrarrangements

Welche Konsequenzen können solche – meist unbewussten – psychosozialen Abwehrarrangements für die Arbeit in einer Organisation haben? Es darf an dieser Stelle nicht übersehen werden, dass in allen Organisationen Formen von Abwehrarrangements entwickelt werden, die sich als Erwartungshaltungen, Mythen oder Dogmen auf die Arbeitsrealität auswirken. Problematisch werden Abwehrarrangements erst von dem Moment an, in dem sie sich hemmend auf die Arbeitsbedingungen innerhalb der Organisation und auf die Arbeitsfähigkeit von Mitarbeitenden auswirken. Auf zwei wesentliche Aspekte möchten wir an dieser Stelle näher eingehen.

4.1 Auswirkungen auf die Erfüllung der primären Aufgabe

Wenn sich innerhalb einer Organisation die Arbeitsabläufe – und dabei insbesondere die Interaktionen mit Klientinnen und Klienten wie auch mit Arbeitskolleginnen und -kollegen – immer stärker in einer Weise gestalten, dass belastende und quälende Affekte nicht wahrgenommen werden können, wird mehr und mehr Energie darauf verwendet, solche Affekte abzuwehren. Dies bewirkt, dass die beruflichen Handlungen mehr im Dienst der psychosozialen Abwehr als der primären Aufgabe stehen. Dadurch wird diese nicht mehr angemessen wahrgenommen und nicht ausreichend erfüllt: Die Arbeitsmuster stehen dann nicht mehr im Dienst der primären Aufgabe, welche die Organisation zu erfüllen hat, sondern der Aufrechterhaltung psychosozialer Abwehrarrangements (OBHOLZER 2000, 83).

Welche Konsequenzen hat dies für Einrichtungen, deren primäre Aufgabe auf einer möglichst tragfähigen Beziehung zwischen den Mitarbeitenden und den Klientinnen und Klienten aufbaut, wie etwa im Sozial- und Gesundheitsbereich oder im pädagogischen Feld? Innerhalb der Organisation kann es dazu kommen, dass die Beziehungsabläufe nicht mehr annähernd in ihrem gesamten Umfang gesehen, sondern in einzelne Aspekte bzw. Fragmente aufgespalten werden. Dadurch geht die Beziehung zur Gesamtpersönlichkeit der Klientinnen oder Klienten weitgehend verloren. Dazu zwei Beispiele:

— In einer Pflegeeinrichtung für ältere Menschen sind die Stationen so organisiert, dass das Pflegepersonal für eine sehr große Gruppe von Klientinnen und Klienten zuständig ist. Überdies sind häufige Schichtwechsel vorgesehen. Daher ist es für die Mitarbeiter und Mitarbeiterinnen nicht mehr möglich, individuelle Beziehungen zu jedem einzelnen Klienten, zu jeder Klientin aufzubauen. Vielmehr werden in erster Linie die notwendigen Routinehandlungen im Sinne der basalen Pflege und Versorgung durchgeführt; für weitere gemeinsame Aktivitäten, die eine individuelle Beziehungsgestaltung unterstützen, bleibt jedoch keine Zeit mehr.

— In einer Qualifizierungsmaßnahme für berufliche Wiedereinsteigerinnen, die unter hoher psychischer Belastung stehen, steht das Trainerteam unter dem enormen Erfolgsdruck, eine bestimmte Quote der Klientinnen in Einrichtungen des ersten Arbeitsmarkts vermitteln zu müssen. Die

Gruppengröße ist indessen im Rahmen der Kursmaßnahme so vorgegeben, dass auf die Bedürfnisse und speziellen Problemlagen der einzelnen
Frauen nicht mehr eingegangen werden kann. Dadurch wird der Aufbau
einer professionellen Beziehung zu den Kursteilnehmerinnen erschwert,
ihre Problemlagen sind nicht differenziert wahrnehmbar.

Solche Spaltungsprozesse gehen häufig mit Depersonalisierung einher: Statt die
Bedürfnisse, Ausdrucksformen und Lebensbewältigungsstrategien eines Klienten oder einer Klientin im Kontext ihrer gesamten Persönlichkeit wahrzunehmen, wird der Einzelne auf seine auffällige, scheinbar charakteristische «Besonderheit» reduziert (Menzies Lyth 1988, 53). Dies äußert sich zum Beispiel
darin, dass dann, wenn über Menschen mit Behinderung gesprochen wird, vom
«Spastiker» oder der «Epileptikerin» gesprochen wird, statt von Herrn X oder
Frau Y. Die Bedeutung der Persönlichkeit des Einzelnen, die sich durch vielfältige Charakteristiken auszeichnet und in ihrer Komplexität wahrgenommen
werden möchte, wird dadurch geleugnet.

Werden die berufsbezogenen Handlungsstrategien im Dienste psychosozialer Abwehrarrangements sehr mächtig, so verschwindet aus dem Blick, was in
der Arbeit grundlegend zu leisten ist. Es verschiebt sich die primäre Arbeitsaufgabe dahingehend, die Abwehrarrangements um jeden Preis aufrechtzuerhalten. Auch dies soll anhand eines Beispiels verdeutlich werden:

— Das Mitarbeiterinnen- und Mitarbeiterteam einer Beschäftigungswerk-
  stätte für Menschen mit Behinderung hat sich auf die primäre Aufgabe zu
  konzentrieren, Personen, die in ihrer Selbständigkeit eingeschränkt sind,
  zu unterstützen und zu fördern. Allerdings können unbewusst bedrohliche
  Affekte und Gefühle aufkommen, welche in der Konfrontation mit Menschen entstehen, die in gewisser Weise «anders» sind. Dies kann dazu führen, dass die Klientinnen und Klienten zwar ausreichend versorgt und
  gepflegt werden, aber keine Handlungen gesetzt werden, um sie in ihrer
  Selbständigkeit zu unterstützen. Vielmehr wendet das Team viel Energie
  dafür auf, die belastenden und ängstigenden Gefühle abzuwehren, indem
  es die Bedeutung der Pflege- und Versorgungshandlungen in übertriebener
  Weise betont. Das Team kann dann von sich selbst den Eindruck gewinnen, dass es enorm viel Energie in den Berufsalltag steckt. Aber es nimmt
  nicht mehr wahr, dass es sich nur auf einen Teilaspekt der Aufgabe – Pflege

und Versorgung – konzentriert und den Primärauftrag – die Unterstützung zur Selbständigkeit – aus den Augen verloren hat.

Solche Prozesse werden von den Angehörigen einer Organisation (oder auch einer Abteilung oder eines Subsystems) nicht bewusst initiiert und in diesem Sinn willentlich herbeigeführt, sondern sie erfolgen unbewusst. Einer Institution ist es deshalb in bewusster Weise nicht möglich wahrzunehmen, dass die Arbeit an der primären Aufgabe nicht mehr im Zentrum steht.

4.2 Auswirkungen auf Veränderungsprozesse

Veränderungsprozesse in Organisationen verlangen jeder Mitarbeiterin und jedem Mitarbeiter ab, dass er oder sie sich auf Neues und somit Unbekanntes einlässt. Selbst wenn Gratifikationen und mögliche Verbesserungen für das berufliche Leben in Aussicht gestellt werden, gehen Wandlungen immer auch mit einem gewissen Maß an Verlust von bisher bestehender Sicherheit einher. Für den Einzelnen stellen sich Fragen wie die folgenden: Reichen meine Kompetenzen und Kräfte aus, wenn mir mehr und andere Arbeit abverlangt wird? Bleiben meine bisher erworbenen Rechte und Ansprüche erhalten? Wie steht es um meine Verantwortlichkeiten, meine Position und meinen Status?

In diesem Sinn stellen Veränderungsprozesse – aus der Perspektive der davon Betroffenen – in gewisser Weise riskante Unternehmungen dar, die – je nach Kontext, in den sie eingebettet sind – verunsichern und ängstigen. Da im Vorfeld von Wandlungsprozessen nicht abschätzbar ist, wie sich die angestrebten Veränderungen auswirken und welche Konsequenzen sie in Bezug auf Arbeitsbedingungen, Arbeitsanforderungen und Arbeitsklima zeitigen werden, kann erheblicher Widerstand gegen Veränderungen aufkommen.

Welche Dynamik bewirken nun Bemühungen um Veränderungen in Organisationen bzw. in deren Subsystemen, wenn die Arbeit, die in ihnen geleistet wird, besonders stark auf psychosozialen Abwehrarrangements aufbaut? Da die wesentliche Funktion psychosozialer Abwehrstrategien darin besteht, den Angehörigen einer Organisation Sicherheit zu geben und sie vor allzu beunruhigenden Gefühlen zu schützen, tragen diese Strategien dazu bei, Stabilität in Arbeitsprozessen selbst dann zu festigen, wenn diese Stabilität ineffizient oder gar kontraproduktiv ist. Stehen nun Veränderungen an, so bewirkt dies unbewusst die Intensivierung jener bedrohlichen und ängstigenden Affekte, die ursprünglich mit Hilfe der institutionellen Abwehrmechanismen reguliert werden sollten. Ängste, die mit Hilfe psychosozialer Abwehr gebannt werden konnten und somit nicht länger bewusst wahrgenommen werden mussten, drohen wiederum mächtig zu werden.

Dabei spielt es keine Rolle, ob die geplanten Veränderungsschritte innerhalb der Organisation grundsätzlich als notwendig und sogar als sinnvoll anzusehen sind. Die mit Wandlungsprozessen einhergehende Instabilität aktiviert unbewusst jene Strategien einer Organisation bzw. eines Subsystems, die Veränderungsbemühungen – manchmal offensiv, manchmal sehr subtil – «mit Erfolg» unterlaufen. Ein Beispiel:

— Eine Einrichtung arbeitet nach einem Konzept, das den aktuellen Grundsätzen, wie mit Klientinnen und Klienten umgegangen wird, nicht mehr entspricht. Aufgrund dessen wird die Arbeit von den Mitarbeitenden als schwierig erlebt, und sie sehen durchaus die Notwendigkeit der Konzeptveränderung. Allerdings will es dem Mitarbeitendenteam einfach nicht gelingen, neben der laufenden Alltagsroutine Zeit einzuplanen, um das Arbeitskonzept zu überdenken. Die notwendigen Veränderungsmaßnahmen werden auf diesem Weg unterlaufen.

5. Die Bedeutung von Leitung und die Wahrnehmung von Leitungsaufgaben

Eine besondere Position und Funktion innerhalb jeder Organisation wird der Leitung zugestanden. Ihr kommt die Aufgabe zu, visionär und strategisch zu handeln (OBHOLZER 2000, 80). Sie hat mit Blick auf die Zukunft einer Organisation Strategien zu entwickeln, die das Weiterbestehen der Organisation gewährleisten sollen, sie hat auch den Überblick über die Vorgänge innerhalb der Organisation und deren Positionierung in der gesellschaftlichen Umwelt zu bewahren. Auf dieser Grundlage ist von Leitungspersonen laufend zu überprüfen, ob zum einen die Primäraufgabe den realen Erfordernissen angemessen ist und ob zum anderen die Arbeitsabläufe in der Organisation zur Erfüllung der Aufgabe beitragen. Führungskräfte müssen somit in besonderem Maße Verantwortung für die gesamte Organisation übernehmen. Um all dies leisten zu können, sind sie mit struktureller Macht und mit Autorität ausgestattet.

Die Organisationsleitung kann jedoch nicht losgelöst von den übrigen Organisationsangehörigen gesehen werden – sie existiert nur in Interdependenz mit Letzteren. So haben Maßnahmen, die von Führungskräften getroffen werden, großen Einfluss auf die Mitarbeitenden, da ihre strukturellen Arbeitsbedingungen über weite Strecken von Regelungen der Leitung abhängig sind. Andererseits können Leiterinnen und Leiter nur insoweit ihre Position machtvoll ausfüllen, als Organisationsangehörige bereit sind, ihren Vorgaben und Anweisungen zu folgen.

Führungskräfte treffen in ihrer Funktion eine Vielzahl von Entscheidungen. Mit diesen Entscheidungen gestalten sie nicht nur die Arbeitsbedingungen, die Strukturen und auch die Perspektiven der Gesamtorganisation, sondern sie nehmen auch Einfluss auf das individuelle Erleben jedes Mitarbeitenden und auf die Regulation seiner Affekte. Wegen dieses realen Einflusses werden Führungskräfte von Mitarbeitenden einer Organisation als Personen erlebt, deren Maßnahmen immer wieder weitreichende Folgen für Personen und Prozesse in Organisationen nach sich ziehen können. Dies vermag, im Hinblick auf Einfluss und Macht der Führenden, realistische wie auch illusionäre Hoffnungen und Befürchtungen zu wecken. Es kann so etwa die – freilich unrealistische – Wunschphantasie entstehen, die Leitung möge doch all das, was vom einzelnen Mitarbeitenden als belastend erlebt wird, wahrnehmen und übernehmen: Der Einzelne, so die Hoffnung, wäre dann innerpsychisch entlastet und könnte seine Arbeit leichter und besser erledigen. – Umgekehrt kommt es aber auch vor, dass Mitarbeitende, die eigentlich gar nicht die Übernahme von Leitungsfunktionen anstreben, beständig Kritik an Leitungskräften üben und sich kaum realisierbaren Wunschvorstellungen darüber hingeben, was sie alles anders machen würden, wenn sie selbst mit Leitungsaufgaben betraut wären: Auf diese Weise könnte es ihnen gelingen, sich vor dem bewussten Wahrnehmen von Gefühlen der Schwäche, Abhängigkeit und Unterlegenheit zu schützen, um stattdessen an der imaginär-übersteigerten Macht der Leitung zu partizipieren und ein vordergründiges Gefühl von Grandiosität zu kultivieren, ohne dass sie selbst Verantwortung übernehmen müssten. – Zusammenfassend lässt sich festhalten, dass der Leitung unterschiedliche Gefühle entgegengebracht und auf sie auch unterschiedliche Gefühle projiziert werden, in der unbewussten Erwartung, bedrohliche Affekte könnten auf diesem Wege erfolgreich reguliert werden: Mit den erwähnten oder mit vergleichbaren «Strategien» werden unbewusst Ängste und andere belastende Gefühle ebenso wie der Auftrag, sie zu lindern, an die Leitung einer Organisation gleichsam «delegiert».

Nun werden in Organisationen solche bewussten und unbewussten Wünsche nicht nur von einzelnen Mitarbeitenden an die Leitungspersonen einer Organisation herangetragen. Vielmehr können psychosoziale Abwehrarrangements dazu führen, dass von der gesamten Belegschaft unausgesprochen vergleichbare Erwartungshaltungen der Leitung entgegengebracht und auf sie projiziert werden, in der unbewussten Hoffnung, auf diese Weise «kollektiv» mit belastenden Affekten fertig zu werden. Besonders intensiv werden solche latent wirkenden Erwartungshaltungen in Phasen, die mit Verunsicherung einhergehen – vorrangig in Umbruchs- und Veränderungsprozessen.

Wie schon betont, hat eine Führungskraft eine Vielzahl von Entscheidungen zu treffen – diese reichen von strategischen Entscheidungen von erheblicher Tragweite bis hin zu Entscheidungen, die das alltägliche operative Geschehen und somit das tagtägliche Miteinander betreffen. Neben sachbezogenen, fachlichen Überlegungen sind diese Entscheidungen immer auch von den Affekten, welche die Führungskraft bewusst und unbewusst bei sich wahrnimmt, und dem (oft unbewussten) Bestreben getragen, solche Affekte in einer Weise zu regulieren, die der Führungskraft selbst zugute kommt. Von besonderer Bedeutung ist nun, dass auch diese Affekte nicht allein in der Persönlichkeit der Führungskraft gründen. Sie werden vielmehr von den unbewussten Prozessen mit gespeist, die in der Organisation insgesamt existieren und nach LOHMER (2000b) als «Unbewusstes in Organisationen» verstanden werden können. Diese unbewussten, emotional meist belastenden Prozesse werden an eine Leitungsperson in unausgesprochener Weise herangetragen und von ihr aufgenommen. Das kann zur Folge haben, dass die Führungskraft starken Druck verspürt. Sie muss sich dabei über den Umstand oder auch über die Gründe, die dazu geführt haben, keineswegs im Klaren sein. Wird der innere Druck zu groß, so kann dies jedenfalls zu unbedachten Handlungen und Entscheidungen führen, die letztlich nicht mehr mit der primären Aufgabe der Organisation in Einklang stehen oder ihr gar diametral entgegenlaufen. Das kann sich negativ auf die Organisation auswirken und zu einer Verschlechterung der Situation der Mitarbeitenden führen.

Solche dynamischen Prozesse werden insbesondere dann virulent, wenn sich Führungskräfte aufgrund ökonomischer Zwänge, von außen kommender

Anforderungen oder von Um- und Neustrukturierungen unter erhöhtem Entscheidungsdruck befinden. Wie aber können Führungskräfte darauf angemessen reagieren? Darauf möchten wir abschließend näher eingehen.

6. Anforderungen an Leitungskompetenz aus psychoanalytischer Perspektive

Personen, die Leitungsfunktionen in Organisationen übernehmen bzw. Führungspositionen innehaben, benötigen neben fachlichem Können und Managementqualifikationen auch Kompetenzen darin, sozio- und psychodynamische Prozesse in Organisationen zu verstehen und auf sie in angemessener Weise einzugehen und zu reagieren. Wenn sie darin erfolgreich sein wollen, die Arbeitsprozesse innerhalb der Organisation auf die primäre Aufgabe zu konzentrieren, sollte es ihnen gelingen, die Affekte, die in den beruflichen Beziehungen Platz greifen, wahrzunehmen – insbesondere jene Emotionen, die als belastend, ängstigend und bedrohlich erlebt werden. Von besonderem Nutzen wäre es dabei, wenn es ihnen gelänge, Affekte – und insbesondere unbewältigte Ängste bzw. Angst auslösende Zustände – auf der Basis von «Containment» zu bewältigen (HELTZL 1999, 346). Diesem Konzept zufolge, das in seinen Kerngedanken von Wilfred BION entwickelt wurde (LAZAR 1993), ist es Aufgabe von Führungskräften, die heftigen Affekte und Ängste der Mitarbeiter in gewisser Weise zu «verdauen». Dies meint,

— dass Führungskräfte diese Gefühle (auch wenn sie noch so destruktiv und zerstörerisch sind) in sich aufnehmen und vor allem auch verarbeiten können, ohne von ihnen überwältigt zu werden,
— und dass es daran anschließend gelingt, diese Affekte in «verdauter» und somit nicht mehr destruktiver Form im Rahmen arbeitsbezogener Interaktionen wieder an die Kolleginnen und Kollegen rückzukoppeln.

Wie kann man sich dies im Konkreten vorstellen? Dazu ein Beispiel:

— Einige Mitarbeiterinnen und Mitarbeiter eines Teams sind mit der Dienstplangestaltung unzufrieden, da sie sich im Vergleich zu anderen Kolleginnen und Kollegen benachteiligt fühlen. Statt dies jedoch der Geschäftsleitung gegenüber zu äußern, tauschen sie sich nur untereinander aus. Ihre anfängliche Unzufriedenheit wird zu massivem Ärger, der sich vordergründig gegen die anderen Teams, unbewusst aber auch gegen die Geschäftsleitung richtet. Es kommt zu einer Reihe von subtil gesetzten Handlungen, mit denen die Arbeitsanforderungen fast unbemerkt sabotiert werden und unter denen das Arbeitsklima massiv leidet. Die Geschäftsleitung nimmt die Störungen wahr und reagiert darauf. Wenn es ihr gelingt, den Ärger der Mitarbeitenden wahr- und aufzunehmen, ihm nachzuforschen und zu verstehen, dass er aus unbewältigten Affekten resultiert, kann die Leitung das entstandene Problem unter Berücksichtigung der emotionalen Lage der Mitarbeitenden aufgreifen und zu lösen versuchen. Manche Mitarbeitende könnten dabei auch in «reifer», d. h. nicht revanchistischer Form zur Verantwortung gezogen werden. Ein solcher Prozess, der nicht vornehmlich vom Versuch der Geschäftsleitung getragen ist, sich durch aggressives Mitagieren «Luft zu machen» oder «Rache zu üben», könnte als gelungenes *Containment* seitens der Geschäftsleitung verstanden werden.

Die Kompetenz von Führungskräften ist in besonderer Weise herausfordert, wenn die Arbeitsprozesse in einer Organisation massiv auf psychosozialen Abwehrarrangements aufbauen. Denn die Affekte, die diesen Abwehrmustern zugrunde liegen, sind unbewältigt, ja unverdaut. Damit es der Leitung gelingen kann, Affekte zu *containen,* bedarf es angemessener (Frei-)Räume für Austausch und Kommunikation in Bezug auf die Arbeitssituation zwischen Mitarbeitenden und Führungskräften der unterschiedlichen Ebenen innerhalb der Organisation bzw. ihrer Subsysteme. Dann kann es möglich werden, dass Entscheidungen im Hinblick auf die primäre Aufgabe gefällt werden, ohne dass dabei das subjektive Erleben der Organisationsangehörigen übergangen wird. Wenn die Leitung in Entscheidungs- und Aushandlungsprozessen in der Lage ist, diese beiden Aspekte – die primäre Aufgabe *und* die Gefühle der Organisationsangehörigen – nicht aus dem Blick zu verlieren, kann sie erreichen, dass die Affekte, die in der Interaktion zwischen Führungskräften und Mitarbeitenden virulent werden, auch in konstruktiver Weise reguliert und nicht zu destruktiven Störungen werden. Gerade im Hinblick auf Veränderungsprozesse, denen sich in der aktuellen gesellschaftlichen Situation alle Organisationen zu stellen haben, ist Einsicht in die Psychodynamik von Organisationen für die Leitung von besonderer Wichtigkeit.

Es stellt sich abschließend die Frage, wie Führungskräfte die nötigen Kompetenzen erwerben können, um für psycho- bzw. soziodynamische Prozesse in Organisationen sensibel zu werden. Eine Möglichkeit stellen die verschiedenen Formen von psychodynamischer bzw. psychoanalytischer Beratung dar, die sich in den letzten Jahrzehnten im angloamerikanischen und deutschsprachigen Raum entwickelt haben. In zahlreichen Publikationen wird aufgezeigt, dass in Supervision, Coaching und Organisationsberatung auf psychoanalytischer Basis jener Raum eröffnet werden kann, in dem Führungskräfte ihr Verständnis für bewusste und unbewusste Prozesse in Organisationen und für die Bedeutung der Regulierung bedrohlicher Affekte seitens der Mitarbeitenden, aber auch der Führungskräfte selbst entfalten können (vgl. etwa HELTZL 1999; LOHMER 2000a; OBHOLZER & ROBERTS 1994; PÜHL 1998; SIEVERS 1999; STEIN-HARDT 2003).

Zwei besondere Formen der Auseinandersetzung mit Prozessen innerhalb von Organisationen wurden am Londoner *Tavistock Institute for Human Relations* entwickelt, in der Absicht, das Verstehen der Psycho- und Soziodynamik von Organisationen auszuweiten und zu vertiefen. Zum einen wurde das Konzept der «*Tavistock-Arbeitskonferenz*» entwickelt, demzufolge Teilnehmende und Veranstalter auf der Basis definierter Vereinbarungen zumindest für mehrere Tage zusammenkommen, in der Absicht, Organisationsprozesse in einer Art «Experiment» zu erfahren und zu reflektieren (LAZAR 2000, 56 ff.). Zum andern ist die Methode der «*Organisationsbeobachtung*» zu nennen. Diesem Verfahren zufolge geht ein Beobachter über einen längeren Zeitraum hinweg wöchentlich regelmäßig in eine ihm bislang fremd gewesene Organisation. Dort begibt er sich in verschiedene Räume, Abteilungen, Hierarchieebenen und nimmt die ausmachbaren Geschehnisse so ungefiltert und unkommentiert wie möglich auf. In einem Begleitseminar werden die Beobachtungen vorgestellt und besprochen, so dass Schritt für Schritt ein zunehmend differenzierter werdendes Bild von jenen bewussten und unbewussten Prozessen entsteht, die für das «Funktionieren» der Organisation bedeutsam sein dürften. In Verbindung mit dem Seminar eröffnet die teilnehmende Beobachtung den Seminarmitgliedern die Chance, Zusammenhänge und Spannungsmomente zwischen Organisationsstrukturen, dem Erleben der Mitarbeitenden und dem Erleben der Leitung vor dem Hintergrund der primären Arbeitsaufgabe in ihrer bewussten und unbewussten Dynamik wahrnehmen und verstehen zu lernen (HINSHELWOOD/SKOGSTAD 2003).

Halten wir abschließend fest: Aus psychodynamischer Perspektive ist es bedeutsam, dass die Leitung einer Organisation die emotionalen Belastungen, die aufgrund von Verantwortung und Risiko im Zuge der Erfüllung der primären Aufgabe für die Organisationsangehörigen entstehen, bewusst wahrnimmt. Wenn es ihr gelingt, diese emotionalen Belastungen nicht zu unterdrücken und zu verdrängen, sondern im Sinne von *Containment* so weit als möglich aufzunehmen, wird es ihr leichter möglich sein, mit solchen Belastungen konstruktiv umzugehen und aufgabenorientiertes Arbeiten zu realisieren.

Literatur

HELTZEL, Rudolf (1999): Entwicklungsbegleitung in psychiatrischen Organisationen. In: Harald PÜHL (Hrsg.): Supervision und Organisationsentwicklung. Handbuch 3 (S. 332–358). Opladen: Leske + Budrich.

HINSHELWOOD, Robert D./SKOGSTAD, Wilhelm (2004): Die Methode der Organisationsbeobachtung. In: Freie Assoziation, 6. Jg., Heft 3, 23–34.

HIRSCHHORN, Larry (1998): The Workplace Within. Cambridge, MA: MIT Press.

JAQUES, Elliott (1955): Social systems as a defence against persecutory and depressive anxiety. In: Melanie KLEIN/Paula HEIMAN/Roger E. MONEY-KYRLE (eds.): New Directions in Psycho-Analysis (S. 478–498). London: Basic.

LAZAR, Ross A. (1993): «Container.Contained – und die helfende Beziehung. In: Michael ERMANN (Hrsg.): Die hilfreiche Beziehung in der Psychoanalyse (S. 68–91). Göttingen: Vandenhoeck & Ruprecht.

LAZAR, Ross A. (2000): Psychoanalyse, «Group Relations» und Organisation: Konfliktbearbeitung nach dem Tavistock-Arbeitskonferenz-Modell. In: Mathias LOHMER (Hrsg.): Psychodynamische Organisationsberatung. Konflikte und Potentiale in Veränderungsprozessen (S. 40–78). Stuttgart: Klett-Cotta.

LOHMER, Mathias (2000a, Hrsg.): Psychodynamische Organisationsberatung. Konflikte und Potentiale in Veränderungsprozessen. Stuttgart: Klett-Cotta.

LOHMER, Mathias (2000b): Das Unbewusste in Unternehmen. Konzepte und Praxis der psychodynamischen Organisationsberatung. In: DERS. (Hrsg.): Psychodynamische Organisationsberatung. Konflikte und Potentiale in Veränderungsprozessen (S. 18–39). Stuttgart: Klett-Cotta.

MENTZOS, Stavros (1994): Interpersonale und institutionelle Abwehr. Frankfurt a. Main: Suhrkamp.

MENZIES, Isabel (1974): Die Angstabwehr-Funktion sozialer Systeme – ein Fallbericht. In: Gruppendynamik, 5, 183–216.

MENZIES LYTH, Isabel (1988): Containing Anxiety in Institutions. Selected Essays, Volume 1. London: Free Association Books.

OBHOLZER, Anton (1994): Authority, power and leadership: contributions from group relations training. In: Anton OBHOLZER/Vega Zagier ROBERTS (Eds.): The unconscious at work (pp. 39–50). London: Routledge.

OBHOLZER, Anton (2000): Führung, Organisationsmanagement und das Unbewußte. In: Mathias LOHMER (Hrsg.): Psychodynamische Organisationsberatung. Konflikte und Potentiale in Veränderungsprozessen (S. 79–97). Stuttgart: Klett-Cotta.

OBHOLZER, Anton /ROBERTS, Vega Zagier (1994, eds.): The unconscious at work. London: Routledge.

PÜHL, Harald (1998): Supervision – von der Subversion zur Institutionsanalyse. Göttingen: Vandenhoeck & Ruprecht.

SIEVERS, Burkard (1999): Das Management psycho-sozialer Dynamik und unbewußter Prozesse in Organisationen. In: Harald PÜHL (Hrsg.): Supervision und Organisationsentwicklung. Handbuch 3 (S. 260–273). Opladen: Leske + Budrich.

STEINHARDT, Kornelia (2003): Supervision aus gruppenanalytischer Sicht. In: Alfred PRITZ/Elisabeth VYKOUKAL (Hrsg.): Gruppenpsychoanalyse. Theorie – Technik – Anwendung (2. veränderte Auflage) (S. 311–322). Wien: Facultas.

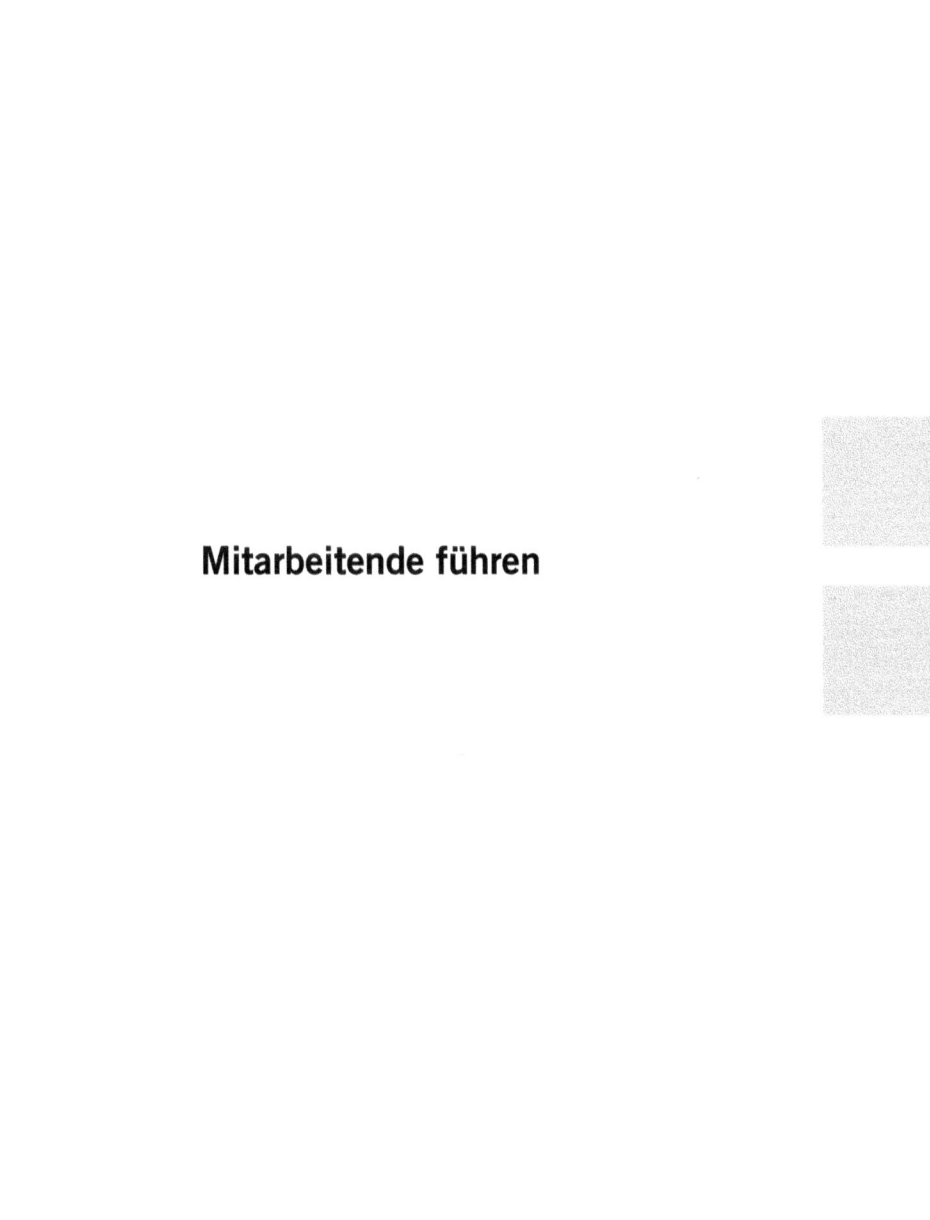

Mitarbeitende führen

Elfriede Biehal-Heimburger

Personalmanagement und Personalentwicklung

Ohne Menschen, in der Sprache der Betriebswirtschaft Personal genannt, gibt es keine Organisationen. Menschen gründen, gestalten und verändern Organisationen. Wie Menschen ihren Umgang miteinander in Organisationen möglichst sinnvoll, zum Wohl aller und der Organisation gestalten, das ist Aufgabe des *Personalmanagements* und der *Personalentwicklung*.

Im ersten Teil meines Beitrags behandle ich die Grundprinzipien, nach denen meiner Meinung nach Personalmanagement und Personalentwicklung ausgerichtet werden sollten. Im zweiten Teil stelle ich ein paar wichtige Methoden der Personalentwicklung vor.

1. Grundprinzipien für Personalmanagement und Personalentwicklung

Personalentwicklung umfasst die Gesamtheit von Personen-, Team- und Organisationsentwicklung (vgl. NEUBERGER 1994). Aus dieser ganzheitlichen Perspektive heraus erscheint es mir sinnvoll, zunächst auf folgende drei Grundprinzipien einzugehen:

1. die richtigen Menschen finden und sie in ihrer Entwicklung unterstützen;
2. der Realität ins Auge blicken und sich für eine Sache begeistern, die man gemeinsam umsetzt;
3. die optimalen Rahmenbedingungen schaffen.

1.1 Die richtigen Menschen finden

Am wichtigsten für jedes Unternehmen ist es, *die richtigen Menschen zusammenzubringen*. Menschen, die sich für ihr eigenes Leben verantwortlich fühlen und deshalb auch etwas gestalten, etwas Sinnvolles tun wollen. Menschen, die Lust haben, ihre Fähigkeiten einzusetzen und weiterzuentwickeln. Menschen, die sich selbst motivieren können und im Austausch mit anderen Neues entwickeln wollen.

Sich selbst motivieren heißt in diesem Zusammenhang, dass diese Menschen Sinn und Nutzen in ihrer Arbeit finden. Sie müssen nicht von außen motiviert werden – sie sollten nur nicht demotiviert werden durch sie behindernde Rahmenbedingungen.

Solche Menschen zu finden und zusammenzubringen ist wohl eine der wichtigsten Aufgaben von Führung, entscheidend nicht nur in der Pionierphase einer Organisation, sondern für eine langfristige Unternehmensentwicklung lebensnotwendig. In der Pionierphase finden Menschen zusammen, die von einem Pionier, einer Pionierin oder ihrer Idee begeistert sind. In späteren Entwicklungsphasen der Organisation (Differenzierungs-, Integrations- und Assoziationsphase) ist es nicht nur wichtig, die richtigen Personen zu finden, sondern sich allenfalls auch von Menschen zu trennen, die kontrolliert oder angespornt werden müssen, weil sie sich möglicherweise nicht mehr an dem für sie und die Organisation richtigen Arbeitsplatz befinden.

Die richtigen Leute folgen nicht blind einer Autorität, sondern messen ihren Erfolg an ihren Resultaten.

Für die Entwicklung einer Organisation braucht man Führungskräfte, die sich manchmal heftig streiten, um zu den besten Lösungen zu gelangen, die sich aber andererseits hinter alle Entscheidungen stellen, als wären es ihre eigenen (vgl. Collins 2003, 84). Man braucht Menschen, die Spaß an ihrer Arbeit haben und gerne mit anderen zusammen in einem Team arbeiten.

Unsere eigenen Erfahrungen in und mit sozialen Organisationen entsprechen recht gut neueren Unternehmensanalysen, weshalb ich diese kurz erläutere: In Längsschnittuntersuchungen wurden Unternehmen analysiert, die fünfzehn Jahre durchschnittliche und weitere fünfzehn Jahre weit überdurchschnittliche Performances zeigten. Dabei gab es einige überraschende Resultate: Wirklich hervorragende Führungskräfte und Unternehmer/innen zeichneten sich durch eine Mischung aus persönlicher Bescheidenheit und professioneller Durchsetzungskraft aus. Sie stellten sich nicht in den Vordergrund wie Manager/innen, die laufend im Rampenlicht oder in den Schlagzeilen stehen. Sie waren zurückhaltend, sprachen von *wir* oder *dem Team,* wenn es um die Beschreibung von Leistungen ging – im Gegensatz zu Manager/innen, die nur von sich redeten und gute Resultate als ihre eigenen Leistungen ausgaben.

Sie stammten meist aus dem Unternehmen selbst und wurden nicht von außen geholt. Sie waren leistungswillig mit hoher Selbstdisziplin und lenkten ihre persönlichen Egoismen auf das höhere Ziel, ein Spitzenunternehmen aufzubauen. Sie handelten auch mit Eigeninteresse, aber ihr Ehrgeiz galt der Institution und nicht der eigenen Person. Sie schafften es, ähnlich engagierte Menschen anzuziehen und damit ihre eigene gute Nachfolge zu sichern.

Hingegen sorgten sich Manager/innen, die sich und die eigenen Leistungen gerne in den Vordergrund stellten und primär an ihre eigene Karriere und Gage dachten, mehr ums persönliche Image als um die Zukunft des Unternehmens in der nächsten Generation. Sie sahen es sogar als Beweis ihrer Größe, wenn nach ihrem Ausscheiden das Unternehmen zusammenbrach.

Bei Führungspersönlichkeiten, die eine langfristige hervorragende Performance ihres Unternehmens sicherten, schien neben der persönlichen Bescheidenheit ein energisches Durchsetzungsvermögen eine wichtige Führungskompetenz zu sein. Sie legten eine konsequente Entschlossenheit an den Tag und setzten um, was getan werden musste, egal, wie schwierig dies war.

Zusammengefasst heißt das (vgl. COLLINS 2003, 36 ff.):

— Wichtig sind Führungskräfte oder Unternehmer/innen, die eine paradoxe Mischung aus Bescheidenheit und professioneller Durchsetzungskraft besitzen.

— Solche Führungskräfte halten sich an den Grundsatz: erst wer, dann was. Mit den richtigen Mitarbeitenden schafften sie auch bei Kursänderungen den notwendigen Wandel.

— Sie hatten die Disziplin, der Realität ins Auge zu blicken, ohne den Mut zu verlieren, egal, wie unerfreulich die Realität war.

Personalmanagement und Personalentwicklung wäre demnach gefordert, die richtigen Führungskräfte und Mitarbeitenden zu finden und zusammenzubringen. Personalmanagement und Personalentwicklung hilft, Talente aufzuspüren und optimal einzusetzen und einen Prozess der stetigen Reflexion der Werte anzuregen und zu begleiten.

1.2 Der Realität ins Auge blicken und sich für eine Sache begeistern, die man gemeinsam umsetzt

Eine Organisation wird dann hervorragend sein, wenn die Mitarbeitenden der Organisation ihre Talente oder Fähigkeiten richtig einsetzen, dafür gut bezahlt werden und ihre Arbeit gerne oder gar mit Leidenschaft tun.

Übertragen auf eine Organisation heißt das, drei Fragenkreise zu beantworten und aus den Antworten ein klares Konzept zu entwickeln (vgl. Collins 2003, 137 und 152).

1. Was begeistert uns? Worin sehen wir einen Sinn? Was ist unsere wahre Leidenschaft? Hier geht es um die zentralen Werte und Zielsetzungen, die man unter keinen Umständen aufgeben will.

2. Worin können wir die Besten werden? Nicht: Worin wollen wir die Besten werden! Hier geht es um Einsicht, nicht um Absichtserklärungen.

3. Was ist unsere wirtschaftliche Basis, was unser wirtschaftlicher Motor? Hier geht es um die Frage des ökonomischen Nenners zum Verständnis der eigenen wirtschaftlichen Dynamik, also «Profit pro X».

Allerdings muss man bedenken, dass ein «glasklares» Konzept meist erst nach jahrelangem, gemeinsamem konsequentem Hinterfragen dieser drei Kreise entwickelt wurde.

Beim Beantworten des ersten Fragenkreises stellt man fest, dass Mitarbeitende sozialer Organisationen sich meist recht stark mit ihrer Arbeit identifizieren. Sie finden zu einer sozialen Organisation, weil sie deren Ziele teilen und sich vielleicht leidenschaftlich für ihre Klienten/innen einsetzen. Diese Leidenschaft, so wichtig sie ist, kann ohne die Fähigkeit zu selbstkritischer Distanz Leiden schaffen und zum Burnout führen ($\rightarrow$ Artikel von Ingrid Schneider).

Deshalb müssen für Entscheidungsprozesse alle drei Fragenkreise in Gesprächen und Auseinandersetzungen beantwortet werden, und ebenso braucht es Analysen und Kritik auf der Grundlage dieser drei Kreise.

Das geht nur in einem Team, in dem ein Klima des offenen Austausches und der wechselseitigen Achtung und Wertschätzung herrscht. Wenn Menschen zusammenfinden, die ihre Arbeit gerne und gut tun und die sich aufeinander verlassen können, verschwenden sie meist keine Zeit auf unnötige Kontrollen oder Nebensächlichkeiten, sondern gewinnen Zeit für das Wesentliche.

Notwendig ist dafür ein Betriebsklima, in dem die Wahrheit unbedingtes Gehör findet und jeder Realität, auch einer unangenehmen, ins Auge geblickt wird.

Für diese Aufrichtigkeit sind vier Punkte wichtig (COLLINS 2003, 118):

— Führen durch Fragen, nicht durch Antworten.
— Dialoge und Streitgespräche suchen, und nicht blinden Gehorsam fordern.
— Fehlersuche ja, aber ohne Schuldzuweisung.
— Einbau eines Rote-Karten-Mechanismus, der verhindert, dass bestimmte Informationen ignoriert werden.

Teamsitzungen können dazu genutzt werden, andere Sichtweisen zu verstehen und neue Einsichten zu gewinnen. Falls es dabei zu hitzigen Debatten kommt, wäre dies gerade gut und erfordert von der Führungskraft, die Rolle eines Mediators einzunehmen.

«Der Realität ins Auge zu blicken, ohne den Mut zu verlieren», nennt es COLLINS in seiner Studie. Die Augen vor der Realität nicht zu verschließen – kombiniert mit einem unzerstörbaren Glauben an eine Lösung – ist entscheidend für die Weiterentwicklung einer Organisation und der sie gestaltenden Menschen.

Das Führen von Mitarbeitenden bedeutet:

— sich damit auseinander zu setzen, wofür die Organisation steht, wozu es sie gibt;
— sich damit zu beschäftigen, welchen Mehrwert die Organisation schafft, für welche Werte sie steht;
— zu erkennen, worin die Organisation die beste werden kann. Nicht aus Selbstzweck, sondern weil es oft mit nicht viel mehr Aufwand verbunden ist, das beste – statt nur ein gutes – Unternehmen zu werden.

Ideelle und kreative Leistungen, wie sie häufig in sozialen Organisationen gefordert sind, setzen eine hohe Eigenverantwortung voraus. Diese Eigen- und Selbstverantwortung zu übernehmen ist nur möglich, wenn der Sinn und Nutzen der Organisation verstanden und akzeptiert wurde und mit Begeisterung vertreten wird.

1.3 Notwendige Rahmenbedingungen

Besonders in der Differenzierungsphase, wenn die Organisation gewachsen, unüberschaubar und bürokratisch geworden ist, kann es geschehen, dass gerade begeisterte Mitarbeitende demotiviert werden. Jetzt liegt die Herausforderung darin, statt einer starren eine disziplinierte Organisation mit wenigen, aber klaren Regeln nach den Prinzipien Verantwortung und Freiheit zu schaffen.

In dieser Phase muss die Sinnfrage bis ins kleinste Detail geklärt werden, damit man sich nicht in unnötigen Regeln und Formalitäten verstrickt. So kann hinterfragt werden, ob man z.B. aufwändige Quartalsberichte, umfangreich dokumentierte Mitarbeitendengespräche oder ausgeklügelte Prämien- und Leistungsvereinbarungen wirklich braucht. Oder wird nicht Energie verschwendet, die viel eher nötig wäre für das Erstellen des oben skizzierten klaren Konzepts mit Antworten auf die Fragen: Wofür begeistern wir uns? Worin können wir die Besten werden? Was ist unser wirtschaftlicher Motor?

Noch wichtiger als die Liste mit den Zielen, die man erreichen will, ist eine Liste der Dinge, die man nicht mehr tun will.

Helfen können dabei Kernbotschaften oder Kernprinzipien, die einfach und für alle nachvollziehbar formuliert sind. Entscheidend sind gute, riskante, hoch gesteckte Ziele, die aus einer Einsicht heraus entstehen – mit wenigen klaren Botschaften, an die sich alle halten – vor allen anderen die Führungskräfte. Ohne ein hohes Maß an Selbstdisziplin ist die Gefahr groß, dass Kontrollbedürfnisse zunehmen. Manchmal gibt es die Tendenz, als Lösung für alle Unklarheiten und Widersprüchlichkeiten neue Systeme oder Technologien einzuführen. Technische Neuerungen werden als das Allheilmittel gesehen, und wenn entsprechend viel Geld einmal investiert wurde, darf auch nicht mehr an der Sinnhaftigkeit gezweifelt werden.

Deshalb sollten neue Technologien mit Bedacht ausgewählt und danach überprüft werden, ob sie unausgeschöpfte Potenziale realisieren helfen. Aus der Angst, abgehängt zu werden oder nicht auf dem neuesten Stand der Technik zu sein, ist noch keine sinnvoll genutzte technische Lösung hervorgegangen.

Zusammengefasst heißt dies: Mit einem Minimum an selbst aufgestellten Regeln die richtigen Leute arbeiten lassen und jede Zusammenkunft für das Sammeln von Ideen und wechselseitigem Inspirieren nutzen.

Je nach Entwicklungsphase der Organisation kann es hilfreich sein:

— gemeinsam Leitsätze und Werte sowie Strategien und Wege zu erarbeiten und
— die wichtigsten Leistungs- und Entwicklungsprozesse zu klären.

1.3.1 Leitsätze und Strategien entwickeln

Auf der Basis der beobachtbaren Tatsachen in der eigenen Organisation und im relevanten Umfeld können Trends erhoben und Szenarien entwickelt werden.

Als Antwort darauf sind die Leitwerte oder Leitsätze gemeinsam zu formulieren, in die auch Visionen ($\rightarrow$ Beitrag von Fasching/Buber in diesem Band) eingebettet sind.

Gemeinsam entworfene Strategien – d. h. Wege und Ziele für die weitere Entwicklung der Organisation – bauen darauf auf. Diese definierten Wege und Ziele dienen als Basis für die Teil- und Feinziele einer Abteilung, eines Teams und der jeweiligen Mitarbeitenden. Anforderungsprofile und entsprechende Weiterbildungsmaßnahmen können so auf mögliche zukünftige Aufgabenfelder abgestimmt werden.

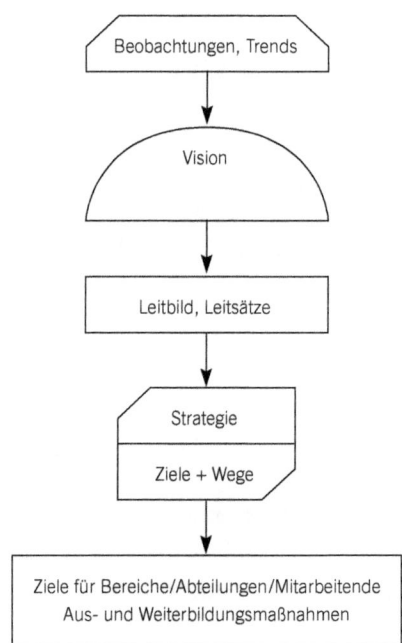

→ **Fragen dazu**

Welches sind wichtige Beobachtungen in unserem Umfeld? Welche Trends und Entwicklungen nehmen wir wahr? Was ist unsere Antwort darauf? Welche Visionen haben wir dazu? Welche Werte, die uns begeistern, entsprechen dem? Was heißt das für unsere Leitprinzipien und Ziele? Welche Wege gibt es, um diese Ziele zu erreichen, welche Methoden führen dahin? Wie stehen die Einzel-, Team- oder Abteilungsziele zu diesen Zielen und Werten? Welche Ziele können wir als Feinziele formulieren? Können die Mitarbeitenden ihre Ziele selbst definieren und im Team gemeinsam miteinander abstimmen? Welchen Aus- oder Weiterbildungsbedarf haben wir?

→ **Methoden dazu**

Zielvereinbarungsgespräche einzeln und im Team, Strategieklausuren, Teamentwicklungsworkshops ...

1.3.2 Leistungs- und Entwicklungsprozesse klären

Sobald über die drei Kreise (→ Abschnitt 1.2) oder den Strategieklärungsprozess (→ Abschnitt 1.3.1) die Eckpfeiler und Konzepte der Organisation geklärt sind, werden nun die wichtigsten Leistungs- und Entwicklungsprozesse bestimmt. Eine gemeinsame Beschreibung und klare Definition der Leistungsprozesse hilft Verantwortlichkeiten festzulegen. Die Leistungsprozesse sind die Kernprozesse, die Nutzen schaffen für die Organisation.

Eine transparente Beurteilung der Leistungen von Mitarbeitenden ist meist besser möglich, wenn die Leistungsprozesse definiert und klar sind. Für jeden Bereich und, daraus abgeleitet, für jede Funktion oder Stelle können die Leistungsprozesse gemeinsam mit den Mitarbeitenden beschrieben und mit Qualitätskriterien versehen werden. Die daraus abgeleiteten Anforderungen können als Basis für die Weiterbildungspläne der einzelnen Mitarbeitenden und der Teams dienen.

Die Entwicklungs- und Lernprozesse sind auf der individuellen und auf der Organisationsebene zu definieren. Auf der Organisationsebene werden künftig benötigte Qualifikationen erfasst und Lernpfade in und außerhalb der Organisation definiert. Auf der individuellen Ebene werden mit jeder Mitarbeiterin und jedem Mitarbeiter Lern- und Entwicklungsziele vereinbart.

Einen gemeinsamen Entwicklungsschritt schafft ein Team dann, wenn es möglich ist, diese Leistungs- und Entwicklungsprozesse gemeinsam z.B. in einer Teamklausur für das ganze Team und jedes einzelne Teammitglied zu klären.

Das ist gelebte Personalentwicklung, denn die Qualität der Dienstleistungen in sozialen Organisationen wird zunehmend von der individualisierten, persönlichen und damit kreativen Dienstleistung abhängen. Standardisierte oder Routine-Dienstleistungen werden in Zukunft so weit als möglich technologisch gestützt und ausgelagert werden. Eine qualitativ hochwertige und das Image einer Organisation prägende Dienstleistung wird an die auszubildenden, zu betreuenden oder zu therapierenden Menschen angepasst werden müssen. Dies erfordert neben einer Grundausbildung die Bereitschaft, sich gemeinsam mit anderen weiterzuentwickeln.

Die Kernprozesse, an der die Organisation, ihre Qualität und Anerkennung gemessen wird, können nur von Mitarbeitenden geleistet werden, die immer wieder an Veränderungen interessiert sind und sich immer wieder neu auf ihre Kundinnen oder Klienten einstellen.

Führungskräfte sind für die Rahmenbedingungen verantwortlich, die Lernprozesse ermöglichen und erleichtern:

— Gemeinsam mit ihren Mitarbeitenden können sie z.B. Arbeitsabläufe so gestalten, dass Lernen möglich ist und dass Erfahrungen langjähriger Mitarbeitender reflektiert weitergegeben und gesichert wird.

— In Teamsitzungen werden neue Erkenntnisse aus Weiterbildungsveranstaltungen den anderen Teammitgliedern zur Verfügung gestellt.

— Wahrnehmungsübungen helfen, ein möglichst unvoreingenommenes Bild der Realität zu zeichnen und sich darüber auszutauschen.

— Wichtig ist, sich laufend auch mit vielleicht brutalen Tatsachen der momentanen Situation auseinander zu setzen, ohne den Glauben an ein gutes Ende zu verlieren.

— In regelmäßigen Zeitabständen in anderen Organisationsbereichen oder in anderen Unternehmen mitarbeiten ist eine gute Möglichkeit, aus dem Alltagstrott herauszukommen, beweglich zu bleiben im Denken und Handeln.

— Im Team muss ein Lernklima geschaffen werden, in dem sich die Teammitglieder am besten und nicht am einflussreichsten Teammitglied orientieren.

— Je nach Aufgabenfeld wird das Ziel des Lernens verschieden sein: Auf der Ebene der fachlichen Leitung wird der Besuch von Kongressen, das Studium neuester Forschungen, die Kenntnis neuester Qualitätsstandards und das Weitergeben dieses Wissens im Vordergrund stehen.

— Auf der Ebene der Leitung von Arbeitsprozessen geht es darum. Projekt- und Prozessorganisation zu lernen. Hier könnte das Erlernen von neuen Methoden der Dokumentation und Qualitätssicherung, der Dienstplanerstellung und Diensteinteilung im Vordergrund stehen.

— Auf der Ebene der Ressourcenverwaltung geht es um die Budgeterstellung und Budgetkontrolle, die Gebäudeverwaltung, die Sicherung aller rechtlichen und technischen Anforderungen über Fachvorträge, Begehungen, Prüfungen, das Testen und Anwenden neuer Programme.

→ **Fragen dazu**

Welches sind unsere wichtigsten Kern- und Leistungsprozesse? Woran und wie wird unser Erfolg, unsere Effizienz, unsere Qualität gemessen? Sind sich die beteiligten und betroffenen Mitarbeitenden und Teams einig über die Beschreibung der Leistungsprozesse? Ist geklärt, wer wofür zuständig und verantwortlich ist? Wie kommen Verbesserungen oder Veränderungen zustande? Wie werden Entwicklungsprozesse definiert, ermöglicht, begleitet, unterstützt und kontinuierlich berücksichtigt?

Wie wird bei uns gelernt? Welche Methodenvielfalt steht zur Verfügung? Gibt es altersgerechte Lernmöglichkeiten (eine fünfzigjährige lernt anders als eine zwanzigjährige Mitarbeiterin)? Wie werden die Lernbedarfe erhoben? Welche Lernmöglichkeiten gibt es am Arbeitsplatz *(on the job)?* Welche außerhalb *(off the job)?* Wie wird sichergestellt, dass jede und jeder weiterlernt? Wie wird mit Mitarbeitenden umgegangen, die weder extern noch intern Neues ausprobieren wollen?

→ **Methoden dazu**

U-Prozedur, Delta-Diagnose, 360-Grad-Feedback, Mitarbeitendengespräch, Teamentwicklungsklausuren, Change-Management-Prozesse, Gruppen- und Einzelcoaching

Ablaufdiagramm zu den Personalentwicklungsfunktionen

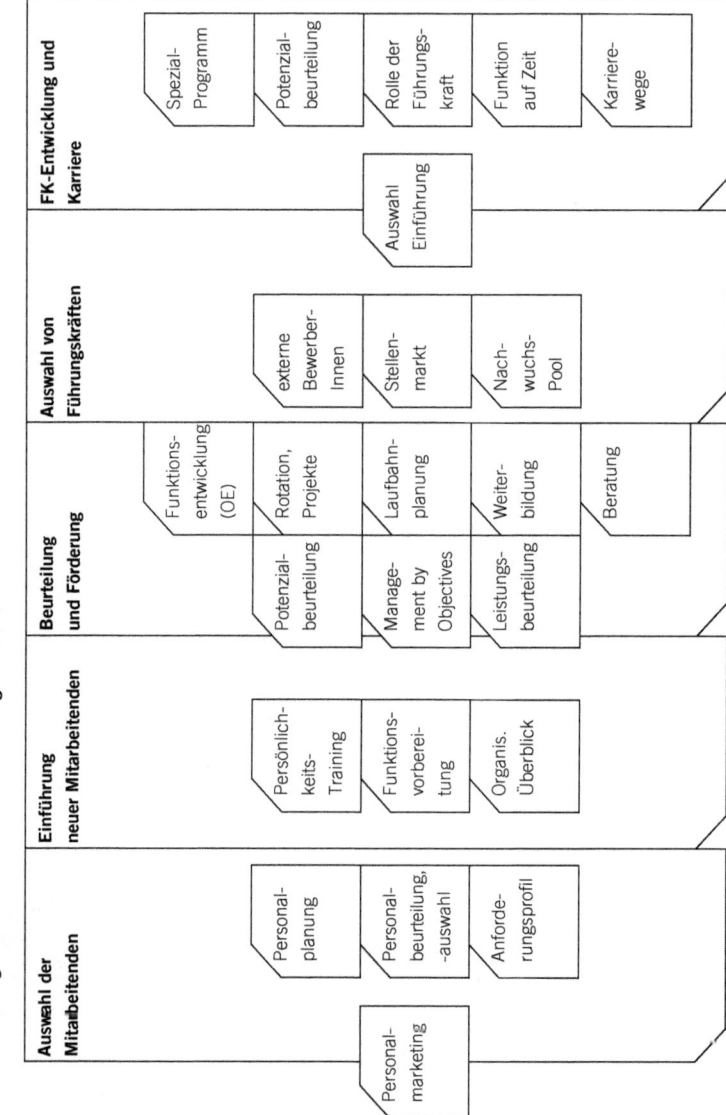

(vgl. Biehal/Kailer/Schrems 1998, S.10)

2. Aufgabenfelder der Personalentwicklung

Die nachfolgend beschriebenen Methoden sind unter dem Blickwinkel zu sehen, dass sie dabei helfen sollen, die zu Beginn beschriebenen Grundprinzipien umzusetzen:

— den Kern und Wert der Organisation erkennen und die Weiterentwicklung fördern.
— die richtigen Menschen finden und sich von den anderen trennen.
— der Realität ins Auge blicken und die Spannung zwischen Bewahren und Verändern erhalten.
— Konzepte und Rahmenbedingungen so gestalten, dass die richtigen Leute nicht demotiviert werden.

Eine Methode sollte niemals Selbstzweck sein, sie sollte, wenn sie den Menschen nicht beim Verwirklichen der Organisationswerte und -ziele hilft, verändert oder ganz aufgegeben werden.

2.1 Personalmarketing und Personalsuche

Darunter werden alle Aktivitäten verstanden, die dazu dienen, neue Mitarbeitende zu gewinnen. Für soziale Organisationen bietet sich neben öffentlichen Ausschreibungen und Anzeigen natürlich das Feld der engagierten oder ehrenamtlich Mitarbeitenden an. Falls die Organisation keine Personalentwicklerin hat, die sich um die Suche neuer Mitarbeitender kümmern kann, übernehmen die Führungskräfte diese Aufgabe selbst.

Für die Besetzung der Führungspositionen werden meist externe Berater/innen oder Personalberatungs- und Personalvermittlungsfirmen eingeschaltet. Bei Nachwuchskräften bietet sich natürlich das direkte Werben in Schulen und Ausbildungsinstitutionen, Fachhochschulen und Universitäten an.

Mit selbst geschalteten Anzeigen kann gleichzeitig ein Marketingziel verfolgt werden: Gut gemachte Stellenannoncen werben gleichzeitig für die Organisation. Wird dies im Budget für Öffentlichkeitsarbeit mitbedacht, so macht eine entsprechend teurere Anzeige in einer großen Zeitung Sinn. Nicht zuletzt

wird die Organisation als wichtiger Arbeitgeber im Bewusstsein der Öffentlichkeit verankert.

In Schulen oder Fachhochschulen ist es besonders nützlich, Kontakte zu
den Unterrichtenden zu pflegen, da sie die Schüler/innen und Studierenden häufig kennen und als Kontaktpersonen dienen können.

Felder der Personalsuche zusammengefasst:
— Präsentation der Organisation auf Fachveranstaltungen, an Schulen,
  Hochschulen,
— engagierte Mitarbeitende, Freunde/innen der Organisation, Ehrenamtliche
  und Zivildiener der Organisation nutzen («Mundpropaganda»),
— Ausschreibungen: intern über Mitarbeitenden-Zeitschriften, Verteiler oder
  übers «schwarzes Brett» und extern über Medien oder Personalvermittlungsfirmen,
— gezielte Suche über Schlüssel- oder Kontaktpersonen in den wichtigsten
  und relevanten Aus- und Weiterbildungsorganisationen.

2.2 Erstellen von Anforderungsprofilen

Anforderungsprofile sollten nicht einfach fortgeschrieben werden, wenn z.B. eine Mitarbeiterin oder ein Mitarbeiter die Organisation verlässt, sondern im
Sinne eines *zukünftigen Profils* neu entworfen werden. Ein zukünftiges Anforderungsprofil ist abgeleitet

— von den Werten und den zukünftigen Anforderungen, Herausforderungen, Erfolgsfaktoren der Organsiation sowie
— den Aufgaben je nach Ebene (Fach-, Arbeitsprozess-, Verwaltungsverant-
  wortung) der Organisation.

Anforderungsprofile umfassen drei Ebenen:

— *Fachliche Qualifikationen:* Hierzu zählen alle Berufsausbildungen oder
  berufsähnliche Ausbildungen, die einer fachlichen Qualifizierung dienen.
  Es geht um Faktenwissen und Können, das prüfbar ist.

— *Schlüssel- oder Kernqualifikationen:* Darunter werden Persönlichkeitsei-
genschaften verstanden wie z.B. Verantwortungsbewusstsein, Einsatz-
freude, Kommunikationsfähigkeit, Flexibilität im Denken und Handeln,
Konfliktfähigkeit, ganzheitliches Denken, Führungskompetenz, Kreativität, Teamfähigkeit, Lernfähigkeit.
Diese zentralen Kompetenzen sind sehr viel schwieriger zu erkennen als
fachliche Fähigkeiten. Deshalb setzt man in diesem Feld häufig komplexe
Auswahlverfahren ein, wie z.B. Potenzialanalysen. Genauso aussagekräftig können biografische Analysen sein, soweit sie auch überprüft werden
können, aus denen die gesuchten Fähigkeiten ableitbar sind, wie z.B.
Engagement im sozialen oder politischen Bereich, Projektverantwortung,
Einsatz in Krisensituationen.

— *Zusatzqualifikationen:* Darunter werden Qualifikationen verstanden, die
der Bewerber oder die Bewerberin zusätzlich erworben hat, wie z.B. Auslandsaufenthalte oder spezielle Sprachkenntnisse, die benötigt werden
Das Anforderungsprofil ist die Basis für die Auswahl von Mitarbeitenden
oder Führungskräften, ob nun innerhalb oder außerhalb der Organisation
gesucht wird, wie auch für die Analyse des Potenzials der Mitarbeiter/
innen für Ausbildungsmaßnahmen.

→ **Fragen dazu**

Wenn wir an unsere Werte denken: Was müssen unsere Führungskräfte und
Mitarbeiter/innen auf jeden Fall mitbringen? Welche Fähigkeiten und Kompetenzen brauchen die Mitarbeitenden, um die definierte Strategie umzusetzen?
Wie sieht, daraus abgeleitet, das Anforderungsprofil aus? Welche Methoden
kennen und verwenden wir für das Erstellen von Anforderungsprofilen? Sind
die Anforderungsprofile konkret, differenziert und realistisch? Wem und wo
muss das Anforderungsprofil bekannt gemacht werden? Welchen Weiterbildungsbedarf haben wir angesichts der Anforderungsprofile?

2.3 **Personalauswahl und Beurteilung**

Sind einmal die Anforderungsprofile definiert und kommuniziert, beginnt die
Suche nach den «richtigen» Mitarbeitenden. Üblicherweise gibt es dazu zwei
Wege: entweder die Suche nach neuen Mitarbeitenden (sei es am internen oder

externen Stellenmarkt) oder die Schulung und Aus- und Weiterbildung der vorhandenen Mitarbeitenden

→ **Fragen dazu**

Welche Fähigkeiten gilt es – nach dem Anforderungsprofil – zu erkennen, zu suchen und zu beurteilen? Wie klar sind diese Fähigkeiten definiert und beurteilbar? Gibt es regelmäßiges Feedback an die Mitarbeitenden? Gibt es Selbsteinschätzungsinstrumente für die Mitarbeitenden? Welche Beurteilungsformen kennen und verwenden wir? Welche haben sich bewährt? Weshalb?

→ **Methoden**

Potenzialanalyse, Hearing, Interview, Self-Assessment, Test, Arbeitsproben, Mitarbeitendengespräch.

Für die Personalauswahl – soweit diese nicht von einem externen Personalberatungsunternehmen durchgeführt wird – stehen, wie schon erwähnt, verschiedenste Möglichkeiten und Methoden zur Verfügung. Die häufigsten sind derzeit Interviews oder Hearings.

2.3.1 Interview oder Vorstellungsgespräch

Zu unterscheiden sind strukturierte und halb strukturierte Formen. Bei beiden Formen sind *offene Fragen* wichtig. Sie sollen die Bewerberin oder den Bewerber anregen, möglichst viel über sich zu erzählen. Geschlossene Fragen, also Fragen zur Person, können schriftlich mit einem Formblatt erhoben werden.

Strukturierte Interviews sind sinnvoll, wenn es darum geht, mehrere interviewte Bewerber/innen miteinander zu vergleichen. Bei halb strukturierten Formen lässt man sich als Interviewerin neben den festgelegten Fragen von den Antworten leiten und kann entsprechend mehr auf den Hintergrund und die individuellen, persönlichen Eigenschaften des oder der Interviewten eingehen.

Natürlich besteht ein Interview nicht allein aus Fragen. Das Schildern einer typischen oder schwierigen Arbeitssituation und die Frage an die Bewerberin, wie sie sich wohl verhalten würde in der geschilderten Situation, ermöglichen neue Blickwinkel für beide Seiten. Das Sich-Hineinversetzen in

Checkliste für ein Vorstellungsgespräch

1. Vorbereitung des Gesprächs: — Einen ruhigen, hellen Raum reservieren und Störungen vermeiden. — Klären Sie, wer bei dem Gespräch dabei ist. Mögliche Gesprächspartner/innen sind: Zukünftige Vorgesetzte, Personalentwickler oder Personalleiterin, künftige Mitarbeiter/innen, Fachverantwortliche aus einer anderen Abteilung. — Legen Sie gemeinsam mit den übrigen Gesprächsteilnehmer/innen den Ablauf des Interviews fest. Klären Sie, wer welche Rolle im Gespräch hat. — Bereiten Sie Unterlagen vor: Bewerbungsunterlagen, Anforderungsprofil, Funktions- oder Stellenbeschreibung, Informationen zur Organisation und zum zukünftigen Arbeitsgebiet. **2. Gesprächsführung** — Begrüßung, Dank für die Bewerbung und Anreise — Stellen Sie die Anwesenden vor. Erläutern Sie kurz das Bewerbungsverfahren und das Vorstellungsgespräch mit den Zielen und Rollen (Gesprächsleitung). — Fragen zur Organisation und Stelle: Was wissen Sie schon über unsere Organisation? Woher? Was wissen Sie über die zu besetzende Stelle/Funktion? — Fragen zur Motivation: Was interessiert Sie an der neuen Stelle/Funktion? Was ist Ihnen besonders wichtig? Was möchten Sie nicht? Was gefällt Ihnen an Ihrer jetzigen Stelle? Was nicht? — Fragen zum Selbst- und vermuteten Fremdbild: Was können Sie gut/was machen Sie gerne? Wie würden frühere Kollegen Sie beschreiben? — Ihre Stärken/Schwächen? Wie werden Sie in Konfliktsituationen erlebt? Wie in Führungssituationen? Was wollen Sie lernen/weiterentwickeln? — Schildern Sie eine typische oder schwierige Arbeitssituation: Stellen Sie sich ... vor – was würden Sie tun? Was fällt Ihnen spontan ein?	— Fragen zu Interessen und Zukunft: Wofür interessieren Sie sich besonders? Welche Erfahrungen/Erlebnisse in Ihrem Leben möchten Sie nicht missen? Wo wollen Sie in drei bis fünf Jahren sein? Was möchten Sie noch von uns wissen? — Informationen oder Verhandlungen zum Gehalt, falls dies nicht woanders geschieht, z.B.: Diese Funktion ist bei uns mit ... eingestuft. Entspricht das Ihren Vorstellungen? **3. Gesprächsabschluss** — Erläutern Sie die nächsten Schritte und teilen Sie mit, wann Sie die Bewerberin informieren werden. — Holen Sie sich Feedback zum Gespräch ein: Wie ging es Ihnen in unserem Ge-spräch? Wie haben Sie das Gespräch erlebt? **4. Regeln** — Nicht erlaubt sind: politische Fragen, Fragen nach Krankheit (falls es für den Arbeitsplatz von Bedeutung ist, wird ein ärztliches Attest nötig sein), Fragen nach Vorstrafen (oder es ist ein polizeiliches Führungszeugnis zu erbringen), Fragen nach Vermögensverhältnissen (außer bei Tätigkeiten wie Kassier u.Ä.) — Stellen Sie offene Fragen, die keine einfachen Ja- oder Nein-Antworten zulassen und deshalb helfen, mehr über den Gesprächspartner zu erfahren. — Schreiben Sie während des Gesprächs mit (nach vorheriger Information des Gesprächspartners). Nach mehreren Gesprächen können Sie sich nicht mehr auf Ihr Gedächtnis verlassen. — Geben Sie der Bewerberin nach der Entscheidung Feedback, auch wenn sie nicht angestellt wird.

eine konkrete Situation verhilft zu plastischen und realitätsnahen Vorstellungen und Bildern – weg von theoretischen oder plakativen Beschreibungen.

Selbstverständlich gehören persönliche Fragen nach dem Privatleben etc. nicht in ein Interview. Fragen nach Hobbys oder besonderen Interessen sind jedoch üblich und lockern ein Gespräch oft auch auf.

2.3.2 Hearing

In einem Hearing werden Interviewformen mit anderen Aufgabenstellungen wie z.B. einer Präsentation, einem Rollenspiel oder der Bearbeitung eines Fallbeispiels kombiniert. Die verwendeten Methoden hängen vom Anforderungsprofil und den Erfordernissen der Organisation ab. Hearings werden vor allem für die Besetzung von Führungspositionen eingesetzt.

Die Bewerber/innen präsentieren sich gewöhnlich vor einem Gremium von vier bis sechs Personen.

Hearings dauern meist einen halben Tag.

2.3.3 Test

Tests, besonders solche mit Computerauswertung, werden wieder häufiger verwendet. Dies hängt einerseits mit der vereinfachten computerisierten Auswertung zusammen, andererseits damit, dass sich Unternehmen teure Lizenzen für spezielle Tests gekauft haben und diese nun natürlich auch nützen wollen.

Aus Tests kann allerdings immer nur das herausgelesen werden, was in den Fragen vorgespurt und vordefiniert ist. Außerdem können allgemein zugängliche Tests «geübt» und damit manipuliert werden.

2.3.4 Arbeitsproben

In vielen Berufen sind Arbeitsproben sinnvoll. Für eine Sekretariatsfunktion ist dazu etwa eine für die künftige Arbeit typische Aufgabe am PC in einer definierten Zeit zu erledigen, und ein Koch hat mit einem vorgegebenen Budget und dem vorhandenen Küchenpersonal ein Menü zuzubereiten. Solche Proben geben häufig einen realistischeren Eindruck als noch so viele Zeugnisse. Eine potenziell zukünftige Mitarbeiterin, einen Mitarbeiter einen Tag mitarbeiten lassen – mit entsprechender arbeitsrechtlicher Absicherung – vermittelt dem Arbeitssuchenden und dem Arbeitgeber selbst häufig ein besseres Bild als theoretische Erläuterungen.

2.3.5 Potenzialanalyse oder Assessment Center

Bei mehreren Bewerbern/innen (internen wie auch externen) bietet sich die Methode der Potenzialanalyse geradezu an. Im Laufe eines Tages zeigen die Bewerber/innen ihre Fähigkeiten in unterschiedlichen Aufgabenstellungen: etwa beim Bearbeiten einer organisationsrelevanten Fragestellung in der Gruppe, bei einer Teamübung, einem Mitarbeitendengespräch in einem Rollenspiel, einer Präsentation oder einer schriftlichen Einzelarbeit. Diese Aufgabenstellungen werden entsprechend dem Anforderungsprofil entwickelt und zusammengestellt.

Beobachter/innen beobachten den ganzen Tag über, wie sich die Bewerber/innen präsentieren und verhalten. In einer Beobachter/innen-Konferenz werden die Beobachtungen dann zusammengetragen, geeicht, verdichtet und zu einem schriftlichen und mündlichen Feedback ausgearbeitet. Am darauffolgenden Tag wird den Bewerbern/innen in einem Feedbackgespräch (mindestens fünfundvierzig Minuten) das Beobachtungsergebnis mitgeteilt.

Die *Potenzialanalyse* ist die differenzierteste und meist auch aussagekräftigste Methode zur Personalauswahl, vorausgesetzt, das Verfahren wird professionell angewendet. Professionell heißt:

— Die Beobachter/innen sind gut geschult und geübt.
— Jede Bewerberin, jeder Bewerber wird von zwei Beobachtern/innen «begleitet» und führt mit diesen auch das Feedbackgespräch. Eine/r der beiden Beobachter/innen kann eine Führungskraft oder eine Personalentwicklerin der Organisation sein. Dies hätte den Vorteil, dass eine organisationsinterne Kraft einen Eindruck von den potenziellen Mitarbeitern/ innen erhält und gleichzeitig beim Beobachten und Feedbackgeben geschult wird. Die andere Beobachterin ist meist eine Externe.

— Die im Anforderungsprofil definierten Schlüsselfähigkeiten werden in mindestens zwei Übungen beobachtet.
— Die Vorbereitung, Moderation und das Herstellen einer respektvollen, Vertrauen erweckenden Atmosphäre liegt in verantwortungsvollen Händen.
— Das Verfahren ist für alle Beteiligten klar und transparent.
— Es wird verantwortungsvoll mit den Ergebnissen umgegangen.

2.4 Einführung neuer Mitarbeitender

Für eine gute Einführung einer neuen Mitarbeiterin, eines neuen Mitarbeiters gilt es folgende Dinge zu klären:

— Gibt es einen Einführungsplan, d. h., ist grob geklärt, was die oder der Neue in der ersten, zweiten, dritten Woche zu tun bzw. zu lernen hat?
— Wer führt nach der vierten Woche oder spätestens nach der Probezeit das Feedbackgespräch? In diesem Gespräch sollten auf jeden Fall die Eindrücke, Ideen und die noch unverstellten Sichtweisen des oder der Neuen zur Organisation, zur Funktion und zum Arbeitsplatz erfragt werden. Jede Führungskraft sollte froh sein über eine unverblümte Sichtweise, Veränderungsideen oder einfach neue und andere Erfahrungen, die eine Neue, ein Neuer hier einbringt.
— Gibt es einen «Paten» oder eine «Patin»? Also eine Ansprech- und Begleitperson für die Neue, den Neuen? Diese Ansprechperson sollte unterstützend und motivierend der oder dem Neuen zur Seite stehen und Fragen zur Arbeit und Organisation beantworten können. Vor allem sollte sie diese Aufgabe gern übernehmen.
— Wie sieht der erste Arbeitstag aus? Eine freundliche Begrüßung und eine sinnvolle Gestaltung des ersten Tages kann die Einstellung zur zukünftigen Arbeit entsprechend prägen und für eine gute Atmosphäre sorgen.
— Sind alle schriftlichen Unterlagen, welche die neue Mitarbeiterin erhalten soll, vorbereitet, wie z.B. Handbuch, Organigramm, Sicherheitsbestimmungen?

Checkliste: Einführung neuer Mitarbeitender

1. Vorbereitung	3. Einführung in die Arbeit
— Information der zukünftigen Arbeits-kollegen/innen	— Besprechen der Arbeit anhand der Funktions-/Stellenbeschreibung
— Funktions-/Stellenbeschreibung bereitlegen	— Einführungsplan klären und über Arbeitszeiten, Zuständigkeiten, Rechte und Pflichten informieren
— Eine Vertrauensperson (Pate, Patin) zur persönlichen Betreuung nominieren	— Info über Regelungen zur Probezeit, zum Urlaub, im Krankheitsfall
— Eine Einführungsarbeit, die dem Können angepasst ist, vorbereiten	
— Stufen der Einarbeitung und Verantwortlichkeiten regeln (falls vorhanden: in Zusammenarbeit mit der Personalentwicklung)	4. Umfeld
	— Info über soziale Einrichtungen (Arzt, Personalvertretung, Freizeitgruppen …)
2. Empfang	— Info über Räumlichkeiten und Sicherheitsbestimmungen
— Die Neue oder den Neuen empfangen und willkommen heißen	
— Vorstellen der Patin oder des Paten und der Arbeitskollegen/innen	5. Feedbackgespräche
	— Vereinbarung der regelmäßigen Feedback-gespräche mit Datum
	— Klärung der Gespräche mit dem Paten oder der Patin

2.5 Mitarbeitendengespräch

Das Mitarbeitendengespräch ist wohl das wichtigste Führungsinstrument. In vielen Organisationen existieren ausgefeilte, manchmal bis zu zehn Seiten umfassende Mitarbeitendengesprächs-Unterlagen. Je nach Engagement der Führungskräfte werden mehr oder weniger differenziert Feedback- und Beurteilungsbogen ausgefüllt. Entscheidend bleibt, wie eine Führungskraft dieses Gespräch für eine wechselseitige Bereicherung nützt. Denn ein gut geführtes Mitarbeitendengespräch kann Informationen und wichtige Grundlagen liefern zu einer

— Organisationsdiagnose
— Bildungsbedarfserhebung
— Personalplanung
— Laufbahnplanung

Wichtig erscheint, zwischen dem *Zielvereinbarungs-* und dem *Entwicklungs-gespräch* zu unterscheiden.

Im *Zielvereinbarungsgespräch* werden die strategischen Ziele der Organisation und die Jahresziele heruntergebrochen auf die Einzelziele der Mitarbeitenden, entsprechend ihren Funktionen. Bewährt hat es sich, Zielvereinbarungen gemeinsam im Team abzustimmen. Die Vernetzung untereinander ist dadurch besser möglich, denn jede und jeder lernt die Ziele der anderen kennen.

Bei Zielvereinbarungen sollte klar sein, woran und wann eine Zielerreichung gemessen wird. Ziele vereinbaren setzt einen wechselseitigen und gemeinsamen Prozess voraus und ist nicht zu verwechseln mit Zielvorgaben.

Es kann sein, dass für die Zielerreichung Fähigkeiten von den Mitarbeitenden erwartet werden, die diese erst entwickeln müssen. Solches ist Thema des Entwicklungsgesprächs.

Im *Entwicklungsgespräch* werden der Mitarbeiterin Rückmeldungen gegeben zu den von ihr erwarteten Fähigkeiten entsprechend dem Anforderungsprofil, nach dem sie ausgewählt wurde. In diesem Feedbackgespräch geht es z.B. um die Schlüsselfähigkeiten (Kommunikations-, Konflikt-, Teamfähigkeit u.a.) – und wie diese weiterentwickelt werden können. Falls es Feedback von Kollegen/innen und Kunden/innen oder – bei einer Führungskraft – von Mitarbeitenden z.B. im Rahmen eines 360-Grad-Feedbacks gibt, fließen diese Einschätzungen in das Gespräch mit ein. Aufbauend auf dem Selbst- und Fremdbild der Mitarbeiterin werden Entwicklungsmaßnahmen geklärt. Mit diesen Entwicklungsmaßnahmen (*on the job* und *off the job*) werden die Ziele für die Funktion und darauf aufbauend die neue oder erweiterte Funktionsbeschreibung festgelegt.

Das *Entwicklungsgespräch* ist ein Gespräch unter vier Augen (Mitarbeiter oder Mitarbeiterin mit Führungskraft) und sollte in einer Atmosphäre der Offenheit und der wechselseitigen Wertschätzung stattfinden.

Ein *Gehaltsgespräch* ist entweder ein eigenes, nur mit diesem Thema befasstes Gespräch, oder es ist im Zusammenhang mit der Zielerreichung und Zielvereinbarung zu führen.

Leitfaden für ein Mitarbeitendengespräch

Name der Mitarbeiterin oder des Mitarbeiters ... Funktion/Stellenbezeichnung ...	
1. Was ist die Hauptaufgabe der Mitarbeiterin oder des Mitarbeiters? (Gemeinsam klären)	6. Worin will sich die Mitarbeiterin verbessern? (Ein bis zwei Themen)
2. Bin ich als Führungskraft mit der Leistung zufrieden? Wie sieht es die Mitarbeiterin? Stimmt die tatsächliche Tätigkeit mit der Stellen- oder Funktionsbeschreibung überein?	7. Gibt es ungenützte Fähigkeiten und Kenntnisse des Mitarbeiters, die sinnvoll für die Organisation einsetzbar wären?
3. Was gefällt dem Mitarbeiter an seiner Aufgabe, an seinem Arbeitsplatz, was weniger? Was möchte er anders gestalten?	8. Welche Folgerungen ergeben sich aus diesem Gespräch für die Mitarbeiterin und die Führungskraft? Gemeinsam vereinbarte Aktivitäten ...
4. Welche vereinbarten Ziele hat die Mitarbeiterin erreicht? Was ist gut gelungen, was weniger?	9. Welche Maßnahmen zur Verbesserung oder Festigung der Fähigkeiten des Mitarbeiters sind notwendig und wünschenswert?
5. Welche Ziele werden für das kommende Jahr vereinbart? Wie hängen diese Ziele mit den Gesamtzielen zusammen? Woran erkennt der Mitarbeiter, dass er die Ziele erreicht hat? Hat er noch andere Ziele?	10. Ziele in absehbarer Zukunft: Was kann die Mitarbeiterin zur Zielerreichung tun, was die Führungskraft?

(vgl. Kalcher 1990, 252–253)

2.6 Aus- und Weiterbildung

Aufbauend auf dem Entwicklungsplan (im Entwicklungsgespräch vereinbart) und den Anforderungen an die Organisation (Umfeldentwicklungen, Strategie) werden für die Mitarbeitenden Aus- und Weiterbildungsmaßnahmen definiert. Dazu zählen Maßnahmen am Arbeitsplatz oder innerhalb der Organisation *(on the job)* und auch Maßnahmen außerhalb der Organisation *(off the job)*.

Weiterbildungsmaßnahmen in der Organisation

— Anlernen oder Einarbeiten durch eine Kollegin oder eine Führungskraft;
— Selbstlernprogramme, meist computerunterstützt;
— Rotation: Nach einem festgelegten Plan mit Zielen wird an verschiedenen Arbeitsplätzen in der Organisation mitgearbeitet, um möglichst viel Einblick in wichtige Arbeiten und Abläufe der Organisation zu erhalten;

— *Self-Assessment:* Anhand verschiedener Frage- und Aufgabenstellungen entlang den geforderten Schlüsselfähigkeiten kann der Mitarbeiter seine Selbsteinschätzung verbessern;
— Auslandsaufenthalte: Falls die Organisation eigene oder ähnliche Einrichtungen im Ausland betreibt, können Mitarbeiter/innen neue Anregungen erhalten und ihren Horizont erweitern.

Aus- und Weiterbildungsmaßnahmen außerhalb der Organisation:

— Angebote zur fachlichen Aus- und Weiterbildung;
— persönlichkeitsbildende Weiterbildung, abgestimmt auf die für die Aufgabe und Funktion notwendigen Schlüsselfähigkeiten;
— Lernen in einer anderen Organisation: Durch ein zeitlich begrenztes Mitarbeiten (mindestens eine Woche) in einem anderen Betrieb wird die Flexibilität im Denken und vielleicht sogar Handeln gefördert. Ein Perspektivenwechsel und Aussteigen aus der jahrelangen Routine kann neue Motivation und Veränderungsideen bringen.
— In Zukunft wird der Schulung älterer Mitarbeitender besondere Aufmerksamkeit zukommen, da immer mehr ältere Mitarbeitende in Organisationen tätig sein werden.

Weiterbildung bei älteren Mitarbeitern konzentriert auf drei Bereiche:

— *Change Management:* Lernen, wie Veränderungsprozesse gestaltet werden. Altersgerechte Lernformen und -methoden kennen und anwenden. Biografische Themen und Fragestellungen einbeziehen.
— *Wissensmanagement:* Das Weitergeben von Wissen und Erfahrungen an jüngere oder neue Mitarbeiter/innen. Einfache Methoden finden und entwickeln, die im Arbeitsalltag ohne viel Aufwand eingesetzt werden können. Feedbackschleifen einbauen, um die Effizienz zu erhöhen.
— *Anwenden und Umsetzen von Erfahrungen in neuen herausfordernden Arbeitsgebieten:* Ältere Mitarbeitende sind – falls sie weltoffen und interessiert sind – oft sehr gut in neuen Projekten oder Initiativen einsetzbar. Sie bringen nicht nur die notwendige Erfahrung mit, sondern haben häufig

auch die nötige Gelassenheit, da sie sich anderen gegenüber (hoffentlich) nicht mehr beweisen müssen. Besonders in Kulturen, in denen nur ältere Menschen in Führungspositionen akzeptiert werden, bringen sie die notwendige Einfühlsamkeit, Menschenkenntnis und Geduld für herausfordernde Aufgaben mit. Sie können die ideale Besetzung sein für den Aufbau oder die Begleitung neuer Projekte, die Ruhe, Gelassenheit, Weitblick und Erfahrungen erfordern.

Beispiel für Management-Entwicklungsprogramm ($\rightarrow$ Beitrag von Wallner-Ewald in diesem Band)

Vorgespräche mit den Verantwortlichen der Organisation
Abklären der gemeinsamen bzw. spezifischen Inhalte, Ablaufstruktur, Organisationsaufteilung, Programmdesign und Evaluation bzw. interne Begleitung

Potenzialanalyse
Erheben der individuellen Ausgangssituation, der persönlichen Potenziale und Lernbedürfnisse

Bedarfsanalyse
Einführungsveranstaltung mit den Teilnehmenden.
Auswertung der Potenzial- und Bedarfsanalyse und Festlegen der Module

Modul Angebote
Modul 1 Kommunikation und Gesprächsführung
Modul 2 Teamentwicklung
Modul 3 Konfliktmanagement
Modul 4 Wissensmanagement
Modul 5 Change Management

Lernprojekte
Parallel zu den Modulen mit einer Abschlusspräsentation vor Führungskräften

Lerngruppen
Parallel zu den Modulen

Evaluation des Programms

Die Herausforderung für die Personalentwicklung liegt darin, ältere Mitarbeitende darin zu unterstützen, diese Fähigkeiten zu entwickeln und bei jüngeren Mitarbeitenden dafür zu sorgen, dass sie nicht starr und eindimensional werden in ihrem Wahrnehmen, Denken und Handeln.

2.7 Trennung oder Abschied von der Organisation

Bevor eine *Trennung* oder Kündigung ins Auge gefasst wird, ist immer zuerst genau zu überprüfen, ob die Mitarbeiterin oder der Mitarbeiter nicht einfach am falschen Platz sitzt.

Dabei können mir folgende Fragen helfen: Würde ich diesen Menschen noch einmal anstellen? Wäre ich enttäuscht oder erleichtert, wenn dieser Mensch zu mir käme und sagen würde, dass er die Organisation verlassen will?

Sind die Antworten eindeutig, und gehen sie in Richtung Trennung, so ist vor allem eines wichtig: den Schritt so schnell als möglich zu vollziehen und die Trennung menschlich zu gestalten. Also kein Beschönigen oder Drumherumreden, aber auch keine unnötigen Verletzungen. Rücksichtslos ist es, Menschen wochen- oder monatelang im Ungewissen zu lassen – und ihnen wertvolle Zeit zu rauben, in der sie sich nach einer neuen Arbeit umsehen könnten –, obwohl man längst weiß, dass man sich von ihnen trennen will, weil sie den Anforderungen nicht genügen.

Natürlich ist der Grund der Trennung entscheidend für Ablauf, Inhalt und Ziel des Trennungsgesprächs. Geht der Trennungswunsch von der Mitarbeiterin aus, tut eine Führungskraft gut daran, sich die Zeit zu nehmen und sich die Gründe genau anzuhören. Je nach Hintergrund und Erfahrung ist die Rückmeldung einer scheidenden Mitarbeiterin viel wert. Sie hat wahrscheinlich nichts mehr zu verlieren und könnte deshalb schonungslos Feedback geben. Eine offene und an Veränderungen interessierte Führungskraft sollte sich dieses – so wie jedes andere – Feedback nicht entgehen lassen.

Geht die Trennung von der Organisation oder von der Führungskraft aus, so ist grundsätzlich zu unterscheiden zwischen Kündigungen, die aufgrund einer Schließung, Übernahme oder Umstrukturierung des Betriebs zustande kommen, und der Kündigung einzelner Mitarbeitender aus individuellen Gründen.

Im ersten Fall, Kündigung mehrer Personen, geht es darum, Übernahme- und Sozialplänen zu erarbeiten. Für Mitarbeitende, die keine anderen

Arbeitsplätze finden, werden Unterstützungs- und Begleitmaßnahmen (Coaching, Fonds, Stiftungen usw.) gesucht oder entwickelt.

Im zweiten Fall, der Trennung von einem einzelnen Mitarbeiter, steht ein Trennungs- oder Kündigungsgespräch an. Für dieses Gespräch sollte genug Zeit eingeplant werden (mindestens eine Stunde), und das Gespräch selbst sollte gut vorbereitet sein. Da eine Trennung immer auch eine Kränkung bedeutet, sollte der betroffene Mitarbeitende Fragen stellen und seine Sichtweise darlegen können. Die Führungskraft sollte auch in solch einem schwierigen Gespräch die Gefühle des Mitarbeitenden und die eigenen Gefühle wahrnehmen und akzeptieren.

Bei einer Pensionierung hängt es von der Mitarbeiterin, dem Mitarbeiter ab, wie er oder sie sich den Abschied wünscht. Eine Führungskraft sollte den Mitarbeiter, die Mitarbeiterin rechtzeitig im Mitarbeitendengespräch auf eine bevorstehende Pensionierung ansprechen und zusammen mit ihr/ihm die Übergabe der Aufgaben und die Weitergabe des Wissens und der Erfahrungen an potenzielle Nachfolger/innen planen.

Der scheidenden Mitarbeiterin sollte immer wieder die Möglichkeit gegeben werden, in Gesprächen oder bei Teamklausuren auf positive und negative Erfahrungen in seinem/ihrem Arbeitsleben zurückzuschauen. Aus seiner/ihrer Sichtweise der bisherigen Unternehmensentwicklung kann für die Zukunft gelernt werden, vorausgesetzt diese Sichtweise ist aufgrund von anregenden Fragen differenziert und reflektiert.

Dass die immer gleichen Anschauungen wiedergekaut werden oder die vergangene Zeit beschönigt wird, kommt häufig dann vor, wenn kein Raum für eine tiefer gehende Analyse und Diagnose der Vergangenheit geschaffen wird. Diese Diagnose ist für ein Lernen für die Zukunft der Organisation allerdings wichtig.

Wissensmanagement bedeutet in diesem Zusammenhang, Beziehungen zwischen alten und jungen Mitarbeitenden zu schaffen, damit möglichst wenig Wissen beim Weggang von erfahrenen Mitarbeitenden verloren geht. Je nach Aufgabengebiet des in Pension gehenden Mitarbeiters sollte die Nachfolgerin ein bis zwei Jahre mitgehen, ihm über die Schulter schauen und sich systematisch einarbeiten können. Das erfordert eine ganz andere Schulung der älteren Mitarbeitenden: Sie sollten lernen, wie sie ihr Wissen weitergeben können, und ihre Erfahrungen so anwenden, dass andere davon profitieren können.

Jeder Abschied sollte durch ein entsprechendes Ritual besiegelt werden. Beim Abschiedsfest sind der Kreativität keine Grenzen gesetzt.

Welche Methoden für die optimale Bewältigung dieser Felder der Personalarbeit gewählt werden und welche passend sind, hängt davon ab, welchem Organisationstyp die Organisation zuzuordnen ist und in welcher Entwicklungsphase sie sich befindet.

3. Organisationstypen

Wie im → Beitrag von Friedrich GLASL im vorliegenden Band erläutert wird, unterscheiden wir grundsätzlich drei Organisationstypen:

1. die *Produktorganisation* (z.B. eine Möbelfabrik) mit der Kernaufgabe der Produktion von Gütern, von Produkten;
2. die *Dienstleistungsorganisation* (z.B. ein Pensionistenhaus, Krankenhaus, Werkstätte für Behinderte) mit der Kernaufgabe, eine bestimmte Dienstleistung für die Kundin, die Klientin oder den Patienten zu erbringen;
3. die *professionelle Organisation* (z.B. eine Schule) mit der Kernaufgabe, die Entwicklung von bestimmten Fähigkeiten zu unterstützen.

Diese Unterscheidung hat wesentliche Konsequenzen für die jeweiligen Aufgaben der Führungskräfte.

In einer *Produktorganisation* besteht die wichtigste Aufgabe darin, den Produktionsprozess optimal zu gestalten. Eine Führungskraft hat demnach die Aufgabe, für die Mitarbeitenden die besten technischen Mittel bereitzustellen und ihnen eine fachlich optimale Aus- und Weiterbildung zu ermöglichen. Der Erfolg einer Produktorganisation steht und fällt mit der Nachfrage nach dem produzierten Produkt.

In einer *Dienstleistungsorganisation* steht die Beziehung zum Kunden, zur Kundin im Mittelpunkt. Wie ein Kunde oder eine Klientin betreut oder bedient wird, oder besser gesagt, wie zufrieden eine Kundin oder ein Klient mit der Betreuung oder Bedienung ist, wird für den Erfolg ausschlaggebend sein. Eine Führungskraft wird demnach die Mitarbeitenden dahingehend fördern und fordern, den Dienst am Klienten oder an der Patientin optimal zu gestalten.

In einer professionellen Organisation ist die Leistung für den Kunden, zum Beispiel für die Auszubildenden, meist nicht sofort, d.h. zum Zeitpunkt der Leistungserbringung, erkennbar. Der Erfolg einer solchen Organisation hängt oft davon ab, ob die Lernenden, zum Beispiel, Gelerntes oder erworbene Fähigkeiten später an ihrem Arbeitsplatz und in ihrem Leben fruchtbringend einsetzen und anwenden können. Führungskräfte sind gefordert, für ihre Mitarbeitenden die Rahmenbedingungen und Voraussetzungen zu schaffen, dass sie einen Entwicklungsprozess mit den Kunden/innen, zum Beispiel den Auszubildenden, optimal gestalten oder begleiten können.

Auch wenn jede Organisation einem der drei Typen zugeordnet werden kann, sind Elemente der beiden anderen Typen in jeder Organisation vorhanden: In einem Produktionsbetrieb werden beispielsweise Lehrlinge ausgebildet, in einer Dienstleistungsorganisation werden Gebrauchsgüter produziert (z. B. in einer Werkstätte), und in einer professionellen Organisation müssen Unterlagen produziert und vervielfältigt werden. Dennoch lohnt es sich, zu überlegen, was die Kernleistung einer Organisation ist.

Und die Kernleistungen können sich verändern – so kann aus einem Produktionsbetrieb vielleicht eine Forschungsstätte werden, deren Hauptgeschäft der Verkauf oder die Weitergabe von Know-how sein wird, während früher die Herstellung eines Produkts im Vordergrund stand.

Auf jeden Fall hat dies Auswirkungen auf die Führungsaufgaben und damit auf die Personalentwicklung.

3.1 Personalentwicklung in den drei Organisationstypen

3.1.1 Professionelle Organisationen

Im Mittelpunkt dieses Organisationstypus steht die Forschung und Lehre, d. h. das Entwickeln von Konzepten, Theorien, neuen Erkenntnissen und ihre Weitergabe an die Menschen, die solches benötigen. Ausbildungsstätten, zum Beispiel auch die Akademie für Sozialmanagement (ASOM), zählen dazu.

→ Personalmarketing
Die Organisation wird nach den Werten, die sie vermittelt, ihrer Kultur, dem Erfolg ihrer Kunden bzw. Absolventen/innen oder Schulabgänger/innen und dem damit entstandenen Ruf von Arbeitsuchenden eingeschätzt. Da nun dieser Organisationstypus vor allem selbständige, kreative und entwicklungsinteressierte

Mitarbeitende und Referierende benötigt, wird sie an den entsprechenden Plätzen präsent sein oder entsprechende Menschen anziehen.

→ Personalauswahl

Neben den Schlüsselfähigkeiten, die für alle Organisationstypen grundsätzlich relevant sind, sind für eine professionelle Organisation ganzheitliches Denken, ausgeprägte kreative Fähigkeiten und Neugierde besonders wichtig. Entsprechend sind die Auswahlmethoden: vom Kennenlernen über die Arbeit (Veröffentlichungen, durchgeführte Veranstaltungen, Präsentationen) bis hin zum Assessment Center.

→ Aus- und Weiterbildung

Die individuelle wie auch die gemeinsame Konzeptentwicklung und die Beschäftigung mit neuen Herausforderungen und weltweiten Entwicklungen steht im Mittelpunkt. Eine umfangreiche individuelle und kontinuierliche Weiterbildung ist deshalb unerlässlich. Meist haben die in diesem Organisationstypus benötigten selbstverantwortlich handelnden Mitarbeitenden die Freiheit, selbst zu entscheiden, welche Aus- und Weiterbildungen sie für ihre kreative Kompetenz benötigen.

→ Ausscheiden aus der Organisation

Menschen, die sich in einer professionellen Organisation engagieren, sind häufig so eng mit ihrem Arbeitsinhalt verbunden, dass sie sich auch außerhalb der definierten Arbeitszeiten damit beschäftigen. Selbst wenn sie schon pensioniert sind, können diese Menschen gefragte Persönlichkeiten sein, die zu Vorträgen eingeladen werden und sich ehrenamtlich engagieren.

Andrerseits kann ein enormer Leistungsdruck entstehen – immer etwas Neues zu leisten und zu entwickeln (zumindest in den nicht monopolisierten oder staatlich eingeschränkten Organisationen), der zu entsprechendem «Ausgebranntsein» führen kann. Hier sind Führungskräfte gefordert, «Auszeiten» oder eine Entlastung durch Teamunterstützung zu ermöglichen.

3.1.2 Dienstleistungsorganisation

In einer Dienstleistungsorganisation steht und fällt der Erfolg mit der Qualität der erbrachten Dienstleistung. Da diese meist direkt am und mit dem Kunden, der Klientin, den Patienten/innen erbracht wird, ist der Interaktionsprozess ein wesentlicher Erfolgsfaktor.

Pensionisten- und Pflegeheime oder Behindertenbetreuungsorganisationen zählen zu diesen Organisationen.

→ Personalmarketing

Das Image der Organisation, das, was Bewohner/innen, Betreute, Kunden/innen oder Angehörige über die Organisation berichten, bestimmt neben den üblichen anderen Faktoren (wie Gehalt, regionale Arbeitsmarktsituation u.a.) das Interesse an einem möglichen Arbeitsplatz. Deshalb müssen direkte und indirekte Rückmeldungen zur Organisation aufmerksam verfolgt und als Gradmesser genutzt werden, damit man steuernd eingreifen kann.

→ Personalauswahl

Für Bewerber/innen, also potenzielle Mitarbeitende, ist der Erstkontakt und der Umgang mit ihnen während des Bewerbungsverfahrens wichtig. Schließlich kann dieser Kontakt ein Spiegelbild dessen sein, wie mit Kunden/innen umgegangen wird oder werden soll. Auswahlverfahren, die Aufschluss über den Umgang mit anderen Menschen und über zwischenmenschliches Verhalten geben, mit einem anschließenden differenzierten Feedback, sind hier besonders wichtig.

→ Aus- und Weiterbildung

In Dienstleistungsorganisationen ist das Lernen am Arbeitsplatz mit Wahrnehmungsaufgaben und differenziertem Feedback von Kunden, Kollegen/innen, Vorgesetzten und Mitarbeitenden zentral. Wie sich ein Mitarbeiter gegenüber einer Klientin oder Kundin oder der Vertreterin einer relevanten Zielgruppe – in sozialen Institutionen können das auch Geldgeber sein – verhält, prägt wesentlich die Dienstleistungsqualität.

Eine Führungskraft muss demnach geschult sein im Feedbackgeben und -nehmen, in der Mitarbeitendengesprächsführung und in der Teamentwicklung.

Spannungen oder Konflikte zwischen den Mitarbeitenden der Organisation sind für Kunden/innen meist spür- und wahrnehmbar. Kunden/innen-Zufriedenheit erhöhen heißt für eine Führungskraft, dass sie Konflikte managen kann. Dies ist jedoch nicht zu verwechseln mit Nachgeben oder

Es-jedem-recht-machen-Wollen. Es ist wichtig, Erfolge und Leistungen anzuerkennen und zu würdigen. Ebenso wichtig ist es, Konflikte oder bedenkliche Verhaltensweisen offen anzusprechen und darin Vorbild zu sein, dass man Kritik annimmt und falls sinnvoll, Änderungen herbeiführt. Beides ist auch im Umgang mit den Kunden/innen oder Klienten/innen notwendig, und am besten ist es, all dies direkt am Arbeitsplatz zu lernen oder zu verbessern.

→ Ausscheiden aus der Organisation

In Dienstleistungsorganisationen des sozialen Bereichs haben Mitarbeitende oft eine enge und persönliche Beziehung zu ihren Klienten oder Kundinnen aufgebaut. Deshalb sollte früh- und rechtzeitig an einen Ablöseprozess gedacht werden, wenn Mitarbeitende in Pension gehen.

Ältere Mitarbeitende sollen sobald als möglich im Weitergeben ihrer Erfahrungen geschult werden, sie können damit auch einen nahtlosen Übergang ermöglichen. Wichtig ist, von der Arbeitgeber- und Arbeitnehmer/innekseite her an eine Neugestaltung dieser Lebensphase zu denken. So kann ein Nicht-loslassen-Wollen oder ein abruptes Abbrechen jeglichen Kontaktes verhindert werden.

Schlussbemerkung

Wesentlich wird sein, dass man eine Aufgabe findet, die einen so begeistert, dass man seine Energie mobilisiert und damit lebendig bleibt. Nicht nur um der Bezahlung willen, sondern auch um der Sache selbst willen.

Wenn man eine Arbeit macht, die man liebt und wichtig findet, hat man meist auch ein sinnerfülltes Leben.

Literatur

BIEHAL, Franz (1993): Lean Service. Dienstleistungsmanagement der Zukunft. Bern/Wien: Haupt/Manz.

BIEHAL, Franz/KAILER, Norbert/SCHREMS, Berta. (1998): Personalentwicklung in Praxisfällen. Wien: Linde.

BIEHAL, Franz/KARNER, Günther. (Hrsg.) (2000): Gratwanderung Change Management. Neuwied: Luchterhand.

BLOCK, Peter (1992): Der autonome Manager. Macht und Einfluss am Arbeitsplatz. Frankfurt/New York: Campus Verlag.

COLLINS, Jim (2003): Der Weg zu den Besten. Die sieben Management-Prinzipien für dauerhaften Unternehmenserfolg. München: dtv.

ESCHENBACH, Rolf (Hrsg.) (1998): Führungsinstrumente für Nonprofit-Organisation – Bewährte Verfahren im praktischen Einsatz. Stuttgart: Schäffer-Poeschel.

GLASL, Friedrich. (1994): Das Unternehmen der Zukunft. Stuttgart: Freies Geistesleben.

GLASL, Friedrich/BRUGGER, Erich (Hrsg.) (1994): Der Erfolgskurs Schlanker Unternehmen. Impulstexte und Praxisbeispiele. Bern: Haupt.

GLASL, Friedrich/LIEVEGOED, Bernard (2004): Dynamische Unternehmensentwicklung. Grundlagen für Change Management. Bern/Stuttgart: Haupt/Freies Geistesleben

HASPER, W. J. J./GLASL, Friedrich (1988): Von kooperativer Marktstrategie zur Unternehmensentwicklung. Bern: Haupt.

KAILER, Norbert/HEIMERL, Peter/KALCHER-FORMAYER, Wiltrud (1990): Unternehmer Unternehmen. Wien: Manz.

KÄLIN, Karl/MÜRI, Peter (Hrsg.) (1995): Führen mit Kopf und Herz. Psychologie für Führungskräfte und Mitarbeiter. Thun: Ott Verlag.

KASPER, Helmut/MAYERHOFER, Wolfgang (Hrsg.) (1993): Personalmanagement-Seminar. Personal – Führung – Organisation. Frankfurt a. M./Wien: Ueberreuter.

KIRCHNER, Helga (1996): Gespräche im Pflegeteam. Stuttgart: Thieme.

LASKE, Stephan/GORBACH, Stefan (1993): Personalentwicklung. Konzepte, Analysen, Perspektiven. Wiesbaden: Gabler.

LOTMAR, Paula/TONDEUR, Edmond (2004): Führen in sozialen Organisationen. Bern: Haupt.

NAGEL, Reinhart/OSWALD, Margit/WIMMER, Rudolf (1999): Das Mitarbeiter-Gespräch als Führungsinstrument. Stuttgart: Klett-Cotta.

NEUBERGER, Oswald. (1990): Führen und geführt werden. Stuttgart: Ferdinand Enke.

NEUBERGER, Oswald. (1994): Personalentwicklung. Stuttgart: Ferdinand Enke.

ROSENSTIEL, Lutz von (Hrsg.) (1995): Führung von Mitarbeitern, Handbuch für erfolgreiches Personalmanagement. Stuttgart: Schäffer-Poeschel.

RÜCKLE, H./MUITAFOLT, A. et al. (1994): Personalentwicklung, Werte- und zielorientierte Auswahl und Förderung von Mitarbeitern. Econ.

SATTELBERGER, Thomas. (1995): Innovative Personalentwicklung. Wiesbaden: Gabler.

SCHULZ VON THUN, Friedemann (1996): Miteinander reden 1. Störungen und Klärungen. Reinbek b. Hamburg: Rowohlt.

SCHULZ VON THUN, Friedemann (1994): Miteinander reden 2. Stile, Werte und Persönlichkeitsentwicklung. Reinbek b. Hamburg: Rowohlt.

THOMAS, R. Roosevelt (2001): Management of Diversity. Neue Personalstrategien für Unternehmen. Wiesbaden: Gabler

VAN DER BRUG, Jos/LOCHER, Kees (1997): Unternehmen Lebenslauf. Stuttgart: Urachhaus.

VOGELAUER, Werner/RISAK, Martin E. (Hrsg.) (2002): Management-Handbuch für Führungskräfte. Wien: Manz.

Ingrid Schneider

Burnout – oder warum Ikarus stürzen musste

«Besonders schärfte Dädalus dem Ikarus ein, diszipliniert die richtige Flughöhe einzuhalten. Er solle weder so tief fliegen, dass die Flügel von der Gischt feucht und schwer würden, noch so hoch, dass die Hitze der nahen Sonne das Wachs zum Schmelzen brächte ... doch dann kommt es zum Unglück, hoch über dem ägäischen Meer: Ikarus schwingt sich im Überschwang des Gefühls, als Mensch den Himmel zu erobern, immer höher hinauf und nähert sich dem Sonnengott selbst, der auf seinem gleißenden Wagen seine Bahn zieht. Die Hitze der Sonne bringt das Wachs in seinen Flügeln zum Schmelzen, und er stürzt tief hinab ins Meer. Die Insel, an deren Strand sein Leichnam angeschwemmt wurde, heißt heute noch nach ihm Ikaria.»

(Dommermuth-Gudrich 2002, 72)

«Früher hatte ich das Gefühl, ich könne Bäume ausreißen. Keine Herausforderung war mir zu groß, keine Aufgabe zu schwer. Ich arbeitete bis zu sechzehn Stunden am Tag. Oft auch am Wochenende. Ich hatte ja auch Erfolg. Gönnte mir keinen Urlaub. Und jetzt: Ich fühle mich so erschöpft und ausgebrannt. Nichts macht mir mehr Spaß. Bei der Arbeit schlage ich nur noch die Zeit tot. Eigentlich habe ich innerlich schon gekündigt. Privat läuft auch alles daneben. Dann diese Muskelverspannungen und oft tagelang der Kopfschmerz. Ich fühle mich richtig krank. Manchmal denke ich: Am besten, ich schmeiße alles hin.»

Die Äußerung stammt von der Leiterin einer sozialen Organisation, sie fiel während eines Coachingprozesses und beschreibt sehr deutlich, wie *Burnout* sich anfühlen kann. Die Versuche, das *Ausgebranntsein* theoretisch zu verstehen, sind zahlreich und vielfältig – ihnen gelten die folgenden Abschnitte.

1. Burnout – was ist das?

KLEIBER und ENZMANN (1990) weisen in ihrer internationalen Bibliografie darauf hin, dass Burnout bereits in den dreißiger Jahren des zwanzigsten Jahrhunderts ein Thema in den Bereichen Profisport und darstellende Künste war. BRADLEY (1969) erwähnt als erster Burnout als psychologisches Phänomen, das vor allem bei Helfer/innen anzutreffen sei. Die eigentliche Auseinandersetzung mit Burnout löste ein Artikel von FREUDENBERGER (1974) aus. Darin wird Burnout als ein Vorgang beschrieben, bei dem «aufopferungsvolle, pflichtbewusste und ehemals besonders engagierte Mitarbeiter [...] beginnen, körperliche Symptome von Erschöpfung und Müdigkeit zu zeigen, sie zu reizbaren, misstrauischen, halsstarrigen Mitarbeitern werden und eine negative und zynische Einstellung zu ihrer Arbeit und den Klienten entwickeln, was zugleich mit einer depressiven Symptomatik einhergeht» (FREUDENBERGER 1974).

Bereits 1990 führten KLEIBER und ENZMANN in ihrer Bibliografie 2496 Titel von Arbeiten an, die sich mit Burnout beschäftigen. Die Zahl der Theorien und Definitionsversuche ist groß. WAGNER (1993) führt drei Punkte nach MASLACH (1982) an, die gewissermaßen einen Minimalkonsens der verschiedenen Definitionen darstellen: «1) Burnout erscheint auf der individuellen Ebene und ist folglich empirisch messbar. 2) Burnout ist eine interne psychologische Erfahrung, die Gefühle, Einstellungen und Erwartungen einschließt. 3) Burnout ist eine negative Erfahrung für die Betroffenen, weil mit ihr Distress, Unannehmlichkeiten und negative Konsequenzen für Helfer und Klient verbunden sind» (WAGNER 1993, 12).

Burnout ist ein Phänomen, das sich nicht auf die helfenden Berufe beschränkt, obwohl der Aspekt der empathischen Beschäftigung mit der Person anderer Menschen, der diesen Berufen eigen ist, als zentraler Faktor für Burnout gilt. Burnout wird von vielfältigen Stressoren ausgelöst, die auch in anderen Berufen zu finden sind. KLEIBER und ENZMANN geben in ihrer Bibliografie einen Überblick über die in der Burnout-Literatur erfassten Berufe (KLEIBER/ENZMANN 1990, 17):

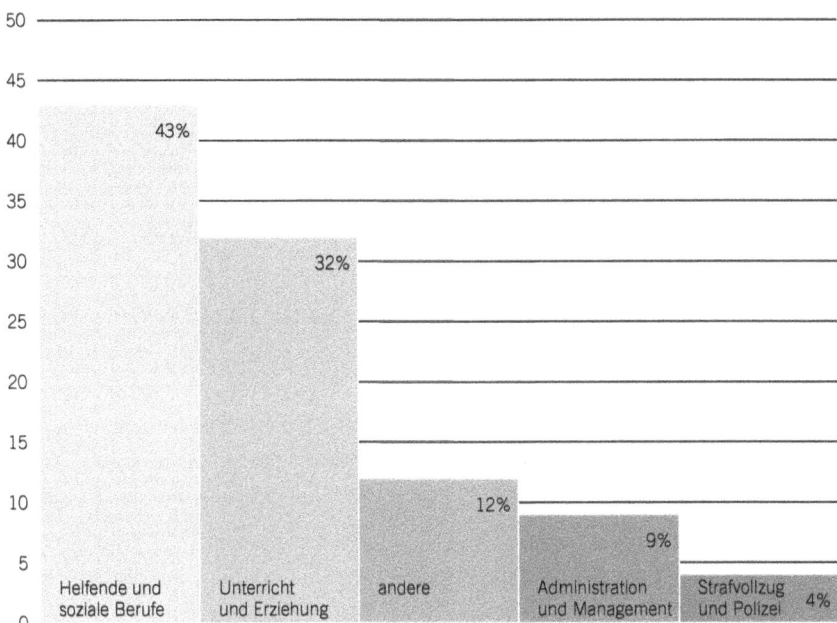

Abbildung 1   Erfasste Berufe in der Burnout-Literatur nach KLEIBER/ENZMANN (1990)

Die helfenden und sozialen Berufe standen bisher also im Mittelpunkt des For-
scher/innen-Interesses. Untersuchungen zum Thema Burnout und Management, im Speziellen Sozialmanagement, finden sich in der Literatur kaum. Obwohl Burnout auch in anderen Berufsgruppen vorkommt, sind in den helfenden
Berufen spezielle Bedingungen anzutreffen, die Burnout begünstigen. Wenn wir
uns nun diese Bedingungen vor Augen führen, lässt uns das vielleicht die Herausforderungen, denen Sozialmanager/innen ausgesetzt sind, und die Besonderheiten dieses Berufs besser verstehen und helfen uns so, Faktoren aufzuspüren, die auch hier zum Burnout führen können.

Helfer/innen empfinden oft eine große Diskrepanz zwischen Helfenwollen
und Helfenkönnen, was zum Teil in sozialpolitischen Gegebenheiten seinen
Grund hat. C.R. ROGERS, ein Vertreter der humanistischen Psychologie, beschreibt diese Kluft im Konzept der Inkongruenz: «Wenn sich eine Person im

Zustand der Inkongruenz zwischen Selbst und Erfahrung befindet und wir dies von einem externen Standpunkt aus betrachten, dann sehen wir sie als verletzlich an (wenn sie sich dieser Diskrepanz nicht gewahr ist), oder wir sehen sie als bedroht (wenn sie sich dieser Diskrepanz gewahr ist). Betrachten wir die Person von einem sozialen Standpunkt aus, dann bedeutet diese Inkongruenz eine psychische Fehlanpassung. Betrachtet sich das Individuum jedoch selbst, dann kann es sich selbst als angepasst sehen ... oder bedroht oder desorganisiert» (ROGERS 1991, 30).

Problematisch ist sicherlich auch, dass sich der Erfolg in der helfenden Arbeit nicht einfach messen lässt.

Eine weitere Frustrationsquelle ist das relativ geringe Prestige und die schlechte Bezahlung im psychosozialen Bereich. Laut EDELWICH und BRODSKY (1984) spielt die Bewertung und Wahrnehmung der psychosozialen Arbeit durch die Öffentlichkeit eine nicht unwesentliche Rolle bei der Entstehung von Burnout.

Bezogen auf die Helfer/innenpersönlichkeit können die unbewussten Motive, die zur Berufswahl geführt haben, eine spezielle Frustrationsquelle sein. «Diese unbewussten Motive verhindern, u.a. durch Überidentifikation, den realistischen Umgang mit Klienten und den institutionellen bzw. gesellschaftlichen Voraussetzungen psychosozialer Arbeit und führen so zu beruflicher Frustration» (ebd., 43 ff.).

Last but not least ist die emotional beanspruchende Interaktion zwischen Helfer/innen und Klient/innen besonders dazu angetan, Erschöpfungszustände zu verursachen. Laut ENZMANN (1996) sind Emotionen (vor allem negative) charakteristisch für den Stresszustand. ENZMANN schreibt, dass Emotionen eine wesentliche Rolle im Stressgeschehen spielen, weil «die Wahrnehmung emotionaler Äußerungen und Zustände anderer Personen komplementäre Motivationszustände im Beobachter induzieren kann, was Bedeutung für empathische Prozesse und emotionale Beanspruchungen in Helfer-Klienten-Interaktionen hat – und damit eine besondere Stressquelle in helfenden Berufen darstellen kann» (ENZMANN 1996, 42 f.).

Die Ursachen von Burnout liegen nicht alleine in der Persönlichkeit der Helfer/innen, sondern sind auch im Zusammenhang mit den institutionellen und gesellschaftlichen Bedingungen zu sehen. Im Folgenden werden die wichtigsten Burnout-Konzepte, die sich nach dem Schwerpunkt der Betrachtungsweise richten, dargestellt. Dabei orientieren wir uns an WAGNER (1993).

2. Burnout-Konzepte

2.1 Persönlichkeitszentrierte Burnout-Konzepte

Neben SCHMIDBAUER (2001) ist als Vertreter dieser Richtung der Psychoanalytiker FREUDENBERGER (1974) zu nennen. Er versteht Burnout als Erschöpfungszustand, verursacht durch außerordentlichen Einsatz an Energie und Ressourcen.

Die *Ursachen* sieht FREUDENBERGER in der Persönlichkeit der Helfer/innen. Sie stecken sich die beruflichen Ziele unrealistisch hoch und verwenden dafür enorm viel Energie. Die erwartete Belohnung bleibt aber aus und führt zu massiver Enttäuschung. Die Ursachen für dieses Verhalten liegen nach FREUDENBERGER und RICHELSON (1983) in der Abspaltung bestimmter Persönlichkeitsanteile in der Kindheit. In der Folge werden negative Aspekte des Berufslebens nicht mehr wahrgenommen, und das soziale Leben wird durch den Beruf ersetzt.

Die *Erscheinungsform* von Burnout nach FREUDENBERGER vollzieht sich in einem Prozess, der am Anfang unbemerkt bleibt. Die Helfer/innen sind chronisch müde und gereizt. Die nächste Phase ist geprägt von Allmachtsphantasien und kognitiver Erschöpfung. Es treten unter Umständen psychosomatische Beschwerden und Depressionen auf. In der letzten Phase werden die Gefühle verdrängt, und die ausgebrannten Helfer/innen weigern sich zuzugeben, dass etwas nicht stimmt.

FREUDENBERGER beschäftigt sich später speziell mit dem Burnout von Frauen, er ortet sie aufgrund ihrer «frauenspezifischen» Persönlichkeitsentwicklung als besonders burnoutgefährdet und weitet das Phänomen Burnout auf das private Beziehungsleben aus. (FREUDENBERGER/NORTH 2000). FREUDENBERGER und NORTH gehen davon aus, dass permanente Verleugnung und Vernachlässigung von Gefühlen und Bedürfnissen einen zusätzlichen Stressfaktor darstellen. Und hier sind Frauen besonders betroffen, weil sie

— von Kindheit an lernen, ihre Wut zurückzuhalten,
— sich oft nicht mit autoritären Eltern auseinander gesetzt haben und ihre Aggressionen verleugnen,
— traditionellerweise dazu erzogen werden, sich um andere zu kümmern,
— versuchen, verinnerlichte Bilder, wie z.B. das der «guten Mutter», aufrechtzuerhalten, und dadurch zusätzlich in Stress geraten.

Der individuenzentrierte Ansatz von FREUDENBERGER schreibt der Persönlichkeit von Helfer/innen also eine zentrale Rolle zu. Diese Rolle sei übertrieben zentral, meint WAGNER, weil sie die Persönlichkeitsmerkmale (psycho-)pathologisiert (WAGNER 1993, 20).

2.2 Sozialpsychologische Burnout-Konzepte in der Literatur

2.2.1 Das Burnout-Konzept von Aronson et al.

Das Konzept von ARONSON et al. (1983) differenziert zwischen Ausbrennen *(burnout)* und Überdruss *(tedium)*. Überdruss tritt gemeinsam mit Burnout auf und wird als eher allgemeines Syndrom verstanden, das eine Reaktion auf verbürokratisierte Arbeitsumwelten ist. Burnout hingegen tritt nur in der Arbeit mit anderen Menschen auf (ARONSON et al. 1983, zit. nach WAGNER 1993, 31).

Erscheinungsbild: Die wesentlichen Begriffe in dieser Theorie sind körperliche, geistige und emotionale Erschöpfung. Die körperliche Erschöpfung drückt sich durch chronische Müdigkeit, Anfälligkeit für Krankheiten, Schlaflosigkeit und Kopfschmerzen aus. Unter emotionaler Erschöpfung werden Gefühle der Hilflosigkeit, Verzweiflung, Leere und Hoffnungslosigkeit bis hin zur Depression verstanden. Bei geistiger Erschöpfung handelt es sich nach ARONSON et al. (1983), um negative Einstellungen zum Selbst, zum eigenen Leben und zu anderen Menschen, kurz um «Dehumanisierung». Kommt es zur Dehumanisierung, so verlieren die Helfer/innen die Fähigkeit, ihren Klienten/innen empathisch zu begegnen, sie stumpfen emotional ab.

Burnout ist «das Resultat andauernder oder wiederholter emotionaler Belastung im Zusammenhang mit langfristigem, intensivem Einsatz für andere Menschen» (ARONSON/KAFRY/PINES 1983, 25), wobei die *Ursachen* nicht in der Persönlichkeit der Menschen, sondern in den Umweltbedingungen gesehen werden. Umweltfaktoren, die Stress verursachen, werden für Burnout verantwortlich gemacht. Solche Faktoren sind: Rollendruck, Mangel an Autonomie, fehlendes Feedback von Kollegen/innen und Klienten/innen, schlechte Ausbildung, ungenügende Bezahlung und mangelnde soziale Unterstützung und Rollenambiguität. Nach KAHN et al. (1964) entsteht Rollenambiguität dann, «wenn der Informationsstand der Rollenträger, der Rollenträgerin nicht ausreicht, um die Rolle adäquat auszufüllen. Dieser kann sich auf das notwendige Wissen über

Klienten beziehen, es kann sich aber auch um ungenaue Aufgabenstellung durch Vorgesetzte handeln» (KAHN 1964, zit. nach WAGNER 1993, 45).

An diesem Konzept wird u.a. die Differenzierung zwischen Überdruss und Ausbrennen von MASLACH und JACKSON (1984) kritisiert. Ein weiterer Kritikpunkt ist die Reduktion von Burnout auf die Dimension der emotionalen Erschöpfung. Sowohl die Ursachen als auch die Bewältigungsmöglichkeiten liegen im interpersonalen Bereich. MASLACH und JACKSON betonen den Aspekt der Dehumanisierung mehr und nennen ihn Depersonalisation. Neben dieser Dimension fügen sie dem Burnout-Begriff noch die Dimension der reduzierten Aufgabenbewältigung (Gefühl mangelnder Kompetenz und Leistungsfähigkeit) hinzu. Burnout ist demnach «ein Syndrom emotionaler Erschöpfung, Depersonalisation und reduzierter persönlicher Leistungsfähigkeit, das bei Individuen, die in irgendeiner Weise mit Menschen arbeiten, auftreten kann» (MASLACH/JACKSON 1984, 134).

MASLACH und JACKSON (1981) entwickelten den ersten standardisierten Fragebogen zur Erfassung von Burnout, den *Maslach Burnout Inventory* (MBI), der heute noch von Relevanz für die Burnout-Forschung ist. Dieser Fragebogen bezieht sich auf drei Burnout-Dimensionen, nämlich emotionale Erschöpfung, reduzierte persönliche Leistungsfähigkeit und Depersonalisierung.

→　Emotionale Erschöpfung durch Burnout

Emotionale Erschöpfung meint das Gefühl, durch den Kontakt mit anderen Menschen emotional überanstrengt und ausgelaugt zu sein:

— Ich fühle mich emotional ausgelaugt von meiner Arbeit.
— Ich bin «fertig» am Ende des Arbeitstages.
— Ich fühle mich schon erschöpft, wenn ich morgens aufstehe und an den bevorstehenden Tag denke.
— Den ganzen Tag mit Menschen zusammenzuarbeiten bedeutet echten Stress für mich.
— Ich fühle mich von meiner Arbeit ausgebrannt – *burnt out.*
— Ich bin frustriert von meiner Arbeit.
— Ich denke, ich arbeite zu viel in meinem Beruf.
— Mit Menschen zusammenzuarbeiten stresst mich direkt.
— Ich glaube, ich bin am Ende meiner Fahnenstange.

$\rightarrow$ Depersonalisierung, Entfremdung durch Burnout

Depersonalisierung meint eine gefühllose und abgestumpfte Reaktion auf jene Leute, die gewöhnlich Empfänger/innen der Dienste oder der Fürsorge des Betroffenen sind.

— Ich glaube, ich behandle einige meiner Klienten/innen, als seien sie Objekte.
— Ich bin gefühlloser gegenüber Menschen, seit ich diese Arbeit mache.
— Ich mache mir Sorgen, dass meine Arbeit mich emotional abhärtet.
— Es ist mir wirklich ganz egal, was mit einigen meiner Klienten/innen passiert.
— Ich habe den Eindruck, dass Klienten/innen mich für einige ihrer Probleme verantwortlich machen.

$\rightarrow$ Reduzierte persönliche Leistungsfähigkeit

Diese Komponente bezieht sich auf eine Abnahme des Gefühls, kompetent zu sein und erfolgreich mit Menschen zu arbeiten:

— Ich fühle mich nur mehr schwer in die Sichtweise meiner Klienten/innen ein.
— Ich gehe sehr wenig effektiv mit den Problemen meiner Klienten/innen um.
— Ich glaube nicht, dass ich das Leben anderer Menschen durch meine Arbeit positiv beeinflussen kann
— Ich fühle mich energielos.
— Es fällt mir schwer, im Umgang mit meinen Klienten/innen eine entspannte Atmosphäre zu schaffen.
— Ich fühle Missstimmung, wenn ich eng mit meinen Klienten/innen zusammengearbeitet habe.
— Ich habe mit meiner Arbeit wenig Lohnenswertes erreicht.
— Im Rahmen meiner Arbeit gehe ich mit emotionalen Problemen nicht sehr gelassen um.

WAGNER fasst zusammen, dass MASLACH und JACKSON «die Entstehungsbedingungen für Burnout primär im wechselseitigen Zusammenwirken von ungünstigen individuellen Prädispositionen und strukturell-institutionellen Rahmenbedingungen verorten» (WAGNER 1993, 38).

2.2.2 Das Burnout-Konzept von Cherniss

Ein weiteres sozialpsychologisches Burnout-Konzept, allerdings mit stresstheoretischem Fundament, ist jenes von CHERNISS (1980; 1993). Die Burnout-Definition von CHERNISS versteht sich als transaktionaler Zusammenhang von Stress, Stressreaktion und Bewältigung, wobei mit Bewältigung ein defensiver Copingprozess oder eigentliches Burnout gemeint ist.

Die Ursachen für Burnout unterteilt CHERNISS in drei Kategorien (vgl. auch WAGNER 1993, 43):

(1.) Das Arbeitsumfeld findet bei CHERNISS besondere Beachtung. Hier können Rollenkonflikte, die Machtstruktur (Entscheidungsfindungsprozesse) und normative Strukturen für Burnout verantwortlich sein.

(2.) Individuelle Faktoren im Sinne von Persönlichkeitszügen wie Kontrollüberzeugung, Flexibilität, Introversion, neurotische Ängstlichkeit und das Typ-A-Syndrom. Der letztere Begriff stammt aus der Herzinfarktforschung und kennzeichnet eine unter ständigem Zeitdruck leidende, ungeduldige Persönlichkeit mit hohem Konkurrenzdenken.

(3.) Die dritte Kategorie von Ursachen liegt in der historisch-kulturellen Entwicklung der US-amerikanischen Gesellschaft. Idealismus und Sorge gegenüber Unterprivilegierten sind entscheidende Charakteristika in den sechziger und frühen siebziger Jahren in den USA. Einem Jahrzehnt sozialer Betroffenheit folgte ein Jahrzehnt des zunehmenden, ichbezogenen Materialismus. Dieser Gesellschaftswandel wird vor allem durch großräumige politische und ökonomische Faktoren erklärt. Diese Veränderungen beeinflussen die professionell tätigen Personen.

In CHERNISS' Definition von Burnout als einer defensiven Bewältigungsstrategie zeigen sich folgende Erscheinungsformen: Die Betroffenen distanzieren sich psychisch von der Arbeit, werden apathisch und rigide. Es zeigen sich Gefühle von Erschöpfung und der Verlust von Kompetenzgefühlen. In den späteren Arbeiten bringt CHERNISS (1983) Burnout auch mit dem Verlust von moralischen Verpflichtungen in Zusammenhang.

Burnout wird als ein Prozess definiert, «in welchem ein ursprünglich engagierter Professioneller sich, als Reaktion auf in der Arbeit erfahrenen Stress, von seiner oder ihrer Arbeit zurückzieht» (CHERNISS 1980, 18).

In den vielfältigen Möglichkeiten, auf belastende Bedingungen im Arbeitsprozess zu reagieren, zeigt sich die große Spannbreite des Burnout-Begriffs.

2.2.3 Der Verlaufsprozess des Burnout nach Edelwich & Brodsky

EDELWICH und BRODSKY (1984) versuchen das Burnout-Phänomen in ein Ver-
laufs- bzw. Phasenmodell zu bringen (vgl. auch WAGNER, 21). Sie verstehen
Burnout « […] als zunehmenden Verlust von Idealismus und Energie […], den
die in den helfenden Berufen Beschäftigten als Folge der Arbeitsbedingungen
erfahren» (EDELWICH/BRODSKY 1984, 12).

Sie unterteilen den Burnout-Prozess in vier Stadien der Desillusionierung,
die von den Helfer/innen durchlaufen werden – ein Prozess der sich über Monate oder auch Jahre hinziehen kann:

1. Das erste Stadium ist das des *Enthusiasmus*. Hier wird durch Über-Enga-
   gement der Beruf zum Privatleben, und eigene Bedürfnisse werden durch
   die Arbeit kompensiert. Gegenübertragung, Rollenkonfusion und Überidentifikation mit den Klienten/innen treten ein. Der erwartete Dank
   bleibt aus, und Enttäuschung macht sich breit.
2. Das zweite Stadium der Stagnation ist eine Art Zwischenstadium im Versuch, die desillusionierte Anpassung an die Arbeitsrealität zustande zu
   bringen. Es ist das Stadium der *Ernüchterung*.
3. Das dritte Stadium, die Kernphase des Burnout, ist die Phase der *Frustration*. Hier wird von den Helfern/innen festgestellt, dass die Art der Arbeit
   – das, was sie bewirken können – nichts mehr mit ihrer ursprünglichen
   Vorstellung zu tun hat. In diesem Stadium stellen sich die Weichen, ob die
   Helferin oder der Helfer der Dynamik des Burnout entkommt oder ob
   er/sie ins vierte Stadium eintritt.
4. Das vierte Stadium wird als Stadium der *Apathie* bezeichnet. Es breitet sich
   Resignation aus, emotionale Gleichgültigkeit gegenüber Klienten/innen,
   der Institution und den Kollegen/innen.

EDELWICH und BRODSKY (1984) überantworten es allein dem Individuum, aus
diesem System auszusteigen, und gehen davon aus, «dass Klienten und Organisationen bleiben, wie sie sind, und dass es am Einzelnen liegt, etwas innerhalb

dieser Parameter zu unternehmen» (EDELWICH/BRODSKY 1984, zit. nach WAG-
NER 1993, 29 f.).

2.2.4 Das integrierende Modell von Burisch

BURISCH (1994) hat ein Modell zum Verständnis von Burnout entwickelt, in
dem das Verhältnis der Autonomie von Individuum und Umwelt eine große
Rolle spielt. «Einschränkungen der Autonomie, insbesondere solche durch innere Konflikte, erzeugen einen Stress besonderer Qualität» (BURISCH 1994,
118). BURISCH skizziert die Folgen, die Einschränkung von Autonomie für die
Personen bedeutet. Er setzt sich mit Umweltfaktoren auseinander, die das Entstehen von Burnout begünstigen, und analysiert so genannte «Störfälle» als
Kernbereiche des Burnouts.

1. Warnsignale in der Anfangsphase	2. Reduziertes Engagement	2. Reduziertes Engagement
a) vermehrtes Engagement für Ziele	**a) für Klienten/innen, Patienten/innen etc.**	**b) für andere allgemein**
— Hyperaktivität — freiwillige unbezahlte Mehrarbeit — Gefühl der Unentbehrlichkeit — Gefühl, nie Zeit zu haben — Verleugnung eigener Bedürfnisse — Verdrängung von Misserfolgen und Enttäuschungen — Beschränkungen sozialer Kontakte auf Klienten/innen	— Desillusionierung — Verlust positiver Gefühle gegenüber Klienten/innen — größere Distanz zu Klienten/Klientinnen — Meidung von Kontakt mit Klienten-/ innen und/oder Kollegen/innen — Aufmerksamkeits- störungen in der Interaktion mit Klienten/innen — Verschiebung des Schwergewichts von Hilfe auf Beauf- sichtigung — Schuldzuweisung für Probleme an Klienten/innen — höhere Akzeptanz von Kontrollmitteln wie Strafen oder Tranquilizern — Stereotypisierung von Klienten/innen, Kunden/innen, Schülern/innen etc. — Betonung von Fachjargon — Dehumanisierung	— Unfähigkeit zu geben — Kälte — Verlust der Empathie — Unfähigkeit zur Transposition — Verständnislosigkeit — Schwierigkeiten, anderen zuzuhören — Zynismus
b) Erschöpfung — chronische Müdigkeit — Energiemangel — Unausgeschlafenheit — erhöhte Unfallgefahr		

2. Reduziertes Engagement	2. Reduziertes Engagement	3. Emotionale Reaktionen; Schuldzuweisung	3. Emotionale Reaktionen; Schuldzuweisung
c) Für die Arbeit	**d) erhöhte Ansprüche**	**a) Depression**	**b) Aggression**
— Desillusionierung	— Verlust von Idealismus	— Schuldgefühle	— Schuldzuweisung an andere oder an «das System»
— negative Einstellung zur Arbeit	— Konzentration auf die eigenen Ansprüche	— reduzierte Selbstachtung	— Vorwürfe an andere
— Widerwillen und Überdruss	— Gefühl mangelnder Anerkennung	— Insuffizienzgefühle	— Verleugnung der Eigenbeteiligung
— Widerstand dagegen, täglich zur Arbeit zu gehen	— Gefühl, ausgebeutet zu werden	— Gedankenverlorenheit	— Ungeduld
— ständiges Auf-die-Uhr-Sehen	— Eifersucht	— Selbstmitleid	— Launenhaftigkeit
— Fluchtphantasien	— Partnerprobleme	— Humorlosigkeit	— Intoleranz
— Tagträume	— Konflikte mit den eigenen Kindern	— unbestimmte Angst und Nervosität	— Kompromiss-unfähigkeit
— Überziehen von Arbeitspausen		— abrupte Stimmungs-schwankungen	— Nörgeleien
— verspäteter Arbeitsbeginn		— verringerte emotionale Belastbarkeit	— Negativismus
— vorverlegter Arbeitsschluss		— Bitterkeit	— Reizbarkeit
— Fehlzeiten		— Abstumpfung, Gefühl von Abgestorbensein und Leere	— Ärger und Ressentiments
— Verlagerung des Schwergewichts auf die Freizeit		— Schwächegefühl	— defensive/paranoide Einstellungen
— Aufblühen am Wochenende		— Neigung zum Weinen	— Misstrauen
— höheres Gewicht materieller Bedingungen für die Arbeitszufriedenheit		— Ruhelosigkeit	— häufige Konflikte mit anderen
		— Gefühl des Festgefahrenseins	
		— Hilflosigkeits-, Ohnmachtsgefühle	
		— Pessimismus, Fatalismus	
		— Apathie	
		— Selbstmordgedanken	

4. Abbau	5. Verflachung	6. Psychosomatische Reaktionen	7. Verzweiflung
a) der kognitiven Leistungsfähigkeit	**a) des emotionalen Lebens**		
— Konzentrations- und Gedächtnisschwäche	— Verflachung gefühlsmäßiger Reaktionen	— Schwächung der Immunreaktion	— negative Einstellung zum Leben
— Unfähigkeit zu komplexen Aufgaben	— Gleichgültigkeit	— Unfähigkeit zur Entspannung in der Freizeit	— Hoffnungslosigkeit
— Ungenauigkeit		— Schlafstörungen	— Gefühl der Sinnlosigkeit
— Desorganisation	**b) des sozialen Lebens**	— Alpträume	— Selbstmordabsichten
— Entscheidungs- unfähigkeit		— sexuelle Probleme	— existenzielle Verzweiflung
— Unfähigkeit zu klaren Anweisungen	— weniger persönliche Anteilnahme an anderen oder exzessive Bindung an Einzelne	— gerötetes Gesicht	
	— Meidung informeller Kontakte	— Herzklopfen	
	— Suche nach interessanteren Kontakten	— Engegefühl in der Brust	
	— Meidung von Gesprächen über die eigene Arbeit	— Atembeschwerden	
	— Eigenbröteleien	— beschleunigter Puls	
	— mit sich selbst beschäftigt sein	— erhöhter Blutdruck	
	— Einsamkeit	— Muskelverspannungen	
		— Rückenschmerzen	
		— Kopfschmerzen	
		— nervöse Tics	
		— Verdauungsstörungen	
		— Übelkeit	
	c) des geistiges Lebens	— Magen-Darm- Geschwüre	
		— Gewichts- veränderungen	
	— Aufgeben von Hobbys	— veränderte Essgewohnheiten	
	— Desinteresse	— mehr Alkohol, Kaffee, Tabak, andere Drogen	
	— Langeweile		

Abbildung 2   Übersicht Burnout- Symptomatik (aus Burisch 1994)

Aus den aufgezeigten Modellen der Entstehung für Burnout ist ersichtlich, in welchem Spannungsfeld sich Erklärungsversuche befinden. Einerseits wird die Burnout-Entstehung in den einzelnen Personen verortet, andererseits wird auf die Rahmenbedingungen und Umweltfaktoren hingewiesen. Welche internen und externen Faktoren für Sozialmanager/innen relevant sein können, soll in der Folge beleuchtet werden.

3. Burnout bei Sozialmanagern/innen

> *Als Nasrudin einen seiner Dorfnachbarn traf, beschwerte sich dieser laut und ausführlich, dass es keinerlei Sonnenlicht in seinem Haus gebe. Nasrudin fragte ihn darauf: «Nachbar, gibt es Sonnenlicht in deinem Garten?» Der Nachbar antwortete: «Ja natürlich.» Nasrudin sagte dazu:« Dann versetze dein Haus doch in den Garten!»*

3.1 Funktionsklarheit

In einem ersten Schritt ist es wichtig, sich von der Funktion und den damit verbundenen Aufgaben von Sozialmanagern/innen ein Bild zu machen. Funktion wird verstanden als «erworbene, verliehene, vereinbarte oder festgelegte Rahmenbedingung, [...] die an beidseitig abgesprochene Tätigkeiten gebunden ist» (PECHTL 1995, 2002).

— planen und organisieren
— entscheiden
— für Ziele sorgen
— (Ziel-)Kontrolle und -Messung
— Mitarbeiter/innen fördern, delegieren und motivieren

Um diese Aufgaben erfüllen zu können, sind sowohl äußere als auch interne Voraussetzungen notwendig. Die genaue Analyse und Reflexion der Arbeitssituation und die Beantwortung folgender Fragen kann dabei hilfreich sein.

3.2 **Analyse der Arbeitssituation, interne und externe Bedingungen**

— Ist mir meine Funktion klar?

— Mit wem ist meine Funktion vereinbart, haben wir das gleiche Verständnis davon?

— Habe ich die geeigneten Werkzeuge, um diese Funktion erfüllen zu können?

— Bin ich ausreichend vorbereitet, ausgebildet?

— Werde ich gefördert und gefordert, gibt es Entwicklungsmaßnahmen für mich?

— Welche Bedingungen bietet mir die Organisation?

— Welche Ressourcen sind vorhanden (finanziell, personell, zeitlich ...)?

— In welchem Entwicklungsstadium befindet sich die Organisation?

— Kann ich Ziele setzen, wenn die Organisation keine, wenn sie widersprüchliche oder unerreichbare Ziele vorgibt?

— Kann ich meine Talente einsetzen, meine Stärken leben? Was sind meine Talente, wie funktioniere ich eigentlich, und wie arbeite ich am besten? – Arbeite ich besser allein oder im Team, kann ich Zeitdruck aushalten, oder brauche ich Ruhe und Gelassenheit, um zu guten Ergebnissen zu kommen? Benötige ich Ordnung und Struktur, oder kann ich gut mit unstrukturierten, chaotischen Situationen fertig werden? Brauche ich ein eher detailliertes Arbeitsprogramm, oder genügen mir ein paar grobe Anhaltspunkte? Fällt es mir leicht, über längere Zeit konzentriert zu arbeiten, oder empfinde ich das als schwierig? Gehöre ich in ein Großunternehmen, in die Linie oder in eine Stabsstelle, in ein kleines Unternehmen?

— Welche Motive bewegen mich dazu, dass ich diese Funktion annehme oder angenommen habe?

— Habe ich das richtige Arbeitsfeld für mich gewählt, kann ich mich mit den Zielen und Werten meiner Organisation einverstanden erklären?

— Ist es mir mit dieser Tätigkeit möglich, auch meine anderen Lebensbereiche auf zufrieden stellende Art und Weise zu leben?

— Entspricht mir die Organisationskultur?

— Will ich hier arbeiten, obwohl einige Vorstellungen unerfüllt bleiben?

— Will ich meine Leistungen in dieser Organisation unter diesen Bedingungen erbringen?

Die Beantwortung dieser Fragen wird so unterschiedlich sein wie die Fragesteller/innen und deren Kontexte selbst. Ähnlichkeiten und Gemeinsamkeiten in der Entwicklung von sozialen Organisationen und Sozialmanagement sollen nun anschließend beschrieben werden.

3.3 Trends in der Entwicklung von sozialen Organisationen und Sozialmanager/innen

Die nachfolgende Aufzählung soll Tendenzen, die in Coaching- und Ausbildungszusammenhängen immer wieder von Bedeutung sind, widerspiegeln; sie stellt keinen Anspruch auf Vollständigkeit.

— Die Ausbildung der Sozialmanager/innen entspricht meist den Quellenberufen und erfolgt in der operativen Tätigkeit mit Klientensystemen. Professionalisierung durch Managementausbildung erfolgt erst langsam.
— Entwicklungen in den Managementtheorien mit den dahinter liegenden Menschenbildern beeinflussen die Ausbildung der Sozialmanager/innen. Vom mechanistischen *(economic man)* über den psychologischen *(social man)* bis hin zu den systemischen Ansätzen *(complex man)*.
— In der Leitung von sozialen Organisationen vollzieht sich nach wie vor ein Paradigmenwechsel in Richtung Sozialmanagement. Sozialmanagement ist keine Zauberformel. Das bisherige Methodenrepertoire muss nicht über Bord geworfen werden, aber ökonomischer Druck und der Anspruch, die «Neue Fachlichkeit» Realität werden zu lassen, macht es erforderlich, verstärkt über den Umgang mit den eingesetzten Ressourcen (Finanzen, Mitarbeiter/innen …) nachzudenken.
— Klienten/innenbedürfnisse widerspiegeln sich in den Handlungen der Organisationen. Die daraus entstehende Spannung zwischen dem Planbaren und dem den Bedürfnissen entsprechenden individuellen Lösungsansätzen ist system- und aufgabenimmanent.
— Das Image der NPO und dadurch auch von deren Vertreter/innen in der öffentlichen Meinung ist mit gesellschaftspolitischen Auseinandersetzungen eng verbunden. Der Umgang der Gesellschaft mit Themen wie Alter, Tod, Behinderung (z.B. behinderte Menschen bedürfen unseres Mitleids, oder Menschen haben unterschiedliche Bedürfnisse und unterschiedliche Fähigkeiten), Sucht, Krankheit widerspiegelt sich in der öffentlichen

Bewertung der Tätigkeit (Bezahlung von Sozialmanagern/innen im Unterschied zu Managern/innen in Wirtschaftsbereichen).

— Globalisierung und Verwendung von Informationstechnologien.

— Veränderungsprozesse in sozialen Organisationen durch veränderte Rahmenbedingungen: Konkurrenzdruck unter sozialen Organisationen; Organisationen, die von Ordensgemeinschaften getragen wurden, müssen aufgrund schwindender Ordensmitgliederanzahl mit weltlichen Mitarbeitern/innen arbeiten – dies zieht massiven Handlungsbedarf bezüglich Auseinandersetzung mit Personal- und Organisationsentwicklung nach sich.

— Professionalisierung der Organisationen durch Einführen von Qualitätsmanagementsystemen wird in manchen Organisationen bereits in der zweiten Generation betrieben. Wenn soziale Arbeit sich selbst darüber im Klaren ist, was sie zu leisten vermag und was nicht, kann sie ihre klaren Positionen und ihre Profession in der Öffentlichkeit darstellen, nicht als Selbstzweck, sondern aus der Überzeugung, wichtige Arbeit für Menschen und damit für die Gesellschaft zu leisten.

4. Prävention von Burnout

Es gibt ein breites Spektrum von Möglichkeiten, Burnout zu bewältigen – oder noch besser: gar nicht erst entstehen zu lassen. Der erste Schritt ist sicher, *ein Bewusstsein der Situation zu entwickeln,* in der ich mich als Sozialmanager/in befinde. Die skizzierten Fragen zu beantworten und über sie nachzudenken ist geradezu Voraussetzung dafür. Zu erkennen, dass Faktoren, die bei mir Versagensgefühle auslösen, nicht mit eigenen Unfähigkeiten zu tun haben müssen, sondern durchaus system- und strukturbedingt sein können – diese Einsicht macht handlungsfähig.

Zur erfolgreichen Bekämpfung von Burnout gehören für ARONSON et al. (1983), dass von den Betroffenen die Verantwortung für die Gegenmaßnahmen übernommen wird, dass möglichst klare Einsicht über das Problem herrscht und neue Methoden der Lösung entwickelt werden (ebd., 179 f.).

Die in der Literatur aufgezeigte Palette von Gegenmaßnahmen zum «Ausgebranntsein» ist groß und reicht von asiatischen Entspannungsmethoden oder Laufen bis hin zu therapeutischen und beraterischen Verfahren.

4.1 Aus- und Weiterbildung

SARASON hat 1988 festgestellt, dass Einrichtungen personenbezogener Dienstleistungen «ihre Existenz durch das rechtfertigen, was sie für andere tun, und nicht durch das, was sie für die Entwicklung der eigenen Mitarbeiter leisten. Aber gerade wenn die Bedingungen für die eigene Weiterentwicklung der Mitarbeiter ungünstig sind oder völlig fehlen, sinkt die Qualität der Dienstleistungen für andere gewaltig» (SARASON 1988, zit. nach CHERNISS 1999, 152 f.). Eine weitere wichtige Maßnahme ist das Bereitstellen von Aus- und Fortbildungen, um die fachlichen (hier Management-) Kompetenzen zu stärken und weiterzuentwickeln. ENZMANN und KLEIBER (1989) gehen davon aus, dass «der Beitrag der Weiterbildung zur Burnout-Bewältigung als empirisch gesichert gelten kann» (ebd., 189). Auch SCHMITZ und UHLIG (2000) weisen in ihrer Untersuchung über «berufsbegleitende Nachqualifizierung als Einflussfaktor im Burnoutprozess» nach, dass die Dimension «Wissenszuwachs» bei 90 Prozent der Befragten einen Entlastungswert aufweist. Die Autoren/innen ziehen daraus den Schluss, dass Wissenszuwachs vorwiegend als eine Entlastung wahrgenommen wird und mit geringeren Burnoutwerten korreliert. Für Sozialmanager/innen maßgeschneiderte Aus- und Weiterbildungen sind vorhanden: Erwachsenenbildungsinstitute wie die *Akademie für Sozialmanagement* haben sich darauf spezialisiert. Ausbildung ermöglicht die Auseinandersetzung mit der eigenen Situation, erhöht die eigenen Kompetenzen, stellt Werkzeuge zur Verfügung, ermöglicht Vernetzung, bringt Klarheit und Bewusstsein.

4.2 Zielfestlegung und Zielkontrolle

Nach CHERNISS (1999) brauchen professionell Tätige im Sozialbereich zusätzlich zu ihrer autonomen Handlungsfähigkeit das Gefühl, dass ihre Arbeit anerkannt und geschätzt wird. Anerkennung der Tätigkeit kann durch klare Zielfestlegung und Ergebniskontrolle verstanden werden. Es geht nicht darum, Lob aus dem Füllhorn der Belohnungen zu schütten, sondern nach Ergebnissen zu fragen und Wege der Zielerreichung zu analysieren.

4.3 Coaching

Coaching ist Einzelberatung von Führungskräften durch eine/n firmenexternen Berater/in zu der Frage, wie die beratene Führungskraft mit den Anforderungen ihrer Funktion zurecht kommt bzw. wie sie diese gestaltet. Coaching sollte zum fachlichen Standard sozialer Organisationen gehören.

Die Beantwortung der Fragen zu den Rahmenbedingungen kann hier Platz finden

— durch Reflexion der eigenen Wirklichkeitskonstruktion,
— durch Einführen neuer Unterschiede/Verknüpfungen in der Landkarte,
— durch Einführen neuer Perspektiven/Themen,
— durch Unterbrechen der Koppelung von Landkarte und Handeln,
— durch Unterbrechen von Interaktionsschleifen.

4.4 Supervision

Supervision ist eine weitere Möglichkeit der Reflexion und des Feedbacks. Sie wird von einem/r externen Supervisor/in geleitet. Für Sozialmanager/innen können zwei Anwendungsgebiete interessant sein.

4.4.1 Gruppensupervision

Die Teilnehmer/innen einer Gruppensupervision sind zwar im selben Arbeitsbereich tätig, sie stehen jedoch nicht in einem engen Arbeitszusammenhang *(stranger group)*. Es geht in der Supervision um die Lösung der Probleme der einzelnen Gruppenteilnehmer/innen, wobei die Interaktionen in der Gruppe als Lernunterstützung im Sinne der sozialen Gruppenarbeit herangezogen werden.

4.4.2 Teamsupervision

Teamsupervision ist eine spezielle Form der Gruppensupervision, in der jedoch die Teilnehmer/innen in einem engen Arbeitszusammenhang zueinander stehen und nach der Supervision auch weiterhin miteinander zusammenarbeiten *(family group)*. Sie kann daher auch als Teil von Organisationsentwicklungsprozessen angesehen werden.

4.5 Intervision

Intervision ist eine Art von supervisorischem Austausch, die im kollegialen Kreis professionell tätiger Personen stattfindet, also nicht durch einen beauftragten Supervisor geleitet wird. Intervision dient meist der Klärung fallbezogener Fragestellungen. In diesem Zusammenhang wird die Wichtigkeit von Feedback seitens der Kollegen/innen betont. Kollegiale Unterstützung ist ein nicht zu vernachlässigender Faktor in der Verhinderung oder Bewältigung von Burnout.

4.6 Organisationsentwicklung

Organisationsentwicklung ist eine zusammenfassende Bezeichnung für Verfahren, die eine Erhöhung der Effektivität von Organisationen und eine verbesserte Übereinstimmung von organisatorischen Praktiken und persönlichen Zielen der Organisationsmitglieder bezwecken (→ PIBER in diesem Band). Diese Lern- und Änderungsprozesse werden durch organisationsexterne oder -interne Entwicklungsberater/innen initiiert, die beteiligte Personen und hier speziell Manager/innen in die Lage versetzen, Problemlösungen eigenständig zu erarbeiten. Organisationsentwicklungsprozesse können alle Wesenselemente von Systemen umfassen (Identitätsfindung, Strategieentwicklung, Strukturüberprüfung und -gestaltung, Menschen und das Gruppenklima, die Funktionen, die Abläufe und die physischen Mittel). Durch die Einbindung und Mitgestaltung wird Verständnis für das System ermöglicht und Handlungsfähigkeit erzeugt.

Ikarus musste stürzen, weil er nicht fragte, sondern Antworten vorgesetzt bekam. Ein Denkmal über den Tod hinaus zu haben mag zwar recht reizvoll sein, aber wäre ein Leben davor nicht reizvoller?

Literatur

ARONSON, Elliot/KAFRY, Ditsa/PINES, Ayala (1983): Ausgebrannt. Vom Überdruss zur Selbstentfaltung. Stuttgart: Klett-Cotta.

BRADLEY, H.B. (1969): Community-based treatment for young adult offenders. In: Crime and Delinquency, 15 (3), 359–370 [zitiert nach KLEIBER/ENZMANN 1990].

BURISCH, Mathias (1994): Das Burnout-Syndrom. Theorie der inneren Erschöpfung. Berlin: Springer.

CHERNISS, Cary (1980): Staff Burnout. Job Stress in the human Services. Beverly Hills: Sage.

CHERNISS, Cary (1993): Role of professional self-efficacy in the etiology and amelioration of burnout. In: Wilmar B. SCHAUFELI/Christina MASLACH/ Tadeusz MAREK (Hrsg.): Professional Burnout: Recent Development in Theory and Research. Washington DC: Taylor & Francis, 135–149.

CHERNISS, Cary (1999): Jenseits von Burnout und Praxisschock. Hilfen für Menschen in lehrenden, helfenden und beratenden Berufen. Weinheim: Beltz.

DIETZSCH, Susanne/UHLIG, Jörg (2000): Das Burnoutsyndrom als Thema Sozialer Arbeit. Betrachtung des Burnoutsyndroms unter Einbeziehung einer schriftlichen Befragung berufsbegleitende Studierender des Fachbereiches Soziale Arbeit der Hochschule Mittweida (FH). Online im Internet: http://www.htwm.de/sa/service/essay.pdf. Zugriff: 12.4.2002.

DOMMERMUTH-GUDRICH, Gerold (2002): Mythen. Hildesheim: Gerstenberg.

EDELWICH, Jerry/BRODSKY, Archie (1984): Ausgebrannt – Das Burn-Out-Syndrom in den Sozialberufen. Salzburg: AVM-Verlag.

ENZMANN, Dirk (1996): Gestresst, erschöpft oder ausgebrannt?. Einflüsse von Arbeitssituation, Empathie und Coping auf den Burnoutprozess. München: Profil.

ENZMANN, Dirk/KLEIBER, Dieter (1989): Helfer-Leiden. Stress und Burnout in psychosozialen Berufen. Heidelberg: Asanger.

FREUDENBERGER, Herbert J. (1974): Staff burn-out. In: Journal of Social Issues, 30 (1), 159–165.

FREUDENBERGER, Herbert J./RICHELSON, Geraldine (1983): Mit dem Erfolg leben. München: Heyne.

FREUDENBERGER, Herbert J./NORTH, Gail (2000): Burn-out bei Frauen. Über das Gefühl des Ausgebranntseins (8. Auflage). Frankfurt a. Main: Fischer.

KAHN, R.L./WOLFE, D.M./QUINN, R.P./SNOCK, J.D./ROSENTHAL, R.A. (1964): Organizational Stress. Studies in Role Conflict and Ambiguity. New York: Wiley & Sons [zitiert nach WAGNER 1993].

KLEIBER, Dieter/ENZMANN Dirk (1990): Burnout. Eine internationale Bibliographie. Göttingen: Hogrefe.

MASLACH, Christina (1982): Understanding burnout. Definitional issues in analyzing a complex phenomenon. In: Whiton Stewart PAINE (Ed.): Job stress and burnout. Beverly Hills, CA: Sage. [zitiert nach WAGNER 1993].

MASLACH, Christina/JACKSON, Susan E. (1984): Burnout in organizational settings. In: Stuart OSCAMP (Ed.): Applied Social Psychology Annual, Vol. 5, 133–153). Beverly Hills, CA: Sage [zitiert nach WAGNER 1993].

PECHTL, Waldefried (1995): Zwischen Organismus und Organisation. Wegweiser und Modelle für Berater und Führungskräfte. Linz: Veritas Verlag.

Rogers, Carl R. (1991): Eine Theorie der Psychotherapie, der Persönlichkeit und der zwischenmenschlichen Beziehungen. Hrsg. von der Gesellschaft für wissenschaftliche Gesprächspsychotherapie (Gwg). Köln: Gwg Verlag.

SARASON, Seymour Bernard (1988): The making of an American psychologist. San Francisko: Jossey-Bass [zitiert nach CHERNISS 1999].

SCHMIDBAUER, Wolfgang (2001): Hilflose Helfer. Über die seelische Problematik der helfenden Berufe (10. Aufl.). Reinbek b. Hamburg: Rowohlt.

WAGNER, Peter (1993): Ausgebrannt: Zum Burnout-Syndrom in helfenden Berufen. Bielefeld: Böllert, KT-Verlag.

Astrid Wallner-Ewald

Führungskräfteentwicklung –
Praxiserfahrungen

Der folgende Beitrag beruht auf der langjährigen Erfahrung der Autorin als Personalentwicklerin in einem weltweit agierenden Unternehmen. Führungskräfteentwicklung ist dort ein strategisches Thema mit entsprechender Aufmerksamkeit und budgetärer Versorgung. Die grundlegenden Aufgaben und auch einige Instrumente sind mit dem, was in sozialen Organisationen gebraucht wird, durchaus vergleichbar.

1. Ziel und Erfolgskriterien gezielter Führungskräfteentwicklung

Führungskräfteentwicklung (*Management Development* oder MD) ist ein kontinuierlicher Prozess, in dem es darum geht, Mitarbeiter/innen mit Nachwuchspotenzial zu finden und aufzubauen, um bei Bedarf einsatzbereite und fähige Personen zur Verfügung zu haben.

Erfolgskriterien sind beispielsweise:

— mindestens zwei potenzielle Nachfolgende pro Schlüsselführungsfunktion auf Abruf zu kennen

— die Potenziale auf den verschiedenen Ebenen (z.B. *Young Potential, High Potential, Top Potential*) des Unternehmens zu kennen.

Mit *Young Potential* werden üblicherweise gut ausgebildete «junge» Mitarbeitende bezeichnet (ab etwa zwei Jahren Tätigkeit im Unternehmen), von denen man aufgrund ihrer Ausbildung und Leistung im Job ein Entwicklungspotenzial auf höheren Hierarchiestufen erwartet.

Als *High Potentials* bezeichnet man Personen in ihren ersten Führungsfunktionen, von denen man aufgrund ihrer Jobergebnisse und Motivation eine dynamische Entwicklung erwartet.

Top Potentials nennt man in ausreichend großen Organisationen diejenigen Mitarbeiter/innen, die bereits große Bereiche erfolgreich managen und denen man einen Aufstieg in die Unternehmensleitung zutraut.

2. Die Grundfrage: Was heißt «Führung» bei uns?

Grundlage aller Aktivitäten im Bereich Entwicklung und Besetzung von Führungsfunktionen ist ein organisationsinternes Übereinkommen über das geltende Führungsverständnis, d.h., was man eigentlich als Führungsaufgaben ansieht und wie man diese unternehmensintern erfüllen möchte (→ Schörghuber zum Thema Führung in diesem Band). Früher gab es häufig Versuche, vorgefertigte «wissenschaftliche» Führungsleitbilder zu übernehmen, ein Vorgehen, das aufgrund der eingeschränkten Relevanz und Anschlussfähigkeit indessen zu kurz greift. Es ist notwendig, im Unternehmen einen Dialog in Gang zu setzen, der die relevanten Kernfragen zum Thema macht:

— Was bedeutet Führung bei uns? Was gehört alles dazu? Was nicht?
— Welches sind relevante Erfolgskriterien von Führung in unserer Organisation? Eventuell: Wie führen die besten unserer Führungskräfte, was macht sie erfolgreich? (Dazu sammelt man zum Beispiel Geschichten über «sagenhafte» Führungskräfte in der Organisation.)
— Was bedeutet optimale Führung oder Qualität in der Führung?
— Wie definieren Mitarbeiter/innen ihre Erwartungen an ihre Führung?
— Wie muss Führung definiert werden, damit sie als attraktiver Job angesehen wird?

Ein so entwickeltes, die relevanten Parteien mit einbeziehendes Führungsverständnis legt einen guten Grundstein, auf dem alle Überlegungen in Richtung Entwicklung und Designierung von Führungskräften aufbauen können. Wichtig ist dabei, ein gemeinsames, sich kontinuierlich weiterentwickelndes Verständnis über die Aufgabe herzustellen.

3. MD-Prozess als Teilprozess des Personalentwicklungsprozesses

Grundsätzlich stellt der MD-Prozess einen Teilprozess des Personalentwicklungsprozesses dar. Die in *Grafik 1* grau unterlegten Prozessschritte gehören wesentlich zum Personalentwicklungsprozess (→ BIEHAL-HEIMBURGER zum Thema Personalmanagement in diesem Band). Eine erste wesentliche Schnittstelle stellt das Mitarbeitendengespräch dar. Hier ist zuallererst die Führungskraft gefordert, die Leistungen gewissenhaft zu beurteilen und zu erkennen, wo sich Talente «herauskristallisieren».

Wer für besondere Aufgaben in Frage kommt, stellt sich einer von der eigenen Führungskraft unabhängigen Potenzialerhebung, bei der Stärken und zu entwickelnde Bereiche erhoben und mögliche Entwicklungsszenarien überlegt werden.

In Zusammenarbeit mit der Führungskraft wird auf dieser Grundlage ein umfassender Entwicklungsplan erstellt und in der nächsten besprochenen Entwicklungsperiode (ein halbes Jahr bis eineinhalb Jahre) umgesetzt. Der Kreis schließt sich bei einem *Review* – das auch mit dem nächsten Mitarbeitendengespräch zusammenfallen kann –, in dem überprüft wird, was sich in der Zwischenzeit getan hat und welches die nächsten Schritte sind.

Einmal in diesen Kreislauf («Goldfischteich») einzutreten bedeutet allerdings nicht, dass man sich ein für alle Mal darin befindet; ob man sich da etablieren kann, hängt von der jeweiligen Leistung, Motivation und Entwicklung und von Entwicklungsmöglichkeiten ab.

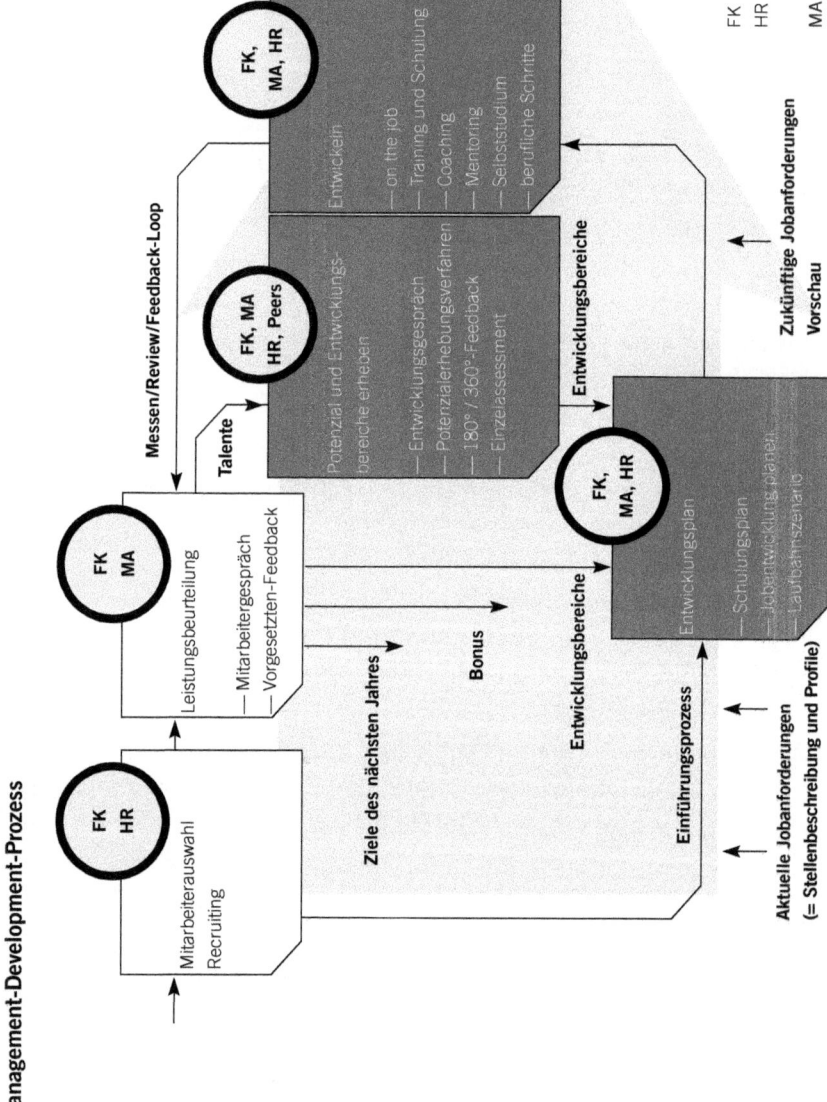

Management-Development-Prozess

Mitarbeiterauswahl
Recruiting

FK HR

FK MA

Leistungsbeurteilung
— Mitarbeitergespräch
— Vorgesetzten-Feedback

Messen/Review/Feedback-Loop

Talente

FK, MA HR, Peers

Potenzial und Entwicklungsbereiche erheben
— Entwicklungsgespräch
— Potenzialerhebungsverfahren
— 180° / 360°-Feedback
— Einzelassessment

FK, MA, HR

Entwickeln
— on the job
— Training und Schulung
— Coaching
— Mentoring
— Selbststudium
— berufliche Schritte

Top-Führungskräfte

Zukünftige Jobanforderungen Vorschau

Ziele des nächsten Jahres

Bonus

Entwicklungsbereiche

Entwicklungsbereiche

FK, MA, HR

Entwicklungsplan
— Schulungsplan
— Jobentwicklung planen
— Laufbahnszenario

Einführungsprozess

Aktuelle Jobanforderungen
(= Stellenbeschreibung und Profile)

FK = Führungskraft
HR = Human Ressources/
      Personalabteilung
MA = Mitarbeitende

3.1 Wer ist verantwortlich für Management Development?

Wie aus der Grafik ersichtlich wird, liegt die Hauptverantwortung für die Führungskräfteentwicklung – «Personalentwicklung ist eine der zentralen Führungsaufgaben» – bei der *Führungskraft* und *dem Mitarbeiter/der Mitarbeiterin* selbst. Je größer ein Unternehmen, desto eher gibt es aus dem Personalmanagementbereich Supportfunktionen, die Prozesse beschreiben und Instrumente zur Verfügung stellen.

Management Development (MD) geschieht aber immer, mehr oder weniger systematisch oder professionell, da jede Organisation Bedarf hat, Führungspositionen zu besetzen.

Abgesehen von Prozessen und Instrumenten ist es von zentraler Bedeutung, dass Mitarbeitende und Führungskräfte selbst für ihre Entwicklung Verantwortung übernehmen.

4. Potenziale erkennen

4.1 Was bedeutet Potenzial?

Mit Potenzial sind Personen gemeint, denen man aufgrund ihrer Leistungen im Job oder auch aufgrund von Beobachtungen aus potenzialerhebenden Verfahren (dazu siehe weiter unten) einen Schritt in einen verantwortungsvolleren Job zutraut. Ausschlaggebend sind dabei gleichermaßen *Leistungsfähigkeit* wie *Motivation* der Person. Dabei ist die Motivation bzw. die Entschlossenheit, sich einer bestimmten Herausforderung zu stellen, fast höher zu gewichten als eventuell beobachtete Leistungsschwächen, ganz im Sinne der Idee: «Der Muskel wächst nur dann, wenn man ihn benützt.»

Der MD-Prozess beginnt mit der *Bedarfserhebung* aktuell und vorausschauend auf die Entwicklung des Unternehmens:

— Ergeben sich neue Geschäftsfelder und dadurch neue Funktionen? Werden Geschäftsfelder abgebaut?
— Wie werden sich einzelne Jobs verändern?
— Welche der Führungskräfte wird sich langfristig, mittelfristig oder kurzfristig verändern?

Gleichzeitig ist es erforderlich, zu erheben, welche Leistungsträger sich zurzeit im Unternehmen befinden, mit welchem Potenzial und welcher Entwicklungsdynamik.

4.2 Potenzialmatrix

Ein Instrument zur Erfassung und Einteilung von Potenzial im Unternehmen ist zum Beispiel die Potenzialmatrix. Hier geht es darum, rasch einen Überblick über vorhandene Potenziale und die Dynamik ihrer Entwicklung zu bekommen.

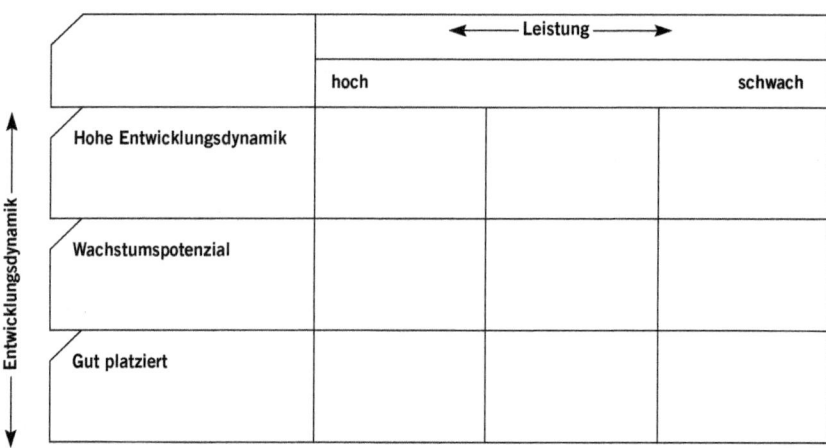

Die Idee ist, dass sich diejenigen Führungskräfte, die sich mit Nachfolgeplanung befassen, anhand dieser Matrix ein gemeinsames Bild über aktuell in der Organisation befindliche Potenziale schaffen, indem sie die in Frage kommenden Mitarbeiter/innen einerseits nach ihrer Leistung im aktuellen Job (x-Achse), andererseits nach ihrer beobachteten Entwicklungsdynamik (y-Achse) in die Matrix eintragen.

Hohe Entwicklungsdynamik bedeutet, dass eine Mitarbeiterin oder ein Mitarbeiter das Potenzial hat, sich in absehbarer Zeit in Richtung eines «größeren Jobs» in einer anderen Job-Familie (Bereich) zu entwickeln. Ein/e derart dynamische/r Mitarbeiter/in bietet einerseits ein hohes Potenzial für das Unternehmen, er/sie muss aber auch mit besonderem Augenmerk behandelt werden, da er/sie sich bei mangelnder Perspektive aus dem Unternehmen hinausentwickelt (d.h. sich seine Herausforderung dort sucht, wo sie zu finden ist). Hier sind rasche Entwicklungsgespräche und -maßnahmen angezeigt.

Wachstumspotenzial meint, dass einer bestimmten Mitarbeiterin, einem Mitarbeiter ein Job mit mehr Verantwortung in der gleichen Job-Familie zugetraut wird. Auch hier sind Entwicklungsmaßnahmen wichtig, aber weniger dringend.

Mit *gut platziert* ist gemeint, dass jemand in seinen derzeitigen Job gut passt, dass man aber aktuell auch keine großen Entwicklungssprünge erwartet. Die Leistung des Mitarbeiters/der Mitarbeiterin gibt Aufschluss darüber, welche Art von Entwicklungsmaßnahmen hier sinnvoll sind. Bei Leistungsträger/innen in dieser Kategorie (häufig Personen, die sich über Jahre in eine bestimmte Position hochgearbeitet haben und diese nun langfristig ausfüllen), sind Maßnahmen zur Orientierung und Selbstentwicklung, zur Überprüfung der eigenen Motivation, Ziele im Arbeitsleben und Privatleben etc. sinnvoll, um einen neuen Impuls in Richtung Entwicklung, evtl. horizontal, zu geben.

4.3 Potenzialerhebung

Ein weiterer Prozessschritt, der einerseits der Erhebung von Potenzial dient, andererseits bereits einen ersten Entwicklungsschritt darstellt, ist die Potenzialerhebung.

Mit der Potenzialerhebung bekommen Mitarbeitende, die im Job gute Ergebnisse erzielen, die Möglichkeit, ihre Fähigkeiten und Motive herauszufinden und darzustellen.

Mögliche Instrumente sind hier: Potenzialanalysen im *Assessment Center* mit für das Berufsfeld passenden Aufgabenstellungen, Orientierungsworkshops, strukturierte Entwicklungsgespräche.

→ Achtung!

Bevor man mit systematischer Erhebung und Entwicklung von Potenzial in einem Unternehmen beginnt, muss man sich einiger *Stolpersteine* bewusst sein.

Unterscheidungen hinsichtlich der Einschätzung von Potenzial werden immer getroffen, häufig unbewusst oder hinter vorgehaltener Hand. Sobald man damit beginnt, dies offen in einer Organisation auszusprechen, kommt es zu verschiedenen Phänomenen: Befürworter/innen, die sich vordrängen und eine Art «Goldfischteich» erhoffen, in dem sie dann entwickelt *werden*. Dies kann zu einem Verlust an Eigenverantwortung führen.

Gegner/innen, die die Einführung eines Klassensystems befürchten, was natürlich auch Demotivation zur Folge hat.

→ Es muss mit Fragen umgegangen werden wie: *Wer kann eigentlich überhaupt beurteilen?*

Konstruktivistisch gesehen, kann natürlich kein Mensch beurteilen, weil alle nur ihre subjektive Sicht haben und kein Vorgesetzter oder externer Experte oder Kollege die «Wahrheit» kennt.

Möglich ist es, ein buntes Bild aus verschiedenen relevanten Perspektiven herzustellen und aufgrund dieses Bildes zu einer Entscheidung zu finden – die allerdings letztlich immer subjektiv bleiben muss. Erforderlich bei der Identifikation von Talenten ist zunächst die Beurteilung durch die Führungskraft, die ja täglich mit der Person zu tun hat und häufig auch die Nominierung zu einem Potenzialerhebungsverfahren ausspricht. Sinnvoll kann es sein, andere Führungskräfte der Organisation als Beurteilende heranzuziehen. Hier hängt sehr viel von einem guten Beobachtertraining und der Fähigkeit der Beobachtenden ab, konstruktiv Feedback zu geben. Eine andere Möglichkeit besteht darin, externe Beobachter/innen heranzuziehen, die weniger die interne «Brille» tragen. Ob interne oder externe Brille, immer gilt letztlich, dass ein Feedback sehr viel auch über die Sichtweise des Feedback-Gebenden aussagt. Je mehr unterschiedliche Sichtweisen zusammenkommen, desto eher ergibt sich ein Bild, vor dessen Hintergrund man zu einer guten Entscheidung kommen kann.

→ Wie umgehen mit den «Ehrgeizigen» bzw. den «Schwachen» (hohe Dynamik)?

Sobald ich Potenzial erhebe und Entwicklung zum Thema mache, müssen vorher einige Fragen gestellt werden:

— Welche Entwicklungsszenarien sind möglich?
— Was wird von den Mitarbeiter/innen an Eigeninitiative erwartet, was nicht?
— Welche Lernfelder gibt es innerhalb der Organisation, welche außerhalb?

Gleichzeitig ist es wichtig, sich bewusst zu sein, dass Potenzialerhebungsverfahren Momentaufnahmen sind. Auch für diejenigen, die gerade nicht als hohes Potenzial identifiziert werden, sollte ein Entwicklungsplan erstellt werden, in dem Szenarien und Entwicklungsmaßnahmen auf einem weniger steilen Graphen festgehalten werden.

Wie und wer überbringt die (schlechte) Nachricht, und was passiert
mit der/m Mitarbeiter/in nachher?
Feedback sollte im Verfahren durch den Beobachter/die Beobachterin direkt und möglichst rasch gegeben werden. Feedback zur Entscheidung über weitere Vorgehensweisen muss durch die/den Personalverantwortliche/n, d. h. die/den Vorgesetzte/n erfolgen.

5. Führungskräfteentwicklung

Führungskräfteentwicklung ist sinnvoll, sobald sich eine Mitarbeiterin oder ein Mitarbeiter in einer Führungsfunktion befindet. Nur das schafft die drängenden Fragen, den entsprechenden Lerndruck, der dazu führt, dass er oder sie aus einer Entwicklungsmaßnahme möglichst viel für sich herausholt.

Maßnahmen zur Vorbereitung einer Person auf eine Führungsaufgabe fallen für mich in den Bereich Potenzialentwicklung, wofür sich aus meiner Erfahrung Kombinationsprogramme aus Potenzialerhebung und Feedback, Orientierung und Training mit *Basic Tools* (Kommunikation, Präsentation, Projektmanagement, Konfliktmanagement ...) gut eignen, am besten mit echter Projektarbeit im Ausbildungsteam.

Sehr wichtig ist die Mobilisierung der Teilnehmenden quer durch die Organisation, um die unbedingt erforderliche Bildung von Netzwerken zu fördern und die Teilnehmer/innen zu eigenverantwortlichem Agieren anzuregen. Die organisationsinternen Ressourcen zu nutzen, was Unterstützung, Information, Entwicklung usw. betrifft, ist ein ganz wesentlicher Aspekt.

Bei bestehenden Führungskräften, stellt sich die Frage, wie diese zu ihrem (neuen) Job zu befähigen bzw. als Führungskräfte (welcher Ebene auch immer) optimal zu unterstützen sind. Lebenslängliche Entwicklung ist gerade bei Führungskräften essenziell, auch wenn sich mit zunehmender Seniorität die Formate der Entwicklungsangebote ändern sollten.

5.1 Unternehmensinterne Entwicklungsmaßnahmen

5.1.1 Feedbackinstrumente

Feedback ist natürlich nicht nur für Führungskräfte ein wichtiges Entwicklungsinstrument, allerdings für Letztere besonders wichtig, da das Wesen der Führung die zielorientierte Beeinflussung von Menschen betrifft, also eine zutiefst zwischenmenschliche Aufgabe darstellt. Feedback ermöglicht Feedbacknehmenden, mehr darüber zu erfahren, wie sie von anderen wahrgenommen werden, und dadurch besser zu verstehen, wie es zu bestimmten Auswirkungen der eigenen Aktivitäten kommt. Es kann wichtige Hinweise auf mögliche Verbesserungen bieten.

Mitarbeitendengespräch
Ein Instrument, das als Kernelement Feedback zur Leistungsverbesserung beinhaltet und breit angewandt wird, ist das Mitarbeitendengespräch, das alle Mitarbeiter/innen einer Organisation mit einbezieht und daher auch Führungskräften zugute kommt.

Vorgesetztenbeurteilung und 360-Grad-Feedback
Sinnvoll ist es, für Führungskräfte nicht nur aus dem einen Blickwinkel des unmittelbaren Vorgesetzten Feedback einzuholen. Ein klassischer Ansatz ist hier die Vorgesetztenbeurteilung – dabei werden die Mitarbeiter/innen in anonymisierter schriftlicher Form gebeten, ihre/n Vorgesetzte/n zu beurteilen.
Ein weiterer klassischer Ansatz ist das 360-Grad-Feedback: Die Grundidee ist, alle relevanten Einflussgruppen der Führungskraft um ein Feedback zu bitten, so dass sich ein möglichst komplettes Bild ergibt, aus dem sich für die Führungskraft Entwicklungsrichtungen ableiten lassen.

Befragt werden können hier alle möglichen Gruppen, mindestens aber werden die oder der Vorgesetzte (häufig aber auch ein weiterer Vorgesetzter aus einer anderen Linie oder eine Ebene darüber), mindestens zwei Kollegen/innen und die Mitarbeiter/innen in anonymisierter Form befragt. Mögliche weitere Gruppen sind interne und externe Kunden/innen und Lieferanten/innen.

Ursprünglich wurden und werden vielerorts für das 360-Grad-Feedback bestimmte vom Unternehmen definierte wünschenswerte Führungskategorien in einen Fragebogen gepackt, womit letztendlich alle Führungskräfte über einen Kamm geschoren wurden. Das Problem, das sich dabei ergibt, ist, dass die Aussagen für die betreffenden Führungskräfte häufig irrelevant oder unverständlich sind.

Selbstgesteuertes 360-Grad-Feedback

Eine sinnvolle Möglichkeit ist es, sich als Führungskraft selbst die relevanten Fragen zu überlegen. Vorzugsweise unter Anleitung gilt es herauszufinden, was einen wirklich interessiert, worüber zu sprechen möglicherweise tabuisiert ist. Daraus kann die Führungskraft selbstgesteuert einen Fragebogen entwickeln und das Feedback selbst einholen.

Es sollte eine überschaubare Menge an Fragen (maximal zwanzig) – dabei lieber einige offene Fragen – gestellt werden. Die Skala sollte ohne Mittelkategorie auskommen und ausreichend breit sein, damit Antworttendenzen ausgeglichen werden können (sechs bis zehn Kategorien).

Der Fragebogen kann dann mit Anleitung ausgeschickt werden und zu einer zentralen Stelle (Sekretariat, HRM) zurückkommen, wo die anonymen Ergebnisse ausgewertet werden.

Wichtig ist es, das Ergebnis auf Widersprüchlichkeiten und Unerwartetes auszuwerten und es eventuell in der eigenen Abteilung zu präsentieren, um mit den Mitarbeiter/innen die eigene Reaktion auf das Feedback zu teilen und persönliche Konsequenzen daraus kundzutun.

In der Führungsausbildung der Akademie für Sozialmangement ist ein selbstgesteuertes 360-Grad-Feedback integriert. Edeltraud VOILL, Leiterin eines Elternberatungszentrums in Wien, hat ihren Fragebogen dankenswerterweise auszugsweise zur Verfügung gestellt.

Fragebogen zur persönlichen Führungsfähigkeit

Liebe/r …!

Wie ich dir erzählt habe, mache ich derzeit eine Fortbildung als Leiterin. Eine Aufgabe dieser Fortbildung ist es, einen Fragebogen zu erstellen. Ziel dieser Befragung ist, dass ich als Leiterin von verschiedenen Seiten Rückmeldung erhalte.

Ich bitte dich, diesen Fragebogen alleine, ehrlich und möglichst vollständig zu beantworten. Falls dir zu einzelnen Fragen keine Beispiele einfallen, aufgrund deren du die Fragen beantworten kannst, dann überlege dir, wie du mich persönlich einschätzt. Auch wenn du nicht ganz sicher bist, scheue dich nicht, etwas anzukreuzen. Es gibt auch die Spalte «kann ich nicht beantworten». Ich bitte dich aber, diese möglichst selten anzustreichen.

Die Befragung ist selbstverständlich anonym. Ich bekomme die Fragebögen nicht zu Gesicht. Beiliegend findest du ein Kuvert mit der Adresse von …, einem Kollegen, der mit mir die Fortbildung macht. Bitte schicke den Fragebogen direkt an ihn. Er wird die Auswertung vornehmen und mit mir dann das Gesamtergebnis besprechen.

Ich ersuche dich, den Fragebogen bis spätestens…. an ihn abzuschicken.

Die Ergebnisse möchte ich dann gerne bei einem unserer nächsten Arbeitstreffen besprechen.

Ich danke dir für deine Mitarbeit. Auf die Ergebnisse bin ich schon jetzt sehr neugierig. Dieses Feedback ist für mich eine wichtige Unterstützung bei der Reflexion meiner Leiterinnentätigkeit.

Liebe Grüße

	stimmt völlig	stimmt weit- gehend	stimmt etwas	stimmt eher nicht	stimmt weit- gehend nicht	stimmt über- haupt nicht	kann ich nicht beant- worten
1 Sie hat mit mir klar Arbeitsumfang und Arbeitsauftrag vereinbart							
2 Sie lässt mich in meinem fachlichen Bereich selbständig arbeiten.							
3 Sie lässt mich in meinem Bereich Eigeninitiative und Kreativität entwickeln.							
4 Sie führt neue Mitarbei- ter/innen ausreichend ein.							
5 Sie anerkennt gute Leistungen.							
6 Sie ist an meiner Arbeit interessiert.							
7 Sie achtet auf die Zielerreichung.							
8 Ich fühle mich von ihr wertgeschätzt.							
9 Ich kann in Zusammen- arbeit mit ihr Vorschläge einbringen.							
10 Sie nimmt Kritik konstruktiv auf.							
11 Sie greift Konflikte auf und kann sie behandeln.							
12 Sie kritisiert sachlich und rücksichtsvoll.							
13 Sie fördert die Kommuni- kation unter den Mit- arbeiter/innen.							
14 Sie informiert regelmäßig über das Geschehen im ganzen Betrieb.							
15 Sie greift Verbesserungs- vorschläge konkret auf.							
16 Sie bindet mich in Entscheidungen, die meinen Bereich be- treffen, ausreichend ein.							

5.1.2 Förder- und Entwicklungsmaßnahmen

Einige weitere organisationsinterne bzw. selbstgesteuerte Entwicklungsmaßnahmen möchte ich erwähnen, ohne aber weiter ins Detail zu gehen:

Mentoring – Rückmelde- und Entwicklungsgespräche in regelmäßigen Abständen mit von der Führungskraft gesteuerten Gesprächszielen mit einer internen Führungskraft aus einem anderen Bereich (Richtlinie: zwei Ebenen über der Führungskraft angesiedelt), mit der daher keinerlei Rivalität besteht. Häufig funktioniert Mentoring völlig selbstgesteuert, kann aber auch durch die Personalentwicklung unterstützt werden.

Benchmarking – Konkret geplanter Vergleich einer Organisationsabteilung mit einer vergleichbaren Abteilung innerhalb oder außerhalb der eigenen Organisation; sinnvoll ist hier eine genaue Vorbereitung über Ziele, Nutzen, Verwertbarkeit der erwünschten Informationen. Hier gilt grundsätzlich: Informationen, die ich von dir haben möchte, muss ich auch bereit sein, zur Verfügung zu stellen. Benchmarking ist aus meiner Sicht eine sehr mächtige und sinnvolle Form konkreten Lernens, ähnlich wie die Verwendung von Fallstudien.

Projekte – Entwicklung von Führungskompetenz über anfängliche Projektleitung bei zunehmend komplexen Projekten.

Erfahrungsaustauschgruppen – Sind aus meiner Sicht gerade für Führungskräfte auf höheren Ebenen sinnvoll: Gruppen von drei bis fünf Personen treffen sich regelmäßig selbstgesteuert und strukturiert, nachdem mit ihnen durch einen internen Berater oder eine externe Beraterin eine sinnvolle Lern- und Austauschstruktur erarbeitet wurde.

5.2 Unternehmensexterne Maßnahmen

Training, Lehrgänge, Coaching
Für Führungskräfte ab mindestens sechs Monaten Erfahrung in der Führungsfunktion stellen Management-Basislehrgänge eine gute Möglichkeit dar, sich mit den vielen Fragen zur Rolle, zu Interventionsmöglichkeiten, Kernaufgaben,

Abgrenzungsbedürfnissen auseinander zu setzen und gegebenenfalls auch das nötige betriebswirtschaftliche Know-how zu erwerben – eine gute Gelegenheit, 360-Grad-Feedbacks entlang eines solchen Lehrgangs durchzuführen, da die Ergebnisse gut innerhalb einer solchen Struktur verarbeitet werden können.

Nach unserer Erfahrung ist es sinnvoll, mit «fortgeschritteneren» Führungskräften zu bestimmten Spezialthemen in die Tiefe zu arbeiten.

Coaching ist eine mögliche Form, spezifische, individuelle Themenstellungen zu bearbeiten, oder aber auch bestimmte Entwicklungssprünge zu begleiten, wie z.B. einen Führungskräftewechsel.

6.   Conclusio

All die genannten Verfahren stehen für einen aktiven und professionellen Umgang mit Führungskräfteentwicklung und stellen insofern sozusagen einen Idealtyp dar.

Wege, dieses Thema zu umgehen, sind auch im Sozialbereich nicht unbekannt. Vermutlich kennen Sie manche dieser Beispiele:

— Der häufige Einsatz von Verfahren, welche die Führungskraft ersetzen, wie z.B. Supervision, Teambuildings …, wodurch letztlich die Konfrontation mit der Führungsschwäche einer leitenden Kraft umgangen wird.

— Führungskräfte nicht zu führen und sie alleine zu lassen, wodurch in Ermangelung von strukturierten Vorgaben, Zielen und Feedback Entwicklung ungerichtet und eher als Wildwuchs geschieht.

— Die Erwartung, dass Führungskräfte von Anfang an alles können müssten, bzw. die Hoffnung, dass sie ihre Kompetenz schon *on the job* erwerben werden. Freilich lernt man in der täglichen Arbeit am meisten. Die Frage ist nur, wie sehr man Entwicklung beschleunigen und richten kann bzw. wie sehr man Menschen durch Überforderung auf dem Weg dorthin verschleißt.

Vermutlich könnten Sie hier selbst noch einige weitere Beispiele hinzufügen. Wichtig ist, nicht von vornherein in die Haltung zu verfallen: Das geht bei uns ja gar nicht, dafür haben wir kein Geld, keine Unterstützung, keine Zeit. Hilfreich ist es, sich einige der relevant erscheinenden Fragen zu stellen und mit dem zu beginnen, was für Sie aktuell Sinn macht. Greifen Sie eines der Instrumente heraus, wandeln Sie es für Ihren Gebrauch ab und gehen Sie einen ersten Schritt. Beteiligen Sie dabei die relevanten Personen und evaluieren Sie, was Sie getan haben. So entsteht in einem angemessenen Tempo eine verträgliche Entwicklung in Richtung eines professionellen *Management Development.*

Team entwickeln – Teams führen

Christian Metz/Reingard Lange

Wer allein arbeitet, addiert. Wer zusammen arbeitet, multipliziert

Teamleitung und Teamentwicklung

1. Konstellationen der Zusammenarbeit

Teamarbeit wird in sozialen Organisationen meist sehr hoch bewertet. Das Team unterstützt, entlastet, regt an – zumindest wird das vom Anspruch her in Aussicht gestellt.

Über Funktionen und Erfolgsfaktoren guter Teamarbeit und auch über die Fallen des Anpassungsdrucks in Gruppen («Groupthink») sind seit den siebziger Jahren reihenweise Fachbücher erschienen. Klassiker sind z.B. Dave FRANCIS und Don YOUNG: *Mehr Erfolg im Team;* Barbara LANGMAACK und Michael BRAUNE-KRICKAU: *Wie die Gruppe laufen lernt;* Dieter CLAESSENS: *Gruppe und Gruppenverbände.*

Dabei wird «das Team» in der Regel positiv von «der Gruppe» abgehoben:

Sammlung von Einzelnen	Gruppe	Team	«Erfolgsteam»
— das gemeinsame Ziel fehlt — Verantwortung ist diffus und wird nicht geteilt	— erkennt gemeinsames Ziel — Verantwortung liegt allein bei der Führungskraft	— gemeinsames Ziel ist akzeptiert und dient der Konzentration der Kräfte — Verantwortung wird auf alle aufgeteilt — gemeinsam kann mehr erreicht werden	— Einzelne können mitbestimmen — Verantwortung ist aufgeteilt — um ein Ziel geeint — die Kommunikationsfähigkeit ist hoch — zukunftsorientiert: agieren, statt bloß reagieren — kreative Talente haben Platz — rasche Reaktion — aufgabenorientiert

Selten wird darauf eingegangen, dass es das viel beschworene Team für viele Mitarbeiter/innen und Führungskräfte gar nicht gibt.

Welche Konstellationen der Zusammenarbeit sind in sozialwirtschaftlichen Organisationen typisch?

— *«Das kleine Team»*, z.B. einer Beratungsstelle oder einer Werkstätte für Menschen mit Behinderungen, einer Jugendwohngemeinschaft: Die Mitglieder kennen einander, arbeiten über weite Strecken gleichzeitig am gleichen Ort, oft arbeitet die Leitungsperson im Dienst mit. Die Gruppengröße ist überschaubar – bis ca. zehn Teammitglieder. Hohe Identifikation und ein starkes Wir-Gefühl machen es der Leitung eher schwer, sich abzugrenzen und, falls erforderlich, das Team auch einmal «gegen den Strich zu bürsten».

— *«Das Großteam»*, z.B. zehn bis dreißig Mitarbeitende einer Station in einer Pflegeeinrichtung, Teammitglieder eines mobilen Dienstes: Die Führungskraft im Zentrum der Gruppe ist manchmal die einzige Person, die alle Teammitglieder kennt. Normalerweise arbeitet man zu unterschiedlichen Zeiten und in der ambulanten Betreuung und Pflege beispielsweise auch an verschiedenen Orten. Teilzeitarbeitsverhältnisse und Schichtdienste machen es schwer, dass zu einer Besprechung wirklich alle Teammitglieder kommen können. Die sternförmige Kommunikation – alles läuft über die Zentrale – stellt hohe Anforderungen an die Leitung. Kontakte im Team bleiben oft dem Zufall überlassen, selten sind sie formell geregelt. Zusammenarbeit wird eher bilateral mit der Leitung oder mit einzelnen Kollegen/innen bzw. in Kleingruppen erlebt.

— *«Das Leitungsteam»*, z. B. Bereichsverantwortliche eines Pflegeheimes: Die Führungskraft ist zwar letztverantwortliche Entscheidungsinstanz in der Organisation, doch bildet sie gemeinsam mit den Leitern/innen der verschiedenen Bereiche wie Pflege, Küche, Büro, Hauswirtschaft ein Leitungsteam. Typisch ist die Mehrfachmitgliedschaft aller: zum einen im eigenen Bereich beheimatet zu sein, zum anderen diesen Bereich im Leitungsteam zu vertreten und gleichzeitig vom Ganzen her zu denken und dabei die Eigeninteressen zum Teil hintanzustellen.

— *«Die Führungskraft ohne Team»*, z. B. Organisationsverantwortliche ohne Leitungsteam, Bereichsverantwortliche für mehrere Einrichtungen: Wenn mehrere Teams mit hoher Autonomie durch eine Führungskraft geleitet werden, hat diese oft selbst keine Gruppe mehr um sich. Oft steht ihr eine Assistenz oder Bürokraft zur Verfügung, sie selbst hält Kontakt zu Stabsstellen und anderen Führungskräften. Die Anforderung liegt darin, zu den verschiedenen Teams anschlussfähig zu sein, deren Selbststeuerung zu fördern und zu koordinieren – ohne selbst die Unterstützung bzw. das Korrektiv eines Teams zur Verfügung haben.

2. Das Team in der Organisation

Der Begriff «Team» wird in der Managementliteratur in der Regel eher *normativ* verwendet, er weist mehr darauf hin, «wie es sein soll», als dass er den alltäglichen Normalfall beschreiben würde: Reibungsverluste, Konkurrenz, Neid und Kooperationsschwierigkeiten im Team sind eher die Regel. Und doch gibt es begründete Hoffnungen, die mit Teams verbunden sind: Sie nehmen die Komplexität von Organisationen am besten auf; sie sind (im weiterführenden Sinn) irritierbar gegenüber notwendigen Veränderungen und relativ flexibel im Umgang mit dem Unkalkulierbaren. Teams bilden in Hierarchien effiziente

Subsysteme, welche die Handlungsfähigkeit des gesamten Unternehmens wesentlich garantieren. Funktionsfähige Teams sind ein konstituierender Erfolgsfaktor in Organisationen.

In der Soziologie und Sozialpsychologie wird eher der ideologisch nicht so aufgeladene Begriff «Gruppe» verwendet.

Individuen schließen sich in Gruppen zusammen – und setzen sich dabei den typischen Gruppenzwängen aus (vgl. CLAESSENS 1977):

— Druck der Homogenisierung der Selbstdarstellungen des Einzelnen auf einem mittleren Niveau.

— Druck zur Anpassung an einen Konsens, was man voneinander und von der Gruppe erwarten kann; Sanktionen gegen Abweichler.

— Ein Rollengefüge entsteht durch aktive oder passive Investitionen. Aktiv bedeutet: sich zeigen, Erwartungen erfüllen und setzen; passiv bedeutet: andere sich zeigen lassen und wahrnehmen, sich anpassen.

— Homogenisierung der Wahrnehmung – zu Beginn bringt ein neues Mitglied einen Realitätszuwachs in die Gruppe, die Abweichung der «Realität» spielt sich nach und nach wieder auf einem mittlerem Niveau ein, unpassende Realitätsauffassungen werden gekappt.

— Das Innenklima schafft einen unverwechselbaren Raum und grenzt nach außen ab.

— Zwischen dem Selbstverständnis der Gruppe nach innen und der Außendarstellung entsteht eine Differenz.

Das Individuum erlebt also im Gegenzug für die Gruppenleistungen eine Einengung seiner Spontaneität, seiner Identität, Konfliktfähigkeit und Souveränität, da es sich in die Sprache, Wertvorstellungen und Verhaltensweisen der Gruppe einfügen muss.

Arbeiten mehrere Gruppen in einer Organisation (in einem arbeitsteiligen Gruppenverband) zusammen, ergeben sich noch weitere Entfremdungsprozesse:

Team	Organisation
überschaubare Anzahl, direkter Kontakt *face to face* mit allen möglich	Anzahl unüberschaubar, indirekte Kommunikation mittels Medien oder Vertreter/innen nötig
gemeinsame Abstimmung und Entscheidung aller «an einem Tisch» möglich	Abstimmung und Entscheidung über Delegierte «Basisentscheidungen» oder «Vollversammlung» äußerst selten
Wir-Gefühl, emotionale Heimat durch konkrete Erfahrungen und Ansprechbarkeit	Wir-Gefühl über Symbole, Rituale Emotionale Anonymität bis hin zu Ohnmachts-gefühlen der Einzelperson
hohe Bedeutung der einzelnen Person	Hohe Bedeutung der Funktion – egal, welche Person
Dominanz der informellen (unausgesprochenen) Strukturen	Dominanz der formalen Struktur (Weisungsbefugnisse, Dienstpläne, Arbeitsprozesse)

Wer also ja sagt zur Leitungsverantwortung, macht damit einen Schritt weg vom «Wir» des Teams und muss sich die Leitungsfrage in beide Richtungen stellen:

— Was ist meine Funktion im Team und für das Team?
— Was ist meine Funktion in der und für die Organisation?

Und nicht zuletzt der Blick nach außen:

— Wie wirkt die Gesellschaft auf uns, und wie wirken wir zurück?
— Wie beeinflussen wir die bestehenden Verhältnisse, etwa in Bezug auf die Macht- und Aufgabenverteilung der Geschlechter/? Fördern oder behindern wir Verhältnisse, die es ermöglichen, ohne systematische Beeinträchtigung als Mann/Frau zu leben und Betreuungspflichten gegenüber Kindern/Angehörigen nachzukommen?

3. Orientierungsgruppe: Unvermeidbare Konflikte für die Organisationsleitung

Das Leitungsteam einer Organisation nimmt in besonderem Maß die Außenwelt der Organisation wahr, es registriert wichtige Ereignisse und reagiert darauf. Es hat die Funktion einer «Orientierungsgruppe» (CLAESSENS 1977), denn von ihr erhalten die leistungserstellenden Gruppen, die «Bezugsgruppen», wichtige Teile ihrer Regeln und ihrer Identität.

Eine Bezugsgruppe, die sich von der Orientierungsgruppe abgrenzt, verliert die gemeinsame Identität. Eine Bezugsgruppe, die sich jedoch von anderen Bezugsgruppen abgrenzt, gewinnt dadurch Identität: «Wir sind wir – und anders als die!»

Leitende (als Mitglieder der Orientierungsgruppe) sind somit mehreren unvermeidbaren Organisationskonflikten ausgesetzt:

3.1 Rivalität der Gruppen: Wir-Gefühl und Zugehörigkeit durch Abgrenzung vom Umfeld

Zwischen den Bezugsgruppen ist immer eine Bereitschaft zur Rivalität gegeben, denn eine Abgrenzung gegen «die dort» fördert die Identität, das «Wir-Gefühl». Die Teams der verschiedenen Stationen, die Küche und die Pflege, der Wohnbereich und der Werkstättenbereich – Beispiele lassen sich überall finden. Bezugsgruppenrivalität schafft Zugehörigkeit und ist ein «identitätsstiftender», systematischer – also unvermeidbarer Konflikt arbeitsteiliger Organisationen.

Zudem eskalieren Konflikte zwischen Gruppen rascher als Konflikte zwischen Einzelnen: «Die da oben», «die von der Buchhaltung» – in solchen Sätzen wird Aggression und Frustration nicht gegen konkrete Menschen gerichtet, und daher wird in der Regel hemmungsloser projiziert, polarisiert, angegriffen.

Bezugsgruppenrivalität kann erlebt werden als ewige Streitereien, Grabenkämpfe oder blockierende Feindbilder zwischen Abteilungen. Und gleichzeitig kann sie auch Antrieb sein für fruchtbaren Wettbewerb, z.B. im Rahmen von Qualitätsmanagement- oder Controllingsystemen, die Vergleich und gegenseitiges Lernen zulassen.

3.2 **Das Orientierungsdilemma der Leitung**

Die Rivalität der Gruppen wird nicht nur durch den direkten Vergleich, sondern auch durch die Bewertung der Orientierungsgruppe bestimmt. Dabei stehen Leitende unter dem Vergrößerungsglas der Aufmerksamkeit in der Organisation. Nicht (nur) deren Worte – vor allem die Handlungen werden wirksam: Welche Gruppe bekommt die besten Computer? Wer wird für wichtige Projekte ausgewählt? Bei wem werden Dienstposten gestrichen? Das Handeln der Orientierungsgruppe drückt deren Bewertung aus – und orientiert gleichzeitig. Wird auch ausgesprochen und nachvollziehbar begründet, weshalb die Entscheidung, die als «Bevorzugung» oder «Zurücksetzung» einer Gruppe interpretiert wird, so und nicht anders getroffen worden ist, dann wird das Handeln der Leitenden eindeutiger, unmissverständlicher: Das Leitungsteam macht klar, wer seine Erwartungen besonders gut oder weniger entsprechend erfüllt.

Eine Hauptaufgabe der Orientierungsgruppe besteht darin, diese Orientierung zu geben. Die Art und Weise, wie orientiert wird, ist entscheidend dafür, inwieweit die Vorgaben auch akzeptiert werden können. Auf jeden Fall löst eine klare Orientierung bei den «Verlierern» Frustration und Abwehr aus: Es sei nicht fair geurteilt worden, die Maßstäbe seien untauglich, oder andere hätten «unlautere» Methoden eingesetzt. Solche und ähnliche Reaktionen können verstanden werden als Versuch, ein angeschlagenes «Wir-Gefühl» zu retten. Es ist gut, wenn Leitende mit derartigen Mechanismen rechnen und vorausschauend an einer wertschätzenden und «sportiven» Kultur arbeiten: «Niederlagen» gehören dazu und sind keine Katastrophe, wenn man dadurch nicht organisationsintern «vernichtet» wird (→ Schermann, Beitrag über die Fehlerkultur in diesem Band). Evaluierung, Feedback, Beurteilung nach transparenten und vereinbarten Kriterien sind positive Routinen und müssen (vor)gelebt werden.

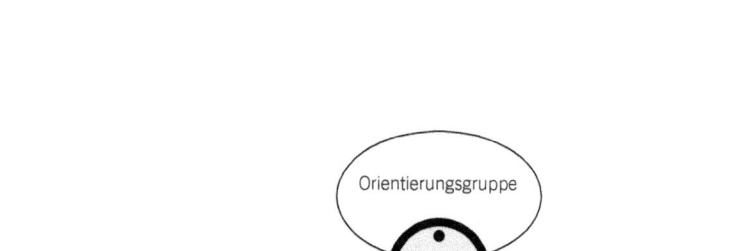

3.3   Das Vertretungsdilemma oder: der potenzielle Verräter

Der Anspruch einer direkten Kommunikation ist in Organisationen nicht mehr durchzuhalten. Indirekte Kommunikation über Vertreter/innen wird nötig. An diese werden von der Gruppe zwei Haupterwartungen gerichtet: Sei redlich! Und: Sei qualifiziert!

Das bedeutet: Fühle dich identisch mit uns, bringe und hole Informationen, vertritt unsere Interessen möglichst geschickt und setze sie erfolgreich durch!

Sobald die Vertretungsperson jedoch gemeinsam mit anderen arbeiten und ein Team von Vertreter/innen Ergebnisse erreichen soll, beginnen die gleichen Gruppenzwänge wie in jeder Gruppe – nur sind in der Regel größere Unterschiedlichkeiten zu überbrücken:

— verschiedene Fachsprachen;
— verschiedene Abstraktionsniveaus: An der Basis steht der konkrete Kunde, die Klientin im Zentrum – im Leitungsteam sind abstrakte Strukturen oder Kennzahlen relevant;

— ungleichzeitige Informations- und Wissenstände: Während an einem Ort des Systems die Informationen schon bekannt sind und Lösungen für ein Defizit gesucht werden, haben andere Teile ein ganz anderes Bild der Situation, vielleicht noch gar kein entsprechendes Problembewusstsein.

Das neue Gremium muss, um arbeitsfähig zu sein, selbst wiederum ein eigenes «Wir» bilden. Und diese neue Identität färbt die Vertreter/innen gleichsam ein. Sie kommen mit «fremdem Stallgeruch» in ihre Stammgruppe zurück.

Immer wieder steht die Frage im Raum: Zu wem gehörst du jetzt eigentlich – zu uns oder zu denen?

Gerade in sozialwirtschaftlichen Organisationen ist der richtige Abstand zum Team für Leitungsfunktionen entscheidend. Er ermöglicht, dass Leitende in Teamprozesse korrigierend einwirken können. Dasselbe gilt auch für den Abstand zum «Vertreter/innen-Team», denn eine Versuchung besteht darin, dass die Führungsperson die neue und besondere Solidarität der Gleichgestellten so einschätzt, dass sie sich zunehmend gegen die «unverständige Basis (daheim)» abzugrenzen beginnt. Gewinnt der Eliteanspruch vor dem Gleichheitsanspruch die Oberhand, verliert die Basis immer mehr die wichtige Möglichkeit, korrigierend von unten einzuwirken, weil Leitungsteams sich immunisieren.

In Organisatonen sind solche Prozesse erkennbar an

— Unterordnung (und Abwertung) von «handwerklicher» Leistung gegenüber Führungsleistung,
— übertriebenem Aufbau von Hierarchien oder bürokratischen Prozeduren,
— überproportionalem Abschöpfen von erwirtschafteten Leistungen für die eigene Infrastruktur und Repräsentation durch die Leitung.

4. Die Führungskraft als Teamentwickler/in

Zunächst scheint es oft so, dass nur die Leitung das Team und dessen Zielsetzungen als Ganzes im Blick hat. Die Herausforderung besteht darin, die Mitarbeiter/innen zunehmend zu beteiligen, Mitverantwortung für das Ganze zu fördern. Teamleitung bedeutet, dafür zu sorgen, dass alle ihren Beitrag einbringen und sich konstruktiv aufeinander beziehen. Dies gelingt durch Förderung von Einzelinitiativen im Team und das Vertrauen in die Kompetenz der

320 Aufgabenfelder im Sozialmanagement • Team entwickeln – Teams führen

Mitarbeiter/innen. Voraussetzung ist, dass die Leitung sich selbst eher zurück-
nimmt und die Kunst des Delegierens übt: Wenn er/sie alles weiterhin selbst
macht, wird man ihn/sie gewähren lassen, in der Annahme, dass er/sie es eben
so haben will. Eine solche Konzentration der Verantwortung wirkt nicht nur
erschöpfend, sondern behindert auch die weitere Entwicklung der Teammitglieder.

4.1 Die Teamentwicklungsuhr: Phasen und Interventionen (Csuvala/Fasching 2003)

4 Reifephase

— leistungsfähige Gruppe
— Regeln können wieder
losgelassen werden.
— flexibles, ideenreiches Handeln
— gegenseitiges Einspringen
— freundschaftliche Beziehungen
— Wertschätzung der Einzelpersönlichkeit
— Offenheit, Außenkontakte werden gepflegt
— an der gemeinsamen Wertorientierung
wird gearbeitet

Neue Fragen, neue Ziele angehen
Etabliertes in Frage stellen (lassen)
Querdenkende integrieren
Gruppe an Entscheidungen beteiligen –
Team mitleiten lassen,
«Schlendrian» vermeiden – auf Qualität und
Fehlerquellen achten
Feedbackschleifen nützen, Außensicht einholen

1 Test und
Orientierung

— Unsicherheit der Einzelnen,
— konventionelles Verhalten, un-
persönlich, vorsichtig, man zeigt
sich eher von der «Schokoladenseite»
— betonen von Gemeinsamkeiten
— warten auf die Autorität, Mitglieder suchen
Orientierung: Mit wem habe ich es zu tun?
Was gilt hier, was kommt auf mich zu? Wie
kann ich mich einbringen – was kann ich
davon haben?
Leitung ist jetzt «leicht» – die Folgebereitschaft
ist hoch: «Leitung soll Orientierung geben!»
Leitung trifft Vorentscheidungen in Bezug auf Ziele,
Vorgehen, Rahmenbedingungen
Günstig: Möglichkeiten schaffen fürs Sich-zeigen-und-
andere-Wahrnehmen-Können, für Kontakte auf
verschiedenen Ebenen
Einstiegsthemen sind Faktenthemen, nicht
Meinungsthemen
Mit der Unsicherheit rechnen – die Einzelnen klären in
der Anfangsphase für sich: Passe ich hierher?

3 Organisierung

— man arrangiert sich mit den Eigenheiten der Einzelnen
— wachsende Einsicht und Bereitschaft zu gemeinsamen
Vereinbarungen
— Absprachen über Selbstverantwortung und Verantwortung der Leitung, über Verteilung von Aufgaben, über
Kommunikations- und Entscheidungsprozesse
— sobald diese Vereinbarungen schrittweise getroffen
werden, entsteht Entlastung und neue Kraft für die
Arbeit, Sachthemen bekommen «Zug»
— ökonomischeres Arbeiten

Leitung kann sich zurückziehen, Aufgaben-
stellungen werden selbstverantwortlich
bewältigt und bescheren Erfolgserlebnisse
Außergewöhnliches aufgreifen,
Abweichungen von Vereinbarungen
ansprechen, Feinjustierungen
der Regelungen vornehmen

2 Gärung und Klärung

— Vertrauen ist gefasst
— die eigenen Interessen werden deutlicher gezeigt, Unterschiedlichkeit wird sichtbarer
— Stress steigt; noch bestehen keine erprobten Regeln,
wie man mit der Unterschiedlichkeit zu Rande kommen
kann, Aggression wird klarer ausgedrückt
— Leitung wird «vom Stockerl geholt» und in Frage gestellt
— mühsames Vorwärtskommen, Gefühl der Ausweg-
losigkeit bei der Gruppe und der Leitung. Gleichzeitig
fördern die Auseinandersetzungen auch das Erleben
von persönlicher Bedeutung, Intimität und Nähe.
Nicht anzetteln, aber die Differenzierung «will-
kommen» heißen; faktische Unterschiede auf-
zeigen; Meinungs- und Entscheidungsfragen
besprechen und klären; auch bei der Leitung
entsteht das Gefühl, «es nicht mehr richtig
machen zu können» – sich Auseinander-
setzungen stellen, aber sich nicht in die
Auseinandersetzungen innerhalb
der Gruppe hineinziehen lassen.
Achtung auf Harmonisie-
rungstendenzen und
«Friedensengel»

5. **Ausgewählte Instrumente der Teamentwicklung**

5.1 **Regeln für das Arbeiten in Gruppen (Pechtl, 1986)**

Die folgenden Empfehlungen können in Gruppen diskutiert und in passender Form als Gruppenregeln vereinbart werden

(1) *Rahmenbedingungen werden offen diskutiert und gemeinsam festgelegt.* Rahmenbedingungen beinhalten:

— Funktionsverteilung:
  — Wer ist Gesprächsleiter/in, wer Moderator/in?
  — Was sind Aufgaben der Gesprächsleitung/Moderation?
  — Welche Aufgaben haben die Teilnehmer/innen?
— Zeitplan, Themen, Ziele, Ablauf: roter Faden und Methoden
— Formen der (Zwischen-)Kontrolle

(2) *Abweichungen von Vereinbarungen werden angesprochen:* Am Beispiel des Umgangs mit der Arbeitszeit wird deutlich, dass auch krasse Zeitüberschreitungen manchmal über Jahre unangesprochen bleiben und kleine Abweichungen als Kavaliersdelikte angesehen werden. Wertschätzende Haltung zu praktizieren heißt, eine Abweichung anzusprechen. Diese Aufgabe fällt vielfach den Führungskräften zu, kann aber auch kollegial wahrgenommen werden.

(3) *Ziele, Forderungen, Anweisungen, Aufträge, Wünsche, Bitten, Bedürfnisse, Interessen ... werden offen und so konkret wie möglich ausgesprochen oder gemeinsam erarbeitet.*

(4) *Gedanken lesen oder Gedanken erraten wird nicht erwartet und wird nicht zugelassen.*

(5) *Ergebnisse werden schriftlich festgehalten:* Sinnvollerweise wird ein Ergebnisprotokoll erstellt, in dem festgehalten wird, wer, was, bis wann mit wem erledigt.

(6) *Kontrolle ist erwünscht und hilfreich,* weil sie als Lernchance für Personen, Gruppen und Organisationen genutzt werden soll.

5.2 Gärung wird zur Klärung: Themen, die immer wieder fruchtbar zu besprechen sind

Eine Frage- und Reflexionskultur anzuregen ist eine vorzügliche Weise, zu leiten und die Teamentwicklung zu fördern. Hierbei sind gerade die *crucial points* und die schmerzlichen Seiten des Arbeitsalltags von großer Bedeutung:

— Was macht die Leute müde, was erschöpft und zermürbt auf Dauer?
  → Chronischer Arbeitsdruck, schlechte Gesundheit, persönliche Probleme, Gefechte mit der Verwaltung, Schwierigkeiten in der Kommunikation untereinander, unrealistische Erwartungen und Ansprüche, Sorge um die berufliche Zukunft etc.
— Wie nimmt ein Team ein neues Mitglied an?
  → Inwieweit wird eine Bereicherung durch neue Sichten und Erfahrungen erlebt und genutzt, oder wird der/die Fremde und Neue eher als Störfall und Eindringling behandelt?
— Wie geht das Team mit Personalmangel um?
  → Es ist problematisch und zudem belastend, insgesamt das Niveau auf Dauer zu senken oder «schlampiger» zu arbeiten. In fortwährenden Engpässen kommt es entscheidend darauf an, begründete Prioritäten zu setzen: Welche Arbeiten können ausgesetzt werden, was lässt sich schneller/anders erledigen? Wie kommt neben dem Dringlichen auch das Wichtige zum Zug?
— Wie überprüft das Team die wichtigen Arbeitsprozesse? Wie werden Erfolge gesichert und mitgeteilt?

5.3 Ablauf für eine lösungsorientierte Entwicklungsklausur (nach Ben Fuhrmann)

(1) *Probleme in Ziele verwandeln*
Wenn man weiß, wonach man sucht, kann man es leichter finden.
Listet einige der Probleme auf, von denen ihr glaubt, dass sie das optimale Funktionieren eures Teams behindern, und verwandelt sie in entsprechende Ziele.

(2) *Das Ziel auswählen*
Sobald du weißt, wo du hin willst, bist du schon gut unterwegs.
Wenn es euch schwer fällt, zu entscheiden, welches Ziel ihr wählen sollt, versucht das zu nehmen, welches den größtmöglichen positiven Einfluss auf die anderen Ziele auf der Liste hat.

(3) *Welcher Gewinn kann erwartet werden?*
Die Anziehungskraft eines Zieles ist direkt proportional den Vorteilen, die man erwarten kann.
Identifiziert den (vermuteten) Gewinn

— für jede/n von euch
— für euer Team
— für eure Organisation
— für eure anderen Mitarbeiter/innen
— für eure Kunden/innen, Klienten/innen und Patienten/innen (und deren Angehörige)
— für jede/n von euch privat
— ...

(4) *Das Traumteam*
Wenn ein Ziel klarer wird, werden die Mittel deutlicher, um es zu erreichen.
Stellt euch vor, dass ein Jahr vergangen ist und euer Team beträchtlichen Fortschritt in Richtung des ausgewählten Ziels gemacht hat. Ihr entschließt euch, ein Video zu machen, welches das Funktionieren des «Traumteams» aufzeichnet. Beschreibt die Szene in diesem Video so, dass sogar völlig Außenstehende davon überzeugt werden würden, dass ihr größeren Fortschritt auf dem Weg zu eurem Ziel gemacht habt.

(5) *Die Möglichkeitswaage*
Optimismus ist, Möglichkeiten statt Hindernisse zu sehen.
Listet die Faktoren auf, die den Fortschritt in Richtung auf euer Ziel behindern könnten.

Hindernisse	Ressourcen
	eure Teamressourcen
	andere Ressourcen
	frühere Erfolge
	zuletzt gemachter Fortschritt

(6) *Inventur der Teamressourcen*

Welche Stärken könnt ihr aneinander erkennen? Welche Talente, Fähigkeiten und positiven Qualitäten könnt ihr bei den Mitgliedern eures Teams finden? Nehmt euch einige Minuten Zeit, um über jedes einzelne Teammitglied zu sprechen. Lasst die Person, die neben euch sitzt, in dem freien Raum unterhalb auf ein Blatt Papier schreiben, was die anderen Mitglieder eures Teams über sie sagen. Wenn ihr jede positive Qualität genauer beschreibt, seid konkret – beschreibt eure Wahrnehmung davon, wie diese Qualität sich im Alltag gezeigt hat.

(7) *Äußere Ressourcen*

Zusätzlich zu den Stärken eurer Teammitglieder habt ihr viele Ressourcen, die sich als unschätzbare Hilfe erweisen können, um das ausgewählte Ziel zu erreichen. Solche Ressourcen können sich unter den Klienten/innen, denen ihr dient, den Kollegen/innen, mit denen ihr arbeitet, den Experten/innen, die ihr konsultiert, den Familienmitgliedern, mit denen ihr eure Gedanken austauscht, euren Partnern/innen, den Außenstehenden, mit denen ihr sprecht und euren Vorgesetzten finden. Wie könnt ihr diese äußeren Ressourcen nützen?

(8) *Neueste positive Entwicklungen*

Der beste Weg, das zu verhindern, was schlecht funktioniert ist, mehr von dem zu tun, was gut funktioniert.

Welche Hinweise könnt ihr finden, die den neuesten Fortschritt in Richtung des gewählten Ziels anzeigt? Was ist schon in dieser Richtung getan

worden? Welche Ereignisse in letzter Zeit erscheinen euch als Zeichen dafür, dass das Team auf dem richtigen Weg ist?

(9) *Vorrat an früheren Erfolgen*
Der einzige wirkliche Fehler ist, zu vergessen, dass man sich bereits ge-
machte Fehler zunutze macht.
Was lässt sich lernen aus den (Beinahe-)Fehlern und daraus, wie mit diesen
umgegangen wurde – im Blick auf die Betroffenen, hinsichtlich des Selbst-
wertgefühls des Teams und seiner Mitglieder, in Bezug auf die Öffentlichkeitsarbeit und Selbstdarstellung?

6. Die Besprechung als die wesentlichste Teamgestaltungsmöglichkeit

6.1 Der optimale Besprechungsmix: Erfolg – oder Misserfolg – auf drei Ebenen

Besprechungen haben entscheidende Funktionen auf drei Ebenen (vgl. von
Sassen 2003). In jeder Besprechung werden alle drei Ebenen eine Rolle spielen,
«hungert» eine Ebene über zu lange Zeit, muss die Leitung damit rechnen, dass
sich die Gruppe selbst holt, was in der Besprechungsvorbereitung nicht berük-
ksichtigt worden ist. Gibt es zum Beispiel zu viel Information und Entscheidungsdruck, lässt sich die Gruppe oft ablenken, man reißt Witzchen oder führt
leidenschaftliche Debatten über Detailfragen, die «vollkommen unmotiviert»
zu sein scheinen.

(1) *Inhaltsebene:* Haben wir dir richtigen Informationen? Gehen wir der
Sache auf den Grund? Wird der einzelne Gesprächsbeitrag verstanden?

(2) *Interaktionsebene:* Welche Verhältnisse entstehen zwischen den Personen (in
Bezug auf oben/unten, Nähe/Distanz, schnell/langsam im Vorangehen)? Welches emotionale Klima entsteht? Wieviel Vertrauen, Respekt und Wertschätzung, Offenheit, Spontanität und Gefühlsausdruck, Risikobereitschaft entstehen?

(3) *Prozess- und Ergebnisebene:* Wie organisieren wir unser Vorgehen? Welche Schritte im Gesprächsprozess sind sinnvoll im Hinblick auf das Ziel?

Wie kommen wir voran – oder auch nicht? Welche Gesprächsfortschritte werden sichtbar? Wie wollen wir die Gesprächsergebnisse sichern?

Besprechungsleitung bedeutet also:

— die Besprechung vorzubereiten
— Informationen geben bzw. einbringen lassen
— Diskussionsphasen gestalten – das Gespräch moderieren ($\rightarrow$ 6.3)
— Ergebnisse sichern, die Kontinuität zum nächsten Mal herstellen

6.1.1 Checkliste zur Vor- und Nachbereitung einer Besprechung:

Rahmenbedingungen	— Zeitpunkt, Dauer — Ort, Wegbeschreibung — Medien, Verpflegung, Gestaltung der «programmfreien Zeit»
Personen	— Wer wird eingeladen? (Wer kommt nicht?) — Von wem wird welcher Beitrag erwartet? — Wer moderiert? Wer hat andere Aufgaben? — Wer muss die ganze Zeit dabei sein, wer teilweise?
Themen und Ziele	— Was muss besprochen werden und mit welchem Ziel? — Geht es dabei (vorwiegend) um Information? — Eher um Diskussion? — (Bis wann) muss eine Entscheidung getroffen werden?
Information	— Inwieweit sind Unterlagen, Zahlen, Materialien notwendig? — Wie werden die Einzelnen eingeladen? — Was erhalten sie zur Vorbereitung?
Dokumentation und Ergebnissicherung	— Wie werden die Ergebnisse dokumentiert? — Wie werden Nichtanwesende informiert, ins Boot geholt? — Wie werden die getroffenen Vereinbarungen kontrolliert?

6.2 Wenn Leitende moderieren – Was ist moderierbar?

Moderation ist ungeeignet als Motivationsmittel für feststehende Entscheidungen oder Ergebnisse, die auf diesem Weg den Betroffenen «schmackhaft» gemacht werden sollen. Wer keine Frage hat, zu der die Gruppe etwas zu sagen bzw. zu erarbeiten hat, hat auch keine moderierbare Situation vor sich.

Dabei sind verschiedene Spielarten denkbar:

Leitung hat (innerlich) entschieden …	**Leitung** wird entscheiden …	**Leitung** entscheidet aufgrund eines gemeinsamen Entscheidungsprozesses …	**Leitung** übergibt die Entscheidung der Gruppe und regelt die Rahmenbedingungen …
… und **die Gruppe** wird informiert	… und will sich vorher von **der Gruppe** Informationen holen: Erfahrungen hören, Meinungsbild erheben	… indem **die Gruppe** mitarbeitet bei der gemeinsamen Analyse der Situation, durch Diskussion der Standpunkte, durch gemeinsame Ideensammlung, durch Abwä-gen von Vor- und Nachteilen verschiedener Entscheidungsvarianten etc.	… **die Gruppe** erarbeitet die wesentlichen Ergebnisse: Analyse, Soll-Entwürfe, Entscheidungskriterien, Umsetzungspläne, Konsequenzen für andere
kein Gesprächsprozess nötig, daher auch keine Moderation	*minimale Moderation: Info geben, Frage stellen, keine Diskussion*	*Moderation nötig. Moderiert die Leitung selbst, ist es wichtig zu markieren, sobald sie die Funktion wechselt und mitdiskutieren will.*	*Moderation durch die Leitung naheliegend*

6.3 Die Kunst der Moderation

6.3.1 Sinnvolles Gliedern in einzelne Gesprächsschritte

Besprechungen leiden darunter, wenn einer Führungskraft die Ausgangslage und das Problem eigentlich schon weitgehend klar sind und sie nur noch nach «Ideen zur Lösung» fragt. Für die anderen Teilnehmenden ist das Überspringen wichtiger Phasen der Entscheidungsfindung ein Kaltstart, der weder fürs Klima noch fürs Ergebnis besonders förderlich ist.

Moderieren heißt also, zuerst Thema und Ziel klären und dann einen roten Faden zur Bearbeitung einbringen. Folgende vier Schritte stellen einen organischen «roten Faden» dar (vgl. GLASL 2002, 130–140):

a) **den Rahmen bilden**	Ist mir und den Teilnehmern/innen klar, worüber wir sprechen werden? Mit welchem Ziel? Wie viel Zeit haben wir dafür?
b) **das Bild gestalten**	*Die gsprächsanregende Startfrage* knüpft bei den Erfahrungen, Interessen oder bei der eigenen Betroffenheit der Teilnehmenden an. Sie holt alle ins Boot und bringt wichtiges Material auf den Tisch. *Ein gemeinsames Bild der Situation entsteht:* Was sind die beobachtbaren Phänomene zu diesem Thema? Wer hat welche Erfahrungen, Fakten, Zahlen? Was sind mögliche Hintergründe, Ursachen? Wer hat welche Beteiligung?
c) **das Urteil bilden**	Wer hat welche Anliegen oder Ziele? *Welche Vorstellungen vom Soll-Zustand gibt es?* Welche Lösungs- oder Umsetzungsideen gibt es? Welche Chancen und welche Kosten oder Risiken sind mit verschiedenen Varianten verbunden? Was braucht es, um entscheiden zu können?
d) **Entschlüsse fassen**	*Welche Entscheidung* trifft die Gruppe? Wie werden die Entscheidungen umgesetzt? Welche Entschlüsse fassen die einzelnen Teilnehmenden der Besprechung für sich?

Die verschiedenen Schritte können durch Methodenwechsel markiert werden: Eine Frage wird auf Zuruf beantwortet, und die Antworten werden am Flipchart von der Moderation festgehalten. Eine andere Frage kann vielleicht in kleinen Murmelgruppen besprochen werden, und Ergebnisse werden auf Kärtchen festgehalten.

Für komplexere Fragen können «stille Moderatoren» vorbereitet werden: Raster, die wesentliche Fragen enthalten und an denen in einer Kleingruppenphase gearbeitet wird. Ein Beispiel:

Thema: «Unsere Besprechungen»

Was gefällt uns? Was bewährt sich?	Was stört uns? Was sollte geändert werden?
Welche Verbesserungsideen haben wir?	Welche Stolpersteine sehen wir dabei?

6.3.2 Das Thema und den roten Faden sichern

Fragen regen an, öffnen und führen das Gespräch weiter. Sie sind das wichtigste Steuerungsinstrument in der Moderation. Fragen sollen niemanden bloßstellen oder in die Enge treiben, können aber sehr wohl konfrontieren – z.B. wenn Spannungen, Störungen oder Illusionen angesprochen werden.

Ergeben sich im Gespräch Seitenthemen und Umwege, fragt die Moderation nach, inwiefern diese im Moment für das Thema wichtig sind. Scheint es, dass das Thema geändert werden soll, mehr Zeit benötigt oder die Tagesordnung angepasst werden soll, macht die Moderation darauf aufmerksam. Sie bezieht die Teilnehmenden in die Verantwortung über die Schritte der Bearbeitung mit ein.

Unterschiedliche Meinungen oder Gegensätze gehören oft zur Struktur einer Sache. Tauchen sie auf, hat die Moderation bereits etwas geleistet. Sie kann das zusammenfassen und damit den aktuellen Stand bewusst machen: «Zu diesem Punkt gibt es jetzt verschiedene Meinungen: die einen ..., die anderen ...»

Die Haltung «Um Himmels Willen – nur keinen Streit ...» ist nicht zielführend und verleitet zu vorschnellen Glättungsversuchen. Es hilft mehr, wenn die Gegensätze deutlich herausgearbeitet werden und als aktuelle Realität akzeptiert werden.

Die Moderation soll dafür sorgen, dass die hinter einer gegensätzlichen Meinung stehenden Erfahrungen oder Erkenntnisse ausgesprochen und angehört werden.

Die persönliche Meinung der Gesprächsleitung bekommt durch das Vertrauen, das die Gruppe dieser Steuerungsfunktion entgegenbringt, häufig besonderes Gewicht. Dies gilt auch, wenn die Moderation «nur als eine/r unter anderen» sprechen möchte. Gesprächsleiter/innen tun gut daran, sich mit frühzeitigen Meinungsäußerungen oder gar mit «abschließenden Stellungnahmen» zurückzuhalten. Sollte es dennoch sinnvoll erscheinen, irritiert es die Gruppe weniger, wenn der Wechsel der Funktion angezeigt wird: «Ich möchte zu diesem Punkt auch meine persönliche Meinung einbringen und spreche jetzt als Betroffene ...»

Eine Gruppe, die sich bereits kennt, kann meist ohne formelle Wortmeldungen auskommen: Eine/r hört auf den anderen, eine Äußerung baut auf die andere auf. Dieser Ablauf ist nicht immer gewährleistet. Vor allem dann, wenn mehrere gleichzeitig sprechen wollen, und immer die Gleichen zum Zug kommen – oder nicht zu Wort kommen –, muss die Moderation die Wortmeldungen für sich festhalten.

Sie nacheinander abzurufen ist jedoch oft unbefriedigend, weil die Teilnehmer/innen zu verschiedenen Themen sprechen möchten. Sinnvoller ist eine gewisse Ordnung nach inhaltlichen Schwerpunkten: «Das war jetzt eine Äußerung zum Thema ... Möchte noch wer dazu etwas sagen?»

Zumindest zwei Dinge sollten bei jeder Besprechung für alle sichtbar visualisiert werden:

Das Programm (die Tagesordnung) mit zumindest groben Zeitangaben und das Ergebnis: der Maßnahmenplan. Er stellt sicher, dass eine gemeinsame Sicht davon entsteht, was die nächsten Schritte sind, wer davon betroffen ist und bis wann welche Ergebnisse zu erwarten sind.

Er ermöglicht, dass jede betroffene Person so lange rückfragen kann, bis ihr klar ist, was von ihr bis wann erwartet wird. Spätestens wenn ein Vorhaben individuell im Terminkalender eingetragen wird, muss die Frage gestellt werden: «Bis wann ist das realistisch?» Oder eventuell: «Was brauchst du, damit du das bis ... schaffen kannst?» Wenn die nächsten Schritte so erarbeitet worden sind, haben sie eine echte Umsetzungschance.

Maßnahmen

Was?	Wer?	Bis wann?	Info an?

7. Das Hochleistungsteam: Lehren aus dem Spitzenfußball

Wenn der Startrainer Ivica OSIM über Fußball philosophiert, ist er eine Autoritätsperson. In einem Akademie-Fachgespräch mit ihm und Topmanagern/innen aus Wirtschaft und Sozialbereich wurden wir sehr inspiriert.

Was können Sie, werte Leserin und werter Leser, von den Einsichten eines Startrainers möglicherweise übertragen auf Teamleitung und Teamentwicklung in Ihren Arbeitsbereichen?

7.1 *Unterschiede wahrnehmen und produktiv managen:* Ein polyglotter Hausmeister im Team wirkt Wunder!

Gängige Differenzierungen im Fußballteam sind «Artisten» und «Arbeiter», «Stars» und «Wasserträger»: einige, die mehr laufen, kämpfen, rutschen, unangenehme Aufgaben übernehmen. Derzeit ist ein Trend zu beobachten, dass der (Markt-)Wert der «Wasserträger» steigt. Sie schaffen den nötigen Zusammenhalt und fördern die Integration der Potenziale der Stars in der Mannschaft. «Wer Spitzenteams formen will, muss integrieren können» (OSIM).

Bemerkenswert ist, dass Multikulturalität im Fußball wie im Sozialbereich selbstverständlich sind. Die Frage ist: Wie gelingt es, diese Unterschiedlichkeit *(diversity)* der Fachsprachen, Denkweisen, Professionen (z. B. von Sozialarbeitern/innen, Pädagogen/innen, Betriebswirten/innen, Juristen/innen, Theologen/innen, Ärzten/innen, Pflegepersonen) wirksamer als Motor für Entwicklung zu nützen?

OSIM unterscheidet diejenigen, die im Feld zu Hause sind, und diejenigen, die von außen hinzukommen und eine andere Sicht und Kultur einbringen: «Eine Hilfe ist es, wenn die Einheimischen einen Schritt auf die Gäste zumachen und nicht warten, bis diese sich angepasst haben. Notwendig ist Teamkultur, in der jede/r sich verpflichtet, den Schritt auf den anderen hin zu tun.»

Integrationsbasis unterschiedlicher Kompetenzen ist Wertschätzung. Wesentlich ist, diese nicht nur den «Stars» zu erweisen, sondern auch die «Wasserträger» immer wieder vor den Vorhang zu holen. «Respekt ist das mindeste, was ich bei jedem Spiel erwarte, Respekt auch vor dem Gegner. Überheblichkeit einzelner Spieler zersetzt das Team und muss eliminiert werden.»

7.2 «Die anderen» – Unser Umgang mit der Konkurrenz

Im Fußball ist immer ein direkter Gegner gegeben, der eigene Ideen hat und das Spiel gewinnen will. «Wir müssen lernen zu denken, was die anderen denken – auch über uns.» (OSIM)

«Die anderen» – das sind für sozialwirtschaftliche Organisationen zumindest zwei: einerseits die Klienten/innen bzw. Kunden/innen und andere wichtige Anspruchsgruppen. Andererseits auch mitbewerbende Organisationen in einem gemeinsamen Markt. Aus der Beobachtung des Feldes und der Gegner (wer deckt was ab – mit welchen Stärken und Schwächen?) ergibt sich das eigene Profil. «Eine Einrichtung, die eine klare Idee hat, was sie will, ist erfolgreicher. Wer sich nur mit dem Minimum zufrieden gibt, schwächt den ganzen Sektor» (Raimund BADELT, Caritas Wien).

7.3 Die Genialität des Einzelnen und die kooperative Leistung des Teams

Erfolgsfaktor ist, «wenn in der entscheidenden Situation alle elf Spieler dasselbe denken». Natürlich hat jede/r Eigeninteressen. Über kurz oder lang ist entscheidend, dass das Ergebnis nicht nur für den Club, sondern auch für den einzelnen Spieler stimmt. Dennoch darf man «keine Kompromisse machen, um die Spieler bei Laune zu halten. Man muss immer die beste Mannschaft für dieses Spiel aufstellen.» OSIM lehrt die Spieler vom Ganzen her mitzudenken: Wer ist für diese Aufgabe wirklich am besten geeignet? Er lässt die Fragen diskutieren und will Vorschläge von Seiten der Spieler.

Die «menschliche Basis» ist für OSIM stets mit einzubeziehen: Wo steht der Spieler persönlich, familiär? Was bedeutet dieses Spiel/dieser Erfolg jetzt gerade für ihn? Wann erlebt er sich wertgeschätzt? Wird der Entwicklung der Person Raum gelassen, oder wird sie lediglich für kurzfristige Interessen verheizt? Fühlt sich der Spieler gebraucht oder eher missbraucht?

Teamleistung bedeutet, auch dranzubleiben, wenn ich gerade nicht am Ball bin. Was ergäbe sich, wenn sich der Tormann innerlich ausklinkt aus dem Mitdenken, weil er nur selten – wenngleich dann oft spektakulär – im Einsatz ist?

7.4 Spielfreude heißt Risikofreude

Was beim Sport im Unterschied zum Sozialmanagement viel offener zu Tage tritt, ist die «Niederlage». Immer oben sein geht nicht – eine gewisse Wahrscheinlichkeit, die gesteckten Ziele nicht zu erreichen, muss integriert werden. OSIM: «Wer die Möglichkeit der Niederlage nicht akzeptiert, wird nicht risikofreudig sein. Er wird nur auf Sicherheit spielen. So kann man auf Dauer nicht gewinnen. So kann man nicht einmal leben.»

«In der Niederlage muss die Wertschätzung in der Binnenstruktur gefunden werden. Die Qualität des Teams zeigt sich so: Wie kritisch können wir im Erfolg miteinander sein? Wie wertschätzend in der Niederlage?» (Günter AMESBERGER, Sportwissenschaftler an der Universität Wien).

7.5 **Steuern über Feedback**

Ivica OSIM ist einer der gefragtesten Spezialisten, wenn es um das genaue Beobachten eines Spiels, einer Mannschaft geht. Er wurde als einer von acht Experten ausgewählt, um aus der Beobachtung der WM 2002 Vorschläge für die weitere Entwicklung des Sports zu erarbeiten.

«Der Trainer muss sehr gut informiert sein, über alles!», meint OSIM. Natürlich spielt der Trainer nicht mit. Oft sieht er von seiner Position nicht, was wirklich läuft. Daher werden alle Möglichkeiten der Aufzeichnung genutzt für Analyse, Interpretieren, Feedback an die Betroffenen. «Wenn es sein muss, spiele ich das Band, und er sieht es selbst.»

Kritische Rückmeldung und Offenheit sind Qualitätsfaktoren – auch zugunsten des Publikums. «Ich sage es, wenn ich mich für die Mannschaft schäme.»

7.6 **Aufbauarbeit bei zunehmendem Beschleunigungsdruck – Rückgrat zeigen**

In der Sportöffentlichkeit zählt Aufbauarbeit nichts. Resultate sind sofort gefordert. Es gibt wenig Toleranz für Anlaufzeiten, für umstellungsbedingten Leistungsrückgang.

OSIM lebt vor, wie Führungskräfte mit diesem enormen Außendruck umgehen können: Kontakt halten, sich Abgrenzen gegenüber unrealistischen Ansprüchen, Blick auf mittelfristige Entwicklung.

Er verkörpert im Fußball wie kaum ein anderer den «langen Atem»: Jahrelang baute er seine Teams auf. Besonders eindrucksvoll war der Aufstieg der Provinzmannschaft *Sturm Graz* innerhalb von acht Jahren zu einem Team europäischen Formats. Seiner Sache so lange treu zu bleiben – das charakterisiert den Toptrainer. Dennoch bleibt ein Abwägen: Wo sind meine Kräfte am besten eingesetzt? Wo kann ich wirksam werden? «Manchmal sagte ich, das war mutig, bei *Sturm* zu bleiben. Und manchmal sage ich mir, vielleicht war es dumm.» Nun, auf jeden Fall war es ein erfolgreiches Beispiel.

Literatur

CLAESSENS, Dieter (1977): Gruppe und Gruppenverbände. Systematische Einführung in die Folgen von Vergesellschaftung. Darmstadt.

CSUVALA, Walter/FASCHING, Harald/LANGE, Reingard (2003): Teamentwicklungsphasen – Interventionen. Wien: unveröffentlichte Seminarunterlage.

CUMMINGS, Ina (1996): The interdisciplinary team. In: Derek DOYLE/Geoffrey W.C. HANKS/Neil P. MAC DONALD (eds.): Oxford textbook of palliative medicine (2nd edition) (pp. 19–30). Oxford: Oxford University Press.

FRANCIS, Dave/YOUNG, Don (1998): Mehr Erfolg im Team. Hamburg: Windmühle.

GLASL, Friedrich (2004): Selbsthilfe in Konflikten (4. Aufl.). Bern/Stuttgart: Haupt/Freies Geistesleben.

JANIS, Irving L. (1982): Groupthink. Psychological Studies of Policy Decisions and Fiascous. Boston: Houghton Mifflin (academic).

LANGMAACK, Barbara/BRAUNE-KRICKAU, Michael (1998): Wie die Gruppe laufen lernt. Stuttgart: Psychologie Verlag Union.

LINDNER, Gabi (2003): Die erfolgreiche Besprechung. Wien: unveröffentlichtes Arbeitspapier der Katholischen Sozialakademie Österreich.

MADDUX, Robert B. (1993): Team-Bildung: Gruppen zu Teams entwickeln. Wien: Ueberreuter.

METZ, Christian (2002) (mit Katharina HEIMERL): Was alle angeht, können nur alle angehen« – der Stellenwert von interdisziplinärer Teamarbeit. In: Sabine PLESCHBERGER/Katharina HEIMERL/Monika WILD (Hrsg.): Palliativpflege (S.301–314). Wien: Facultas.

PECHTL, Waldefried (1989): Zwischen Organismus und Organisation. Linz: Veritas.

SASSEN, Hans von (2003): Ebenen im Gespräch. Wien: unveröffentlichtes Trigon-Arbeitspapier.

TUCKMAN, Bennis W. (1965): Developmental sequence in small groups. In: Psychological Bulletin 63, 384–399.

Angelika Güttl-Strahlhofer

«Virtuelles» Arbeiten und Führen: Science-Fiction oder Realität?

1. Ausgangslage

Computerchip und Glasfaserkabel haben als Informations- und Kommunikationstechnologien (IuK) längst Einzug in unser Berufs- und Privatleben gehalten. Laut *Austrian Internet Monitor* (AIM 2004) verfügen inzwischen 68 Prozent aller Österreicher/innen über einen eigenen PC, 55 Prozent nutzen das Internet, und die Anzahl der Breitbandanschlüsse, im Herbst 2003 waren es 14 Prozent, steigt stetig.

Mit den neuen Technologien wird es möglich, auch über große Distanzen miteinander in einer Qualität zu kommunizieren, die dem unmittelbaren persönlichen Gespräch nur wenig nachsteht. Die Folge ist, dass Mitarbeiter/innen «virtuell» werden – dass virtuelle Teams entstehen, dass Menschen virtuelle Lernräume (E-Learning) oder Läden (E-Commerce) nutzen beziehungsweise virtuelle Organisationen formen.

Der folgende Beitrag beschreibt nach einer kurzen Einführung die Vorzüge und Fallstricke für Mitarbeiter/innen und Führungskräfte im und um den virtuellen Raum. Abgerundet werden die Ausführungen von einigen Überlegungen, wie und mit welchen Anwendungen virtuelle Organisationseinheiten (Gruppe, Team, Unternehmen, Projektgruppe) technisch unterstützt werden können.

Bewusst ausgeklammert werden alle Aspekte des gemeinsamen Wissensaufbaus und der Wissensspeicherung («Wissensmanagement»), ein umfassendes Gebiet, dessen Behandlung den Rahmen sprengen würde (PROBST u.a. 1999).

Die *Akademie für Sozialmanagement* hat in ihrem 11. Leiter/innen-Lehrgang erstmals auch einen «virtuellen» Lernraum eingerichtet, der es den Teilnehmenden ermöglichte, zwischen den Präsenzseminarem – oder an ihrer Stelle – über das Web zu kommunizieren, sich abzustimmen und zu lernen. Auch können sich die Lerngruppen «virtuell» austauschen und so die Möglichkeiten in und mit virtuellen Teams am eigenen Leib erfahren. Eine Demoversion eines virtuellen Lernraums steht unter http://kka.caritas-wien.at (Stand 31.03.2004) zur Verfügung.

Begriffsklärung

In dieser Arbeit verwenden wir die Begriffe «virtuell» und «virtuelle Organisation» im folgenden Sinne (netlexikon 2004): «Als *virtuell* gilt die Eigenschaft einer Sache, die zwar nicht real ist, aber doch in der Möglichkeit existiert; Virtualität spezifiziert also ein konkretes Objekt über Eigenschaften, die nicht physisch, aber doch in ihrer Funktionalität vorhanden sind.» Als virtuelle Organisation wird ein Netzwerk bezeichnet, eine «Gruppe/Gemeinschaft von Fachleuten, die virtuell miteinander in Verbindung stehen und für ihre Kooperation und Koordination im Wesentlichen das Internet benutzen».

Typischerweise entwickeln sich virtuelle Organisationsformen über einen längeren Zeitraum: Aufgrund von äußeren Umständen wird ein Treffen nicht mehr persönlich, sondern über ein Telekonferenz- oder Videokonferenzsystem abgewickelt.

Vielleicht um den Einstieg nach einer Karenz zu erleichtern, wird mit einer oder einem Mitarbeitenden Telearbeit vereinbart. Das nächste Projekt wird gemeinsam mit einer Institution durchgeführt, die sich in einem anderen Bundesland befindet, und weil bei den Projekttreffen nur wenige persönlich anwesend sein können, wird die Anzahl der persönlichen Treffen reduziert, und an ihrer Stelle werden «virtuelle Treffen» (Chat, Telekonferenz etc.) vereinbart. Voraussetzung ist selbstverständlich die Beherrschung der Informations- und Kommunikationstechnologien durch die Anwender/innen. Auf diese Weise halten virtuelle Arbeitsformen Einzug im Alltag.

Abbildung 1 zeigt eine typische Entwicklung von virtuellen Unternehmens-strukturen:

Entwicklung virtueller Unternehmensstrukturen

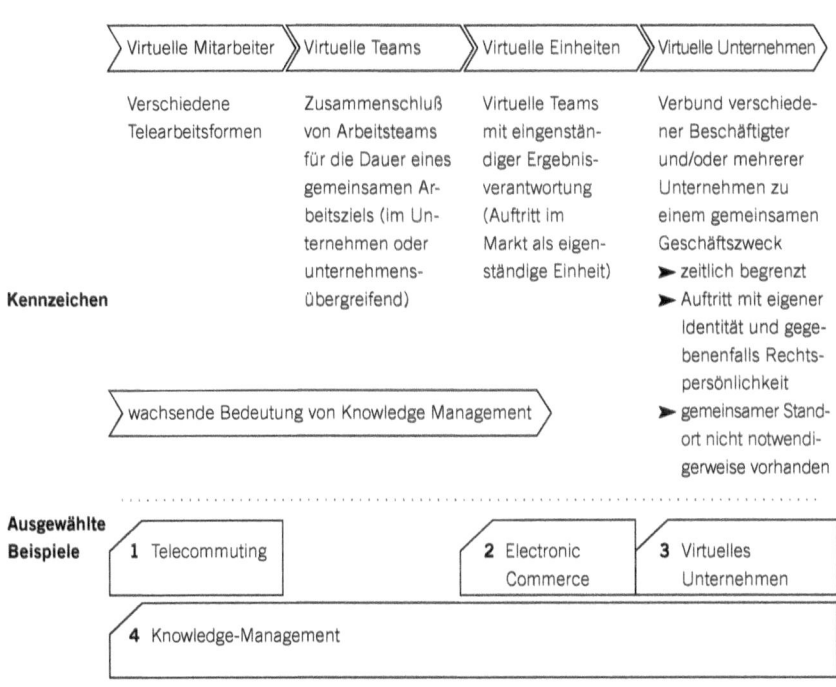

Abbildung 1   Entwicklung virtueller Unternehmen in www.tel-e-management.de (Stand: 31. März 2004)

2. Führung von virtuellen Mitarbeitern/innen

Unter *virtuellen* Mitarbeitern/innen versteht man solche, die Telearbeit ausführen (Arbeitsformen, bei denen ein Teil der Arbeit an einem Arbeitsplatz außerhalb der Unternehmensräumlichkeiten erledigt wird). Sie werden deshalb auch häufig Telearbeiter/innen genannt (weitere Informationen über Telearbeit bieten zum

Beispiel: http://www.oeta.at/telearbeit.html und http://www.telearbeit.at, Stand 15. Januar 2004). Seit den neunziger Jahren ist diese Beschäftigungsform oft diskutiert worden. Grundlage ist eine funktionierende technische Infrastruktur, sowohl bei der Organisation als auch bei der Telearbeiterin oder beim Telearbeiter (zu dieser ganzen Thematik vgl. MATTHIES 1997).

Häufig wird diese Arbeitsform von den Mitarbeitern/innen als ausgesprochen erstrebenswert angesehen, wohingegen Vorgesetzte bzw. Organisationen ihr eher reserviert gegenüberstehen. Telearbeit erscheint als Abkehr vom «Taylorismus» mit seinen strikten Hierarchien im Unternehmen und einer strengen Trennung zwischen Planungs- und Überwachungsvorgängen und den ausführenden Tätigkeiten – Telearbeit lässt sich so schließlich auch als Absage an die Maxime interpretieren, dass Arbeit ein notwendiges Übel sei und *per se* keinen Spaß mache.

Eine oft zitierte Telearbeitsstudie ergab, dass besonders die Telearbeiter/innen selbst eine Steigerung der Produktivität ihrer Arbeit sehen, wohingegen die Manager/innen dies negativ beurteilen (Studie: Telearbeit bei der IBM in Deutschland. Auswertung von Prof. GLASER, Tübingen).

Welche Anforderungen sollte ein Mitarbeiter oder eine Mitarbeiterin erfüllen, der oder die Telearbeiter/in werden möchte?

— Verantwortlichkeit für die Qualität der eigenen Arbeit
— Flexibilität bei der Erfüllung einer Aufgabe hinsichtlich Arbeitszeit, -ort und Lösungsansatz
— Fähigkeit, sich eigene Ziele zu setzen
— Eigeninitiative für Problem- und Konfliktlösungen

Herausforderung

Es besteht oft die Gefahr, dass über den technischen Aspekten die anderen Elemente von Führung und Arbeiten vergessen werden. Dabei ersetzen die Informations- und Kommunikationstechnologien die klassischen Methoden der Zusammenarbeit bzw. Führung keineswegs, sondern ergänzen einander – die Technik ist ja lediglich ein Vehikel, um miteinander zu arbeiten. Eine funktionierende technische Infrastruktur stellt die Basis dar, ohne die eine zufrieden stellende Arbeit unmöglich ist (Näheres dazu → Abschnitt 4 Infrastruktur).

Die Situation, auf die sich Führungskräfte von Telearbeitern/innen einzustellen haben, ist, dass ihre Mitarbeiter/innen sich nun nicht mehr «unmittelbar im Zugriff» befinden und nonverbale Kommunikationsmethoden entfallen müssen.

Lösungsansätze

Modelle, die mindestens einen oder zwei «Bürotage» pro Woche für die Telearbeiter/innen vorsehen, haben sich besser bewährt als das Modell der «Vollzeit-Telearbeit». Als vorteilhaft haben sich wöchentliche Meetings und regelmäßige Einzelgespräche etwa alle drei Monate erwiesen. Auch regelmäßiger Erfahrungsaustausch zwischen den Tele-Mitarbeiter/innen wirkt unterstützend.

Als problematisch wird oft auch gesehen, dass Telemitarbeiter/innen zeitweise nicht erreichbar sind und die Mitarbeitenden, die in den Firmenbüros arbeiten, deshalb oft Phantasien entwickeln, die Telearbeiter/innen würden es sich jetzt gerade gut gehen lassen. Abhilfe schaffen Zeitpläne, die darüber Aufschluss geben, was eine Telearbeiterin oder ein Telearbeiter wann tut.

3. Virtuelle Teams

In der Literatur (vgl. HEIMBURG u.a. 2001) werden die Besonderheiten von Teams damit erklärt, dass Teams (Kleingruppen) gemeinsame Ziele haben und Aufgaben gemeinsam lösen, es lässt sich ein ausgeprägter Gemeinschaftsgeist und ein starker Gruppenzusammenhalt feststellen.

Im Unterschied zu den eher begrenzten Aufgaben, die Telemitarbeiter/innen erfüllen können, werden virtuelle Teams mit umfassenderen Aufgaben, oft ganzen Projekten, betraut. Ein größerer Teil der Unternehmensaufgaben wird nicht mehr «im eigenen Bürogebäude» erfüllt.

Auslöser für den Einsatz virtueller Teams stellen der zunehmende Wettbewerb, die steigenden Fixkosten eines Arbeitsplatzes und die wachsende Vernetzung von Arbeitsplätzen dar. Ein nicht zu unterschätzender Faktor ist auch, dass virtuelle Zusammenarbeit einfach Spaß macht. Dieses Argument nimmt bei der Einstellung qualifizierter Mitarbeiter/innen einen zunehmend bedeutenderen Stellenwert ein. Gute Beispiele dafür sind die Texte von Stellenanzeigen, die immer öfter auch auf nichtmonetäre Motivationsfaktoren setzen.

Vorteile, die sich sowohl für die Organisation als auch für virtuelle Teams bieten, sind vor allem folgende:

— Zeitgewinn aufgrund des Wegfalls von Reisezeit,
— Kostenvorteile, keine Reisespesen,
— Synergieeffekte durch Nutzung unterschiedlicher Kompetenzen und Qualifikationen.

Herausforderung und Lösungsansätze

Betrachtet man die Erfolgskriterien von Teams, dann enthält diese Liste neben anderen Punkten auch jene der räumlichen Nähe der Teammitglieder zueinander. Die Distanz im virtuellen Team zu überbrücken und trotzdem ein gutes Ergebnis abzuliefern, darin liegt die Kunst. Und es bedeutet, dass auch hier eine gemeinsame «reale» Startveranstaltung sowie regelmäßige «reale» Treffen den Teamzusammenhalt und die Teamarbeit fördern.

Zu den größten Herausforderungen, die bei der Arbeit von virtuellen Teams auftreten, zählt die Integration von «Individualisten», weil gerade solche Teams Menschen anziehen, die besonders großen Wert auf selbstverantwortliches Arbeiten und persönliche Freiräume legen. Virtuelle Teams benötigen nicht nur Infrastrukturen, die sie bei der Arbeit unterstützen, sondern auch verbindliche Richtlinien für Verhaltensweisen und klare Absprachen. Es muss eindeutig und für alle erkennbar sein, wer wofür verantwortlich ist, wer wann was macht, und mit wem er/sie sich in Verbindung setzen muss. Ein Beispiel aus dem «virtuellen» ASOM-Lernraum des Leiter/innen-Lehrgangs: Das Prozedere der Behandlung von auftretenden Fragen bei den Übungsbeispielen war nicht klar genug kommuniziert worden. Die Folge war, dass die Online-Trainerin dutzendweise Mails mit Detailfragen erhielt und diese nicht, wie intendiert, im Forum gemeinsam abgeklärt wurden. Ein klarer Ablauf zu Beginn lenkt Erwartungen in die richtige Richtung und minimiert den Betreuungsaufwand (z.B. Fragen im Forum stellen, Musterlösung zur Verfügung stellen).

Zusammengehörigkeitsgefühle entstehen durch gemeinsame Rituale: das gemeinsame Abteilungsfrühstück, der Mittagstisch beim Italiener, das «Plauscherl am Gang». Virtuelle Teams müssen ohne diese Rituale auskommen. Aber selbstverständlich brauchen auch sie Rituale – nur eben andere. Beispielsweise hat sich neben dem vierzehntägigen Projektmeeting, das in Form eines Chats durchgeführt wird, auch ein monatlicher Chat-Jour-fixe etabliert, an dem Privates ausgetauscht wird.

Auch in virtuellen Teams ist die Führungskraft für die Ergebnisse verantwortlich, das Mittel dazu ist aber weniger die Kontrolle, sondern vielmehr ein

Prozess, bei dem Zielvereinbarungen gemeinsam überprüft und Abweichungen analysiert werden. Vertrauen zu den Telearbeitern/innen ist dabei ein wesentlicher Faktor. Neben dem Einzelgespräch wird auch mit Hilfe von regelmäßigen Teambesprechungen der Projektfortschritt evaluiert. Führen durch Zielvorgaben (*Management by Objectives* – MbO) ist das Gebot jedes Vorgesetzten, denn bei der Mitarbeit von Telearbeitern/innen scheinen andere Managementmethoden wenig zielführend. Anwesenheitsorientierte Führungstechniken müssen durch ergebnisorientierte Managementmethoden ersetzt werden. Der Schlüssel zum Erfolg liegt im Führungsverständnis einer neuen Generation, die an die Zusammenarbeit unter Gleichgestellten, die sinnvolle Nutzung moderner Technik und die virtuelle Kooperation mit menschlichen Zügen gewöhnt ist.

4. Infrastruktur

Bis zu diesem Kapitel lag der Schwerpunkt bei der menschlichen Komponente, die ja in der Tat einen bedeutenden Aspekt darstellt, jedoch bildet eine funktionierende Infrastruktur eine Grundvoraussetzung. Die Technik wird als eine Basis verstanden. Sie fällt nicht auf, wenn sie funktioniert, arbeitet sie aber nicht fehlerfrei, so ist die Unzufriedenheit groß.

Elemente der IT-Infrastruktur

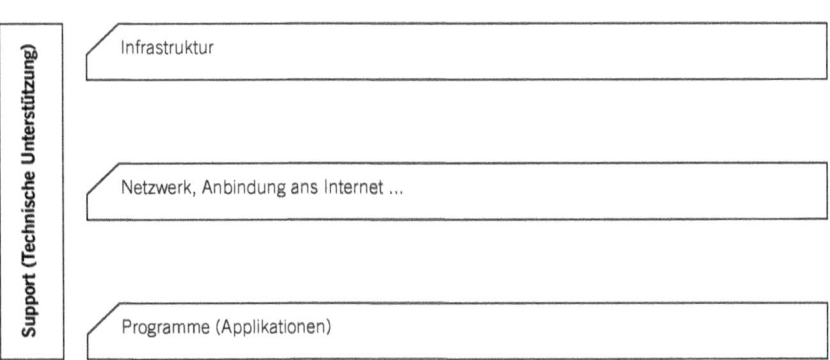

Abbildung 2   Elemente der IT-Infrastruktur – eigene Darstellung

344 Aufgabenfelder im Sozialmanagement • Team entwickeln – Teams führen

Als Basis dient eine funktionstüchtige lokale Infrastruktur und adäquate Netzwerkverbindungen. Wichtig ist auch eine leistungsfähige Anbindung ans Internet, sowohl von Organisationsseite als auch vom Arbeitsplatz des oder der virtuellen Mitarbeiters/in. Nichts ist lähmender als eine Präsentation, die stundenlang das Mailpostfach blockiert. Von Mitarbeiter/innenseite ist deshalb eine Verbindung von mindestens 64 kbps (ISDN) sehr empfehlenswert. Mit einer gesicherten Verbindung (VPN – *Virtual Private Network*) kann die Einwahl in das Firmennetz (Intranet) erfolgen.

Das Intranet, laienhaft ausgedrückt: die Weiterentwicklung einer Website mit Informationen, auf die nur ein ausgewählter Personenkreis Zugriff hat, stellt einen wesentlichen Ankerpunkt für virtuelle Mitarbeiter/innen dar. Dort stehen, je nach Bedeutung als Informationsquelle, aktuelle Informationen, Vorlagen, Kundendateien, die eigenen Dateien etc. zur Verfügung.

Für Organisationen, die intensiver virtuell zusammenarbeiten, wurde CSCW-Software *(Computer Supported Cooperative Work)* entwickelt. Darunter werden jene Produkte zusammengefasst, die Gruppenarbeit erleichtern sollen. Bekannte Groupware-Anwendungen sind z.B. *Lotus Notes* oder *Outlook*. Damit können Arbeitsgruppen gemeinsame Kalender, Adresslisten u.ä. führen. Zu den Applikationen, die auch eine gemeinsame Dateiverwaltung einschließen, gehört auch die kostenfrei nutzbare webbasierende CSCW-Lösung: BSCW (*Basic Supported Cooperative Work* – http://bscw.gmd.de/. – Stand: 15. Januar 2004). Diese eignet sich gut zum Ausprobieren. Einen Überblick über einen Teil der am Markt angebotenen Anwendungen, nämlich die Workflow- bzw. Groupware-Lösungen, ist in einem Marktüberblick der Universität Zürich (http://www.ifi.unizh.ch/ikm/Vorlesungen/IM3/WS0102/IM3_files/9_1-CSCW_Grundlagen_handout.pdf, Stand: 15. Januar 2004) zu finden.

Für virtuelle Projektgruppen stehen spezifische webasierende Applikationen zur Verfügung: Beispielhaft seien hier zwei deutschsprachige Produkte angeführt: http://www.projectplace.de (Januar 04 – zwanzigtägiges Testabo), und http:// www.projektron.de. Eine einfache Lösung, die derzeit (Januar 2004) kostenfrei nutzbar ist: www.eproject.com. Diese Produkte verbinden die gemeinsame Nutzung von Dokumenten (eventuell auch strukturiert) mit einer E-Mail- oder Benachrichtigungs-Funktion, kommentierten Link-Empfehlungen, Foren etc.

Es gibt mittlerweile eine Vielzahl von Anwendungen, die gemeinsames «virtuelles» Arbeiten unterstützen. Welches Produkt sich für eine Organisation als jenes mit dem besten Preis-Leistungs-Verhältnis herausstellt, sollte mit einem spezifisch erstellen Anforderungskatalog abgeklärt werden.

Ein oft vernachlässigtes Kapitel ist der Support, die technische bzw. moralische Unterstützung. Eine in vielen Startveranstaltungen geäußerte Angst ist, dass die Nutzer der IT-Lösung an ihrem virtuellen Arbeitsplatz keinen Ansprechpartner bei Problemen haben. Und für den Anbieter von Support manchmal schwierig umsetzbar. Dieser sollte möglichstrund um die Uhr verfügbar sein, denn einer der Vorteile der «virtuellen» Arbeit ist es ja, zeitlich flexibel arbeiten zu können.

5. Chancen für Sozialmanager/innen

Die Chancen für Sozialmanager/innen liegen in der Möglichkeit, relativ kostengünstig (so internetfähige Ausstattung bereits verfügbar ist) örtlich verteilte Ressourcen – z.B. in Form von spezifischem Mitarbeiter/innen-Know-how – nutzen zu können. Etwa einen Rechtsexperten, der vielleicht im süddeutschen Raum arbeitet, in ein Wiener Projekt zu integrieren und so einen Teil der Reisezeiten und -kosten einsparen zu können. Oder regelmäßige Vernetzungstreffen nur mehr einmal im Quartal «real» abzuwickeln und sich in der Zwischenzeit im Netz auf dem Stand zu halten.

Bildungsmaßnahmen werden zunehmend auch über das Internet angeboten. Das heißt, dass die Weiterbildung ganz oder teilweise über das Netz abgewickelt wird und auch hier wieder Reisezeit und auch Qualitätsverbesserungen (durch die individualisierte Anpassung an das Ausgangswissen) möglich sind.

Einrichtungen, die verteilte Standorte besitzen, können über «virtuelle Anbindung» die Zusammengehörigkeit der Mitarbeiter/innen steigern und den Austausch zwischen den Standorten fördern.

Risiken sind vor allem in der Überforderung der Mitarbeiter/innen zu sehen, die EDV-mäßig nicht oder schlecht ausgebildet, unverhältnismäßig viel Zeit für die oben geschilderten Anwendungen aufwenden müssen. Mit der zunehmenden Durchdringung der Internetnutzung wird dieses Problem tendenziell geringer.

6. Conclusio

Virtuelles Arbeiten wurde erst durch die Entwicklung des Internets und die Verbreitung von Informations- und Kommunikationstechnologien möglich. Unter «virtuell» wird «nicht physisch, aber der Funktionalität nach vorhanden» verstanden.

Beim Arbeiten und Führen von virtuellen Arbeitern/innen (Telearbeitern/innen) oder virtuellen Teams sollte berücksichtigt werden, dass die fehlende physische Präsenz Änderungen in der herkömmlichen Form der Zusammenarbeit und des Führens bedingt. Rituale wie das «Plauscherl am Gang» müssen durch neue Formen ersetzt werden. «Management by Objectives» (Führen durch Zielvereinbarungen) ist ein notwendiges Mittel, um konstruktive Arbeitsbeziehungen mit den Mitarbeiter/innen und Teams zu etablieren. Für die «virtuellen» Mitarbeiter/innen ist die Beherrschung von Informations- und Kommunikationstechnologien Voraussetzung. Vor dem Start einer «virtuellen» Arbeit in der Organisation sollte geklärt werden, ob dafür auch die IT-Infrastruktur (Hardware, Netzwerk, Applikationen und nicht zuletzt ein entsprechender Support) vorhanden ist. Am Markt stehen viele Applikationen zur Unterstützung zur Verfügung, die mit Hilfe eines individuell erstellten Kriterienkataloges ausgewählt werden sollten.

Gefordert wird keine neue Form des Führens oder der Zusammenarbeit, sondern die konsequente Anwendung eines wertschätzenden, transparenten und zielorientierten Kommunikationsstils.

Virtuelles Arbeiten und Führen wird sich als integraler Bestandteil unseres Arbeitslebens etablieren. Durch bewussten Umgang mit den Besonderheiten von diesen Beziehungen können die Vorteile, die diese Arbeitsformen besitzen voll genutzt werden und die Nachteile zum Großteil ausgeglichen werden.

Auch für Sozialmanager/innen bieten «virtuelle Arbeitsformen» Chancen: z. B. bei der besseren Integration von Einrichtungen mit verteilten Standorten, über Nutzung von Experten/innen-Know-how.

Literatur

AIM 2003: http://medienforschung.orf.at – Daten vom 3. Quartal 2003, Stand: 31. März 2004.

HEIMBURG, York von/RADISCH, Gerd F. (2001): Virtuelle Teams erfolgreich führen – Ein Team, eine Aufgabe, verschiedenen Standorte. Landsberg: moderne industrie.

MATTHIES, Peter (1997): Telearbeit – das Unternehmen der Zukunft: Umwälzungen in der Arbeitswelt. Markt und Technik.

Netlexikon 2004: http://www.net-lexikon.de (Stand: 31. März 2004).

PROBST, Gilbert/RAUB, Steffen/ROMHARDT, Kai (1999): Wissen managen. Wie Unternehmen ihre wertvollste Ressource optimal nutzen (3. Auflage). Wiesbaden: Gabler.

STAEHLE, Wolfgang H. (1999): Management. München: Vahlen.

Links (Stand 31. März 2004)

http://www.tel-e-management.de - Beiträge zum Telemanagement

http://www.oeta.at/telearbeit.html - Telearbeit

http://www.telearbeit.at - Telearbeit

http://medienforschung.orf.at - Austrian Internet Monitor

http://kka.caritas-wien.at - Lernraum der ASOM

http://www.net-lexikon.de - Internetglossar

http://www.ifi.unizh.ch/ikm/Vorlesungen/IM3/WS0102/IM3_files/
    9_1-CSCW_Grundlagen_handout.pdf – Überblick über Groupware-Lösungen

http://bscw.gmd.de/. – einfaches webbasierende Groupware-Anwendung

http://www.projectplace.de – webbasierende Projektmanagement-Anwendung

http://www.projektron.de – webbasierende Projektmanagement-Anwendung

http://www.eproject.com – webbasierende Projektmanagement-Anwendung

Reingard Lange/Irmgard Mendler-Schadt

Lebendig in Konflikten führen

1. Herangehensweisen an Konflikte – Selbstklärung

1.1 Vom Sinn und Lohn, Konflikte auszutragen

Leiten heißt, in Konfliktfelder hineinzugehen, die ich mir sonst ersparen kann: Mitten hinein in Interessengegensätze von Kunden oder Klientinnen, Team und Topmanagement, in die Spannungsfelder von steigenden Ansprüchen und sinkenden Ressourcen und anderen widersprüchlichen Rollenanforderungen (vgl. NEUBERGER 1990, 91 ff.).

Warum tun wir uns das an?

— Der Menschen und der Sache wegen: Lösungen, die durch eine Konflikt-strecke hindurch erarbeitet wurden, sind qualitativ besser. Sie integrieren das, was verschiedenen Beteiligten wertvoll ist.
— Weil ein genügender Rest von etwas zwischen Eitelkeit und Selbstwürde in uns ist.
— Weil Konflikte menschliche Reibungswärme geben. Wir brauchen die Abgrenzung, um zu klären und zu erfahren, wer wir sind und für was wir stehen. Ein «gut gepflegter» Konflikt ist nicht nur kraftzehrend, sondern vor allem identitätsstiftend, für Einzelne, Gruppen und Organisationen.

Beispiele: Die Dynamik von Berufsgruppen, wie z.B. Ärzten und Pflegepersonen oder von Organisationsbereichen wie z.B. Werkstätten und Wohn-
einrichtungen für Menschen mit Behinderungen.

—   ... und weil wir Schlimmeres verhüten mögen. Den Konflikt zu vermeiden,
vor ihm zu fliehen, dafür ist oft der «Raum nicht groß genug». Immer wieder stellt uns das vor die Frage der Alternativen.

1.2 Begriffsklärung

Soziale Konflikte bestehen, wenn ich eine Beeinträchtigung erlebe, meine Absichten, Ziele zu verwirklichen, und diese Beeiträchtigung durch Personen oder
Strukturen in meinem Umfeld hervorgerufen wird (vgl. GLASL 2004a, 12–17).

Drei Faktoren lassen sich also herausheben: Beeinträchtigung, gegeneinander gerichtete Impulse, gemeinsame Verbindlichkeit.

Es bestehen daher immer zwei Ausgänge: Die Stärke oder Richtung der
Interessen zu beeinflussen – oder die Verbindlichkeit zu lösen.

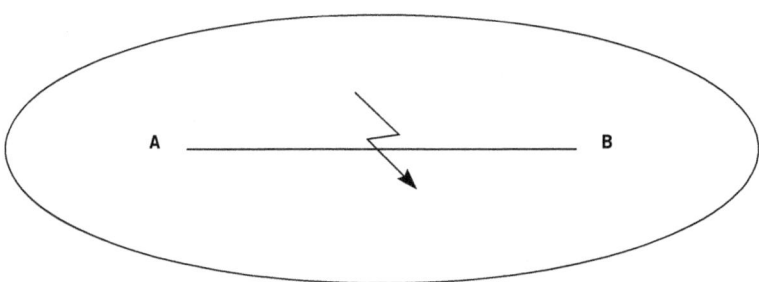

1.3 Konfliktstrategien

Gegeneinander gerichtete Impulse bei gemeinsamer Verbindlichkeit sind in
unserer arbeitsteiligen und komplexen Gesellschaft die Normalsituation. Ob
diese beeinträchtigend erlebt wird, hängt auch von der eigenen Konfliktnei-
gung oder -haltung ab. Sie ist das uns zur Verfügung stehende Repertoire an
(halb bewussten) Konfliktstrategien.

Fünf Konfliktstrategien ergeben sich, wenn die Orientierung an eigenen oder fremden Interessen analysiert wird:

zunehmende Orientierung
an eigenen Interessen

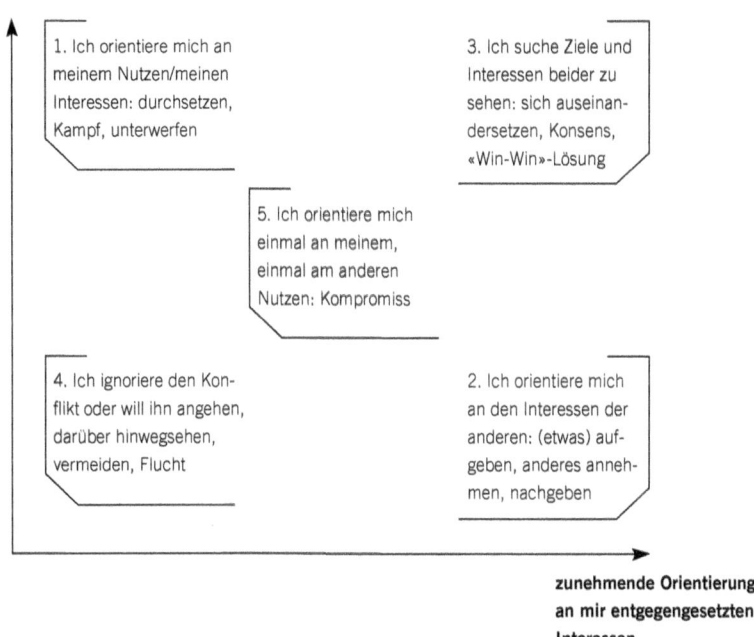

1. Ich orientiere mich an meinem Nutzen/meinen Interessen: durchsetzen, Kampf, unterwerfen

3. Ich suche Ziele und Interessen beider zu sehen: sich auseinandersetzen, Konsens, «Win-Win»-Lösung

5. Ich orientiere mich einmal an meinem, einmal am anderen Nutzen: Kompromiss

4. Ich ignoriere den Konflikt oder will ihn angehen, darüber hinwegsehen, vermeiden, Flucht

2. Ich orientiere mich an den Interessen der anderen: (etwas) aufgeben, anderes annehmen, nachgeben

zunehmende Orientierung
an mir entgegengesetzten
Interessen

1.4 Das Kosten-Nutzen-Kalkül der Varianten

Um die eigenen Stärken und Lernfelder nüchtern zu realisieren, ist es hilfreich, sich immer wieder konstruktiv-selbstkritisch mit den Hintergründen des persönlichen Konflikt-(vermeidungs-)verhaltens auseinander zu setzen (vgl. SCHWARZ, 1990, 141–161):

	Nutzen	Kosten/Gefahren
1. durchsetzen, Kampf, unterwerfen	— ich erreiche meine Ziele Gefühl von Macht und Einfluss — die Situation nach meinem Willen gestalten können — Selbstwert gestärkt	— ich habe die anderen unter Umständen verletzt und mir zu Gegnern gemacht, die zurückschlagen, sobald sie sich mächtig genug fühlen — ich habe die Gelegenheit nicht genützt, meine Sichtweisen und Fähigkeiten zu erweitern — Gefahr der Isolation
2. (etwas) aufgeben, anderes annehmen, nachgeben	— kein Aufwand der Auseinandersetzung — bleibe in meinem Selbstbild friedfertig, großzügig und souverän — ich vermeide das Risiko, andere herauszufordern und zu «verletzen»	— Verzicht auf eigene Interessen, auf ein eigenes Profil, auf Gestaltungsmöglichkeit, auf Selbstbehauptung — die Gefahr: Depression und indirekte oder gegen sich selbst gerichtete Aggressivität
3. sich auseinander setzen, Konsens, «Win-Win»-Lösung	— die Kraft der Aggression wird zur Entschiedenheit und nützlich, ohne vernichtend zu werden — eigene Ziele können zumindest in Teilen erreicht werden — von der Verschiedenheit des anderen kann gelernt werden	— Aufwand an Zeit, Energie und Fähigkeiten. Diese Möglichkeiten bestehen gar nicht immer — unsichere Zielerreichung und Bedürfnisbefriedigung
4. darüber hinwegsehen, vermeiden, Flucht	— verschafft eine Kontinuität und schont Energie: Es ist einfach zu aufreibend, sich über alles auseinander zu setzen	— kein Erfolgserlebnis, keine neuen Einsichten — führt in die Stagnation und auf Dauer in Lähmung und Resignation
5. Kompromiss, wechselnde Anpassung	— berücksichtigt beide Seiten und ist trotz allem oft relativ rasch zu finden — beide Seiten können das Gesicht wahren	— Aufwand an Geschick des Aushandelns — besteht Vertrauen, dass das Verhandeln fair laufen wird? — wird die «Gegenleistung» meinen Ärger und mein Unwohlsein aufwiegen?

Nach diesem Modell hat jede der Herangehensweisen ihre Chancen und Risiken. Aber nicht jedem Persönlichkeitstyp und auch nicht in jeder Konfliktsituation stehen alle Wege zur Verfügung (vgl. RIEMANN 1990).

2. In konflikthaften Prozessen wirksam sein

2.1 Konflikteskalation

Es gibt Grenzen, wo der Einzelne nicht mehr bereit ist, schwelende Konflikte zu ignorieren oder zu vermeiden. Wenn das Signal gesetzt wird: «Ich bin nicht mehr bereit, meine Interessen hintanzustellen, und möchte mit dir eine andere Regelung finden», dann wird ein bestehender Konflikt offen. Oft macht es den Anschein, dass damit diese Partei den Konflikt erst hervorruft oder eskalieren lässt.

Das Gegenteil ist der Fall. Wer die Fähigkeit einsetzt, einen Gegensatz zu benennen, die «Störung» anzusprechen, der trägt sehr aktiv zur konstruktiven Konfliktbearbeitung bei.

Unter Konflikteskalation verstehen wir den zunehmenden Verlust von Offenheit, Selbstkontrolle, Einfühlungsvermögen und Selbstdistanz.

Nach GLASL und SCHMID/BERG (1995, 319 ff.) können drei Hauptphasen der Konflikteskalation unterschieden werden:

Win-Win-Situation	Win-Lose-Situation	Lose-Lose-Situation
Die Parteien sind im Grund davon überzeugt, dass ein Weg gefunden werden kann, durch den beide zumindest partiell befriedigt werden.	Es gibt keine Hoffnung mehr, mit dem anderen zu einer befriedigenden Lösung zu kommen. Die Überzeugung hat sich durchgesetzt: Ich kann meine Interessen nur gegen dich verwirklichen. Motto: «Du oder ich».	Es ist auch die Hoffnung verloren, die ursprünglichen Ziele zu erreichen. Stattdessen richtet sich das eigene Interesse darauf, zu verhindern, dass der andere seine Ziele verwirklichen kann. Nach dem Motto: «... aber dir soll es noch schlechter ergehen!»

2.2 In der Konfliktdynamik: Wo stehen wir derzeit?

Sobald ich im Konflikt bin, verändern sich meine Fähigkeiten, wahrzunehmen, zu erkennen, zu verstehen: Die gesteigerte Überzeugtheit, «im Recht zu sein», ist zunächst einmal nichts als ein Indikator dafür, dass ich in einem Konflikt stecke. Meistens geht es dabei um die Fragen: Wie hat es angefangen/wer hat angefangen? Worum geht es eigentlich? Was sind die wirklichen Ursachen? In Form von Selbstbestätigungen verschaffen sich die Konfliktparteien größere Konfliktbereitschaft. Hintergrund sind die von GLASL beschriebenen typischen dynamischen Kräfte im Konflikt (vgl. GLASL 2004b, 26ff.):

— Die Wahrnehmung wird selektiver, Bedrohliches tritt immer mehr in den Vordergrund und überstrahlt andere Informationen. Ich bin von einem Konfliktgegner leichter irritierbar und verletzbar als von einer anderen Person, da ich schon «darauf warte».

— Negative Seiten werden immer mehr nur beim Gegenüber erkennbar, man selbst befindet sich auf der «Engelseite» (projizieren, polarisieren, dämonisieren). Dadurch verhärte ich mich gegenüber dem Konfliktgegner. Meine Fähigkeit, mich einzufühlen, schwindet.

— Aus einzelnen Ereignissen wird immer mehr «das Prinzip»: Die Verallgemeinerung entspricht den zurückgehenden Fähigkeiten, präzis, klar und sachlich zu denken. Konkrete Vorfälle zu analysieren und Lösungen zu finden wird immer schwieriger, «kleine» Erfolgserlebnisse bleiben aus.

— Unbeteiligte Dritte werden so hineingezogen, dass sie meine einseitige Sicht bestätigen sollen.

— Immer mehr gehe ich davon aus, dass die Gegenseite auf die schlechtestmögliche Art und Weise agieren oder reagieren wird. Kontakt und Kommunikation werden verdichtet oder ausgedünnt. Konstruktive Leistungen der Gegenseite werden übersehen oder missinterpretiert. Das Misstrauen wird wahrnehmbar und löst wiederum Misstrauen aus.

Wer sich mit etwas Abstand im Konflikt oder nach einer Auseinandersetzung zuschaut, kennt sich oft selbst nicht mehr. Man glaubte, in guter Absicht gehandelt zu haben, und erkennt erst aus der Distanz, was man «angerichtet» hat.

Das sind Zeichen, dass der Konflikt eine Eigendynamik entwickelt. Die Selbstkontrolle geht schrittweise verloren. Immer weniger «habe ich einen Konflikt», sondern «der Konflikt hat mich».

2.3 Konfliktdiagnose: Alles hilft, was einen guten Abstand verschafft

Ein Schritt zurück aus der Aktion, eine Unterbrechung, um zu erkennen, was gerade läuft: Bei der Bearbeitung von Konflikten ist die Diagnose bereits eine mächtige Intervention. Sie ermöglicht ein Verständnis der aktuellen Situation und ihrer Hintergründe. Dies kann eine betroffene Person für sich selbst tun, das Zuhören oder die Fragen einer außenstehenden Person können dabei hilfreich sein. Es kann aber auch in der Gruppe ausgetauscht werden, wenn das Basisvertrauen vorhanden ist.

Die Grundfragen der Konfliktdiagnose bauen auf der Konflikttypologie nach GLASL auf (2004a, 95 ff.):

a. Streitpunkte

Was sind die sachlichen Streitpunkte? Wo dreht sich die Auseinandersetzung um sachliche Fragen? Wo wird um Positionen/Einfluss gekämpft? Inwiefern bilden sich tiefer liegende Wertekonflikte in der Organisation darin ab (Beispiel: vom Betreuen und Befürsorgen zum Begleiten und Herausfordern)?

b. Konfliktprozess

Wie war die Vorgeschichte? Wie lange gibt es die Spannungen? Welche kritischen Ereignisse gab es? Wie stark ist die Situation eskaliert? Wird der Konflikt heiß oder kalt ausgetragen? (Dazu vgl. GLASL 2004a, 70 ff.)

c. Die Konfliktparteien und ihre Beziehungen

Das zeichnen einer Konfliktlandkarte verschafft besseren Überblick:
Zuerst zeichnet man die Akteure. Wer sind die Beteiligten? Einzelne? Gruppierungen?
Dann zeichnet man die Beziehung zueinander: Welche formellen oder informellen Abhängigkeiten bestehen? (Normale Beziehung? Besondere

gegenseitige Unterstützung oder Allianz? Offensichtlich gestörte Beziehung? Verdeckter Konflikt?)

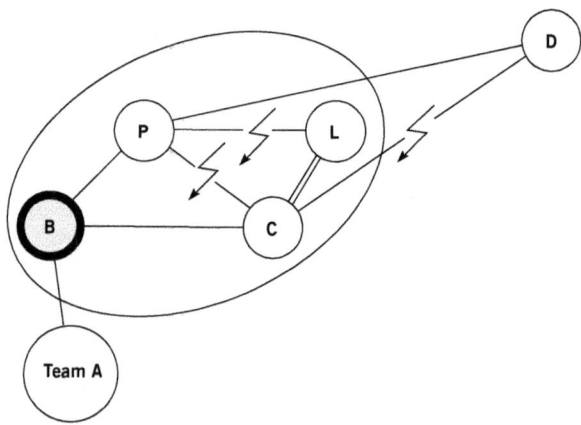

Schließlich überlegt man ihre Grundeinstellungen: Was wollen sie erreichen oder verhindern?

Wie weit würden sie gehen? Wo begrenzen sie sich?

Welche Einstellungen haben sie im Bezug auf den Konflikt und die bestehenden Konfliktregulatoren (beispielsweise Teamsupervision oder Besprechungen mit einer dritten Person aus der Organisation)?

2.4 Konfliktbearbeitung: Einen Konflikt lösen heißt, sich vom Konflikt zu lösen

Ich bin der einzige Teil des Konfliktes, den ich wirklich verändern kann. Konfliktbearbeitung beginnt daher mit selbstkritischer Reflexion. (« ... und das, obwohl ich Recht habe!»)

Ein wirksames Hilfsmittel ist das «Streitprogramm» nach Carina DE SPERNBOUR (2004):

I. Selbstgespräch	**Streitprogramm**
1) Kurze Schilderung des Konflikts	
2) Bisheriger Umgang damit:	® Streitvermeidung ® destruktiver Streit ® konstruktiver Streit
3) Was missfällt mir an dem bisherigen Umgang mit dem Konflikt?	
4) Meine eigenen Bedürfnisse	
5) Was ärgert mich am Partner?	
6) Welche Ängste sind mit dem Konflikt verbunden?	
7) Was könnte im anderen vorgehen? (Bedürfnisse, Ängste)	

II. Ankündigung
1) Wann?
2) Wörtliche Ankündigung

III. Gespräch
1) Eigene Bedürfnisse aussprechen
2) Ärger ausdrücken
3) Bedürfnisse und Gefühle des anderen erfragen: Was äußert er?
4) Eigener Lösungsvorschlag
5) Lösungsvorschlag des anderen
6) Eigener Beitrag zur Lösung des Konflikts
7) Beitrag des anderen
8) Ist alles Wesentliche geklärt? Welches Ergebnis hat der Streit gebracht? Eventuelle Fortsetzung des Streits.

3. Die Führungskraft als Drittpartei

3.1 Die Standardsituation: Mit Beschwerden und Anklagen umgehen

Bei den meisten Konfliktsituationen, in die Führungskräfte geraten, sind sie nicht direkt Beteiligte, sondern Drittpartei: Eine Angehörige beschwert sich über eine Mitarbeiterin, ein Mitarbeiter klagt über einen anderen (vgl. BERKEL 1999). Die Verführung besteht darin, den Darstellungen einer Seite nachzugeben – und damit «sozial angesteckt» und Partei zu werden. Besonders Führungskräfte benötigen die Fähigkeit, sich einerseits auf die Sichtweise der einen Partei einzustellen und sie gelten zu lassen, und dann aber auch die Beweglichkeit, zum rechten Zeitpunkt die Sichtweise der anderen Partei einzunehmen.

	Beschwerden / Anklagen mehrperspektivisch behandeln
Erkunden	Was ist passiert? Wer war beteiligt? Wann? Welche Auswirkungen …?
Gefühl ernst nehmen	*«Das kann ich verstehen …» «Das tut mir leid, dass Sie …»*
Perspektive wechseln	*«Von der anderen Seite her gesehen, kann ich mir das erklären weil …» oder: «Im Moment kann ich mir das gar nicht erklären. Da muss ich zuerst mit mit … sprechen.»*
Konkreten Lösungs-schritt anbieten	*«Ist es recht, wenn ich mich bis … wieder bei ihnen melde?» oder «Könnten wir das zu dritt besprechen?»*
Eventuell eine sofor-tige Maßnahme setzen, die zumindest erleichtert	*«Ich werde vorab schon veranlassen, dass …»*

3.2 Rollenmodelle für Drittparteiinterventionen

Als Drittpartei kann ich je nach Eskalationsgrad unterschiedliche Ziele verfolgen und entsprechende Vorgehensweisen wählen (vgl. GLASL 2004a, 360 ff.):

Niedere Eskalation	Mittlere Eskalation	Hohe Eskalation
Moderation Ich unterstütze die Beteiligten dabei, den Konflikt selbst zu lösen. Ich mache keine inhaltlichen Vorschläge, sondern sorge für konstruktive Spielregeln und effiziente Gesprächsschritte. Ziel ist, dass die Parteien tragfähige Lösungen selbst finden und ihre Problemlösungsfähigkeit erweitern.	**Prozessbegleitung/Mediation/ Vermittlung** Ich erarbeite mir eine Diagnose und überlege Interventionen, die situationsgerecht sind und den Konflikt soweit deeskalieren, dass sich die Parteien selbst weiterhelfen können. Gesprächsbereitschaft muss wiederhergestellt werden Entdämonisierung der Gegenpartei, die verschiedenen Anliegen und «Sprachen» (Multi-Logik) bleiben bestehen. Echte Kommunikation statt Projektion	**Machteingriff** Es wird noch nicht an der Problemlösung gearbeitet, sondern es kommt lediglich zu einem Stoppen der «Kampfhandlungen».
	Schiedsgericht Ich übernehme die Problemlösung. Die Parteien müssen keinen aktiven Beitrag (mehr) leisten.	

Drittparteirollen stehen einer Führungskraft nur dann zur Verfügung,

— wenn sie keine eigene inhaltliche Position verteidigen will, von der sie annimmt, dass sie in ihrer Verantwortung als Führungskraft liegt.
— wenn sie persönlich nicht involviert ist und die beiden Parteien sie ebenfalls als «unparteiisch» akzeptieren. Dies gilt für die Rolle der Moderation und Prozessbegleitung.
— wenn sie genug Sanktionsmacht hat, um als «Schiedsrichter» oder «Machtautorität» zu intervenieren.

Die Führungskraft kann nicht Drittpartei sein, wenn Werte der Organisation verletzt werden, zum Beispiel wenn Betreute oder Kunden fachlich oder menschlich schlecht behandelt werden oder wenn die innerbetriebliche Kooperation durch Abweichung von Vereinbarungen gestört wird. Hier vertritt die Führungskraft eigene Interessen und Ziele und wird somit zur Konfliktpartei. Das häufigste Instrument dafür ist das Kritikgespräch.

3.3 Kritikgespräch mit Wirkungsargumentation

Kritik kann sich auf eine Person, auf deren Verhalten oder auf dessen Wirkung richten richten (CUVALA 2004):

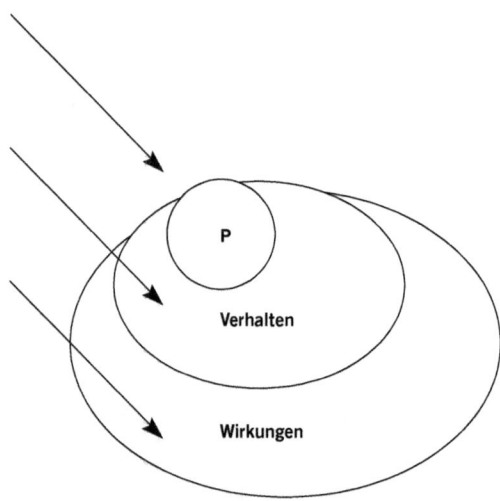

Kritik gegen die Person ist kaum hilfreich. Einstellungen und persönliche Eigenschaften kann – falls überhaupt – nur die betroffene Person verändern. Man sollte sich hüten vor dem Wunsch, dabei «nachhelfen» zu wollen.

Beim Kritikgespräch geht es weder um das klassische, lernfördernde Feedback, das ausgewogen Rückmeldung zur Person gibt, noch geht es darum, sich über eine unterstellte Person auf- und an ihr abzureagieren.

Ein Kritikgespräch ist im Kern ein sachliches Ansprechen von Abweichungen. Es ist eine Diskrepanz zu beobachten zwischen dem Verhalten der Person und den Vereinbarungen oder Vorgaben. Mit der Wirkungsargumentation gehe ich einen wichtigen Schritt weiter und mache die Bedeutung, die Auswirkungen des kritisierten Verhaltens bewusst.

Zwei Beispiele sollen die unterschiedliche Wirkung illustrieren:

	Beispiel 1	Beispiel 2
Kritik an der Person (scheint ein unveränderliches Urteil zu sein)	— ist unzuverlässig	— ist desinteressiert
Kritik am Verhalten (jetzt wird es konkret und veränderbar)	— liefert Beiträge zu spät	— bringt keine eigenen Ideen ein, arbeitet nur nach Schema F
Wirkungsargumentation (macht die Auswirkungen bewusst)	bei anderen werden Leerläufe oder Stehzeiten produziert	— die Diskussion bleibt einseitig — die Klienten/innen oder Kunden/innen müssen auf individuelle und situationsgerechte Lösungen verzichten

Das Gegenüber hat folgende Reaktionsmöglichkeiten:

1. Möglichkeit	*«Ja, ok, sehe ich ein.»*	Es ist nicht zu unterschätzen, wie oft allein der Hinweis, dass eine Abweichung registriert wurde, zu besseren Ergebnissen führt.	Gratuliere – oder Glück gehabt!
2. Möglichkeit	*«Ja, ich sehe ein, dass ich das nicht so gemacht habe, wie vorher besprochen. Aber ich sehe keinen Nachteil für jemanden dadurch.»*	Welche negativen Auswirkungen bestehen, die die Person vielleicht nicht kennt oder deren Bedeutung sie falsch einschätzt? Oder kann ich mich überzeugen lassen, dass die negativen Auswirkungen wirklich nicht so bedeutsam sind?	Argumentieren!
3. Möglichkeit	*«Ja, ich sehe es ein, und kenne auch die Auswirkungen. Aber das ist mir egal.»*	Zielkonflikt besteht.	Zielkonflikt bearbeiten und klären

4. Vier Grundtechniken der Konfliktbearbeitung

Neben den beschriebenen persönlichen Fähigkeiten der Selbstdistanz, des Einfühlungsvermögens in andere Sichtweisen und der Selbstkritik sind kommunikative Fähigkeiten die Grundlage eines kompetenten Verhaltens in Konfliktsituationen.

Ein Verstehen der Zusammenhänge durch Kommunikationsmodelle wie die bekannten «Vier Ohren einer Nachricht» (vgl. SCHULZ VON THUN 2000, 33–44) oder die Analyse von Transaktionen im Sinn von BERNE (Eltern-/Erwachsenen-/Kind-Ich, vgl. BERNE 2002) sind dabei hilfreich für beides – für die persönliche Distanz und für ein gezieltes Einsetzen von Kommunikationsinstrumenten.

Vier Kommunikationstechniken, die in fast jedem Konfliktgespräch nützlich sein können, lohnt es sich immer wieder bewusst zu machen und weiter daran zu üben.

4.1 Integrieren durch Paraphrasieren

Paraphrasieren bedeutet: Ich gebe mit eigenen Worten wieder, was ich verstanden habe, was mir die andere Person ausgesprochen oder unausgesprochen mitgeteilt hat.

Es hat folgende Wirkungen: Ich stoppe meinen Impuls eines raschen Gegenschlags. Ich signalisiere das Bemühen, den anderen verstehen zu wollen.

Das gelingt, wenn ich versuche, aus der Sicht der anderen Person auf die Situation zu schauen. Je nachdem, kann ich mich dabei mehr auf der Sachebene bewegen oder auch auf Gefühle oder Willensimpulse eingehen.

Grundlage des folgenden Beispiels aus dem Seniorenheim ist das in der Praxis sehr nützliche Kommunikationsmodell «Vier Seiten einer Nachricht» (SCHULZ VON THUN 1981).

Angehörige: *«Ich verstehe das überhaupt nicht! Sie wissen doch genau, dass meine Mutter zuckerkrank ist, und immer wieder finde ich Süßigkeiten in ihrem Nachttischchen!*

Ausdruck ermöglichen durch Paraphrasieren von	Beispiel	Mögliche Fortsetzung
Sachinhalt	«Sie haben Süßigkeiten beim Bett Ihrer Mutter gefunden.»	«Erzählen Sie bitte, was war es denn genau? Wann war das?»
Selbstoffenbarung	«Frau Meier, das hat Sie jetzt offenbar sehr aufgebracht, dass Sie Süßigkeiten beim Bett Ihrer Mutter gefunden haben.»	«Was macht Ihnen denn am meisten Sorgen?» Ein entlastendes Gespräch über den inneren Druck der Angehörigen kann folgen.
Appell	«Sie haben jetzt Süßigkeiten bei Ihrer Mutter gefunden und Sie wollen, dass wir verhindern, dass Ihre Mutter zu Süßigkeiten kommt?»	Eigene Handlungsweise verständlich machen; eventuelle Fehler eingestehen und Beschwerde behandeln (s. oben).

Am heikelsten ist es, den vermeintlichen Angriff auf der Beziehungsebene zu thematisieren. Diese oft spontane Reaktion ist selten förderlich:

Beziehungsbotschaft	*«Sie haben Süßigkeiten beim Bett Ihrer Mutter gefunden, und es scheint mir, dass Sie jetzt den Eindruck haben, wir kümmerten uns nicht genug um Ihre Mutter.»*	Jetzt ist es schwer, aus dem Muster von Angriff und Rechtfertigung herauszukommen. Beziehungsklärungsgespräche setzen hier an und arbeiten die Beziehungsstörungen durch (siehe unten, Punkt 4.4).

4.2 Konfrontieren durch Ad-hoc-Abgrenzung

Wenn schlechte Gesprächsgewohnheiten, Angriffe oder Manipulation behindern und ich diese Störungen in der Situation nicht ausdiskutieren will, kann «verbale Selbstverteidigung» sie mitunter stoppen und ein sachliches Weiterreden fördern.

Beispiele

1. Störer erkennen,	Ausweichen bei Fragen	Sprunghaftes Einbringen neuer Themen	Persönlicher Angriff Unterstellung
2. benennen	*«Sie haben meine Frage nicht beantwortet,*	*«Wir rutschen jetzt in verschiedene neue Fragen hinein,*	*«Sie greifen mich jetzt rein persönlich an,*
3. und das Gespräch weiterführen	*... wird das personelle Konsequenzen haben?»*	*... darf ich vorher noch zusammenfassen, wie wir zum letzten Punkt verblieben sind ...»*	*... aber welche sachlichen Argumente oder Erfahrungen sprechen aus Ihrer Sicht gegen meinen Vorschlag?*

4.3 Generalisieren durch das Finden gemeinsamer Anliegen oder Ziele

Jeder konkrete Vorschlag, wie etwas geschehen soll, kann gesehen werden als ein erwünschtes Teilziel eines höher stehendes Ziels. Hinter jeder Position stehen Anliegen, Interessen (vgl. FISHER et al. 2003).

Wenn die Parteien in fixen Positionen festgefahren sind, kann neue Beweglichkeit entstehen, indem jede Partei in Ruhe formulieren kann, welches Anliegen oder Interesse sie mit ihrem Vorschlag verfolgt, was ihr bei dieser Position wichtig ist. Auf der höheren Ebene der Anliegen können leichter Gemeinsamkeiten gefunden werden. In der Regel handelt es sich um gemeinsam geteilte Werte oder übergeordnete Organisationsziele. Unter Umständen ist der erste Schritt zur Übereinstimmung zu finden, wenn klar wird, welches die gemeinsamen Unwerte sind: Was die Konfliktparteien gemeinsam *nicht* wollen (vgl. GLASL 2004b, 124–126).

Davon ausgehend, können dann neue Ideen für das konkrete Handeln und Verhandeln entwickelt werden.

4.4 Konkretisieren durch Metakommunikation über kritische Ereignisse

Immer wieder werden Störungen einer Beziehung nicht angesprochen, obwohl sie zu gewichtig sind, um einfach «vergessen und vergeben» zu werden. Eine mitunter feine, aber andauernde Irritation im Verhalten zueinander schleift sich ein – der beste Nährboden für einen ausgewachsenen «Konfliktinfekt».

Wie aber kann man die Störung ansprechen, ohne noch mehr Porzellan zu zerschlagen? Indem der Unterschied herausgearbeitet wird: Wirkung bei mir – Absicht bei dir (also über eine Metakommunikation, vgl. GLASL 2004b, 159–163).

1. subjektive Wirkungen mitteilen	— was habe ich subjektiv erlebt? Subjektivität ist hier in Ordnung. Gefühle brauchen keine Rechtfertigung.	— Ich-Botschaften unterstützen, dass die andere Partei mein Innenleben in seiner Bedeutung und seiner Relativität zunächst einmal nur anhört: *«Mich stresst, wenn …»* *«Für mich war es eine Demütigung, dass …»*
2. wahrgenommene Verhaltensweisen austauschen	— welches konkrete Verhalten hat das bei mir ausgelöst? Woran kann ich mich erinnern?	*«Kannst du dich erinnern, dass du …? … wie du z.B. damals …*
3. innere Beweggründe hören	— zuhören mit der An-nahme: Möglicher-weise hatte die Person nicht die ge-zielte Absicht, diese Wirkung bei mir zu erreichen. Was wollte sie denn?	— die Gegenpartei versucht sich zu erinnern und be-schreibt, wie sie die Situation gesehen hat. Aus welchen Hinter-gründen (Meinungen, Gefühlen, Absichten) heraus hat sie so ge-handelt.

5. Der Ablauf des Konfliktgesprächs – ein Leitfaden

Einen standardisierten Ablauf zu erstellen, ist ein gewagtes Unterfangen. Zu in-dividuell sind Ausgangslagen und die beteiligten Persönlichkeiten.

Wesentliche Elemente lassen sich aber beschreiben, und daraus können Anregungen für die eigene Anwendung gewonnen werden:

Konfliktgespräch in acht Schritten nach SCHMIDT/BERG (1995, 339)

1. Anmelden der Störung
2. Blick zurück: Was war los? Klären der Hintergrundbedürfnisse, Metakommunikation
3. Umformulieren der Störung in Anliegen und Wünsche
4. Sammeln von Ideen, Lösungsvorschlägen
5. Prüfen der Vorschläge, ordnen, abwägen
6. Einigung über die beste Variante
7. Ausarbeiten der Einzelheiten
8. Nächste Schritte festlegen und später überprüfen

Wird ein solches Gespräch in der Gruppe geführt, gelten besonders:

— Jede Person oder Konfliktpartei (Kleingruppe) darf ihre Sichtweise vorbringen, ohne Intervention der anderen (anti-interaktionelle Runde).
— «Was haben die anderen als Kernbotschaft verstanden?» (Vgl. paraphrasieren.) Dies kann, falls Wichtiges ausgelassen wurde, vom Moderator/
  von der Moderatorin ergänzt werden.
— Es wird Einigung hergestellt über die wichtigsten Punkte, die alle vorrangig behandeln wollen.
— Jede Partei oder Kleingruppe überlegt sich, was sie der Gegenpartei als Beitrag zur Lösung anbietet. Das wird präsentiert, Lösungen werden festgehalten.
— Zum Schluss wird vereinbart, wie Außenstehende informiert oder einbezogen werden, und das weitere Vorgehen wird abgestimmt: Wer macht
  was mit wem bis wann?

6. **Durchtragen und Austragen**

Lebendig in Konflikten führen – was nun ist das Besondere, «Lebendige» an
dieser Art des Konfliktmanagements?

Vertraut sind wir damit, Konflikte als etwas zu sehen, was sich außerhalb
von uns abspielt, als etwas, was wir bearbeiten, um möglichst bald zur (harmo-
nischen) Tagesordnung überzugehen – Konflikte als Dysfunktion im System.

In sozialen Organisationen ist aber die Arbeit am Lebendigen der Kernprozess (vgl. METZGER 1962). Mitarbeiter und Mitarbeiterinnen stehen in der täglichen Arbeit keinen «Objekten» gegenüber, deren Dysfunktion sie abstellen oder reparieren können, sondern Menschen, deren Eigenverantwortung und Würde sie zu fördern versuchen, wenn sie pflegen, erziehen, begleiten, beraten.

Der Respekt vor dem anderen führt aber nicht schnurstracks zu Seligkeit und Harmonie. Ganz im Gegenteil zwingt er Mitglieder sozialer Berufe, nicht als reine «Dienstleister» dem «König Kunde» jeden Wunsch zu erfüllen. Respekt bedeutet auf der Grundlage professioneller und ethischer Entscheidungen, dass um Entwicklung, Lebensqualität, Würde gerungen wird – d.h. auch zu kämpfen, Konflikte auszutragen. Dies jedoch unter der Voraussetzung, dass wir die Vorstellung, Kampf richte sich in erster Line auf die Vernichtung des Gegners, erweitern. Konflikte anzugehen, bedeutet auch, sich mit dem Gegebenen und anderen Meinungen auseinander zu setzen, um für uns wichtige Ziele zu erreichen. «In diesem Sinn ist Konflikte auszutragen eine Lebenshaltung, die sich an Erneuerung, an Vertiefung, an einem unbändigen Streben nach Sinnfindung und Vervollkommnung orientiert» (Grenz-Gänge 1990, 27). Damit ist unter anderem auch das Aushandeln, was geschieht, wie und wer welchen Beitrag dazu leistet, ein wichtiger Teil der sozialer Arbeit.

Von der menschlichen und kompetenten Art, mit der es Mitarbeitern und Mitarbeiterinnen sozialer Organisationen manchmal gelingt, in konflikthaften Situationen mit so genannten «schwierigen Klienten/innen» umzugehen, lässt sich das Wesentliche für lebendiges Führen in Konflikten lernen:

Vielleicht ist es auch eine weibliche Art, Probleme und Konflikte anzugehen: sie zu verstehen, als etwas Gewachsenes, das seine Rhythmen, eigene Formen und Gesetze hat. Die kann man nicht einfach nur beschneiden und zurechtstutzen. Man nimmt sie an, als etwas, was im Moment vielleicht anspruchsvoll ist, und schaut, wie man ihm gerecht wird. Wie Kindern, die Zähne bekommen und nächtelang weinen.

Dieses Gerechtwerden bedeutet hin und wieder, es einfach nur durchzutragen, aus dem Wissen heraus – es braucht mich, ich kann jetzt nicht einfach weggehen.

Manchmal aber bedeutet es, etwas auszutragen – im doppelten Sinn: Ich trage den Kampf aus, und ich trage das sich entwickelnde Leben aus.

Literatur

BERKEL, Karl (1999): Konflikte in und zwischen Gruppen. In: Lutz von ROSEN-STIEL/Erika REGNET/Michael E. DOMSCH (Hrsg.): Führung von Mitarbeitern. Ein Handbuch für erfolgreiches Personalmanagement. Stuttgart: Schäffer-Poeschel.

BERNE, Eric (2002): Spiele der Erwachsenen. Psychologie der menschlichen Beziehungen. Reinbek b. Hamburg: Rowohlt.

CSUVALA, Walter (2004): Kommunikation im Führungskontext. Wien: Unveröffentlichte Seminarunterlage.

DOPPLER, Klaus/LAUTERBURG, Christoph (1998): Change-Management: den Unternehmenswandel gestalten. Frankfurt/New York: Campus.

FISHER, Roger/URY, William/PATTON, Bruce M. (2003): Das Harvard-Konzept. Frankfurt/New York: Campus.

DE SPERNBOUR, Carina (2004): Gespräche und Konflikte. Wien: Unveröffentlichte Seminarunterlage.

GLASL, Friedrich (2004a): Konfliktmanagement. Bern/Stuttgart: Haupt/Freies Geistesleben

GLASL, Friedrich (2004b): Selbsthilfe in Konflikten. Bern/Stuttgart: Haupt/Freies Geistesleben.

Grenz-Gänge (1990). Hrsg. vom Management Center Vorarlberg. Dornbirn: Vorarlberger Verlagsanstalt.

METZGER, Wolfgang (1692): Schöpferische Freiheit. Frankfurt a. Main: Waldemar Kramer.

NEUBERGER, Oswald (1990): Führen und geführt werden. Stuttgart: UTB/Lucius & Lucius.

RIEMANN, Fritz (1990): Grundformen der Angst. München: E. Reinhardt.

SATIR, Virginia (1979): Familienbehandlung, Kommunikation und Beziehung in Theorie, Erleben und Therapie. Freiburg: Lambertus.

SCHULZ VON THUN, Friedemann (1981): Miteinander reden. Störungen und Klärungen. Reinbek b. Hamburg: Rowohlt-Taschenbuch.

SCHULZ VON THUN, Friedemann /RUPPEL, Johannes/STRATMANN, Roswitha (2000): Miteinander Reden: Kommunikationspsychologie für Führungskräfte. Reinbek b. Hamburg: Rowohlt.

SCHMIDT, Eva Renate/BERG, Hans Georg (1995): Beraten im Kontakt. Offenbach a. Main: Burckhardthaus-Laetare.

SCHWARZ, Gerhard (1990): Konfliktmanagement: Sechs Grundmodelle der Konfliktlösung. Wiesbaden: Gabler.

Veränderungen initiieren und gestalten

Hannes Piber

Organisationsentwicklung

1. Organisationen im Wandel

Die Vorstellung, dass eine Organisation von Zeit zu Zeit «umorganisiert» werden muss, dann aber – quasi als Lohn – eine längere Ruhepause einschalten darf, ist weit verbreitet. Der notwendige Wandel wird als Störung empfunden, etwas, was man gerne verdrängt und dann schnell hinter sich bringen will, wenn es schließlich unaufschiebbar erscheint. Die dynamische Umwelt jedoch gönnt heute den meisten Organisationen keine Ruhephasen mehr; der Wandel wird zum Normfall. Die Erfahrung lehrt uns, dass die Fähigkeit der Organisation, sich laufend an die veränderten Gegebenheiten anzupassen, entscheidend ihre Überlebensfähigkeit bestimmt. Wir müssen also den Wandel als Teil des «Systems» und nicht als Störung betrachten.

2. Organisationen entwickeln

Flexible Organisationen sind erfolgreicher und leben länger. Ihre Führungskräfte nehmen *Change Management* als nicht delegierbare Führungsaufgabe wahr, mit dem Ziel, eine anpassungsfähige, eine «Lernende Organisation» zu gestalten.

Sieht man als oberste Führungsaufgabe, das Organisationsganze «gesund» zu erhalten, dann erfordert dies einerseits, das System Organisation laufend zu «pflegen», andererseits aber auch Veränderungsbedarf wahrzunehmen, Änderungen zu initiieren, zu gestalten und umzusetzen – also Organisationsentwicklung (OE) zu betreiben.

OE bedeutet:

— den Wandel als evolutionären (und nicht als revolutionären) Prozess zu betrachten;
— das Organisationsganze in den Blick zu nehmen.
— Jede Änderung ist als Lernaufgabe für möglichst viele Mitarbeiterinnen und Mitarbeiter zu gestalten.

Organisations- oder Unternehmensentwicklung umfasst im Wesentlichen drei Fähigkeitsbereiche/Disziplinen:

— Organisations- oder Systemverständnis,
— Entwicklungsverständnis,
— die Fähigkeit, Veränderungsprozesse zu steuern (eigentliches *Change Management*).

3. Ganzheitliches, systemtheoretisches Organisationsverständnis

«Ein System kann man nur verstehen, wenn man versucht, es zu verändern» (Kurt LEWIN). Diese Aussage weist darauf hin, dass es eine Rolle spielt, durch welche «Brille» Organisationen betrachtet werden; zum Beispiel

— durch die «wirtschaftliche Brille»: Dann treten Zahlen, Einnahmen, Ausgaben, Kosten, Bilanzen etc. in den Vordergrund.
— durch die «Beziehungs-Brille»: Nun sieht man vor allem die Zusammenarbeit zwischen Menschen, das Klima, Konflikte, Spannungen etc.
— durch die «Strategie-Brille»: Die Aufmerksamkeit wird auf Geschäftsfelder gelenkt (welche Produkte oder Dienstleistungen bieten wir für welche Zielgruppe an?) – oder auf Mitbewerber, auf Trends am Markt etc.

Organisationsentwicklung (OE) erhebt den Anspruch, eine möglichst ganzheitliche Sichtweise auf Organisationen zu praktizieren. Organisationen werden überdies als offene, dynamische und lebendige Systeme betrachtet, die prinzipiell die Fähigkeit zur Selbstorganisation besitzen.

Das *Trigon-Organisationsmodell* unterscheidet sieben Wesenselemente einer Organisation – im Innensystem und im Bezug zum Umfeld. Die sieben Wesenselemente bilden drei Subsysteme – das technisch/instrumentelle, das soziale und das kulturelle Subsystem (vgl. Abb. 1).

Die Wesenselemente und Subsysteme hängen – aus systemtheoretischer Sicht betrachtet – gegenseitig voneinander ab. In der Identität einer Organisation spiegeln sich beispielsweise alle anderen Wesenselemente, die Strategie, die Struktur, die Menschen, die Einzelfunktionen, die Prozesse und die physischen Mittel.

Der Vorzug des Modells der sieben Wesenselemente ist darin zu sehen, dass es der Dreigliederung des Menschen – Körper, Seele, Geist – entspricht und damit menschengemäß ist. Damit sich die Individuen ihrem dreigliedrigen Wesen gemäß entfalten können, sollten die Organisationen so beschaffen sein, dass sie der Körperlichkeit förderlich sind (Ergonomie), dass sie Raum für seelische Entfaltung geben (Kontakte, Anerkennung etc.) und dass sie Freiräume bezüglich Verantwortung und Wertvorstellungen gewähren.

Ein ganzheitliches Organisationsmodell hilft, Einseitigkeiten zu vermeiden, und stellt sicher, dass man beim Betrachten verschiedene «Brillen» aufsetzt.

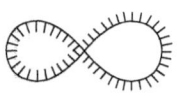

im Innensystem   **zum Umfeld**

1. Identität

Die gesellschaftliche Aufgabe der Organisation, Mission, Sinn und Zweck. Leitbild, Fernziel, Philosophie, Grundwerte, Image nach innen, historisches Selbstverständnis der Organisation

Image bei Kunden, Lieferanten, Banken, Politik, Gewerkschaft etc., Konkurrenzprofil, Position in Märkten und Gesellschaft; Selbständigkeit bzw. Abhängigkeit

2. Policy, Strategie, Programme

Langfristige Programme der Organisation, Unternehmenspolitik, Leitsätze für Produkt-, Finanz-, Kosten-, Personalpolitik etc.

Leitsätze für Umgang mit Lieferanten, Kunden etc., PR-Konzepte, Marktpolitik, Marktstrategien; Übereinstimmung mit Spielregeln der Branche

3. Struktur

Statuten, Gesellschaftervertrag, Aufbauprinzipien der Organisation, Führungshierarchie, Linien- und Stabsstellen, zentrale und dezentrale Stellen, formales Layout

Strukturelle Beziehung zu externen Gruppierungen, Präsenz in Verbänden etc., strategische Allianzen, Verträge, Vereinbarungen

4. Menschen, Gruppen, Klima

Wissen und Können der Mitarbeiter, Haltungen und Einstellungen, Beziehungen, Führungsstile, informelle Zusammenhänge und Gruppierungen, Rollen, Macht und Konflikte, Betriebsklima

Pflege der informellen Beziehungen zu externen Stellen, Beziehungsklima in der Branche, Stil des Umgangs mit Macht gegenüber dem Umfeld

5. Einzelfunktionen, Organe

Aufgaben, Kompetenzen und Verantwortung, Aufgabeninhalte der einzelnen Funktionen, Gremien, Kommissionen, Projektgruppen, Spezialisten, Koordination

Verhältnis zum üblichen Branchenverständnis über Arbeitsteilung, Funktionen zur Pflege der externen Schnittstellen, Berufsbilder, Kollektivverträge

6. Prozesse, Abläufe

Primäre Arbeitsprozesse, sekundäre und tertiäre Prozesse: Informationsprozesse, Entscheidungsprozesse, interne Logistik, Planungs- und Steuerungsprozesse

Beschaffungsprozesse für Ressourcen, Lieferprozesse, Speditionslogistik, Aktivitäten zur Beschaffung externer Informationen

7. Physische Mittel

Instrumente, Maschinen, Geräte, Material, Möbel, Transportmittel, Gebäude, Räume, finanzielle Mittel

Physisches Umfeld, Platz im Umfeld – Verkehrssystem, Verhältnis Eigenmittel – Fremdmittel

kulturelles Subsystem — *soziales Subsystem* — *technisch-instrumentelles Subsystem*

Abbildung 1   Ganzheitliches Systemkonzept – das Trigon-Organisationsmodell (GLASL/LIEVEGOED 2004)

4. Entwicklungsverständnis

Jede Organisation macht nach der Gründung verschieden Phasen des Wachsens und Reifens durch – ähnlich wie Menschen im Laufe ihrer Lebensgeschichte. Diese Entwicklung durchläuft ganz typische Stadien, die mit *Pionierphase, Differenzierungsphase, Integrationsphase* und *Assoziationsphase* umschrieben werden (GLASL/LIEVEGOED 2004).

In jeder Phase besitzen die Wesenselemente eine typische Ausprägung. Zum Beispiel sind Strategie und Unternehmenspolitik in der Pionierphase eng mit den Lebensauffassungen der Gründer/innen verbunden, während sie in der Differenzierungsphase meist in Satzungen formell festgelegt werden. In der Integrationsphase hingegen wird Strategie dialogisch zwischen oberster Leitung und den Führungskräften unterer Ebenen entwickelt und laufend angepasst; in der Assoziationsphase schließlich werden in den Dialog noch weitere *Stakeholder* (Anspruchsgruppen) einbezogen.

In jeder Entwicklungsphase einer Organisation werden also bestimmte Qualitäten entwickelt, die in einem «überreifen» Stadium negativ wirken. Flexibilität und Improvisationsfähigkeit sind zum Beispiel wichtige Eigenschaften der Pionierorganisation, die aber in der überreifen Form eine Tendenz zum Chaos zeigen. Damit die Organisation überleben kann, ist es in der Differenzierungsphase wichtig, gleichsam als Gegenimpuls zum Chaos die Qualitäten Systematik, Kontinuität und Ordnung zu entwickeln. Diese Qualitäten neigen wiederum im Laufe der Zeit zur Verfestigung oder gar Erstarrung; dies ist die Krisenerscheinung der Differenzierungsphase.

Für eine erfolgreiche OE ist es wichtig, die Qualitäten bezüglich Identität, Strategie, Struktur, Menschen/Gruppen/Klima, Funktionen/Organe, Abläufe und physische Mittel zu diagnostizieren und Einseitigkeiten entgegenzuwirken.

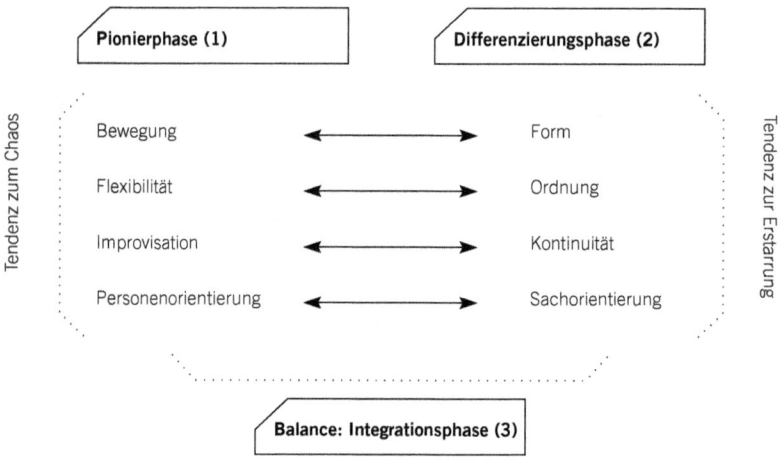

Abbildung 2   Entwicklungsphasen und typische Qualitäten

Beispiel: Die Einführung von Arbeitsplatzbeschreibungen ist in chaotischen Pionierorganisationen ein geeignetes Instrument, um Transparenz und Übersicht herzustellen, derselbe Vorgang würde jedoch in einer Organisation mit überreifen Differenzierungsmerkmalen nur die ohnedies bestehenden Erstarrungstendenzen verstärken. Im letzteren Fall geht es meist darum, die Motivation und Selbständigkeit der Mitarbeiter/innen zu aktivieren bzw. zu stärken, ohne die erreichte Systematisierung über Bord zu werfen.

Beim Übergang von der Differenzierungs- zur Integrationsphase besteht für Führungskräfte und *Change Agents* die große Herausforderung darin, die Qualitäten der Pionierphase (wie Flexibilität) und der Differenzierungsphase (Kontinuität, Verlässlichkeit) in eine gesunde Balance zu bringen. Mit dem Übergang zur Assoziationsphase gilt es, die gewohnten Organisationsgrenzen zu überwinden und Netzwerkbildung zu betreiben.

5. Management der Veränderung

5.1 Die Basisprozesse der OE

Mit dem *ChangeManagement* wird die dritte wesentliche Kompetenz von OE angesprochen. Veränderungsprozesse sind komplexe Vorgänge, die jedoch aus deutlich abgrenzbaren Teilprozessen bestehen. Die Fähigkeit, Veränderungsprozesse zu planen und zu steuern, hängt unmittelbar mit dem Verstehen der sieben Basisprozesse der OE zusammen.

(1) *Diagnoseprozesse:* Welche Probleme sollen gelöst werden?
(2) *Zukunftsgestaltungsprozesse:* Welchen gewünschten Zustand wollen wir erreichen?
(3) *Psychosoziale Prozesse:* Wie kann mit Spannungen und Widerständen bei Veränderungen konstruktiv umgegangen werden?
(4) *Lernprozesse* im engeren Sinne: Wie können Mitarbeiterinnen und Mitarbeiter rechtzeitig für neue Aufgaben qualifiziert werden?
(5) *Informationsprozesse:* Betroffene rechtzeitig und ausreichend über den Veränderungsprozess informieren.
(6) *Umsetzungsprozesse:* Dafür Sorge tragen, dass Neuerungen Schritt für Schritt umgesetzt werden.
(7) *Change-Management-Prozesse:* klare Verantwortung für die Planung, Steuerung und Evaluierung des gesamten Veränderungsprozesses übernehmen.

Die genannten Prozesse stellen jedoch keinesfalls eine zeitliche Abfolge dar (die stets von Schritt [1] bis Schritt [7] verliefe). Es handelt sich bloß um einen Überblick, welche Teilprozesse bei Veränderungen im Bewusstsein zu behalten sind. Es gilt, ein für die jeweilige Organisation passendes Vorgehen zu bestimmen. In den meisten OE-Projekten laufen einzelne Teilprozesse parallel; es geht darum, eine konstruktive Spannung zwischen Ist- und Soll-Situation aufzubauen, also zwischen erlebter und erwünschter Arbeitssituation, und mit der so erzeugten Änderungsenergie konkrete Umsetzungsschritte zu planen und zu gehen.

Abbildung 3   Spannung zwischen Ist und Soll

Ist die Spannung zu gering, so lohnt es sich nicht, sich zu bewegen; ist sie zu groß, so wirkt dies leicht entmutigend.

5.2   Organe der Veränderung

Wenngleich das Hauptaugenmerk der OE auf der Gestaltung des Veränderungsprozesses – also auf dem *Prozessaspekt* – liegt, darf der Strukturaspekt bei Veränderungen nicht übersehen werden. Die bestehende Organisation für das Alltagsgeschäft ist meist nicht in der Lage, den Veränderungsprozess zu planen, zu gestalten und zu begleiten. Deshalb muss vorübergehend eine Veränderungsstruktur – die aus bestimmten Organen besteht – geschaffen werden.

Die Bildung eigener Organe für die Veränderung schafft eine Spannung zur «Routineorganisation». Die «Innovationsstruktur» wird oft als konkurrierend zur «Linie» angesehen, also zur Routineorganisation. Diese Spannung ist natürlich und sogar notwendig, wenn sich in der Organisation wirklich etwas verändern soll.

Die wichtigsten Organe für Veränderungsvorhaben sind:

Projekt-Auftraggeber/in
Eine Einzelperson oder ein Gremium kann formal dazu befugt sein, das Veränderungsprojekt zu beauftragen. Die Auftraggeber/innen formulieren die Aufgabenstellung und die Ziele. Sie sorgen für die Rahmenbedingungen, besetzen die Steuergruppe und lassen sich über Etappenziele und Ergebnisse berichten.

Entscheidungskreis

Entscheidungen im Rahmen des Erneuerungsprojektes können von den Auf-
traggebern/innen an eine Entscheidungsinstanz delegiert werden. Diese wird le-
gitimiert, über vorgelegte Veränderungsvorschläge zu entscheiden. Damit soll
ein abgekürztes und schnelles Entscheidungsverfahren sichergestellt werden. In
vielen Fällen wird die Entscheidungsinstanz identisch mit dem Auftraggeber
bzw. der Auftraggeberin sein.

Steuergruppe oder Lenkungsgruppe

Das Herzorgan der Innovationsorganisation ist die Steuergruppe – oft auch
Lenkungsgruppe oder Entwicklungsgruppe genannt. Die Hauptleistung der
Steuergruppe besteht in der Planung und Gestaltung des Veränderungsprozes-
ses und in konkreten Interventionen. Dafür muss sie gut wahrnehmen und be-
rücksichtigen, wie die Organisation auf einzelne Veränderungsschritte, auf
Interventionen etc. reagiert.

Die Steuergruppe muss der Auftraggeberin bzw. dem Entscheidungskreis
Rede und Antwort stehen:

— in Bezug auf die Qualität des Veränderungsprozesses
— in Bezug auf den Projektfortschritt (Kosten, Termine, Ressourceneinsatz,
   Meilensteine)
— in Bezug auf die Koordination der Teilprojekte.

Je nach Komplexität des Veränderungsprozesses wird die Struktur weiter differenziert; im einfachen Fall ist die Steuergruppe gleichzeitig die «Projektgruppe», bei komplexeren Vorhaben werden weitere Projektgruppen gebildet, eventuell auch «Unterprojektgruppen».

5.3 Beteiligung der Betroffenen

Warum ist es ratsam, die Mitarbeiter/innen in die Diagnose und in den Soll-
Entwurf einzubeziehen?

Für die Entwicklung des Unternehmens zu einer *Lernenden Organisation* sind selbständige und eigenverantwortliche Mitarbeiterinnen und Mitarbeiter unerlässlich. Eine flexible und anpassungsfähige Organisation braucht

«Unternehmer/innen im Unternehmen» und keine Erfüllungsgehilfen. Darüber hinaus verbessert die Einbeziehung der Mitarbeiterinnen und Mitarbeiter sowohl das Diagnoseergebnis als auch den Zukunftsentwurf.

Veränderungsprojekte sind wichtige Lernsituationen für alle Beteiligten; sie bieten Gelegenheit,

— das Bewusstsein für die gegenwärtige Situation und die Gesamtzusammenhänge im Unternehmen zu erweitern;
— die Urteilsfähigkeit zu trainieren;
— die sozialen Fähigkeiten – Teamfähigkeit, Kritikfähigkeit, Konfliktlösung, etc. – weiterzuentwickeln.

Übrigens: Beteiligte Mitarbeiter/innen sind motivierte Mitarbeiter/innen.

Literatur

DOPPLER, Klaus/LAUTERBURG, Christoph (1994): Change Management. Frankfurt a. Main/New York: Campus.

FRENCH, Wendell L./BELL, Cecil. H. jr. (1994): Organisationsentwicklung. Bern/ Stuttgart: Haupt/UTB.

GLASL, Friedrich/LIEVEGOED, Bernard (2004): Dynamische Unternehmensentwicklung (4. Aufl.). Bern/Stuttgart: Haupt/Freies Geistesleben.

GLASL, Friedrich/ KALCHER, Trude/PIBER, Hannes (im Erscheinen): Professionelle Prozessberatung – Das Trigon-Modell der sieben OE-Basisprozesse. Bern/ Stuttgart: Haupt/Freies Geistesleben.

Roland Hutyra

Projekte als Managementinstrument

Was Sie über Projektmanagement wissen sollten, ohne jemals ein Projekt zu leiten!

1. Projekt-Basics für Führungskräfte

1.1 Eine reine Modeerscheinung?

Die letzten Jahre waren auch im Sozialsektor von turbulenten Veränderungen geprägt – Subventionssysteme wurden umgestellt oder reduziert, *Social Profits* standen aufgrund gesellschaftlicher Entwicklungen vor vollkommen neuen Problemstellungen, marktähnliche Strukturen entwickelten sich in vielen Bereichen der Sozialen Arbeit, das ganze Feld wurde von einer Professionalisierungswelle erfasst, neue Berufsbilder entstanden – die Aufzählung ließe sich noch lange fortsetzen. All diese Entwicklungen führten in den Sozialeinrichtungen zu Innovationsbedarf und Rechtfertigungsdruck. Ständig wechselnde komplexe Problemstellungen müssen rasch und effizient gemäß den Zielvorgaben gelöst werden. Ähnlich wie in profitorientierten Unternehmen sind die normalen Managementstrukturen, die auf die Bewältigung der dauerhaften Aufgaben einer Organisation angelegt sind, mit dieser Herausforderung überfordert. Die *Arbeitsform Projekt* – als ergebnisorientierter zeitlich und finanziell begrenzter Managementansatz – hat deshalb sprunghaft an Bedeutung gewonnen. Zusätzlich werden auch noch Routineaufgaben immer projektähnlicher. Es gibt kaum noch Sozialeinrichtungen, die keinerlei Projekterfahrung aufzuweisen haben. Das Denken und Arbeiten in Projektkategorien wird sich deshalb in den nächsten Jahren zum Normalfall entwickeln. Führungskräfte stehen vor der Herausforderung, trotz der ernüchternden Erfahrungen mit den bisherigen eher technisch orientierten Projektmanagementmethoden (Studien belegen, dass bei rund sechzig bis achtzig Prozent der Projekte die angestrebten Ergebnisse nicht erreicht werden), nach Ansätzen Ausschau zu halten, die effektiv in die Organisation zu integrieren sind. Der Diskussionsprozess dazu ist in den letzten Jahren ziemlich heftig entflammt (vgl. TREBESCH 2003).

1.2 Was macht eine Aufgabe zum Projekt?

Damit nicht vorschnell alles zum Projekt wird, lohnt sich ein genauer Blick auf die *Besonderheiten* von Projekten. Im Unterschied zu den Routineaufgaben in einer Organisation sind Projekte durch folgende Merkmale gekennzeichnet (vgl. PATZAK 2004):

— *neuartig:* Die Aufgabenstellung ist für die Organisation zumindest teilweise neuartig.
— *zielorientiert:* Das Ergebnis ist definiert, Zeit und Mittel sind begrenzt. Projekte haben ein definiertes Ende und Ergebnis, auch wenn sich das nicht immer schon zu Beginn eindeutig festlegen lässt.
— *komplex und dynamisch:* Durch die starke Vernetzung der Aufgaben bestehen viele Abhängigkeiten zwischen Einzelaufgaben und in Bezug auf das Umfeld. Sie können sich laufend ändern. In einem komplexen System bewirkt man mit einer Handlung immer mehr, als die ursprüngliche Handlungsabsicht beinhaltet.
— *fachübergreifend:* Nur durch das Zusammenspiel verschiedener Bereiche einer Organisation kann das Projekt erfolgreich bewältigt werden.
— *bedeutend:* Aufgabenstellungen, die in Projekten bewältigt werden sollen, besitzen für die Organisation eine hohe Relevanz.

Aufgrund dieser speziellen Merkmale sind Projekte besonders risikobehaftet und oft auch nur beschränkt plan- und steuerbar. Sie überfordern in ihrer Aufgabenstellung die üblichen Organisationsstrukturen und erfordern deshalb eine eigens eingerichtete Projektmanagementstruktur.

1.3 Projekteinbindung – damit sie wirksam werden

Grundsätzlich lassen sich drei Arten der Einbindung von Projekten in die Organisation unterscheiden:

— Bei der *Stabsprojektorganisation* werden Mitarbeiter mit der Projektleitung (= PL) beauftragt, und es wird eine Art temporäre Stabsstelle eingerichtet. Die PL ist damit einerseits sehr nahe bei der Organisationsleitung angesiedelt, andererseits verfügt sie jedoch nur über koordinierende Kompetenzen und hat meist keinerlei Weisungsbefugnisse. Einfluss in der Organisation kann nur indirekt über die jeweiligen Führungskräfte ausgeübt werden. Die PL muss deshalb unbedingt einen guten Rückhalt (z. B. aufgrund fachlicher Autorität) in der Organisation besitzen, da sie, um ein Projekt erfolgreich durchführen zu können, auf die Unterstützung der Linienorganisation angewiesen ist. Zusätzlich ist eine Steuerungsgruppe (aus Linienverantwortlichen) einzurichten, um die erforderlichen Entscheidungen zu treffen.

— In der *Matrixprojektorganisation* wird neben die normale Linienorganisation sozusagen eine zeitlich befristete zweite Linie gesetzt. Die PL erhält hier eine definierte (meist fachliche Weisungskompetenz) gegenüber den Mitarbeitern/innen. Die PL ist nicht mehr allein auf den *Goodwill* der restlichen Organisation angewiesen, sondern kann bereits Druck zur Durchsetzung der projektbezogenen Interessen ausüben. Aufgrund des erhöhten Einflusses der PL ergibt sich bei ungenauer Abklärung über dessen Umfang jedoch ein breites Feld, wo es zu Konflikten mit den Führungskräften der Linienorganisation kommen kann.

— Bei besonders wichtigen oder umfangreichen Projekten bietet sich die *reine Projektorganisation an*. Hier wird (wieder zeitlich befristet) das Projekt mit eigenen Personalressourcen ausgestattet. Die PL hat somit das höchste Maß an Weisungsbefugnis und Ressourcenkompetenz, da bestimmte Mitarbeiter/innen gänzlich oder zumindest teilweise für das Projekt freigestellt werden.

1.4 Projekte sind kein Freibrief für Entscheidungsträger/innen

Als temporäres soziales System innerhalb einer Organisation (bzw. sogar zwischen Organisationen) stellen Projekte besonders hohe Anforderungen an die

Kommunikation zwischen allen Beteiligten. Und genau an diesem Anspruch scheitern viele Projekte. Entscheidungsträger/innen sollten deshalb sehr genau überlegen, wann und wo sie Aufgabenstellungen mit dem Projektansatz lösen wollen und in welchen Fällen die normale Organisationsstruktur ausreicht. Die Praxis zeigt leider immer wieder zwei andere Entstehungsanlässe: Die eigentlichen Entscheidungsträger/innen wollen sich Probleme, die sie oft schon lange vor sich hergeschoben haben, vom Hals schaffen, oder unbequeme Mitarbeiter/innen sollen eine Spielwiese erhalten. Aus solchen (oder ähnlichen) Gründen sollte aber kein Projekt gestartet werden. Projektarbeit kann ein äußerst wirksames Instrument zur Entwicklung einer Organisation sein; jedoch nur dann, wenn an ihrem Beginn auch eine gut überlegte Führungsentscheidung steht. Bevor ein Projekt gestartet wird, sollte deshalb immer eine Projektwürdigkeitsprüfung durch das Management erfolgen. Als einfache Beurteilungskriterien können dafür die angeführten Merkmale eines Projektes herangezogen werden.

2. Nicht ein Deckel für alle Töpfe – kleine Projekttypologie

In der Managementpraxis sozialer Organisationen werden sehr unterschiedliche Arbeitsvorhaben als Projekte bezeichnet: der jährliche «Tag der Offenen Tür» in der Behindertenwerkstätte, bei dem fast alle mitarbeiten – die Erarbeitung eines Konzeptes für die Betreuung von dementen Bewohnern/innen eines Pflegeheimes, das als Entscheidungsgrundlage für die Heimleitung dienen soll; die baulichen Adaptierungen einer Wohngemeinschaft für Jugendliche oder die Schaffung einer Beratungsstelle für Flüchtlinge in einer Organisation, die bisher nur in anderen Feldern der Sozialarbeit tätig war. Gemeinsam ist diesen «Projekten», dass sie nicht zu den Routineaufgaben der Mitarbeiter/innen gehören und ein gewisses Maß an Komplexität aufweisen. Aber dennoch gibt es auch große Unterschiede, die von Bedeutung für die Auswahl eines passenden Projektmanagementansatzes sind. Sie unterscheiden sich wesentlich in Bezug auf ihre soziale Komplexität und die Offenheit bzw. Geschlossenheit der Aufgabenstellung. Mit Hilfe dieser beiden Dimensionen lässt sich eine praxistaugliche Matrix einer Projekttypologie entwickeln (vgl. Boos/Heitger 1996).

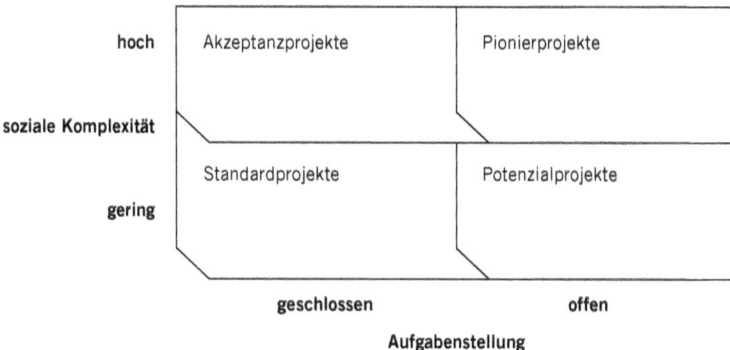

Welche Projekte in einer konkreten Organisation welchem Typ zuzuordnen sind, kann nur von Fall zu Fall entschieden werden – für eine Forschungseinrichtung gehört eine Studie sicherlich zu den Standardprojekten, für eine Einrichtung der Sozialarbeit aber eher zu den Potenzialprojekten. Obwohl in jedem konkreten Fall neu zu entscheiden ist, zu welchem Typus ein Projekt gehört, können die erwähnten Beispiele zur Illustration der Unterschiede dienen.

2.1   Standardprojekte – der jährliche «Tag der Offenen Tür»

Der jährliche «Tag der Offenen Tür» gehört zwar nicht zu den Routineaufgaben der Mitarbeiter/innen einer Behindertenwerkstätte (insofern ist er tatsächlich «ein Projekt»), dennoch ist er durch ein hohes Maß an Vorerfahrung gekennzeichnet. *Standardprojekte* sind häufig wiederkehrende Aufgabenstellungen, bei denen das Was, Wann und Wie der Organisation relativ klar sind. In der Durchführung sind solche Projekte meist wenig «fehlerfreundlich», da alle Beteiligten davon ausgehen, dass alles klappt. Projektverantwortliche sind dabei besonders gefordert in ihrer Kompetenz, Abläufe zu planen und zu koordinieren. Bei diesem Projekttyp handelt es sich um hochgradig planbare Arbeitsvorhaben, und es lassen sich je nach Umfang alle klassischen Werkzeuge des Projektmanagements sinnvoll einsetzen (vgl. Patzak 2004). Großes Augenmerk muss dabei auf Zeit- und Ressourcenpläne gelegt werden. Standardisierte Abläufe können als besonders ressourcensparende Instrumente herangezogen werden, deshalb sollten derartige Projekte auch gut dokumentiert und Verbesserungsvorschläge eingearbeitet werden.

2.2 Potenzialprojekte – das Betreuungskonzept

Potenzialprojekte helfen Entscheidungen vorzubereiten und sind vor allem dadurch gekennzeichnet, dass sich der Umfang der Aufgabe relativ schwer klar abgrenzen lässt. Mit ihnen betritt eine Organisation fachliches Neuland – im oben erwähnten Beispiel eben die Betreuung von dementen Heimbewohnern/innen. Die besondere Herausforderung liegt in der fachlichen Strukturierung, im Finden von alternativen Lösungsansätzen, in der dafür erforderlichen Kreativität und im Formulieren von Entscheidungsaspekten. Zeitliche Aspekte spielen hingegen eine untergeordnete Bedeutung.

Da Potenzialprojekte noch keinerlei konkreten Umsetzungsschritte in der Organisation beinhalten, sondern nur Vorinformationen für entsprechende Entscheidungen liefern sollen, müssen Akzeptanzfragen auch nicht in der Projektarchitektur berücksichtigt werden (geringe soziale Komplexität). Sie sind nur fachlicher Aspekt des Ergebnisses – im erwähnten Beispiel wird das Konzept zum Beispiel Vorschläge formulieren, wie das Pflegepersonal in eine mögliche Umsetzung eingebunden werden könnte. In vielen Fällen genügt es, einige wenige Experten/innen einzubinden. Projektverantwortliche werden mit ausgewählten einfachen Projektmanagementtools auskommen und sind eher in ihrer Fachkompetenz als in ihrer Managementkompetenz gefordert.

2.3 Akzeptanzprojekte – der Umbau der Wohngemeinschaft

Welche Schritte für das Umbauvorhaben erledigt werden müssen, lässt sich sehr klar festlegen (geschlossene Aufgabenstellung), schwieriger zu managen hingegen ist die Akzeptanz der einzelnen Veränderungen bei den Betroffenen (soziale Komplexität) – im erwähnten Beispiel bei den Jugendlichen, die in der WG wohnen, den Betreuern/innen, der Einrichtungsleitung ... Akzeptanzprojekte sind meist hoch zeitsensibel (z.B. Terminvereinbarungen mit Firmen, Planeinreichungen ...), und gleichzeitig stellen sie aufgrund ihrer sozialen Komplexität hohe Ansprüche an die Managementfähigkeit der Projektverantwortlichen. Die besondere Herausforderung besteht in einer guten Synchronisation technischer (planerischer) Aspekte und im Gestalten von sozialen Diskussions- und Entscheidungsprozessen.

2.4 Pionierprojekte – die Flüchtlingsberatungsstelle

Dieser Projekttyp stellt die höchsten Anforderungen an das Projektmanagement. Weder lässt sich die Aufgabe eindeutig festlegen und strukturieren, da ja fachlich neues Terrain betreten wird, noch lassen sich Zeitpläne und Ressourcen (Kosten) zu Beginn gut abschätzen. Terminüberschreitungen und unrealistische Kostenschätzungen sind normal. Planungen gleichen hier eher der Architektenskizze als einem Bauplan. Sie müssen laufend adaptiert und der Dynamik des Projektverlaufes angepasst werden. Neben die Zielgenauigkeit tritt hier als mindestens genauso wichtiges Arbeitsprinzip die Zielflexibilität. Zu genaue und unflexibel verfolgte Zielfestlegungen können sogar zum Scheitern eines Projektes führen. Krisen gehören zum typischen Verlauf dieser Projekte dazu.

2.4.1 Spezielle Anforderungen in Pionierprojekten

Die hohe Komplexität dieses Projekttyps lässt sich auch durch noch so detaillierte Planung nicht bewältigen, sondern stellt andere Anforderungen (vgl. BOOS/HEITGER 1996, 170), auf die hier näher eingegangen werden soll.

— *Zeichnen des «big pictures»,* des Kontexts eines Projektgeschehens mit seinen Einzelelementen (z.B. den betroffenen Sach- und Personenumwelten), den Wechselwirkungen und Dynamiken des Systems. Nur so gelingt es, das «große Ganze» im Auge zu behalten. Als Instrumente eignen sich hier z.B. die Umfeldanalyse oder eine Vernetzungsanalyse (vgl. MAYERSHOFER 2001, 199ff.).

— *Operationalisieren von (Teil-)Zielen:* Aufgrund der schlechten sachlichen Aufgabenstrukturierung und -abgrenzbarkeit verlieren die Beteiligten rasch die Übersicht und benötigen eine Art von «Leuchtturm», der für den nächsten Schritt Orientierung bietet.

— *Aufbau eines «fehlerfreundlichen Systems»:* Rück- und Nebenwirkungen sind aufgrund der Komplexität kaum auszuschließen; sie sollten eher als Lernfelder genutzt werden. Die Organisation ist in ihrer Experimentierfreude gefordert und sollte sich um ein Klima kümmern, in dem Fehler – als Abweichung von Zielvorstellungen (→ den Beitrag von SCHERMANN in diesem Band) – offen thematisiert werden. Fehlerintransparenz gehört zu den größten Stolpersteinen in solchen Projekten.

— *Prozessorientierte Planungs- und Steuerungsorganisation:* Die Überprüfung des Leistungsfortschritts, das Festlegen neuer Teilziele, die Reflexion von Prozessen und Umwelten gehört zu den laufenden Aufgaben im Projektmanagement.

— *Selbstreflektierter Umgang des Projektteams:* Der Projektverlauf verändert auch das Projektteam, das ja nicht unbeteiligt bleibt oder gleichsam von außen in das Projekt eingreift, sondern selbst Teil der Komplexität ist. Aus einer Art «Vogelperspektive» muss sich deshalb auch das Projektteam (bzw. falls vorhanden auch eine Steuergruppe) «selbst bei der Arbeit zusehen» und überlegen, welche Steuerungsmaßnahmen ergriffen werden müssen, um den Projektfortschritt zu fördern (z.B. Konfliktbearbeitung, Entlastung Einzelner, Verbesserung der gegenseitigen Information …).

Pionierprojekte erfordern sehr viel Aufmerksamkeit. Organisationen, die noch wenig Erfahrung mit Projektarbeit haben, sind hier sehr rasch überfordert. Zur Einführung von Projektmanagement eignet sich dieser Typ kaum – nach Möglichkeit sollten sich Organisationen mit einfacheren Projekten zuerst erproben bzw., falls unbedingt erforderlich, sich externes Know-how zukaufen oder sich zumindest durch intensiven Erfahrungsaustausch mit anderen Organisationen Wissen aneignen.

3. Auftragsklärung

Typischerweise beginnen Projekte mit sehr vagen Ideen bzw. mit dem Wunsch, ein Problem einfach zu lösen. Entweder wird dann in der Organisation eine Person gesucht und als Projektleiterin oder Projektleiter eingesetzt, oder man beauftragt sich gleich selbst mit der Projektleitung. Einige wenige, oft sehr unklare Zielsetzungen und Rahmenbedingungen werden formuliert. Dann stürzen sich die Projektverantwortlichen mit mehr oder weniger großer Begeisterung in die Planung und Umsetzung.

Egal, um welchen Projekttyp es sich auch handelt, zu Beginn jedes Projektes sollte der genaue Auftrag geklärt werden. Zahlreiche Projekte scheitern im weiteren Verlauf, weil am Anfang unterschiedliche Auffassungen über den eigentlichen Auftrag bestanden. In dieser wichtigen ersten Projektphase werden die Vorstellungen bezüglich Problemstellung, Umfang, Ressourcenverfügbarkeit, angestrebte Ergebnisse, Endtermine zwischen Auftraggeberin und Projektleiter ausgehandelt und schriftlich fixiert.

3.1 Sonderfall Selbstbeauftragung

Hierarchien in sozialen Organisation sind oftmals sehr flach, und aufgrund der Organisationskultur würde ein «Auftrag von oben» der weitgehenden Autonomie der Teilbereiche entgegenlaufen. Aus diesem Grund kommt es immer wieder zu selbstbeauftragten Projekten.

Selbstbeauftragung ist grundsätzlich nur bei Projekten möglich, in denen der eigene Zuständigkeitsbereich nicht überschritten wird, wenn also nicht andere Teile der Organisation in die Projektarbeit eingebunden werden müssen und wenn für die Aufgabenstellung grundsätzlich ein Auftrag besteht. Allerdings stellt sich in solchen Fällen auch gleich die Frage, ob es sich überhaupt um Projekte im eigentlichen Sinn handelt und nicht vielmehr um besondere Aufgaben, wo die normalen Managementkompetenzen ausreichen würden.

Bei selbstbeauftragten Projekten gibt es bei der Auftragsklärung ein noch größeres Problem, da die Projektleitung ja gleichzeitig auch den Auftrag für das Projekt gegeben hat – eine Möglichkeit wäre hier, entweder eine vorgesetzte Führungsperson um die Übernahme der Auftraggeberfunktion zu ersuchen oder die genaue Klärung mit Drittpersonen (z.B. mit dem Projektteam) vorzunehmen. Typischerweise kommt es im Verlauf selbstbeauftragter Projekte immer wieder zu Rollenkonflikten zwischen den beiden Projektrollen: Auftraggeberin und Projektleiter.

3.2 Auftraggeber/innen bleiben in der Verantwortung

Um ein Projekt gut in einer Organisation zu verankern, braucht es neben etwaigen externen Auftraggebern (z.B. Geldgebern) Führungskräfte, die als interne Auftraggeber/innen agieren. Die Projektrolle – interner Auftraggeber, interne Auftraggeberin – ist eine aufwändige Managementrolle, die sich über den gesamten Projektverlauf erstreckt. Mit der Auftragsformulierung und der

Ernennung einer Projektleitung können sich die organisationsinternen Auftraggeber/innen nicht aus ihrer Verantwortung für das Gelingen eines Projektes zurückziehen. Sie müssen auch die erforderlichen Kompetenzen zwischen Projektleitung und der bestehenden Linienhierarchie regeln, diese Regelung bekannt machen und im Konfliktfall für deren Einhaltung sorgen. Gewünschte Zwischenergebnisse und -berichte sollten in Absprache mit der Projektleitung festgelegt (und dann auch eingefordert) werden). Normalerweise erfordern Projekte auch immer eine große Anzahl von Entscheidungen zwischendurch – z.B. über Prioritätensetzungen, Zuteilung weiterer Ressourcen ...

4. Planung – Transparenz des Vorgehens

4.1 Planung ist nicht alles – oder doch?

Ein Blick in Projektmanagement-Handbücher verleitet möglicherweise zu dem Schluss, Projektmanagement sei gleich Planung. Eine schier unüberschaubare Zahl von oft sehr komplizierten Planungstechniken steht der Praxiserfahrung gegenüber, dass «die meisten Projekte doch sowieso nicht planbar» und die meisten Pläne schon zum Zeitpunkt ihrer Fertigstellung veraltet sind. Planung scheint reine Ressourcenverschwendung zu sein, da die vorgeschlagenen Methoden oft zu komplex und kompliziert, ihre Anwendung zu aufwändig und zeitintensiv und eigentlich in ihren Ergebnissen zu trivial sind. Viele Projekte werden deshalb nur sehr oberflächlich oder nur *pro forma* geplant (vgl. REITER 2003, 118–130).

Planung als Voraussetzung für die Vorhersehbarkeit und Beherrschbarkeit des Projektprozesses zu sehen ist aber eine zu eingeschränkte Perspektive. Planung erfüllt daneben noch einige andere sehr wichtige Funktionen in Organisationen (vgl. WEICK 1995, 22f.): Pläne sind ein Marketinginstrument, da sie Überzeugungskraft für Geldgeber und andere Schlüsselpersonen in der Organisation besitzen; sie sind Symbole für eine noch nicht vorhandene Realität und dienen deren Kommunizierbarkeit; Pläne dienen auch zum Abtesten, wie ernst ein Vorhaben innerhalb der Organisation tatsächlich genommen wird und wie viele Ressourcen dafür zur Verfügung gestellt werden; Pläne sind schließlich Anlässe zur Interaktion, da sie Anregung bieten, in einer Organisation über bestimmte Projektanliegen zu kommunizieren, die ansonst vielleicht unbeachtet blieben. «Ein großer Teil der Wirksamkeit des Planens lässt sich erklären durch die Tatsache, dass es bestimmte Leute miteinander in Kontakt bringt, sowie durch Informationen, welche diese Leute über die laufenden Ereignisse austauschen. Wenn sich Leute treffen, um Pläne für fünf Jahre [oder eben auch kürzere Zeiträume, R.H.] vorausliegende Eventualitäten zu machen, Eventualitäten, die selten eintreten, werden sie unter Umständen auch ihre Vorstellung darüber, was heute getan werden sollte, wechselseitig modifizieren» (WEICK 1995, 23).

Planungsprozesse stellen somit einen äußerst sinnvollen Weg dar, um die Neuartigkeit und die damit verbundenen Risiken besprechbar zu machen. Ohne das Hilfsmittel Planung wird dies kaum gelingen. Um diese Funktionen erfüllen zu können, sind Pläne jedoch keine einsame Handlung der Projektleitung, sondern sie sind *im Team* und *mit* den Auftraggebern bzw. mit anderen Betroffenen in der Organisation zu erarbeiten.

4.2   No risk, no project – Damit Risiken nicht Krisen auslösen

Risiken und der Umgang damit gehören zum Alltag aller – auch erfolgreicher – Projekte. Kaum ein Projekt, das sich im vollkommen risikofreien Raum bewegt: plötzliche Budgetkürzungen, andere Schwerpunktsetzung innerhalb einer Organisation, Wechsel unter den Projektmitarbeitern/innen, technische Probleme, Veränderungen rechtlicher Rahmenbedingungen, Ausstieg von Projektpartnern/innen, Terminverzug ... Risikoereignisse brechen zwar oftmals unvorhergesehen über Projektleiter/innen herein, sie sind aber trotzdem nicht unvorhersehbar: Denn «Risiko» meint ein «Ereignis, von dem nicht sicher bekannt ist, ob es eintreten und/oder in welcher Höhe es einen Schaden verursachen wird. Es lässt sich aber eine Wahrscheinlichkeit für den Eintritt dieses Ereignisses (Risikowahrscheinlichkeit) und/oder für die Höhe des Schadens angeben» (SCHNARRENBERG 1997, 6). Da nun Projektverantwortliche mit der Bewältigung der aktuellen Aufgaben und Problemstellungen meist schon mehr als genug beschäftigt sind, geraten Risiken oftmals aus dem Blickfeld bzw. werden sie bewusst ausgeblendet. Ausgeblendete Risiken führen jedoch immer wieder zu sehr ressourcenraubenden Krisen, die einerseits die Handlungsmöglichkeiten einschränken und andererseits nur mehr ein Mindestmaß an zeitlicher Planung erlauben. Ein gutes Risikomanagement würde zuweilen die Krisenstimmung, die in vielen Projekten früher oder später ausbricht, rechtzeitig abfangen und damit auch zum Erfolg von Projekten beitragen.

Risikomanagement wird nur in den seltensten Fällen von der Führungsebene einer Organisation bzw. von externen Geldgebern eingefordert, vielmehr wird von diesen oftmals eine ausreichende Risikovorsorge als überflüssiger Zusatzaufwand abgewertet. In dem Fall, dass bestimmte Risiken allerdings tatsächlich eintreten sollten, werden entsprechende «rasche Schritte» erwartet und eventuell sogar die Frage nach der Verantwortlichkeit für mangelnde präventive Maßnahmen bzw. rechtzeitige Früherkennung gestellt. Projektleiter/innen und Projektmitarbeiter/innen sollten sich daher immer für ein (zumindest einfaches) Risikomanagementkonzept selbst verpflichten.

Da sich Risiken oftmals in sehr «schwachen Signalen» aus dem Umfeld und unter den Projektmitarbeitern/innen ankündigen und eine fundierte Risikoanalyse immer multiperspektivisch sein sollte, können folgende Fragen als Raster für ein Projektteamgespräch herangezogen werden, um daraus zumindest ein einfaches Konzept zum professionellen Umgang mit Risken zu erarbeiten.

Fragen zur Risikoanalyse (vgl. SCHIERSMANN 2000, 194):

— Welche Probleme, Ereignisse und Entwicklungen können in Zukunft auftreten; die das Projekt gefährden?
— Wie wahrscheinlich ist das Eintreten des Problems?
— Worin liegen die Ursachen, und wie ernsthaft wären die Folgen?
— Was kann dagegen getan werden (präventiv und reaktiv)?
— Welche Kenngrößen und Kriterien können zur Früherkennung herangezogen werden? In welchen «schwachen Signalen» könnte es sich ankündigen?
— Wer wiederholt wann die Risikoanalyse, bzw. wer ist für das Risikomonitoring verantwortlich?

Die Auseinandersetzung mit Projektrisiken bereits in der Planungsphase ermöglicht den externen und internen Auftraggebern eine realistische Einschätzung, ob ein bestimmtes Projekt auch tatsächlich durchgeführt werden soll oder ob bestimmte Projektvorgaben nochmals abgeändert werden. Auch wenn sich nicht alle Aspekte, die zu Krisen im Projekt führen können, schon von vornherein erkennen lassen, sollten zumindest die vorhersehbaren Aspekte rechtzeitig erkannt und entsprechende Maßnahmen geplant werden. Projektmanagement ohne Risikomanagement gleicht einem Blindflug in einem Gebirgstal – auch dort ist nicht sicher, ob man gegen eine Felswand prallen wird; und manchmal geht ja auch alles gut.

Literatur

Boos, Frank/Heitger, Barbara (1996): Kunst oder Technik? Der Projektmanager als sozialer Architekt. In: Henning Balck (Hrsg.): Networking und Projektorientierung (S. 165–182.). Berlin: Springer.

Freund, Daniela (2000): Risk Management als Projektmanagement-Disziplin. In: Projektmanagement, Nr. 4, 52–58.

Heintel, Peter/Krainz, Ewald E. (2000): Projektmanagement. Eine Antwort auf die Hierarchiekrise? Wiesbaden: Gabler.

Kraus, Georg/Westermann, Reinhold (2001): Projektmanagement mit System. Organisation, Methoden, Steuerung. Wiesbaden: Gabler.

Litke, Hans-D. (2004): Projektmanagement. Methoden, Techniken, Verhaltensweisen. München: Hanser.

Mayershofer, Daniela/Kröger, Hubertus A. (2001): Prozesskompetenz in der Projektarbeit. Hamburg: Windmühle.

Patzak, Gerold/Rattay, Günter (2004): Projektmanagment. Leitfaden zum Management von Projekten, Projektportfolios und projektorientierten Unternehmen. Wien: Linde.

Rattay, Günter (2003): Führung von Projektorganisationen. Ein Leitfaden für Projektleiter, Projektportfolio-Manager und Führungskräfte projektorientierter Unternehmen. Wien: Linde.

Reiter, Wilfried (2003): Die nackte Wahrheit über Projektmanagement. Zürich: Orell Füssli.

Schiersmann, Christiane/Thiel Heinz-U. (2000): Projektmanagement als organisationales Lernen. Ein Studien- und Werkbuch (nicht nur) für den Bildungs- und Sozialbereich. Opladen: Leske+Budrich.

Schnarrenberg, Uwe/Göbels, Gabriele (1997): Risikomanagement in Projekten. Methoden und ihre praktische Anwendung. Braunschweig. zitiert nach: Daniela Freund (2000): Risk Management als Projektmanagement-Disziplin. In: Projektmanagement, Nr. 4, 52–58.

Trebesch, Karsten (2003): Projektmanagement – Korrekturen einer Fehlentwicklung. In: Organisationsentwicklung, Zeitschrift für Unternehmensentwicklung und Change Management, Nr. 3, 81–85.

Weick, Karl E. (1995): Der Prozess des Organisierens. Frankfurt a. Main: Suhrkamp.

Ergebnis – Kosten – Verantwortung

Alexander Bodmann

Money – it's a shame! (Pink Floyd)

Rechnungswesen in sozialwirtschaftlichen Organisationen

Für viele Mitarbeitende, aber auch Leitende in sozialen Organisationen ist das Rechnungswesen noch immer *ein rotes Tuch*. Während in profitorientierten, meist privatwirtschaftlichen Unternehmen die Orientierung am Ergebnis, das Führen mit Zahlen und die Systeme, die dahinterstehen, längst selbstverständlich sind, sieht man in Sozialorganisationen Rechnungswesen und Controlling im besten Fall als notwendiges Übel. Aber es gibt Hoffnung – auch in diesem Bereich hat sich in letzter Zeit einiges bewegt und verändert: Rechnungswesen ist heute auch in sozialen Organisationen ein Thema.

Und die Grundlagen des Rechnungswesens unterscheiden sich ohnehin nicht, ob es sich nun um ein Profit-Unternehmen oder um eine soziale Organisation handelt – Einnahmen-Ausgaben-Rechnung oder doppelte Buchhaltung sind ähnlich aufgebaut.

Im folgenden Beitrag werden die allgemeinen Grundlagen des Rechnungswesens dargestellt – dazu gewisse Eigenheiten und Entwicklungen, die für die Sozialorganisationen spezifisch sind.

1. Grundlagen: Aufbau, Gliederung des Rechnungswesens

1.1 Was gehört zum Rechnungswesen?

Zentrale Bestandteile des betrieblichen Geschehens sind

— das Setzen von Zielen (Zielsystem)
— das Managen (Planen, Durchführen, Kontrollieren: Managementsystem)
— das Erbringen der Leistung (Leistungsprozess)
— die Abrechnung der Leistung (Finanzprozess)

Die (komplexe) Aufgabe des betrieblichen Rechnungswesens ist es, all diese Vorgänge systematisch zu erfassen, sie also zu dokumentieren, und diese Informationen je nach Bedarf auszuwerten. Das Rechnungswesen ist demnach ein Informationssystem, dessen Zweck die Erfassung, Speicherung und Verarbeitung von betriebswirtschaftlich relevanten, quantitativen (!) Informationen über angefallene oder geplante Geschäftsvorgänge und -ergebnisse ist.

Insbesondere soll es folgende Fragen beantworten:

— *Kommt das Unternehmen mit seinen Zahlungsmitteln aus?* – **Finanzrechnung**: betriebsintern, keine gesetzlichen Regelungen (Ausnahme: Einnahmen-Ausgaben-Rechnung).
— *Hat das Unternehmen Gewinn oder Verlust gemacht?* – **Finanzbuchhaltung**: Gewinn- und Verlustrechnung (GuV); betriebsintern und -extern gegenüber Behörden und Geldgebern (Steuerrecht, Handelsrecht).
— *Wie reich ist das Unternehmen zu einem Zeitpunkt?* – **Finanzbuchhaltung**: Bilanzierung; betriebsintern und -extern gegenüber Behörden und Geldgebern.
— *Was kostet die erstellte Leistung?* – **Kosten- und Leistungsrechnung**: im Profit-Bereich betriebsintern, bei sozialwirtschaftlichen Organisationen für Abrechnungen bei Geldgebern auch extern.

Alle eben angeführten Module (Finanzrechnung, Finanzbuchhaltung, Kosten- und Leistungsrechnung) können die folgenden Funktionen erfüllen:

— Dokumentation des betrieblichen Geschehens («Geschichtsschreibung»);
— extern orientierte Rechnungslegung gegenüber Gesellschaftern, Gläubigern, Öffentlichkeit und Staat;
— Planung und Kontrolle;
— rechnerische Fundierung unternehmenspolitischer Entscheidungen.

1.2 **Die zentralen Begriffe des Rechnungswesens**

— *Einnahmen* und *Ausgaben* – treffen eine Aussage über die Liquidität
— *Ertrag (bzw. Erlös)* und *Aufwand* – treffen eine Aussage über Gewinn und Verlust
— *Vermögen* und *Schulden* bzw. *Kapital* – treffen eine Aussage über den Wert des Unternehmens
— *Leistung* und *Kosten* – treffen eine Aussage über den Erfolg einer oder mehrerer Leistungen
— *Einnahmen* und *Ausgaben, Ertrag* und *Aufwand, Leistung* und *Kosten* werden auch als die sechs Fundamentalbegriffe des Rechnungswesens bezeichnet:

Perspektive	Werteinsatz (Input)	Output
Finanzrechung (Einnahmen- Ausgaben- Rechnung)	**Ausgaben** Zahlungsmittelabfluss des Unternehmens durch Barzahlung, Überweisung, Scheckbelastung usw.	**Einnahmen** analog: Zahlungsmitteleingang
Finanzbuchhaltung (Gewinn- und Verlust- Rechnung)	**Aufwand** Alle Vorgänge im Unternehmen, die den Jahresüberschuss des Unternehmens mindern, z.B. Wertminderung eines KFZ (Abschreibung), aber auch Gehaltsauszahlungen.	**Ertrag oder Erlös** Wertezuwachs innerhalb einer Periode
Kosten- und Leistungs- Rechnung (KoRe)	**Kosten** Alle Vorgänge, die das Betriebsergebnis mindern und dem Betriebszweck dienen. Kosten sind Rechnungsgrößen, die rein kalkulatorisch sein können.	**Leistungen** Ergebnisse der betrieblichen Tätigkeiten

1.3 Aufbau des Rechnungswesens

1.3.1 Finanzrechnung: Kommt das Unternehmen mit seinen Zahlungsmitteln aus?

Die Einnahmen-Ausgaben-Rechnung ist die einfachste Form der Rechnungsführung und beschreibt, was «an richtigem Geld hin- und hergeschaufelt» wird.

Wenn eine Organisation durch gesetzliche Auflagen oder die eigenen Satzungen nicht ausdrücklich dazu verpflichtet ist, braucht es unter Umständen keine andere Buchführung.

Gebräuchlich ist das Kassabuch: Tatsächliche Einnahmen und Ausgaben werden aufgeführt und einander gegenübergestellt (vgl. ESCHENBACH 1998,

194–201). Diese Einträge sind immer zeitpunktbezogen: «Einnahme ist immer dann, wenn das Geld da ist (auf dem Konto oder in der Kassa). Ausgabe ist jener Zeitpunkt, an welchem ich das Geld übergebe (bar oder per Überweisung).»

Als Teile der Einnahmen-Ausgaben-Rechnung können je nach Größe des Unternehmens folgende «Bücher» fungieren:

— Kassabuch
— Bankbuch
— Wareneingangsbuch
— Anlagenverzeichnis
— (Gehaltskonten)

All diese «Bücher» stellen auch wichtige Elemente der Finanzbuchhaltung dar. Die Einnahmen-Ausgaben-Rechnung ist auch Grundlage für die Finanzplanung! Ein wesentliches Instrument für jedes mittlere oder große Unternehmen, um seine Liquidität zu sichern, ist die Finanzrechnung.

Durch die Einnahmen-Ausgaben-Rechnung entsteht einerseits Überblick, wie viel Geld real verfügbar ist, andererseits können auch künftige Geldab- und -zuflüsse geplant werden (Liquiditätsplanung). Es muss zum Beispiel geplant werden, dass das Weihnachts- und Urlaubsgeld rechtzeitig ausgezahlt werden kann. Das heißt: Unabhängig von der Auftragslage und den gestellten Rechnungen muss gewährleistet sein, dass zu einem bestimmten Zeitpunkt auch genug Geld verfügbar ist, um die anstehenden Überweisungen durchzuführen. Ein Konkursgrund ist die Zahlungsunfähigkeit. Ein Unternehmen kann durchaus profitabel sein und trotzdem zahlungsunfähig werden!

1.3.2 Gewinn- und Verlustrechnung (GuV): Hat das Unternehmen im letzten Jahr Gewinn oder Verlust gemacht?

Die doppelte Buchhaltung ist die lückenlose Erfassung des Vermögens, der Schulden, der Aufwände und Erträge. Mit der Gewinn- und Verlustrechnung (GuV) wird dabei der Gewinn bzw. Verlust einer Geschäftsperiode (diese ist in den meisten Fällen ein Geschäftsjahr) ermittelt.

Der Gewinn wird ermittelt, indem die Erträge den Aufwänden gegenübergestellt werden.

Aufwände und Erträge sind nicht unbedingt bare Zahlungsvorgänge. Sie stellen in vielen Fällen auch *unbare* Vorgänge (welche den baren Vorgängen vorausgehen oder folgen) dar.

Unbare Vorgänge wie z.B. Abschreibungen (bilden nicht den Anschaffungswert, sondern den Wertverlust eines Anlageguts ab, z.B. eines KFZs) oder Rückstellungen, etwa für nicht konsumierten Urlaub, sind dadurch gekennzeichnet, dass keine Veränderung bei den Geldmitteln (Kassa, Bank) stattfindet, jedoch der Wert (z.B. eines Anlageguts und damit des gesamten Unternehmens) verändert wird. Die Urlaubsrückstellung hat noch keine Auszahlung des Urlaubsanspruches zur Folge, sondern stellt die Vorwegnahme dieser Auszahlung dar. Der nicht konsumierte Urlaub eines Geschäftsjahres ist also ein Aufwand (und muss in der GuV berücksichtigt werden), aber keine Auszahlung (und wird deshalb in der Einnahmen-Ausgaben-Rechnung *nicht* berücksichtigt).

Erträge und Aufwände sind weiters nicht wie Einnahmen oder Ausgaben zeitpunktbezogen, sondern periodenbezogen. So entsteht der Erlös zum Zeitpunkt der Rechnungslegung. Die Einnahme kommt (hoffentlich) zu einem späteren Zeitpunkt.

Wenn also z.B. auf einem Kostenstellenbericht oder einer Budgetliste die Position «Erlöse» steht, so heißt das noch nicht, dass tatsächlich die Einnahmen schon da sind, sondern dass ich mich als Kostenstellenverantwortlicher möglicherweise darum kümmern muss, dass sie auch hereinkommen (z.B. mit Hilfe eines Mahnsystems).

Was die Gewinn- und Verlustrechnung enthalten muss, ist im Handels- und Steuerrecht geregelt. Die wichtigsten Positionen sind:

Gewinn- und Verlustrechnung	
Soll	Haben
— Wareneinsatz (= Wert der verkauften Vorräte zum Einkaufspreis) — Löhne und Gehälter — Zinsenaufwand (für erhaltene Kredite zu zahlende Zinsen) — Abschreibungen (= Wertminderungen bei abnutzbaren Anlagegütern) — außerordentliche Aufwendungen — Schadensfälle — Reparaturen — Energie — etc.	— Umsatzerlöse (= Wert der verkauften Vorräte zum Verkaufspreis) — Zinserträge (für gegebene Kredite zu erhaltende Zinsen) — Erträge aus Beteiligungen (an anderen Unternehmen) — außerordentliche Erträge — etc.
Differenz zu Haben ergibt Gewinn	Differenz zu Soll ergibt Verlust

Gewinn oder Verlust werden als «Ergebnis» der Geschäftstätigkeit bezeichnet. Jedes Unternehmen (und damit auch jede Sozialorganisation) muss auf Dauer Gewinne machen, damit ein nachhaltiges Überleben gesichert ist. Der Grund liegt darin, dass die Werteinsätze immer zu dem jeweilig bestimmten Zeitpunkt des Geschäftsfalles und im Gefolge des Jahresabschlusses (= Erstellung von GuV und Bilanz) angenommen werden und im Nachhinein nicht inflationsbereinigt werden. Um also das langfristige Überleben eines Unternehmens zu sichern, ist ein Gewinn in der Höhe der Inflationsrate des Eigenkapitals (→ folgender Abschnitt 1.3.3) die Mindestanforderung. Schon allein aus diesem Grund gibt es eigentlich keine Nonprofit-Unternehmen. Die Gemeinsamkeit der Unternehmen, die wir als Nonprofit-Unternehmen bezeichnen, besteht lediglich darin, dass *ihr oberstes Ziel nicht Gewinnmaximierung* ist.

1.3.3 Bilanz: Wie reich ist das Unternehmen zu einem bestimmten
Zeitpunkt?

Die GuV ist periodenbezogen, stellt also die Betrachtung des Unternehmens
über eine Geschäftsperiode hinweg dar. Die Bilanz (ebenfalls Teil der doppelten Buchhaltung) ist immer eine Zeitpunktaufnahme jeweils zu Beginn und am
Ende einer Geschäftsperiode (Eröffnungsbilanz/Schlussbilanz).

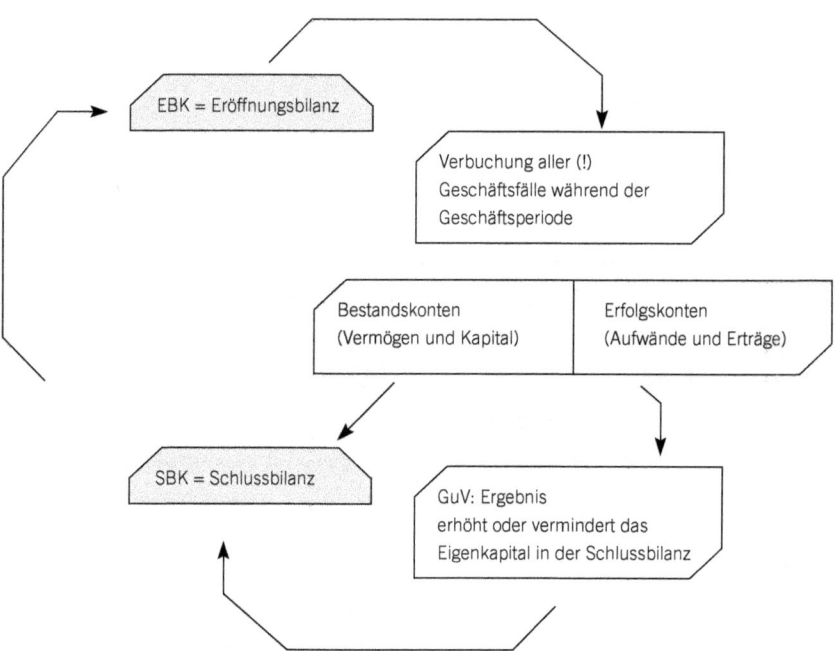

Die Bilanz gibt Aufschluss über

— die Herkunft der Mittel (= Kapital)
— die Verwendung der Mittel (= Vermögen)

Bilanz			
Vermögen (Aktiva)	Soll	Haben	Kapital (Passiva)
Anlagevermögen (AV) (langfristig gebundenes Vermögen)			Eigenkapital (EK) inkl. Gewinn
Umlaufvermögen (UV)			Fremdkapital (FK) (Schulden)

Die linke Seite der Bilanz, das Vermögen, wird unterteilt in Anlage- und Umlaufvermögen.

— das *Anlagevermögen* (AV) besteht aus Sachanlagen wie Autos, Grundstücken, Gebäuden, Betriebs- und Geschäftsausstattung. Weiters gehören zum AV auch Lizenzen, Patente und langfristig gebundene Wertpapiere.
— das *Umlaufvermögen* (UV) besteht in Sozialorganisationen in erster Linie aus Barvermögen (Kassa), Bankguthaben (Konto), kurzfristig gebundenen Wertpapieren und vor allem Forderungen (also in Rechnung gestellten, aber noch nicht bezahlten Leistungen).

Die rechte Seite der Bilanz, das Kapital, wird unterteilt in Eigen- und Fremdkapital.

— Das *Fremdkapital* (FK) besteht im Wesentlichen aus Krediten (Hypothekarkrediten, Darlehen), Verbindlichkeiten (erhaltenen, aber noch nicht bezahlten Leistungen gegenüber Lieferanten, Banken) und Rückstellungen (insbesondere für nicht konsumierten Urlaub oder Abfertigungen – also quasi den Schulden gegenüber Mitarbeiter/innen).
— Das *Eigenkapital* (EK) ist die Differenz zwischen dem Gesamtvermögen und dem Fremdkapital: $AV + UV - FK = EK$. Es ist wichtig zu verstehen, dass Eigenkapital nicht in Geldform irgendwo zur Verfügung steht, sondern nur die *Herkunft der Mittel* bezeichnet. Das Eigenkapital entsteht aus dem Stammkapital (von der Gründung des Unternehmens), das von den Unternehmenseigentümern finanziert wird (d.h. zum Beispiel im Falle

einer Gesellschaft mit beschränkter Haftung [GesmbH] von deren Gesellschaftern) und den kumulierten, im Unternehmen einbehaltenen erwirtschafteten Gewinnen seit Bestehen des Unternehmens.

Die Bilanz ist die jährliche, zeitpunktbezogene (z.B. zum 31.12. eines Jahres) Abbildung des Vermögens (was besitzt das Unternehmen?) und des Kapitals (wie und durch wen ist dieses Vermögen finanziert?). Die Summe von Kapital und Vermögen – die «Bilanzsumme» – ist also auf beiden Seiten der Bilanz immer gleich.

Der Jahresabschluss ist die Erstellung von Bilanz und GuV. Dieser Abschluss erfolgt immer für das Gesamtunternehmen. GuV und Bilanz sind daher immer ein Überblicksinstrument für die Gesamtorganisationen und insbesondere für die Gesamtbeurteilung eines Unternehmens wichtig. Interesse am Jahresabschluss haben vorrangig Geschäftsführer/innen, Gesellschafter/innen, Aktionäre oder Vereinsmitglieder, Banken und Steuerbehörden. Für die konkrete Arbeit des Leiters oder der Leiterin einer Einrichtung im Rahmen eines mittleren oder großen Sozialunternehmens ist die Kosten- und Leistungsrechnung von höherer Relevanz.

1.3.4 Kosten- und Leistungsrechnung: Was kostet die erstellte Leistung?

Die Kosten- und Leistungsrechnung (KORE) liefert Grundlagen für Entscheidungen von Leitern/innen in sozialen Organisationen. Sie wird freiwillig geführt – in mittleren und großen sozialen Organisationen ist sie jedoch in vielen Fällen unbedingt notwendig, weil nur über eine Kostenrechnung auch die Abrechnung an verschiedene Geldgeber garantiert werden kann.

Welches sind nun die Unterschiede zwischen Kostenrechnung und doppelter Buchhaltung?

Buchhaltung	Kostenrechnung
— rechenschaftsorientiert	— entscheidungsorientiert
— vergangenheitsorientiert	— gegenwarts- und zukunftsorientiert
— gesetzlich normiert	— frei gestaltbar
— zwingend vorgeschrieben	— fakultativ
— enger Interpretationsspielraum	— weiter Interpretationsspielraum
— stark standardisiert	— maßgeschneidert
— richtet sich an externe Adressaten	— richtet sich an interne Adressaten
— bildet alle finanziellen Transaktionen des Unternehmens ab	— bildet nur die zur Leistungserstellung notwendigen Transaktionen ab
— Jahresrechnung	— «unterjährige» (halbjährlich, quartalsweise, monatsweise, ...) Rechnung

Kosten nennen wir den Werteinsatz zur Leistungserstellung. Sie müssen betriebsnotwendig, periodenrein und realitätsnahe sein. Sie unterscheiden sich von Auszahlungen dadurch, dass sie nicht unbedingt einen Zahlungsmittelabfluss bedeuten (ähnlich den Aufwänden). Von den Aufwänden unterscheiden sie sich dadurch, dass sie immer betriebsbedingt sein müssen (also nur der «gewöhnlichen» Geschäftstätigkeit dienen) und dass andere Werteinsätze herangezogen werden können (so kann man in der Kostenrechnung kalkulatorische Kosten für Mieten statt der rechtlich für die Buchhaltung definierten Gebäudeabschreibung einführen).

Die Kosten- und Leistungsrechnung erfüllt folgende Funktionen:

— Sie liefert Grundlagen für die Preisvor- bzw. -nachkalkulation.
— Sie plant und kontrolliert die Wirtschaftlichkeit der betrieblichen Prozesse, einzelner Betriebszweige oder Leistungen.
— Sie ermittelt die Preisunter- und -obergrenzen, bis zu denen Aufträge angenommen bzw. Güter beschafft werden sollen.
— Sie bilden die Grundlage für Rentabilitäts- und Wirtschaftlichkeitsvergleiche, z. B. zur Entscheidung über Selbsterstellung oder Fremdbezug.

Für die Kosten- und Leistungsrechnung werden die Aufwände der Buchhaltung in großen Teilen übernommen und den verschiedenen Kostenstellen zugeordnet. Der Rest der Aufwände wird entweder durch kalkulatorische Kosten ersetzt

(z. B. wie die bereits erwähnten kalkulatorischen Mieten anstelle der Gebäude-abschreibungen) oder nicht berücksichtigt (wenn sie nicht betriebsbedingt sind). Dieser Vorgang wird als *Betriebsüberleitung* bezeichnet und findet in den meisten Fällen gleich direkt bei der Verbuchung in der Buchhaltung statt.

Der Zuordnung zu den Kostenstellen folgt in feiner definierten Systemen auch gleichzeitig die Zuordnung von Kosten, die man direkt einer Leistung zuordnen kann. Diese Leistung wird als Kostenträger (nicht zu verwechseln mit dem Geldgeber) bezeichnet. Gerade im Sozialbereich ist es jedoch oft so, dass die Aufteilung zwischen Kostenstelle und Kostenträger nicht notwendig ist, da viele Kostenstellen ohnehin nur eine Leistungsart anbieten – z. B. die «Kosten-stelle Röntgen» in einem Krankenhaus. Die Berechnung der Kosten für den *Kostenträger Röntgen* ergibt sich dann aus einer einfachen Division der Summe der Kostenstelle Röntgen durch die Gesamtbetriebsdauer mal der Dauer einer Röntgenaufnahme.

Die Kostenstelle Röntgen wird also automatisch zum Kostenträger Rönt-gen.

Eine vereinfachte Darstellung der Kostenrechnung sieht dann folgender-maßen aus:

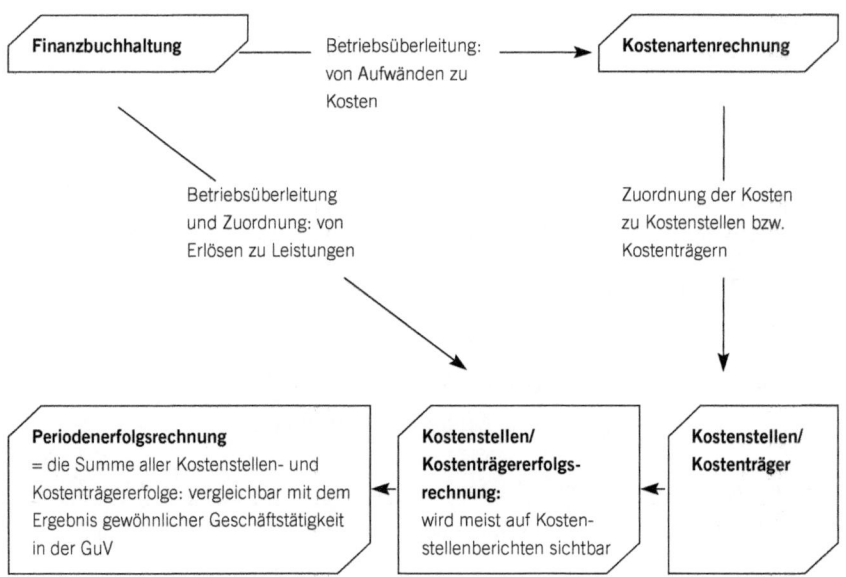

Diese Vorgänge finden immer im Zusammenspiel zwischen den Abteilungen für Buchhaltung und Kostenrechnung (oftmals ohnehin in einer Abteilung zusammengefasst) statt.

In der Kostenrechnung unterscheidet man weiters die Vollkostenrechnung und Teilkostenrechnung:

— *Vollkostenrechnung:* Die Berechnung eines Preises zu Vollkosten wird immer von der tatsächlichen bzw. geplanten Auslastung beeinflusst. Für die langfristige Preisfestlegung und Berechung der Wirtschaftlichkeit verschiedener Leistungen ist dies im Sozialbereich (in dem ein großer Teil der Kosten ohnehin fix, also nicht von der Auslastung beeinflusst ist) die sinnvolle und langfristig notwendige Variante.

— *Teilkostenrechnung:* Für die kurzfristige Planung oder zusätzliche Übernahme von Aufträgen bzw. Kapazitätsausweitungen ist die Vollkostenrechnung genauso wenig ausreichend wie für die Beurteilung, ab welcher Auslastung ein Unternehmen bzw. ein Unternehmensteil gewinnbringend arbeiten kann *(Break-even-Point)*. In diesen Fällen ist eine Kalkulation zu Teilkosten notwendig, das heißt die Aufteilung der Vollkosten in fixe und variable Kosten.
Die Unterscheidung von fixen und variablen Kosten geschieht über deren Abhängigkeit von der Auslastung. Fixe Kosten sind Kosten, die auch entstehen würden, wenn der Betrieb (vorübergehend) keine Beschäftigung hätte, das heißt, wenn zum Beispiel keine Betten belegt wären, keine Menschen beraten oder betreut würden. *Fixe Kosten* sind somit Kosten die kurz- bis mittelfristig unveränderbar auf ein Unternehmen zukommen, wie zum Beispiel Mieten, Abschreibungen, Gehaltskosten (Grundgehalt) oder (Grund-)Gebühren. In sozialen Unternehmen also die Hauptkostenbestandteile!

— *Variable Kosten* sind Kosten, die kurzfristig mit der Beschäftigung bzw. Auslastung veränderbar sind dazu zählen zum Beispiel Lebensmittelkosten, Beschäftigungsmaterial, Pflegematerial.

1.3.5 Die stufenweise Deckungsbeitragsrechnung

Der Deckungsbeitrag (DB) dient zur Deckung von Fixkosten. Er wird folgendermaßen errechnet:

$$
\begin{array}{l}
\text{Erlöse (bzw. Leistungen)} \\
-\quad \text{variable Kosten} \\
\hline
\text{Deckungsbeitrag}
\end{array}
$$

Bei der stufenweisen Deckungsbeitragsrechnung geht es darum, Kostenhierarchien zu bilden. Ziel ist eine detailliertere Analyse der Fixkosten und der Produkt- oder Leistungsbereiche. Je direkter die Zurechenbarkeit und je «variabler» die Kosten, umso eher sind sie vom jeweiligen Kostenstellen- oder Kostenträgerverantwortlichen (meist dem/der Leiter/in einer Einrichtung) zu beeinflussen. Man bildet also nicht nur einen Deckungsbeitrag, sondern zwei oder drei Deckungsbeiträge, welche die jeweils tiefer liegenden «fixeren» und weniger genau zurechenbaren Kosten decken sollen. Es werden also von den Leistungserlösen die zugehörigen variablen Kosten abgezogen und Leistungsdeckungsbeiträge errechnet. Im Anschluss werden meistens die einzelnen Leistungen zu Leistungsgruppen zusammengefasst und leistungsgruppenspezifische Kosten abgezogen. Im letzten Schritt werden dann die nicht mehr zurechenbaren Kosten vom letzten Deckungsbeitrag abgezogen.

Zum Beispiel könnte sich der DB I der Leistung (= Kostenträger) «Physiotherapie» aus den Erlösen minus den Therapeutenhonoraren errechnen. Für den DB II werden dann die Koordinationskosten (wie Leitung, Abschreibungen …) aller Therapieformen abgezogen. Der Erfolg des Kostenträgers wäre dann nach Abzug der reinen Verwaltungskosten ermittelt.

1.4 **Budgetierung**

Das Budget ist eines der wichtigsten Planungs- und Kontrollinstrumente. Ein Budget kommt durch eine verbindliche Zielvereinbarung zustande. Diese Ziele sind leicht kontrollierbar.

Um ein Budget zu definieren, hält man sinnvollerweise eine gewisse Reihenfolge ein. In erster Linie sollte es eine Planung der Leistungen der nächsten Geschäftsperiode geben. Die Leistungen stellen die Grundlage für alle anderen Faktoren eines Budgets dar. Von einer *realistischen* (aber auch *herausfordernden*) Planung der Leistungen können in der Folge alle kostenrelevanten Größen geplant werden. Dies sind die Dienstpostenpläne und die Instandhaltungs- bzw. Investitionsplanung.

1. Leistungsplanung (Auslastung, Mengen)
2. Dienstpostenplan
3. Instandhaltungs- bzw. Investitionsplanung
4. Finanzplanung (Kapitalkosten, Abschreibungen, Wagnisse)
5. Erstellung des Budgets

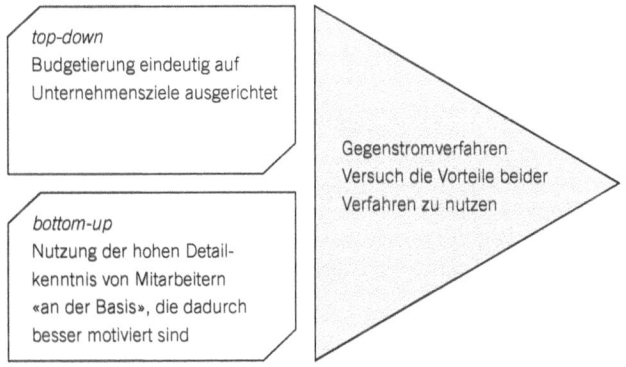

Die Vorgangsweise bei der Planung eines Budgets kann *top down* oder *bottom up* erfolgen. In der Praxis hat sich das Gegenstromverfahren durchgesetzt, in dem es zu «Verhandlungen» zwischen Budget- bzw. Kostenstellenverantwortlichen und Geschäftsführung bzw. deren Vertretung in Form einer Controlling- oder Finanzabteilung kommt. Je weiter der Budgetierungsprozess allerdings durch Organisationsregelungen eingeschränkt wird (z. B. dadurch dass der Kostenstellenverantwortliche nicht alle Kostenbestandteile selbst planen darf, bzw. die Planung bestimmten Vorgaben unterliegt), umso weniger nutzt man das Wissen und Chancen der Mitarbeiter/innen vor Ort.

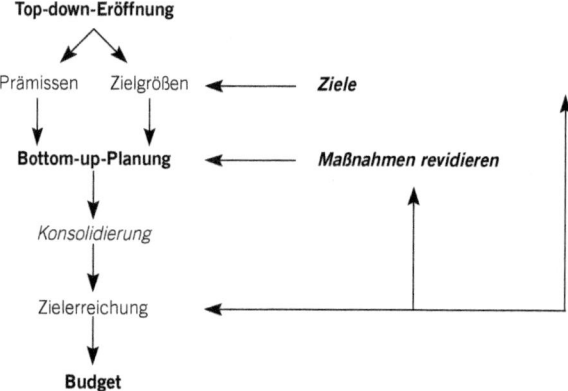

Budgetieren bedeutet also immer abwägen zwischen Vorgaben, die von allen Einrichtungen ohnehin eingehalten werden müssen, und der Freiheit, alles selbst definieren zu können. Wesentliches Faktum ist, dass ein Kostenstellenverantwortlicher nicht (in erster Linie) für Einzelbudgets (z. B.: die Portokosten) verantwortlich ist, sondern die Gesamtverantwortung hat, dass das vereinbarte und budgetierte Ergebnis eingehalten wird.

Das größte Risiko der operativen Planung mit Hilfe eines Budgets ist, dass die Planung nur der Planung wegen erfolgt, aber keine Auswirkungen auf das Tagesgeschehen hat. In einer derartigen Situation werden Planzahlen immer «genauer» (kalkuliert), Planungszeiträume immer länger, Planungsrechnungen immer komplexer und undurchschaubarer. Die Planungsinhalte finden aber keinen Niederschlag in konkreten Maßnahmen (vgl. ESCHENBACH 1998).

Weniger Kostenarten-(gruppen) planen, die Konzentration auf die wirklich großen Kosten- und Erlösblöcke und ein klarer Auftrag und Kompetenzen des Kostenstellenverantwortlichen für die Einhaltung der Budgetvereinbarungen – all dies hilft, dem eben geschilderten Problem zu entgehen.

1.5 Kennzahlen

Kennzahlen dienen dazu, den Entscheidungsträgern einen raschen Überblick über die wichtigsten Daten des Unternehmens zu geben. Sie können in zeitlicher

– betriebsinterner und überbetrieblicher – Art verglichen werden. Kennzahlen sind immer nur im Vergleich aussagekräftig. Die Aussage, ein Unternehmen habe fünf Millionen Euro Schulden, hat ohne weitere Vergleichswerte absolut keine Aussagekraft.

Man unterscheidet zwischen absoluten Zahlen und Verhältniszahlen. Wesentlich für Kennzahlen ist deren Definition. Da Kennzahlen immer Vergleichszahlen sind, ist es die größte Herausforderung, eine Kennzahl einheitlich, nachvollziehbar und nachhaltig zu definieren. Das ist insbesondere für überbetriebliche Vergleiche relevant.

Die Personalfluktuation in einem Unternehmen ist zum Beispiel nur dann mit derjenigen eines anderen Unternehmens vergleichbar, wenn klar ist, welche Beschäftigungsverhältnisse mit einbezogen wurden, ob wirklich *alle* Austritte (auch jene im Probemonat) einbezogen wurden, und wenn nicht, welche nicht – und ob wirklich für den exakt gleichen Zeitraum usw.

Für Sozialorganisationen sind insbesondere zwei Kennzahlen aus dem finanzwirtschaftlichen Bereich (Bilanz) relevant:

— *Eigenkapitalquote* (Verhältniskennzahl): Anteil des Eigenkapitals am Gesamtkapital. Die Eigenkapitalquote gibt darüber Auskunft, wie viel vom Gesamtvermögen (UV+AV) durch Eigenmittel finanziert ist. Die «goldene Bilanzregel» besagt, dass das Eigenkapital zumindest das Anlagevermögen decken sollte.
— *Cashflow* (eine absolute Kennzahl): Der Cashflow ergibt sich aus einer Einnahmen-Ausgaben-Rechnung (es werden nur die Zahlungsströme erfasst). Einfacher lässt er sich aus dem Bilanzgewinn errechnen, wenn man aller unbaren Bewegungen (Abschreibungen, Dotierung bzw. Auflösung von Rückstellungen) abzieht bzw. hinzuzählt.
Der Cashflow gibt aus Sicht eines sozialwirtschaftlichen Unternehmens Auskunft über die Fähigkeit, Investitionen, Schuldentilgungen und die Aufrechterhaltung der Liquidität aus eigener Kraft vorzunehmen bzw. sicherzustellen.

Aus dem Kosten- bzw. Leistungsbereich gibt es für jede Branche, jeden Bereich und in jedem Land unterschiedlich definierte Kennzahlen. Betrachten wir einen Auszug aus relevanten Kennzahlen aus dem Pflegebereich:

Personalkennzahlen
— Krankenstandstage
— Fluktuation
— Personalschlüssel in der Pflege/Betreuung, Hilfspersonal
— Personalschlüssel in der Verwaltung
— Personalschlüssel Reinigung
— Weiterbildungstage/Mitarbeiter/in
— Weiterbildungskosten/Mitarbeiter/in
— durchschnittliches Gehalt/Mitarbeiter/in

Sachkosten
— Lebensmittelkosten/Klient/Tag
— Sachkosten/Klient/Tag

Infrastruktur
— m²/Bewohner/in
— m²/persönliche Wohnfläche
— Reinigungskosten/m²
— Energiekosten/m²
— Betriebskosten/m²
— Instandhaltungskosten/m²
— Ausstattungsmerkmale
— Errichtungskosten/Bett

Erlöse
— Auslastung
— Belagstage/Bett
— Auslastung/Privaterlöse
— durchschnittlicher Erlös/Bett
— durchschnittliche Pflegestufe
— variable Kosten/Bewohner/Tag
— Anteil Personalkosten an Gesamtkosten

2. Besonderheiten des Rechnungswesens im Sozialmanagement

Wo liegen nun tatsächlich die Unterschiede im Rechnungwesen eines Profit-Unternehmens und eines sozialwirtschaftlichen Unternehmens? Die Grundlagen sind ja, sagten wir, für alle gleich? Die Ausgestaltung insbesondere der Buchhaltung ist gesetzlich normiert, und auch die Kostenrechnungssysteme sind erst in seltenen Fällen speziell auf Sozialunternehmen ausgerichtet. Trotzdem gibt es einige Unterscheidungen, die meist eine Herausforderung an Systeme und Menschen darstellt. Der wesentlichste Faktor ist der Folgende:

2.1 Geldgeber und Kunde sind nicht identisch

Da Geldgeber/in und Kunde/in (bzw. Klient/in, Bewohner/in, Betreuer etc.) nicht identisch sind, ergibt sich in vielen Fällen eine doppelte oder mehrfache Abrechnungsanforderung. Das Rechnungswesen muss also den oft äußerst unterschiedlichen Rechnungslegungs- oder Abrechnungsvorschriften (die meist Bestandteil der Verträge mit der öffentlichen Hand sind) gerecht werden. Gleichzeitig muss es auch fähig sein, für die Kunden/innen eine Rechnung zu legen, und möglicherweise fordert noch eine dritte und vierte Förderstelle (z.B. aus Mitteln der EU oder anderer Subventionen) schriftliche Rechnungslegung. Das ist eine Herausforderung an die Definition von Aufwandsarten und deren Überleitung in Kosten. Letzteres muss dann infolge der Auflagen der öffentlichen Hand oft möglichst detailliert erfolgen, aber nicht den Aufwandsarten, wie es beispielsweise das Handelsgesetzbuch kennt, entsprechen.

Weiters besteht ein Interesse der Sozialorganisation nachzuweisen, dass die zur Verfügung gestellten Mitteln auch entsprechend verwendet wurden, aber leider zu knapp waren. Das bedeutet, dass das Abrechnungssystem, den Vorschriften entsprechend, so gestaltet werden muss, dass tatsächlich alle relevanten Kostenbestandteile in das vorgegebene Abrechnungsschema passen. Dies gestaltet sich insbesondere bei Verwaltungskosten zusehends schwieriger, weil hier keine direkte Zuordnung von Kosten möglich ist, sondern mit Pauschalen bzw. Umlagen gerechnet werden muss.

Die Kunst besteht darin, die interne Kostenrechnung so zu gestalten, dass sie flexibel genug ist, um unterschiedlichsten externen Anforderungen in kurzer Zeit gerecht zu werden.

2.2 Unternehmensform

In der Unternehmensform von sozialen Organisationen liegt ein weiterer Unterschied zu Profit-Unternehmen. So sind viele soziale Organisationen als Verein organisiert. Andere gründen eine gemeinnützige GesmbH.

Für das Rechnungswesen hat dies insofern Auswirkungen, als die Auflagen im Vereinsrecht erst von einer gewissen Größe an den Auflagen für eine GesmbH entsprechen. Ist er kleiner, so kann ein Verein mit einer einfachen Einnahmen-Ausgaben-Rechnung arbeiten.

Durch die Möglichkeit, gemeinnützige GesmbHs zu gründen, ist es auch tatsächlich zu einem gewissen Boom solcher Gründungen gekommen. Sowohl steuerliche Vorteile (Umsatzsteuer) als auch die eingeschränkte Haftung spielen dabei eine große Rolle. Dies hat allerdings dazu geführt, dass sich inzwischen auch bei sozialwirtschaftlichen Unternehmen unterschiedliche Rechtspersonen oft unter einem Dach versammeln. So kann der ursprüngliche *Verein* eine *BetriebsgesmbH* (als gemeinnützige GesmbH) oder ein Forschungsinstitut (in Form eines *weiteren Vereins*) gründen usw.

Die Buchhaltung hat dann nicht mehr nur einen Rechnungskreis zu verwalten, sondern rechnet für mehrere Unternehmen unter einem Dach. Die Bewegungen innerhalb einer Unternehmensgruppe müssen im Rahmen eines konsolidierten Jahresabschlusses beispielsweise wieder herausgerechnet werden.

2.3 Erlösstruktur

Die Erlösstruktur ist auch wegen der in → Abschnitt 2.1 angesprochenen Unterscheidung zwischen mehreren Geldgebern wesentlich umfangreicher als in einem Profit-Unternehmen.

Dazu kommt jedoch, dass viele Sozialorganisationen auch noch Spendensammler sind. Hier ist zu garantieren, dass die Spenden auch widmungsgerecht verwendet werden. Das bedeutet, dass sowohl in der Kostenarten- als auch in der Kostenstellendefinition entsprechende Kategorien vorgesehen werden müssen. Das Handelsrecht kennt den Umgang mit Spenden nicht (aus verständlichen Gründen). So ist die Verbuchung und Mitnahme von Spenden in die nächste Geschäftsperiode nicht einheitlich gelöst. Es gibt Organisationen, die

Bodmann • Money – it's a shame! 421

dies in Form der Rechnungsabgrenzung handhaben – andere bilden Spenden-rückstellungen.

3. Entwicklungen

Tatsächlich hat sich in den letzten Jahren, auch durch den (manchmal nur ver-meintlichen) Druck der öffentlichen Geldgeber (immerhin sind soziale Or-ganisationen im Schnitt in Österreich zu über achtzig Prozent von öffentlichen Geldern abhängig. Dazu → Meyer/Lange in diesem Band) einiges verändert. Die Tendenzen sind hier aus Sicht des Rechnungswesens dargelegt:

— *Finanzierung:* Einen generellen Trend der letzten Jahre stellt die Entwick-lung hin zu mehr oder weniger klar definierten Leistungsvereinbarungen dar, weg von pauschalen Subventionen. Dies bringt zum einen für den Trä-ger mehr Berechenbarkeit und Sicherheit, zum anderen aber auch die Not-wendigkeit, die erbrachte Leistung zu dokumentieren, und damit verknüpft häufig auch eines Nachweises der Effizienz der Leistungserbringung. Da-hinter steht das Abgehen vom Prinzip der Inputorientierung und -finanzie-rung und die Hinwendung zur Outputorientierung und -finanzierung.
— Ein zweiter wichtiger Trend ist die *Individualisierung der Leistungserbrin-gung* und damit verbunden unter anderem die Einführung von Kostenbei-trägen, die dem Nutzer (wenn auch meist sozial gestaffelt) verrechnet wer-den. Dies bedingt einen höheren Aufwand in der Leistungserfassung und -verrechnung.
— In den beiden angeführten Trends spiegelt sich eine weitere wesentliche Entwicklung: *Subjektförderung statt Objektförderung.*
— *Kostendruck:* Bedingt durch eine teilweise stark steigende Nachfrage (vor allem nach Pflege- und Betreuungsleistungen für alte Menschen) und durch die zunehmende Professionalisierung und Intensivierung von Leistungen geht eine Schere auf, da öffentliche Gelder wie auch Kostenbeiträge der Nutzer, wenn überhaupt, nicht im selben Ausmaß wachsen können. Dies führt zu teilweise erheblichem Kostendruck, der sich wieder in einer ge-nauen Analyse der Kostenstrukturen niederschlägt.
— Weg von rein finanzwirtschaftlichen Zahlen zu gesamtunternehmerisch rele-vanten Kennzahlen (Verbindung qualitativer mit quantitativen Kennzahlen)

— Spender/innen sind immer weniger bereit, pauschal einer Organisation Geld für ihre Arbeit zu geben. Die Nachvollziehbarkeit der Mittelverwendung und die Möglichkeit, Anteil zu nehmen, zu wissen, was die Spende bewirkt, nimmt zu.

Der Beitrag des Rechnungswesens kann es sein, im Spannungsfeld zwischen steigenden Qualitätsanforderungen bzw. steigender Nachfrage und steigendem Kostendruck:

— Transparenz und Nachvollziehbarkeit herzustellen,
— Gespräche zu versachlichen,
— Grundlagen für eine Prioritätensetzung zu bieten,
— Entscheidungen abzusichern,
— Effizienzsteigerungspotenziale zu lokalisieren, den Ressourceneinsatz zu optimieren, außerdem:
— Argumentationshilfe und
— Führungsunterstützung insbesondere bei Krisenidentifizierung und -analyse.

Literatur

EGGER, Anton/WINTERHELLER, Manfred (2002): Kurzfristige Unternehmenspla-
nung. Wien: Linde.

ESCHENBACH, Rolf (Hrsg.) (1998): Führungsinstrumente für die Nonprofit Organisation. Stuttgart: Schäffer-Poeschel.

REISS, Hans-Christoph (1993): Controlling und soziale Arbeit. München: Luchterhand.

SCHIERENBECK, Henner (1983): Grundzüge der Betriebswirtschaftslehre. München/
Wien: Oldenbourg.

Bettina Riha-Fink

Fundraising und Sponsoring

«Knappes Budget, zu wenig öffentliche Mittel»: Nicht selten ist das der Anlass, um darüber nachzudenken, ob sich nicht Spenden oder Sponsorenbeiträge als neue Finanzierungsquellen erschließen lassen könnten. Statistiken scheinen dieser Überlegung Recht zu geben: Im Jahr 2000 spendeten knapp achtzig Prozent der österreichischen Bevölkerung ab fünfzehn Jahren in irgendeiner Weise Geld. Das Gesamtvolumen betrug 494,2 Millionen Euro, davon entfielen 174,4 Millionen Euro auf humanitäre Hilfe im Inland und 101,7 Millionen Euro auf humanitäre Hilfe im Ausland. Die durchschnittliche Spendenhöhe pro Person und Jahr lag in Österreich damit bei rund 94 Euro (Quelle: Österreichisches Institut für Spendenwesen).

494 geschenkte Millionen? Keineswegs. Das Ergebnis ist Folge einer zunehmenden Professionalität des Fundraisings in Österreich. Gute Strategien, eine sorgfältige Planung und damit auch Personalkapazitäten und Geldmittel sind nötig, um langfristig erfolgreich zu sein. Fundraising hat wenig zu tun mit «Betteln». Spenden sind in den seltensten Fällen Zahlungen, die ohne Erwartung getätigt werden. Nicht zuletzt deshalb, weil es sich um eine Zahlung handelt, bei welcher der oder die Geldgeber/in (also der Kunde, die Kundin) nicht identisch ist mit dem oder der Begünstigten (also dem Klienten oder der Klientin).

Kunde/in	bezahlt	und erhält eine Ware/Dienstleistung
Spender/in (=Klient/in)	spendet	die Unterstützung kommt einer dritten Person zugute.
		Spender/innen-Erwartung über Gegenleistung bleibt aufrecht: «Was erhalte ich für mein Geld?»

Fundraising hat daher wesentlich mit *Beziehungsmarketing* zu tun, da die Gegenleistung – vor allem bei Privatspendern/innen kein materieller, sondern ein ideeller Wert ist. Ein sehr großer Stellenwert kommt dementsprechend der Spender/innenbetreuung und -bindung zu. Kundenorientierung im Fundraising bedeutet daher in allererster Linie, dass man sich darum bemüht, auf die Erwartungen der Spender/innen einzugehen.

1. Der Planungsprozess im Fundraising

Erfolgreiches Fundraising ist ein strategisch angelegter Prozess. Der Fundraisingzyklus nach Henry A. Rosso zeigt die wichtigsten Schritte von der Bedarfsklärung des Projektes über die Auswahl der Zielgruppen und Maßnahmen bis hin zur langfristigen Bindung der Spender/innen.

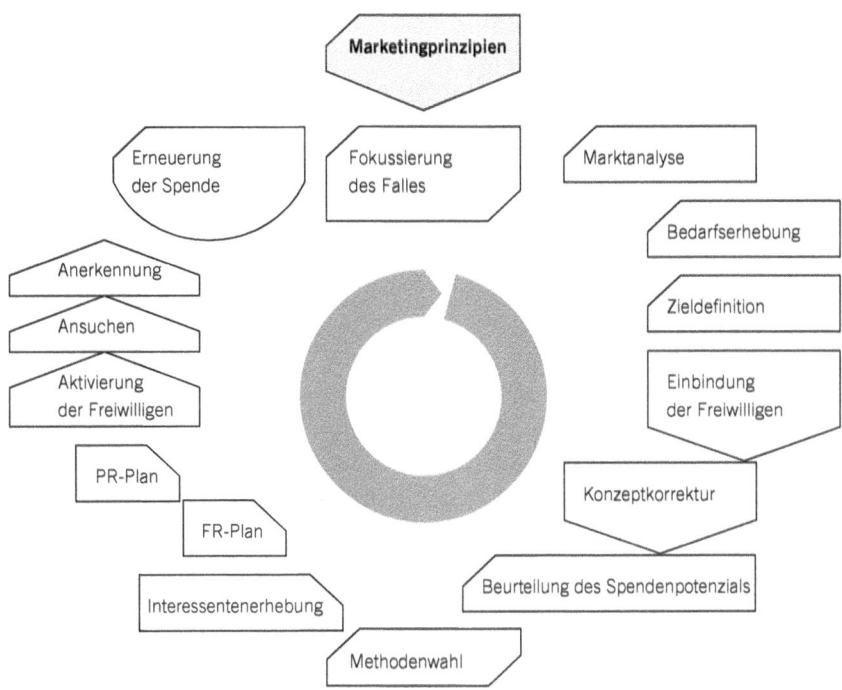

1.1 Der Planungsprozess in der Praxis

Ausgangssituation aller Planung ist die detaillierte Erarbeitung des Anliegens *(Case for Support)*. Erheben Sie, was das Besondere *(Unique Selling Proposition,* USP) an Ihrer Organisation oder Ihrem Projekt ist und wieso jemand dafür spenden sollte. Stellen Sie sich folgende Fragen:

— Was ist das Einzigartige an unserer Organisation?
— Welchen Nutzen hat die Gesellschaft von unserer Arbeit?
— Welchen Grund gibt es, genau Ihre Arbeit zu unterstützen?
— Welche Vorteile hat der Spender, die Spenderin, wenn er/sie Ihre Organisation, Ihr Projekt unterstützt? (Gewissheit eines verantwortungsvollen Umgangs mit Spenden, Rechenschaftsbericht, Dienstleistungen etc.)

Tipp: Verfassen Sie eine kurze Projektbeschreibung. Fassen Sie in wenigen Sätzen zusammen, wieso Ihr Projekt Spenden braucht, wieso es sinnvoll ist, dafür Geld zu investieren, was geschieht, wenn das Projekt keine Spenden erhält und vor allem: Notieren Sie, was eine Spende für Ihr Projekt bewirkt.

Tipp: Oft sind Spendenanfragen zu unklar formuliert. Der Spender, die Spenderin weiß nicht, wieso seine/ihre Unterstützung gefragt ist und was mit dem Geld letztlich passiert. Geben Sie Antworten auf eine der größten Ängste von Spender/innen: «Wer weiß, was wirklich mit meinem Geld passiert!»

Bei der *Marktanalyse* überlegen Sie Stärken und Schwächen Ihrer Organsation, Ihrer Marke, Ihres konkreten Spendenprojektes – mit Blick auf die Konkurrenz, die Gesellschaft, das politische Umfeld. (Welche ähnlichen Tätigkeitsfelder gibt es? Worin unterscheiden wir uns? Wieso soll ein/e Spender/in genau dieses Projekt unterstützen?) Es folgt die *Bedarfserhebung,* um zu klären, welche Arbeitsbereiche nach Dringlichkeit und Eignung unterstützt werden müssen.

Die *Zielsetzung* ist der wichtigste und oft auch der schwierigste Schritt. Maßgeblich dafür ist nicht zuletzt die Frage nach dem Budget und den Personalkapazitäten. Überlegen Sie, welche Art von Spenden Sie brauchen: langfristige oder einmalige Spenden, Erbschaften, Sponsorbeiträge von Unternehmen, Großspenden oder Kleinspenden, Geldspenden oder Warenspenden, Spenden für ein ganz bestimmtes Projekt, das zu einem bestimmten Zeitpunkt abgeschlossen ist, oder Spenden für die Aufrechterhaltung eines langfristigen Projektes?

Eine *Einbindung von freiwilligen Mitarbeitern/innen* lässt sich im nächsten Schritt gut mit der Beurteilung des *Spendenpotenzials* bzw. der *Konzeptkorrektur* verknüpfen. Im Idealfall geben Sie jetzt eine Umfrage in Auftrag, um anhand der von Ihnen erarbeiten Projektanalyse zu erfahren, wer bei Spendenanfragen Ihre potenzielle Zielgruppe ist. Gerade Organisationen, die von Spenden abhängig sind, fehlt jedoch meist das Geld für eine entsprechende Studie. Veranstalten Sie deshalb einen (oder mehrere) *Fundraising-Workshop(s).* Laden Sie zehn Teilnehmer/innen ein, Mitarbeiter/innen des Projektes, ehrenamtliche Mitarbeiter/innen, bereits bestehende Spender/innen und Personen, die Ihre Arbeit wertschätzen, aber nicht direkt bei Ihnen mitarbeiten. Zum Beispiel: Kunden/innen, Unternehmer/innen, Angehörige von betreuten Personen etc.

Tipp: Fundraisingaktivitäten orientieren sich meist zu sehr am Bedarf der Organisation, nicht am Bedürfnis der Spender/innen. Um die *Zielgruppen* und im weiteren Schritt die *Fundraisinginstrumente* auszuwählen, nützen Sie diesen Workshop, um die Meinungen der verschiedenen Zielgruppen einzuholen.

Diskussionspunkte in einem solchen Workshop:

— Wo sehen Unternehmer/innen Schwächen und Stärken unserer Organsation, unseres Projektes?
— Wie marktorientiert ist das Projekt?
— Unter welchen Voraussetzungen würde eine/r der Workshopteilnehmer/innen für das Projekt spenden?
— Welche Form der Betreuung würden sich die Workshopteilnehmer/innen erwarten, wenn sie das Projekt unterstützen würden?
— Was halten die Workshopteilnehmer/innen von Ihren öffentlichen Auftritten, von Ihrer Fördererzeitschrift, Ihren Mailings?

Ziel des Workshops ist es, mit Hilfe der Außensicht die Stärken und Schwächen des Projekts unter dem Gesichtspunkt der Spendenwerbung einzuholen. Der Workshop ist aber keine Veranstaltung, bei der Sie die Anwesenden um Unterstützung bitten.

Die *Auswahl der Methoden* soll in Abhängigkeit von der *Auswahl der potenziellen Spender/innen* erfolgen. Die besten Mailings nützen nichts, wenn sie nicht die richtige Zielgruppen erreichen, wenn sie nicht die Sprache des Lesers, der Leserin sprechen oder wenn sie ein Zahlungsmittel anbieten, dass nicht dem potenziellen Spender, der Spenderin entspricht.

Fassen Sie zusammen: Sie haben das Projekt beschrieben und kennen die Schwächen und Stärken – auch aus der Sicht von Außenstehenden. Sie kennen den Bedarf und wissen um Ihre finanziellen und personellen Kapazitäten. Überlegen Sie sich jetzt anhand dieser Analysen, welche *Zielgruppe* in Frage kommen könnte, für dieses Projekt zu spenden.

— Wer ist Ihr/e Spender/in? Eine Frau oder ein Mann?
— Wie alt ist er/sie? Welchen Familienstand hat er/sie?
— Wie viel Einkommen hat er/sie?
— Welche Zeitungen liest er/sie? Oder sieht er/sie lieber fern?

— Wo wohnt er/sie? (In Mietshäusern oder Einfamilienhäusern, in Klein-
 städten oder in einer ländlichen Gegend?)
— Welche Ausbildung hat er/sie absolviert, und in welchem Beruf arbeitet
 er/sie? Oder ist Ihr/e Spender/in längst in Pension?

Stimmen Sie jetzt die Methoden und Maßnahmen auf Ihre Zielgruppe ab:

— Direct-Mailing
— Massenversand
— Telemarketing
— Anzeigen
— Beilagen
— Werbespots
— persönliche Gespräche
— Merchandising
— Tombolas, Lotterien
— Jubiläums- und Kranzspenden
— Haus- und Straßensammlungen
— Spendenaktionen in den Medien
— Internet, E-Mails, SMS

Erstellung des Fundraising- und PR-Plans: Erstellen Sie aus den gewonnenen
Erkenntnissen Ihren Aktionsplan. Überlegen Sie kurzfristige (in den nächsten
Monaten), mittelfristige (im nächsten Jahr) und langfristige (in den nächsten
drei Jahren) Aktionen und Ziele.

1.2 Mögliche Ziele

— Anzahl von neu gewonnenen Spendern/innen
— Anzahl der Spender/innen, die über einen bestimmten Zeitraum gebunden
 werden (vom Einzelspender zum dauerhaften Spender)
— Anzahl der Spender/innen, die aufgewertet werden *(«upgrading»)*, vom/ von
 der Einzelspender/in zum/zur Großspender/in
— Steigerung des Gesamtspendenvolumens

1.3 Weitere Faktoren, die Ihren Erfolg beeinflussen

— Wie gut kennt der Adressat, die Adressatin Ihre Arbeit, wie sehr schätzt sie/er diese Arbeit?

— Hat der Adressat/die Adressatin Vertrauen in Ihre Organisation?

— Welche öffentlichen Ereignisse beschäftigen derzeit Ihre Adressaten/innen (Wirtschaftskrise, Weihnachten, Urlaub, Wahlen)?

— Hat Ihr Adressat/Ihre Adressatin in letzter Zeit in den Medien von Ihnen gehört oder über Ihre Arbeit gelesen?

Tipp: Was kann ich mir von meinen Fundraisingaktivitäten erwarten? Die Response-Rate (Anzahl der Personen, die aufgrund eines Mailings spenden) liegt bei herkömmlichen Mailings über den Postweg je nach Adressenpool zwischen 0,1 und 1,5 Prozent bei Fremdadressen und bei fünf bis zehn Prozent bei den Stammspender/innen. Eine gute Wartung Ihrer Adressen, eine sorgfältige Abstimmung Ihrer Maillings auf die Zielgruppe oder gut geplante PR-Strategien zum Zeitpunkt Ihrer Aussendung können aber auch zu einem Ergebnis von über dreißig Prozent Response führen.

2. Dankstrategien

Das Danken zählt zu den wichtigsten Fundraisingstrategien und ist der erste Schritt zur nächsten Spende. Der Dank sollte unmittelbar nach dem Eingang der Spende erfolgen. Die Fundraiserin und Buchautorin Kim KLEIN (vgl. HAIBACH 1998, 313) empfiehlt, sich innerhalb von zwei Tagen, spätestens aber nach einer Woche zu bedanken. Die Notwendigkeit, sich möglichst schnell zu bedanken, hat folgenden Hintergrund: Wenn die Überweisung getätigt ist, bewirkt dies zunächst ein gutes Gefühl bei den Spender/innen. Ein schneller Dank bestätigt dieses positive Empfinden. Nach etwa einer Woche flaut das gute Gefühl ab. Hören die Spender/innen längere Zeit nichts, fragen sich viele sogar, ob ihre Spende überhaupt angekommen ist.

Um Spender/innen langfristig zu binden und sie zu einer zweiten oder dritten Spende zu bewegen, ist – wie bereits eingangs bemerkt – eine Auseinandersetzung mit ihren Motiven wichtig. Überlegen Sie: Was können Sie Ihren Spender/innen bieten? Wie erfüllen Sie ihre Erwartungen?

Spender/innenmotive können sein:

— Gewissensberuhigung, Mitleid (Werte und Glaubensgrundsätze)
— Bedürfnis nach Zugehörigkeit
— dem eigenen Leben mehr Sinn geben
— Sozialprestige («Wenn ich spende, bekomme ich Anerkennung»),
— Dankbarkeit («Mir ist geholfen worden, also helfe ich auch»),
— Betroffenheit («Mir ging es auch mal schlecht»),
— Steuerersparnis («Ich habe keine engeren Verwandten mehr. Warum soll da mein Erbe dem Staat zufallen? Ich spende es lieber für einen guten Zweck»).

Damit einhergehende Erwartungen:

— rasche und sorgfältige Bedankung (durch den Chef/die Chefin)
— Information, wie und wem die Spende geholfen hat
— besondere Behandlung (Vergünstigungen) in Ihrem Unternehmen
— Gewissheit über einen sorgfältigen Umgang mit Spenden

3. **Sponsoring**

Nach wie vor ist Sponsoring vor allem ein Thema von großen oder international tätigen Unternehmen. Die Beweggründe reichen von Imagetransfer (von positiven Werten einer Marke profitieren, z.B. Menschlichkeit, Sicherheit, Emotionalität), Öffentlichkeitsarbeit bei spezifischen Zielgruppen oder Demonstration gesellschaftlicher Verantwortung. Eingebaut in die Unternehmenskultur (Stichwort: *Corporate Social Responsibility*) kann Sponsoring aber auch zu einer stärkeren Identifikation der Mitarbeiter/innen mit dem Unternehmen führen, zu einer Erhöhung der Mitarbeiter/innenmotivation oder zu einer Emotionalisierung der Marke und damit zu einer erhöhten Attraktivität des Unternehmens – für Kunden, aber auch für neue Fachkräfte.

Aber auch kleine Vereine haben – vor allem auf lokaler Ebene – gute Chancen, Unternehmen als Förderer zu gewinnen, wenn sich auch hier der Begriff des Sponsorings noch kaum durchgesetzt hat, sondern meist ganz allgemein von *Unterstützung* gesprochen wird.

Wie finde ich den passenden Sponsor?

— Erstellen Sie eine kurze und übersichtliche Projektunterlage: Welches Projekt, welche Aktion, möchten Sie gemeinsam umsetzen?
— Mit einer klaren Kostenkalkulation (wie viel muss das Unternehmen in das Projekt investieren?)
— und klaren Angaben über den Nutzen und die Gegenleistung:
  — Welchen Werbewert bieten Sie an?
  — In welcher Zielgruppe?
  — Bei welcher Reichweite?
— Welche weiteren Vorteile bieten Sie? Gemeinsamer Auftritt mit Ihrem Chef, Ihrer Chefin, Öffentlichkeitsarbeit bei Veranstaltungen, bei Ihren Mitarbeiter/innen

Tipp
Bieten Sie Aktionen an, die nicht unmittelbar mit finanziellen Leistungen zusammenhängen: Mitarbeiter/innenaktionen, Informationsveranstaltungen, Events, gemeinsame Auftritte etc.
Machen Sie klar, wieso das Unternehmen von dieser Partnerschaft profitiert: In der externen, aber auch in der internen Kommunikation.

Überlegen Sie, wieso Sie gerade diesem Unternehmen eine Partnerschaft anbieten: Für welche Werte steht das Unternehmen? Welche Kommunikationsziele verfolgt es, gibt es einen gesellschaftlichen Auftrag? Hat das Unternehmen bereits in der Vergangenheit Sponsoringaktivitäten unterstützt – und bieten Sie Anknüpfungspunkte und Verbesserungspotenzial an?

Machen Sie dem Ansprechpartner (idealerweise der Chef, die Chefin) klar, dass Sie sich mit seinem/ihrem Unternehmen auseinander gesetzt haben. Und zeigen Sie, dass Sie diesem Unternehmen mit Ihrem Projekt ein wertvolles Angebot machen – und nicht etwa um Geld betteln. Eine geglückte Sponsoringpartnerschaft hält längere Zeit und beinhaltet gleichermaßen Benefit für beide Partner.

Literatur

FABISCH, Nicole (2002): Sponsoring und mehr. München: C. H. Beck.

Fundraising Akademie (Hrsg., 2002): Handbuch für Fundraising. Grundlagen, Strategien und Instrumente. Wiesbaden: Gabler.

HAIBACH, Marita (1998): Handbuch Fundraising: Spenden, Sponsoring, Stiftungen in der Praxis. Frankfurt a. Main/New York: Campus Verlag.

URSELMANN, Michael (2002): Fundraising. Erfolgreiche Strategien führender Nonprofit-Organisationen. Bern: Haupt.

WEISS, Brigitte (2001): Wie Werbung wirkt. Wien: Albatros Verlag.

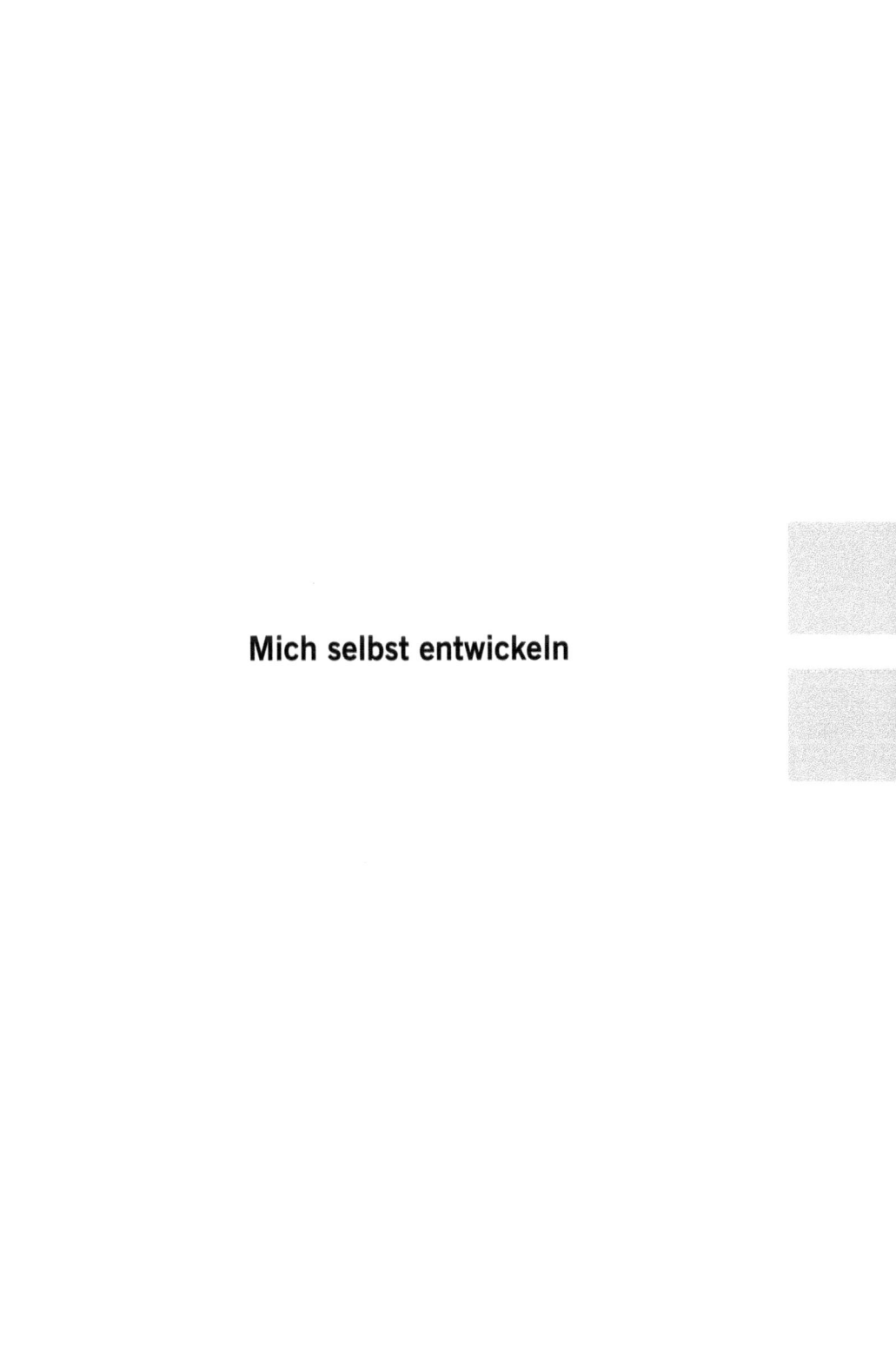

Mich selbst entwickeln

Rainer Kinast

Führungsethik und
Führungspersönlichkeit

Ich möchte in dieser Skizze in einem ersten Schritt die folgenden Fragen klären:

— Was verstehen wir unter Führungsethik?
— Womit beschäftigt sich Führungsethik?
— Wie hängen die beiden eng miteinander verwobenen Begriffe Führungs-
    ethik und Führungspersönlichkeit zusammen?

In einem zweiten Schritt werden vier Basisbegriffe der Führungsethik erläutert: *Verantwortung, persönlicher Wert, Gewissen* und *Entscheidung*.

Zwei ethikrelevante Inhaltsbereiche werden in diesem Beitrag nicht bearbeitet: Verzichtet wird, erstens, auf die Erörterung spezieller Themen wie Macht
und Ohnmacht, Angst und Leisten von Widerstand, Themen, die wegen des
breiten Umfanges der Darlegung den Rahmen sprengen würden. Und zweitens:
Eine Auseinandersetzung mit individuell-situationsbezogenen Fragestellungen
lässt sich in einem Lehrbuch mit allgemeinen Antworten nicht darstellen. Diese
spannende Herausforderung bleibt den Seminaren zum Thema «Führungsethik
und Führungspersönlichkeit» vorbehalten – dann, wenn die Basisbegriffe
geklärt sind und wenn die Führungskraft die eigene Führungssituation mit dem
«ethischen Blick» analysiert.

Dafür werden in einem dritten Schritt die Voraussetzungen für ethisches Handeln von Führungspersönlichkeiten untersucht und einige Empfehlungen formuliert: Wie kann sich eine Führungskraft auf Entscheidungssituationen gut vorbereiten, damit sie – dann, wenn das gefordert wird – ethisch gut und für das Unternehmen sinnvoll entscheiden kann?

Die hier vorgelegten Grundzüge einer Führungsethik speisen sich im Wesentlichen aus drei Quellen:

— *Existenzanalyse:* Diese psychotherapeutische Schule bietet ein gut nachvollziehbares Grundgerüst psychotherapeutischer und anthropologischer Art, zu dem Viktor FRANKL und Alfried LÄNGLE Wesentliches beigetragen haben.

— Die *spirituelle Tradition des Abendlandes,* vor allem IGNATIUS VON LOYOLA: IGNATIUS hat als Begründer des Jesuitenordens die in seiner Zeit bekannte «Unterscheidung der Geister» zusammengefasst, verfeinert und weiterentwickelt. Diese kostbare, aber nicht leicht darzustellende Kunst wird in diesem Text nicht explizit ausgeführt, Kenner werden sie aber sachlich zwischen den Zeilen wiederfinden.

— Die *eigene Praxis in Führungsfunktionen und in der Rolle als Berater:* Sie konfrontiert mich laufend mit kniffligen Problemstellungen (wie sie anderen Menschen in ähnlichen Positionen genauso begegnen). – Von daher kenne ich den Unterschied zwischen Lösungen, die nachhaltig und tragend sind, und Lösungen, die ein Problem nur kurzfristig befrieden.

1. Führungsethik

1.1 «Ist das, was ist, auch das, was sein soll?»

Diese Frage klingt sehr philosophisch, ein wenig abgehoben von der praktischen Realität. Bei genauerem Hinsehen wird aber deutlich, dass sie durchaus praxisrelevanten Sprengstoff in sich birgt.

Entspricht das, was eine Führungskraft in ihrem Betrieb vorfindet – die Produkte und Dienstleistungen, die Arbeitsweise, die Organisation, der Platz des Unternehmens auf dem Markt, die bediente Kunden-Zielgruppe, die tatsächlichen Beziehungen zu diesen Kunden/innen, zu den Lieferanten, zur

Öffentlichkeit und zu den Behörden –, wirklich dem, was die Verantwortlichen des Unternehmens wollen, bzw. entspricht es dem, was aus der Sicht der verantwortlichen Führungskraft «sein sollte»?

Ethik – somit auch die Führungsethik – ist die Lehre, die sich genau dieser Kernfrage stellt: Ist das, was ist, auch das, was sein soll? Damit sind wir mit einer komplexen Thematik konfrontiert, denn ein Bündel von weiteren Fragen tut sich auf:

— Wer bestimmt denn, was sein soll?
— Was und wer behindert uns, bzw. was oder wer hilft uns, dass sich unsere Soll-Vorstellungen hinterfragen lassen, damit wir sie neu definieren können?
— Welche Rahmenbedingungen und Faktoren ermöglichen es, dass unsere Soll-Vorstellungen umgesetzt werden?
— Wer sagt, was tatsächlich ist, bzw. wie komme ich zu einem verlässlichen Bild von dem, was ist?
— Welche Kräfte in uns sollten mehr Gewicht erhalten, weil sie die Realisierung von Gesolltem und Gewolltem ermöglichen?
— Welche Kräfte in unserer eigenen Persönlichkeit halten uns letztlich zurück, Veränderungen anzugehen bzw. unsere Vorstellungen umzusetzen? Und welche Kräfte arbeiten außerhalb des Betriebes gegen unsere Umsetzungen?
— Wie sollen wir damit umgehen, dass wir von Unternehmen, Menschen und Behörden abhängig sind, die uns und unseren Strategien einen Strich durch die Rechnung machen?

1.2 «Wie will ich führen?»

Diese weitere Frage beleuchtet *de facto* dasselbe Thema wie die erste, sie vertieft aber den Blick des ethischen Bewusstseins.

Sie impliziert sowohl die Frage «Wohin will ich mein Unternehmen führen?» als auch die Frage «Was finde ich derzeit vor?» Diese Formulierung provoziert dazu, sich zusätzlichen Themen zu stellen: dem Thema des persönlichen Führungsstils, der Führungskultur im Betrieb und dem Thema der Kultur der Zusammenarbeit und Kommunikation im Unternehmen.

Führungskräfte müssen oft einsam entscheiden – gerade bei ethisch schwierigen Fragen. Manchmal müssen sie noch dazu rasch entscheiden. Also:

1.3 Die Persönlichkeit ist gefordert

Mit «Führungsethik» ist nicht gemeint ein vorgegebener, allgemein gültiger Codex mit dem Appell: Liebe Führungskraft, so hast du dich zu verhalten, und das hast du zu unterlassen. Das käme einer Bevormundung gleich und würde die Verantwortung der Führungskraft einschränken.

Führungsethik will das Gegenteil, nämlich die Entscheidungsfreudigkeit der Führungskraft stärken und ihre Bereitschaft, selbständig Verantwortung zu übernehmen, heben.

Die Führungspersönlichkeit soll selbst Klarheit bekommen, worum es in den Situationen geht, in die sie gerät. Eine reflektierte Ethik hilft dem Menschen, der die Funktion des Managers ausübt, zu wissen, was er will, und dieses Wollen auch umzusetzen.

Und das braucht Auseinandersetzung mit der eigenen Persönlichkeit, denn:

— Wo bestimmt der eigene Wille, und wo beginnt ein Mensch fremdbestimmt und fremdgesteuert zu agieren?
— Wo entscheidet sich eine Person für eine Sache, weil sie diese Sache aus innerer Überzeugung will, und wo haben die eigenen psychischen Mechanismen die Entscheidung diktiert?

Solche psychischen Mechanismen können zum Beispiel Geltungsdrang, Karrieresucht oder Ängstlichkeit sein. Jeder Mensch hat so etwas in sich, und sei es nur eine unterschwellige Eitelkeit. Ethisch wache Menschen nehmen diese inneren Mechanismen in sich wahr und können trotzdem sachliche, wertorientierte Entscheidungen treffen. Sie können zu diesen inneren Bestrebungen auf Distanz gehen und sich fragen: Was ist jetzt sachlich wichtig? Welche «wertvolle» Zielsetzungen will ich verfolgen? Welche Anliegen sollen mein Handeln nun bestimmen?

Somit hat sich ein Mensch in einer Leitungsfunktion mit der eigenen Persönlichkeit auseinander zu setzen, wenn er will, dass nicht seine psychischen

Mechanismen, sondern seine persönlichen Wertvorstellungen und die sachlichen Überzeugungen sein Handeln bestimmen. Die inneren Mechanismen und die persönlichen Wertvorstellungen – beides ist Teil der Persönlichkeit. Beides braucht die bewusste Auseinandersetzung.

1.4   **Mehrschichtigkeit der ethischen Thematik**

Bei ethischen Fragestellungen im Führungsalltag kommen mehrere Qualifikationen ins Spiel:

Verantwortungsvolles Führen braucht einen professionellen Umgang mit den Führungsinstrumenten aller Bereiche: Es geht unter anderem um Werkzeuge einer strategischen Unternehmensführung und auch des Controllings oder der Kommunikation. Ein verantwortlicher Umgang mit der Führungsaufgabe schließt also mit ein, dass ich mir die Qualifikation des Faches «Führen» aneigne (das Führenkönnen).

Es braucht einen reifen Umgang mit sich selbst,

— um sich selbst in der herausfordernden Aufgabenstellung auf ein gesundes Fundament zu stellen,

— um zu lernen, die inneren Vorgänge und Regungen wahrzunehmen und mit ihnen aus einer guten Selbstdistanz konstruktiv umzugehen,
— um die Berührbarkeit durch das Leben und die Kunst des «Werte-Erfühlens» zu erlernen.
— Das alles macht eben eine kraftvolle Führungspersönlichkeit aus, wenn sie die Rolle kraft ihrer Persönlichkeit ausübt (Führungskraft-Sein).

Das entscheidende innere Organ im ethischen Umgang ist aber das Gewissen. Was wir unter Gewissen verstehen, wird unten ausführlicher beschrieben. Hier nur so viel zum Verständnis: Das Gewissen ist die innere Instanz, die einer Person hilft, herauszufinden, was sie eigentlich will. Diese innere Instanz gibt Klarheit und Sicherheit zum Wollen: Auf diesem Weg wird die Sache gut. Führungskräfte – vor allem auch im sozialen Bereich – brauchen einen klaren Willen, damit sie für die Kunden – und für den Betrieb – das Beste erwirken können (Wille zu führen).

Diese drei Ebenen – das Führenkönnen, Führungskraft-Sein und ein lebendiger Wille zu führen – machen einen Menschen zur ethischen Führungspersönlichkeit. Somit wird klar, dass es uns mit «Führungsethik» um die Befähigung von Führungskräften und nicht um die Vorgabe eines ethischen Rasters geht, nach dem man sich zu orientieren hat.

2. Basisbegriffe einer Führungsethik

Im nun Folgenden werden einige Basisbegriffe der Ethik dargestellt – nicht in einer abstrakt-philosophischen Weise, sondern mit einer existenziellen Praxisrelevanz.

2.1 Verantwortung

In unserem alltäglichen Sprachausdruck sind wir oft in den Formulierungen unpräzise. So vermischen wir gerne die Begriffe «Verantwortung» und «Zuständigkeit». Die Aussage «Ich bin für etwas zuständig und habe daher die Verantwortung dafür zu übernehmen» macht sichtbar, dass Zuständigkeit und Verantwortung zweierlei sind.

Der Begriff «Zuständigkeit» enthält drei Elemente:

— Eine klar definierte Zuteilung von Aufgaben und Entscheidungskompetenzen – meist aufgrund einer Funktions- oder Stellenbeschreibung oder eines Dienstvertrages.
— Die betroffene Person hat für die Konsequenzen ihrer Handlungen einzustehen.
— Es gibt eine klare Instanz, vor der ich für mein Handeln Rechenschaft abzulegen habe – meist ist dies die vorgesetzte Stelle.

Die Existenzanalyse beschreibt den Begriff der Verantwortung recht genau. Weil er in der Ethik zentrale Bedeutung hat, will ich ihn ausführlich erläutern: Jemand wird von einer konkreten Situation oder einem Problem in Frage gestellt – oder anders ausgedrückt: Die Situation stellt dem Menschen die Frage: Was machst du jetzt? Das heißt, die Person, die in einem Betrieb eine bestimmte Funktion einnimmt, wird angefragt und herausgefordert. Würde die Problemstellung sprechen können, könnten wir unterschiedliche Formulierungen finden wie z.B.: Zeige mir, was du jetzt tust, damit aus der Situation das Beste wird! Oder eine eher keckere Frage: Na, wie gehst du es an, und was machst du nun aus mir? Zeig, was du kannst!

Die Person wird nun kreativ zu überlegen beginnen: Welche Möglichkeiten habe ich, auf diese Herausforderung zu antworten? Um darauf eine Antwort zu finden, wird sie sich als Erstes die Frage nach ihrem «situativen Wert» stellen: Worum geht es mir jetzt in dieser Situation? Was ist mir wichtig, und worauf kommt es mir bei einer guten Antwort jetzt an? Was ist das Kriterium, das mir später die Gewissheit gibt, dass etwas «eine gute Antwort auf die Herausforderung» war? Diese Überzeugung, die mir jetzt in dieser Situation «wert» für meinen Kraft-, Energie- und Zeiteinsatz erscheint, wird als »situativer Wert» bezeichnet. So wird die Führungsperson in einen kreativen Prozess gesogen, in dem verschiedene Varianten und Möglichkeiten entwickelt werden.

Im nächsten Schritt wird die Person auf die Fragestellung der Situation die Antwort geben, die für sie mit dem Wissensstand dieses Momentes die bestmögliche ist. Sie weiß vielleicht in demselben Augenblick: Ich kann nicht die objektiv richtige Antwort geben, sondern nur die Antwort, die für mich «subjektiv am besten» ist. Und dazu stehe ich!

Dieser Begriff «Ver-Antwort-ung» im Sinne von Viktor FRANKL enthält also:

— das Aufgerufensein der Person bzw. das Sich-anfragen-Lassen des Menschen, der eine Funktion einnimmt;
— die durch diese Anfrage mobilisierte Kreativität, die um eine möglichst gute Antwort ringt;
— die innere Freiheit, die eine Variante als die subjektiv bestmögliche Antwort wählt;
— das Stehen zu den Konsequenzen dieser subjektiv bestmöglichen Antwort;
— auch hier eine Instanz, vor der ich für mein Handeln Rechenschaft ablegen will, die aber meist anders gelagert ist: Sehr oft ist es mein persönliches Gewissen («Ich will meinem Spiegelbild in die Augen schauen können») oder ein sehr wertvoller Mensch, vor dem ich bestehen will, oder eine göttliche Instanz.

Die beiden Begriffe – Zuständigkeit und existenzielle Verantwortung – können sich decken, wenn jemand in seiner Zuständigkeit verantwortungsvoll handelt, sie können aber auch auseinanderfallen. Dazu einige Beispiele:

Ein Leiter erfährt, dass eine Mitarbeiterin in einer familiär sehr schwierigen Situation steckt, weil sie in Scheidung lebt und zudem ihr Kind schwer erkrankt ist. Die Mitarbeiterin bringt zwar nicht ihre beste Leistung, aber trotz ihrer persönlichen Situation schafft sie es, ihre Arbeit einigermaßen gut zu bewältigen. Obwohl der Leiter nicht dafür zuständig ist (er ist ja nicht ihr Lebensberater!), nimmt er sich immer wieder Zeit, mit der Mitarbeiterin Gespräche über ihre privaten Schwierigkeiten zu führen, ja mehr noch: Er vermittelt ihr Adressen von kompetenter Rechtsberatung und ermöglicht, dass das Kind von einem ihm bekannten Arzt eine spezielle Therapie bekommt. Es ist eindeutig: Der Leiter war nicht dafür zuständig, er hat sich trotzdem dafür entschieden, in diesem Fall Verantwortung zu übernehmen.

Vermutlich wird den meisten Leserinnen und Lesern die eine oder andere Situation einfallen, in denen Menschen im Betrieb Verantwortung übernehmen und dabei Energien und Zeit für etwas investieren, für das sie gar nicht zuständig sind – so dass für die eigenen Bereiche, für die sie sehr wohl zuständig wären, vielleicht keine Kraft mehr bleibt. Sie nehmen ihre Zuständigkeit nicht mit Verantwortung wahr.

Ein weiteres Beispiel dafür, dass Zuständigkeit und ethisch verantwortungsvolles Handeln nicht identisch sein müssen:

Eine Abteilungsleiterin weiß, dass sie für die Konsequenzen ihrer Handlungen den Kopf hinhalten muss. Ein konkreter Mitarbeiter in ihrer Abteilung bringt nur die halbe Leistung, er ist aber auf Vermittlung ihres Chefs in die Firma gekommen. Der Abteilungsleiterin stellt sich die Frage: Was tust du nun mit diesem Mitarbeiter, der eine Schlüsselfunktion einnimmt und trotz Konfrontationen seine Leistung nicht bringt? Anscheinend fühlt er sich aufgrund seines Chefbonus sicher! Eigentlich wäre sie als Abteilungsleiterin zuständig, Konsequenzen zu ziehen und dafür auch vor ihrem eigenen Chef geradezustehen. Das wäre ihre Verantwortung auch dem Unternehmen gegenüber. Stattdessen verschiebt die Abteilungsleiterin die Problematik: Auf ihr Intervenieren hin gelingt die Beförderung des Mitarbeiters in eine andere Abteilung, und somit ist sie das Problem los.

Das war zwar ihre Antwort, genau betrachtet hat sie aber auf die Frage «Was tust du mit einem Mitarbeiter, der dem Unternehmen schadet?» gar keine Antwort gegeben – sondern lediglich dafür gesorgt, dass jetzt jemand anders dafür zuständig ist. Ein Beispiel, wie man sich trotz Zuständigkeit um die Verantwortung drücken kann. Vor ihrem zuständigen Vorgesetzten wird sie argumentieren, dass sie korrekt gehandelt hat. In ihrem Innersten wird sie vermutlich spüren, dass die Entscheidung für das Unternehmen nicht gut war.

2.2 Persönlicher Wert

2.2.1 Werte er-fühlen

«Werte» sind zurzeit ein Modethema, gleichzeitig ist «Wert» ein mehrdeutiger und missverständlicher Begriff. Er wird viel und gern verwendet, aber selten wird auch definiert, was ein «Wert» tatsächlich ist (BLANCHARD schafft es tatsächlich, ein ganzes Buch über Managementethik zu verfassen bzw. ein eigenes Ethikmanagementprogramm zu entwerfen, ohne je zu erklären, was er unter einem «Wert» versteht; vgl. BLANCHARD 1998). Alfried LÄNGLE, ein Schüler Viktor FRANKLS, dessen Vermächtnis er konsequent weiterentwickelt hat, beschrieb «Wert» als ein subjektiv erfahrbares Phänomen. Seine Ausführungen schwingen mit, wenn hier Schritt für Schritt dargestellt wird, wie es kommt, dass etwas für einen Menschen zum persönlichen Wert wird.

«Schauen wir einmal, dann werden wir sehen» (phänomenologische Offenheit)

Ein Mann sitzt am Abend vor seinem Haus und schaut in die Landschaft – ziellos schweift sein Blick – offen und suchend: Ist da etwas, was mich anspricht oder in seinen Bann schlägt?
Es ist eine *Offenheit,* die einem inneren Radargerät gleicht: Sie wartet, ob sich etwas zeigt und ob sie von außen ein «Signal» empfängt. Sie hält Ausschau, was und wie sich etwas zeigt.

Ohne Plan und Absicht entdeckt der Mann eine einfache, blaue Blume, die in der prallen Sonne steht. Sie ist ihm vorher nie aufgefallen, obwohl er schon oft hier gesessen und in die gleiche Richtung geschaut hat! Er weiß nicht, warum, aber diese Pflanze zieht ihn an … sie spricht ihn an … er spürt, dass sie ihm ein freudiges «Ohhh!» entlockt. Fast liebevoll betrachtet er das Gewächs und genießt es, wie die Blume in ihm eine wohltuende Emotion zum Schwingen bringt.
Er hatte das so nicht geplant, dass diese Blume seine Aufmerksamkeit anzieht wie ein Magnet. Das konnte er vorher gar nicht wissen, dass dieses unscheinbare Ding ihm heute so ins Auge springen und ihn so *berühren* würde!

Das innere «Ohhh!» macht eine Sache noch nicht zum persönlichen Wert, da braucht es noch mehr: *Die innere Zustimmung* holt den Betroffenen aus seiner Passivität heraus bzw. bringt seine Berührtheit zum aktiven Handeln: Zu dem «Ohhh!» gesellt sich ein «Ja!» dazu. Es ist eine innere Zustimmung, die den Menschen zu einem konkreten Handeln motiviert: «Ich tue etwas dafür!»
Diese innere Zustimmung hat aber eine besondere Qualität, nämlich die der *Entschlossenheit.*

Der Mann in unserer Geschichte sieht, wie die Blume unter der Hitze der Sonne leidet. Er steht auf, verlässt seinen bequemen Platz, holt eine Gießkanne und gibt der Pflanze Wasser.
Eine Person ist dann zu einer Sache entschlossen, wenn sie *bereit ist, für diese Sache auch etwas zu tun:* Dieser Einsatz ist der Preis, der deutlich macht, dass mir das, was mich berührt hat, auch «wert-voll» ist. Dieser Preis ist oft Zeit, Kraft und Energie, die ich einsetze. Auch Unannehmlichkeiten können der Preis sein – oder das Risiko, sich unbeliebt zu machen oder Konflikte durchstehen zu müssen. All das ist der Person die Sache eben wert!

2.2.2 Werte – Orientierungspunkte für mein Denken und Handeln

Zurück zu den Führungskräften, bei denen es ja nicht so beschaulich zugeht. Sie werden von massiven Existenzfragen und Zukunftsfragen gefordert und müssen oft rasch entscheiden. Für sie stellt sich natürlich die Frage: Welches sind ihre Orientierungspunkte in Entscheidungsprozessen? Lassen sie sich nur von den Zwängen marktwirtschaftlicher und betriebswirtschaftlicher Fakten leiten, oder gibt es sonst noch inhaltliche Orientierungspunkte? Gibt es Inhalte, welche die Führungskraft derart ansprechen, dass sie ihr ein inneres «Ohhh!» und ein entschlossenes «Ja» entlocken?

Gibt es Kriterien, Anliegen oder inhaltliche Ziele, denen die Führungskraft innerlich zustimmt und von denen sie sich sagt: Ja, das wird für mich in nächster Zeit ganz entscheidend wichtig werden! Dafür werde ich mich einsetzen – es wird es wert sein, dass wir diesem inhaltlichen Ziel Priorität geben!

«Werte» sind keine vorgegebenen moralischen Größen, die einem diktieren, wie man sich zu verhalten hat. Werte sind Anliegen und Überzeugungen, die meine innere Zustimmung provozieren und so mein Handeln und meine Entscheidungen nachhaltig bestimmen – und das auf mehreren Ebenen:

— auf der emotionalen Ebene: Sie mobilisieren meine Lebenssinne und Kräfte, weil sie mir mit ihrer Attraktivität zuzwinkern und mich magnetisch anziehen («Es reizt mich, diese Sache anzugehen»).

— auf der rationalen Ebene: Der Wert ist immer auch vernünftig und deckt sich mit betriebswirtschaftlichem Know-how und sonstigem Managementwissen.

— auf der intuitiven Ebene: Es bleibt trotz aller Logik immer ein unerklärbares Element: Warum traue ich diesem Argument, und warum entscheide ich mich dafür?

Das Intuitive – das mich auf das Nicht-ganz-Erklärbare hinweist – gibt einem Menschen aber die innere Gewissheit: Es ist gut, wenn du dich für diesen Wert einsetzt!

Werte sind also das, was jemandem – als ganzem Menschen – wichtig wird und wofür es sich für den Betroffenen lohnt, sich einzusetzen.

Um Werte gut von anderen inneren Kräften wie Angstmechanismen und Geltungsdrang unterscheiden zu können,

— braucht es Übung in der Wertefindung,
— braucht es hinterfragende und die eigenen Sichtweisen ergänzende Gespräche,
— braucht es eine gesunde Persönlichkeitsstruktur.

Wenn aber Werte zu klaren Orientierungspunkten werden, geben sie der Führungskraft die Energie, kraftvoll die Rolle aufzunehmen und den eigenen Verantwortungsbereich entschlossen zu gestalten.

2.2.3 Bezugssystem von Werten

Menschen, die in Organisationen leben, müssen sich bewusst machen, dass es in Organisationen mehrere Ebenen gibt. Wollen Führungskräfte wertorientiert agieren, sollen sie Werte nicht nur auf einer Ebene, sondern auf allen Ebenen der Organisation entwickeln. Was gemeint ist, soll wieder an einem Beispiel veranschaulicht werden, zuerst allerdings noch eine kurze Vorbemerkung: Es gibt unterschiedliche Modelle, die darzustellen versuchen, wie Organisationen funktionieren und welche Ebenen bei einer gezielten Steuerung berücksichtigt werden sollten. Es gibt komplexere Modelle wie zum Beispiel das Modell der sieben Wesenselemente nach GLASL (2004, 13 f.) oder das Vier-Faktoren-Modell nach Ruth C. COHN (vgl. FASCHING 2001, 8–18), das leichter im Blick zu behalten ist. Auf die vier Ebenen dieses Vier-Faktoren-Modells (auch TZI-Dreieck genannt, von TZI = ThemenZentrierte Interaktion) beziehe ich mich im folgenden Beispiel, ohne aber das Modell näher zu erklären:

> Herr S. ist Leiter einer Einrichtung, die für Menschen mit Behinderung sowohl Arbeitsstätten als auch Wohnheime anbietet. In größeren Abständen zieht er sich zurück, um seine Aufgabe genauer anzusehen und sich zu fragen:
> Welche wichtigen Anliegen kristallisieren sich heraus, wenn ich unsere Arbeitssituation näher anschaue? Welche «wert-vollen» Ziele zeigen sich mir und werden mir deutlich, auf die ich in nächster Zeit meinen Betrieb hinsteuern will?
> Er betrachtet die Ebene der eigentlichen Kernaufgabe, die Betreuungsarbeit: Nach längerem Nachdenken und Überlegen beginnt in ihm das Anliegen «Selbstbestimmung der Klienten» zu leuchten. Darüber wurde schon viel diskutiert, trotzdem wird dieser Grund-Satz nur halbherzig angewandt. Hier will

sich der Leiter einen breiter angelegten, kreativen Entwicklungsprozess einfallen lassen.

Auf der Ebene der Zusammenarbeit wird ihm bewusst, dass in seinem Betreuungsteam noch viel zu wenig wertschätzend über die Stärken, aber auch zu wenig offen über die Fehler und Schwächen der Einzelnen gesprochen wird. Eine offene Gesprächskultur und Gesprächsfähigkeit des lernenden Reflektierens wächst ihm zum Anliegen, für das er in Zukunft etwas tun will. Das passt übrigens auch gut zu dem Schwerpunkt der Ebene der Kernaufgabe!

Auf der Ebene der einzelnen Mitarbeiterinnen und Mitarbeiter denkt sich Herr S., dass sein Personal doch flexibler werden und aus den gewohnten Tätigkeiten ausbrechen sollte. Diese neu zu erarbeitende Flexibilität täte vermutlich allen Beteiligten gut. «Übrigens könnte das auch die Voraussetzung dafür sein, dass die Werte auf den anderen beiden Ebenen (Kernauftrag, Zusammenarbeit) verwirklicht werden könnten!», dachte er sich, und es machte sich in ihm eine zuversichtliche Gewissheit breit.

Die Beziehung zum Umfeld – damit meint Herr S. den Verein und die Menschen der Ortschaft, in der das Heim angesiedelt ist – müsste wieder einmal aktiv gestaltet werden. Vor allem: Gezielte Informationspolitik! Soll sich in der Betreuung einiges ändern, braucht er dazu den Verein und auch die Bevölkerung. Sie müssen sich ja darauf einstellen, wenn die Menschen mit Behinderung über ihre Freizeit verstärkt selbst bestimmen werden! Und was immer in all den Vorhaben gelingen wird: Der Verein, aber auch die benachbarte Öffentlichkeit sollte von den positiven Erfahrungen erfahren! Gezielte Informationspolitik wurde für ihn zum Wert auf der Ebene des Umfeld.

Auch Diktatoren haben Inhalte, «die ihnen wichtig sind», und Überzeugungen, die sich aber meist nur auf eine einzige Ebene beziehen: Entweder ist es eine sachliche Überzeugung, die sie durchsetzen wollen – koste es, was es wolle. Oder es geht nur um ihren persönlichen Nutzen – auch wenn sie dafür über Leichen gehen müssen. Weil diese Überzeugungen im Normalfall nicht hinterfragt und im Gespräch weiterentwickelt werden dürfen, können wir in diesen Fällen nicht von Werten in unserem Sinn sprechen. Diktatoren haben kein Gespür für «Wert-volles» in der Beziehung zu den Menschen, zum Miteinander und zum Einzelnen.

Auch wenn es in den Betrieben nicht gleich so brutal wie in Diktaturen zugehen muss, sollten Führungskräfte gegen den Werteverlust auf mehreren Ebenen einer Organisation vorbeugen.

Wenn Verantwortliche Werte nur auf einer einzigen Ebene definieren, kann ihr Agieren unethisch werden: Sie geben vor, sich an Werten zu orientieren, agieren in den anderen Ebenen aber tatsächlich «wert-los».

Als Präzisierung des persönlichen Wertekatalogs sollte man Werte stets «in Bezug auf …» definieren, wie zum Beispiel:

— «Dies ist mir wichtig in Bezug auf unseren Kernauftrag.»
— «Dafür will ich mich einsetzen in Bezug auf unsere Führungskultur.»
— «Dies ist nun der zentrale Wert in Bezug auf unsere Kundenbeziehung.»

Wenn der persönliche Wertekatalog mit den Bezugsebenen erstellt wird, sollte man stets auch überprüfen, ob die wichtigsten Ebenen mit werterfüllten Zielen versehen sind oder ob es Stiefkinder gibt, Bereiche, in denen noch nach Lust und Laune gearbeitet wird.

2.3 Gewissen

2.3.1 Das Über-Ich: Das falsche Gewissen

Oft wird Gewissen mit dem «Über-Ich» im Sinne von Sigmund FREUD verwechselt. Ein Beispiel soll vereinfacht darstellen, wie dieses Über-Ich entsteht:

Der kleine Franz hatte in seinem Kinderzimmer eine ziemlich «dynamische Ordnung», Ausdruck seiner großen Lebensfreude. Seine Eltern drohten immer wieder: Wenn du dein Zimmer nicht in Ordnung hältst, dann mögen wir dich nicht mehr. Und Franz machte die Erfahrung, dass es auch tatsächlich so war: Wenn Unordnung im Zimmer war, fiel er aus dem Liebesnetz seiner Eltern heraus. Er brauchte sehr viel Zeit und Bemühen, bis alles wieder im Lot war. Diese Erfahrung brannte sich in seinem Innersten so tief ein, dass er auch als Erwachsener die Stimme seines Vaters immer noch in sich hört: «Halte Ordnung, sonst …!» Heute – als erwachsener Franz – ist ihm «Ordnunghalten» nach wie vor kein Anliegen, und trotzdem hält er Ordnung. Denn jedes Mal, wenn er einen Raum in Unordnung verlässt, meldet sich die Stimme seines Vaters wie die eines Untermieters in ihm, und zugleich spürt er Druck: Ich muss noch schnell Ordnung machen! Nicht: «Ich will die Ordnung», sondern «Man muss Ordnung machen, sonst passiert etwas!». Das Ich des Herrn Franz wird durch das Über-Ich bestimmt, eine fremde bedrohliche Stimme, die zwanghaften Druck durch – oft unbewusste – Angst erzeugt.

Diese Stimme eines «Untermieters in mir» (so hat Günter FUNKE das Über-Ich einmal bezeichnet) ist nicht das Gewissen im Sinne der Existenzanalyse oder der spirituellen Tradition des Abendlandes. Es ist vielmehr eine Instanz, die mich knechtet, unterdrückt und mir das, was Spaß macht, vermiest. Es war Sigmund FREUDS Leistung, diesen Mechanismus aufzudecken und zu bearbeiten. Leider wurde dabei übersehen, dass es noch eine andere kostbare Instanz gibt – das Gewissen als innerstes Gespür. Pirschen wir uns langsam an dieses Gewissen heran, wie es unter anderem die Existenzanalyse versteht.

2.3.2 Das innere Suchorgan

Wenn jemand sich für etwas entscheidet, dann läuft der Entscheidungsprozess meist auf der Vernunftebene: Es werden Entscheidungskriterien formuliert (worauf kommt es uns an, damit die Entscheidung gut wird?), es werden kreativ Varianten entwickelt und Argumente hin und her bedacht und abgewogen. Bevor aber die letzte Entscheidung fällt, befragt die wählende Person ihr Innerstes: «Kann ich dieser Lösung innerlich wirklich zustimmen?» Dazu ein Beispiel:

> *Eine Geschäftsführerin sucht eine Schlüsselführungskraft. Nach den Gesprächen und dem bisherigen Auswahlverfahren punktet eine Bewerberin aufgrund ihrer Ausbildung und ihres bisherigen Karrierewegs klar. Und doch kann sich die Geschäftsführerin nicht für sie entscheidet, sondern tendiert eher zu einem anderen Bewerber. Das innere Gefühl sagt ihr: Bei der weiblichen Bewerberin stimmt etwas nicht, der männliche Bewerber Vorteile, die wir bisher noch nicht erfasst haben. Natürlich überprüft sie, ob die innere Stimme nicht eher eine Falle ist: Ist ihr der Mann einfach sympathischer? Ist irgendeine Angst vor Konkurrenz im Spiel, dass sie sich nicht für die Frau entscheiden kann? Nach all dem Prüfen steht sie aber zu der inneren Stimme: Diese fühlt sich genau so an wie in so manchen früheren Entscheidungssituationen. Sie kennt das Gefühl und hat gelernt, dass sie sich darauf verlassen kann. – Sie entschied sich für den Mann ... erst später wurde ihr bewusst, welche sachlichen Gründe noch zusätzlich für diesen Bewerber gesprochen hatten, die sie aber in der Entscheidung noch nicht erkennen konnte.*

Nicht nur der Verstand muss die Lösung befürworten, auch diese innerste Instanz soll ihre Zustimmung geben. Es ist übrigens im Gegensatz zur fremden Stimme des Über-Ichs die eigene Stimme – und es ist eine freundschaftliche Stimme, die es gut mit ihr meint!

Dieses innerste Gespür kann sogar wie im Beispiel quer zur Vernunft eine ablehnende Haltung gegen eine vernünftige Lösung entwickeln, oder es formuliert zwar ein Ja, das aber nicht vom Gefühl der Klarheit und Zuversicht begleitet wird. Solch ein «emotionsloses Ja» signalisiert, dass die innere Zustimmung (noch) fehlt.

Dadurch kann der Entscheidungsprozess neu ins Rollen kommen: Es wird nochmals hingeschaut, Kriterien werden nochmals geprüft und ergänzt und neue Varianten werden entwickelt, bis auch die innere Instanz verheißungsvoll sagt: Ja, das geh an! So wird es gut werden!

Das Gewissen ist der innere Kompass, der zu all den rationalen Argumentationen und zum ach so vernünftigen Einsatz der Führungsinstrumente mir eine «Ge-wiss-heit» gibt, wie die richtige Entscheidung auszusehen hat (vgl. LÄNGLE 2003, 122–136; TUTSCH 2000, 20). Es ist das innere Suchorgan, das mir vor Augen führt, wohin ich gehen will. Es ist die innere Stimme, die mein Wollen formt. Alfried LÄNGLE verglich in einem Vortrag das Gewissen mit der Spürnase eines Hundes, der lange suchend hin- und herläuft, bis er auf einmal die gesuchte Fährte gefunden hat. Der «Wiedererkennungseffekt» (das Gefühl, das mitschwingt, fühlt sich vertraut an, auch wenn der Weg ein gänzlich neuer ist!) sagt ihm: Das ist die richtige Spur, die musst du gehen!

Menschen mit Erfahrung sind wert-volle Menschen: Sie haben viel geleistet und gut reflektiert. In unseren Betrieben – und das verstärkt in sozialen Unternehmen – brauchen wir aber auch Führungskräfte, die neben dem Reproduzieren aus der Erfahrung die Fähigkeit ausbilden, genuin Neues für die Zukunft zu entwickeln. Wir stehen oft vor neuen Problemen und müssen daher komplett Neues entwerfen – und da kann es zu wenig sein, nur aus der Vergangenheit und aus der Erfahrung zu schöpfen. Pointiert formuliert: Personen, die sich nur (!) auf ihre Erfahrung beziehen, werden die Probleme von morgen nicht lösen. Das Gewissen ist eine intuitive Antenne für das Richtige für morgen (vgl. dazu FUNKE 1993, 11: FUNKE weist darauf hin, dass Werte – sie werden ja vom Gewissen erspürt – auf die Zukunft hingerichtet sind: «Wertorientierung ist eben nicht Erfahrungsorientierung, sondern Wertorientierung beinhaltet die Aufgabe, mich von den eigenen Erfahrungen zu lösen»).

Das Gewissen ist also ein Suchorgan,

— das mir Wert-volles auf die Zukunft hin findet,
— das Wege und Grundlinien (z.B. auch Strategisches) entwickelt und
— das auch in raschen und einsamen Entscheidungen Orientierung gibt.

2.4 Entscheidung

Vielleicht klingt es überraschend, dass «Entscheidung» als ein Basisbegriff der Führungsethik angesehen wird. Entscheidungen sind aber genau der Ort, an dem die Ethik einer Führungskraft auf den Prüfstand kommt: Nach welchen Kriterien entscheidet sie, und was erhält bei ihr Priorität? Wofür setzt sie sich ein, und wohin will sie ihren Verantwortungsbereich führen? Was schafft sie für Rahmenbedingungen, damit welche Überzeugungen und Anliegen zum Zug kommen?

In Entscheidungsprozessen können selbst Werte in Konkurrenz gegeneinander auftreten. Will ein Leiter Kosteneinsparung oder die Erweiterung des Mitarbeiterstabes? Soll das Haus in Zukunft offen für alle Obdachlosen bleiben, oder soll es sich auf die Zielgruppe der obdachlosen psychisch kranken Menschen konzentrieren?

In vielen Entscheidungen sind keine Kompromisse mehr möglich, sondern es muss klar eine Priorität festgelegt werden, und andere – ebenso gute und wertvolle Möglichkeiten – müssen gelassen werden.

Deshalb setzt ein guter Entscheidungsprozess eine Übersicht voraus – welche Möglichkeiten es überhaupt gibt und wofür man sich einsetzen könnte. Es braucht aber auch eine innere Distanz gegenüber den einzelnen Varianten, damit ein Klebenbleiben an der Lieblingsidee oder ein Gefallenwollen vermieden werden.

Diese Selbstdistanz soll auch Klarheit in die innere Stellungnahme bringen: Welchem Anliegen gebe ich jetzt den Vorrang? Was wird für mich in der Situation derart wert-voll (voll des Wertes), dass ich dafür sogar anderes Wichtiges als Preis hergebe?

Eine gute Entscheidung denkt anhand von Hypothesen voraus. Angenommen, ich entscheide mich für einen Weg oder eine Lösung: Wie wird uns die Umsetzung des Erstrebten gelingen? Welche Wirkung wird die Entscheidung haben? Welche Chancen werden wir nutzen?

Zwei Bilder drängen sich hier auf. Das erste: Eine Bergsteigergruppe gelangt an eine Weggabelung und muss nun die bisher aufgeschobene Entscheidung treffen: Welchen der ersehnten Gipfel wollen sie besteigen, und welchen müssen sie leider lassen? Solange sie nicht entschieden haben, ist alles offen. Die Entscheidung kann aber auch erlösend sein: Denn erst dann können sie weitergehen ... es wird ja auch schon Zeit, denn bei Hochgebirgstouren sollte man nicht zu spät dran sein.

Das zweite Bild ist die Geburt: Eine Arbeitskollegin hat mich einmal darauf hingewiesen, dass Ent-scheidung von «aus der Scheide heraustreten» kommen könnte: Zuerst ist vieles unklar, im Entscheidungsprozess wird es eng ... doch dann tritt das neue selbständige Leben hervor – und schreit! Vorbei die Enge und die Unsicherheit – jetzt ist klar: Es ist ein Mädchen, es ist ein Bub, das Kind ist gesund oder krank ... und das Leben überkommt das neu geborene Wesen ... vieles ist neu und muss noch gepflegt werden – wie so viele Entscheidungen, die zwar getroffen sind, bis zu deren Verwirklichung aber noch ein weiter Weg zu gehen ist.

Wer entscheidet, der überführt vom unklaren Zustand in klare Verhältnisse. Wer nicht entscheidet, bindet die Kräfte im Geburtsvorgang bzw. in den Entscheidungsprozessen.

Wer entschieden hat, der bündelt alle Energien und alles Engagement für eine Sache und für eine klar definierte Zukunft. Entscheidungen geben allen Betroffenen Orientierung: Sie wissen nun, worauf sie sich zu konzentrieren haben.

3. Voraussetzungen schaffen

Führungsethik wird an der konkreten Situation und an der konkreten Fragestellung des Problems spannend und interessant. Jede Führungskraft ist aufgerufen, alles in Vorbereitung zu tun, damit ihr dann, wenn es um konkrete ethische Fragestellungen geht, auch alle notwendigen Voraussetzungen zur Verfügung stehen. Als Vorbereitung, um ethisch saubere Entscheidungen treffen zu können, möchte ich zwei Empfehlungen herausheben:

— das Fundament der eigenen Persönlichkeit stärken.
— das Gewissen lebendig halten.

Hoffentlich werden die Leserinnen und Leser von den vielen Anregungen und Übungen nicht erschlagen! Gedacht sind sie als Anregung, nur weniges für sich herauszunehmen und mit wenigem zu beginnen, nach dem Motto: Tu nur eines von dem vielen, aber das tu ganz!

3.1 Das Fundament der eigenen Persönlichkeit stärken

Grundsätzlich halte ich viel von psychotherapeutischen Begleitungen, Coaching-prozessen und beraterischen Vorgängen. Doch die beste Persönlichkeitsentwickle-rin jeder Person ist – auch wenn solche dialogischen Unterstützungen genutzt wer-den – die Person selbst.

Als «Fundament» wird hier das bezeichnet, was die Grundlage und die Substanz eines motivierten Menschen ausmacht. Es sind im Prinzip drei Ebe-nen, auf die beim Wachsenlassen der eigenen Persönlichkeit geschaut werden sollte (diese entsprechen den ersten drei Grundmotivationen nach LÄNGLE, vgl. LÄNGLE 1999):

— Halt haben und trotz allem Zukunftsperspektiven sehen können,
— sich berührbar machen und das persönliche Werteprofil schärfen,
— Selbstwert aufbauen und mit Stärken und Schwächen umgehen können.

3.1.1 Halt haben und trotz allem Zukunftsperspektiven sehen

Das Leben aushalten können heißt nicht hart sein in dem Sinne, dass einen nichts mehr berührt. Die «karrieregeilen Typen», die von dem Profilierungs-druck getrieben sind und sich als Genies ohne Fehl und Tadel darstellen müs-sen, haben tatsächlich den Halt nicht in sich selbst. Sie klammern sich an das Idealbild, das sie selbst zwar nicht verkörpern, aber dem sie entsprechen wol-len. Dieses Hart-Sein ist ein gemachtes und nicht ein gewachsenes Halt-Haben. Das Gegenteil ist hier mit Halt-Haben gemeint:

Gemeint ist, trotz aller Berührbarkeit das Leben aus-halten: Auch wenn mich Rückschläge betroffen machen und unberechenbare Entscheidungen von Instanzen, von denen ich abhängig bin, verletzen, habe ich trotzdem Boden unter den Füßen. Ich habe in mir selbst Halt und finde den Halt auch auf längeren Strecken im Alleingang. Das kann ich aber nur dann, wenn ich in meinem Leben oft und oft erlebe: Ich bin tatsächlich gehalten und getragen. Dazu gehören nahe und weniger nahe stehende Menschen, die mit mir Schwierigkeiten aus-halten und die auch mich in meiner Not aus-halten. Was immer auch passiert, ich gehe nicht unter und kann – trotz allem – sein!

Gemeint ist, sich selbst schützen zu können: Auch wenn die Ansprüche und Angriffe von außen kommen, sehe ich Wege, dass ich existieren kann – ich kann trotz allem aus dem Gelähmtsein heraustreten und mit meinen Überzeugungen leben. Das kann natürlich auch einmal Rückzug bedeuten, den ich bewusst initiiere, um mich selbst zu schützen und bessere Zeiten abzuwarten.

Zum Halt-Haben gehört auch, dass ich Aktionsraum habe: Was immer geschieht, ich kann etwas tun und in die Situation hineinwirken – und sei es nur, dass ich darüber traure, dass ich zurzeit nichts verändern kann ... und sei es nur, dass ich warte und mich auf die Lauer lege, bis mir das Leben eine nicht berechenbare Chance bietet!

Hinter dieser Ebene des Persönlichkeitsfundaments steckt aber auch die Annahme, dass es grundsätzlich wieder eine neue Chance geben wird. Trotz allem werde ich wieder Zukunftsperspektiven finden ... Dieses tiefe Vertrauen ist sozusagen ein weiteres Element des Halt-Habens neben dem Aus-Halten, dem Sich-schützen-Können und dem Aktionsraum. Wie Schmieröl kann dieses Urvertrauen auf den inneren Motor, der uns in Bewegung hält, wirken!

Den aufmerksamen Leserinnen und Lesern wird die häufige Verwendung der Wörter «trotz allem» und «trotzdem» aufgefallen sein. Viktor FRANKL spricht von «Trotzmacht», die es vermag, auch in schwierigsten Situationen Motivation zum Leben zu finden (vgl. FRANKL 1987, 124).

Hier eine kleine Auswahl von *Mini-Rezepten*. Sie wirken, wenn ihnen konsequent Raum und Zeit gegeben wird, und bauen diese Ebene des Fundaments «Halt und Urvertrauen» auf.

— *«Sich halten und tragen lassen»*: Menschen aufsuchen und mit ihnen ins Gespräch über die eigenen Grenzen kommen! Das bedeutet – zumindest bei diesen Menschen – mit dem Spiel «Ich habe alles im Griff und ich kann alles» aufzuhören und zu den eigenen Tendenzen des Unvermögens und Resignierens zu stehen. Wenn diese Menschen hören, wie ich manchmal innerlich anstehe und manchmal nicht weiter weiß, und wenn sie diese Ratlosigkeit mit mir teilen und aus-halten (hoffentlich schlagen sie mich nicht gleich mit Rat-schlägen!), dann tut es einfach gut zu merken: Ich falle nicht durch! Ich falle nicht ins Bodenlose! Ich kann bei diesem Menschen sein, auch wenn ich nicht der Allmächtige bin.

— *«Den Schmerz zulassen und abgeben»*: Gefühle wie Schmerzen, Enttäuschung und Lustlosigkeit werden dann bedrohlich, wenn sie einen Menschen in Besitz nehmen. Diese negativen Gefühle zulassen allein ist schon erlösend, es braucht aber den zweiten Schritt als Ergänzung dazu: sie aus einer gesunden Selbstdistanz zu betrachten, so dass der entscheidende Handlungsfreiraum der Führungskraft erhalten bleibt. Im Prinzip wollen diese einengenden Gefühle wie schreiende Kinder behandelt werden: Sie wollen an der Hand genommen und ernst genommen, und dann, wenn die Dramatik fürs Erste abgeflaut ist, zur Ruhe gebettet werden.

Dies kann bei einem Spaziergang geschehen, während dessen ich mich den negativen Gefühlen widme und sie in mir leben lasse … bevor ich mein Arbeitszimmer betrete, sehe ich mir den Schmerz oder die Enttäuschung nochmals an («So ist es eben») und lege diesen Schmerz auf Distanz ab, um mich nun der Lösungsentwicklung aktiv zu widmen.

Es kann auch beim Nachdenken mit Hilfe eines Zeichenblatts geschehen, auf dem ich meine inneren Regungen und Gedanken visualisiere und das ich dann zur Seite schiebe, um mich der aktiven Antwort auf die Situation zu widmen. Es kann schließlich auch bei einem spirituellen Vorgang wie der Stille vor dem eigenen Gott geschehen, bei dem am Ende des Innehaltens das zusammenfassende Gebet formuliert wird: «Da nimm nun dieses Gefühl in deine Hand und gibt mir wieder einen klaren Kopf, damit ich das tun kann, was nun Sinn macht!»

— *«Den Weiseren fragen»*: Irgendwo auf der Welt wird es jemanden geben, der eine bessere Idee hat als ich selbst, wie ich mit der schwer aushaltbaren Situation zurecht komme. Diese Person sollte man kennen und sie fragen können: Was kann ich noch tun? Vielleicht kenne ich weisere Menschen, vielleicht stehe ich mit einem Mentor oder einem Coach in Beziehung, der gefragt werden könnte. Vielleicht genügt aber nur die Vorstellung, es gebe eine Person, die die Situation besser durchschaut und die eine weitere Handlungsphantasie hat, was man tun könnte. Das Wissen darum gibt mir die Chance zu warten, bis mir eine noch bessere Idee kommt. Mit diesem Warten können halte ich diese Situation bereits aus und öffne mich für unvorhergesehene Lösungen, die mir jetzt noch versperrt bleiben.

— *«Aus der Vergangenheit Mut schöpfen»:* Sich an die Erfahrungen des eigenen Lebens erinnern, in denen man selbst scheinbar vor Mauern und vor dem Scheitern stand und die einen lehrten, dass das Leben trotz allem weitergeht. Oder: Sich Kriegsgeschichten oder Tragödien erzählen lassen, wie sehr die betroffenen Menschen am Leben verzweifelt sind … und wie viel Gutes sie trotz allem später wieder erleben konnten. Einfach von diesen wahren Geschichten aus der Vergangenheit sich zeigen lassen, dass es sich lohnt durchzuhalten, weil das Leben einem Menschen neue Chancen zuspielt.

3.1.2 Sich berührbar machen und das lebens-werte Leben leben

Menschen, die unter hohen Anforderungen stehen, müssen entweder überhaupt erst wieder neu lernen, vom Leben berührbar zu werden, oder zumindest diese Berührbarkeit lebendig halten. Dadurch wird das Leben an sich als Wert entdeckt. Das Leben als Grundwert («Es ist gut, dass ich lebe») wird zu einem wesentlichen Bestandteil des Fundamentes, wenn eine Person jeden Tag erlebt (und das ist mehr, als es mit dem Verstand zu wissen): Es lohnt sich zu leben! Das Leben berührt und belebt – täglich, neben all den Problemen und Sorgen, steht diese Realität, dass das Leben berührt und belebt. Durch diese Erfahrung des Grundwertes erhält das Fundament einer Persönlichkeit neue Substanz: Das Leben ist spürbar lebenswert!

Diese Berührbarkeit ist eine Grundvoraussetzung, dass Werte überhaupt ganzheitlich erfasst werden können. Diese Berührbarkeit schließt natürlich mit ein, dass ich auch verletzbarer werde. Deshalb braucht es diese erste Schicht des Fundaments (Halt und Urvertrauen), um sich dem Leben mit aller Lebensintensität stellen zu können.

Einfache *Übungen* sollen zur Berührbarkeit hinführen bzw. diese lebendig erhalten:

— *«Bilder auf sich wirken lassen»:* Diese Übung braucht Zeit und Ruhe und – einige Bilder. Gut eignet sich zum Beispiel ein Bildband oder der Besuch einer Bildergalerie. Noch effizienter wird diese Übung, wenn man sie zu zweit angeht. Der erste Schritt besteht darin, sich die unterschiedlichen Bilder ein erstes Mal anzusehen und dabei den «inneren Radarschirm» einzuschalten, in dem nachgespürt wird: Welche Signale löst dieses Bild in mir aus? Welche Gedanken, aber vor allem welche Stimmungen und Gefühle entstehen durch dieses Bild in mir? Dabei soll beim Wahrnehmen der Gefühle der Ort im Körper, an dem die Stimmung oder das Signal spürbar wird, gut wahrgenommen werden. Das ist anfänglich gar nicht leicht nachvollziehbar. In einem zweiten Schritt sollen drei Bilder ausgewählt werden, die unterschiedliche Wirkungen in mir auslösen. Durch diese Unterschiedlichkeit kann der Eindruck, den das Bild in mir auslöst, präziser wahrgenommen werden. Auch hier wieder: Wie und wo im Körper spüre ich diese Gefühle? Im dritten Schritt – und das ist meist ein ungewohnter Schritt – sollte darüber mit dem Übungspartner gesprochen werden: Die Gefühle sollten in Worte gefasst und die konkreten körperlichen Regungen beschrieben werden.

Varianten dieser Übung gibt es unzählige, wie z.B.:

— Sich ans untere Ende einer Rolltreppe stellen und die Menschen, die mir von oben entgegenkommen, und ihre Wirkung auf mich wahrnehmen;

— Ereignisse der letzten Zeit sich in Erinnerung rufen, diese mit Symbolen übersichtlich auf ein Zeichenpapier bringen und ihre Auswirkung auf das eigene Empfinden skizzieren (eventuell die inneren Emotionen mit unterschiedlichen Farben darstellen);

— gegenwärtige Aufgabenstellungen auflisten, die persönlichen Einstellungen und subjektiven Eindrücke dazu zulassen und beschreiben …

— *«Die wichtigste Viertelstunde»*: Der Kern dieser Übung besteht darin, sich zu einem Zeitpunkt, wenn der Großteil des Tages gelebt ist (z.B. am späteren Nachmittag), eine Stunde Zeit zu nehmen, um in einem raschen Rückblick das Erlebte des Tages nochmals bewusst zu machen und sich eine Erfahrung herauszunehmen, die aufbauend und belebend war. Diese Erfahrung kann eine persönliche Leistung sein, sie kann aber auch ein Erlebnis sein, zu dem ich nichts beigetragen habe. Es kann etwas Spektakuläres, es kann aber auch eine ganz banale Erfahrung sein (das Lächeln eines Kindes, das mich berührt hat, oder das Staunen über den blauen Himmel). Die Kunst besteht nun darin, sich nicht nur mit dem Verstand an diese Erfahrung zu erinnern, sondern sie nochmals mit den inneren Emotionen zu erleben. Den Zugang dazu findet man dadurch, dass man diese Situation über die Sinneswahrnehmungen aufleben lässt: Was habe ich gesehen …? Höre ich nochmals, was andere gesprochen und wie ich geredet habe …? Wie war der Geruch dieser Szene? Welche Stimmungen und Gefühle hatte ich in mir, und wie veränderten sie sich? Letztlich wird die lebensstärkende Erfahrung «inhaliert», das heißt ausgekostet, und man lässt sie in sich «einsickern»! (Grundlage dieser Übung ist eine spirituelle Übung des IGNATIUS, vgl. dazu «Die Übung der liebenden Aufmerksamkeit», LAMBERT 1991, 66–73).

— *«Tagebuch über die Leuchten des Tages»:* Wer regelmäßig die «wichtigste Viertelstunde» übt, sollte die zusätzliche Chance nutzen, in einem Tagebuch am Ende dieser Übung nur ganz wenige Stichwörter festzuhalten (die «Tagesleuchte» beim Namen nennen, einen inneren Ausspruch als Kommentar dazu!). Entscheidend ist, dabei wenig zu schreiben, aber auch ansatzweise die innere Wirkung zu Wort kommen zu lassen und nach einem Monat sich Zeit zu nehmen, um die Fülle der letzten Tage durchzulesen und nochmals dankbar zu genießen.

Die Erfahrung zeigt, dass durch ein konsequentes Arbeiten mit den beiden letzten Übungen eine eigene Dynamik der Veränderung entsteht: Einstellungen zu Kollegen und Kunden werden neu, das persönliche Handeln wird ressourcenorientiert, trotz aller Probleme und Sorgen wird das Leben als lebenswert erfahren, und die Spur des lebenswerten Lebens wird systematisch verfolgt.

3.1.3 Sich selbst wertschätzen und mit Stärken und Schwächen umgehen können

Es wird hier davon ausgegangen, dass vorwiegend Personen mit einem guten Selbstwertbewusstsein mit einer Führungsfunktion beauftragt werden. Deshalb wird im Folgenden nicht vom «Aufbauen», sondern vom «Pflegen» des Selbstwertes gesprochen – auch wenn die Realität zeigt, dass sich viele Menschen gerade zur Kompensation ihrer Minderwertigkeit eine Bestätigung durch die Funktion holen.

Auch diese Ebene des Fundaments muss – genauso wie die anderen Ebenen, «Halt und Urvertrauen», «Berührbarkeit und Grundwert» – immer wieder neu durch konkrete Erfahrungen genährt und gepflegt werden, damit es tragend bleibt.

Vereinfacht dargestellt, geht es beim Selbstwert um zwei Grunderfahrungen: In der Erfahrung des Abgrenzens erlebt die Person: Ich bin anders als die anderen, und – im Gegensatz zu vertraulichen Beziehungen des Verschmelzens – es gibt eine klare Grenze zwischen den Menschen um mich und mir selbst. Diese Erfahrung schließt unter anderem mit ein, dass ich andere Interessen und Ansichten als andere habe, aber auch das Wissen darum, dass ich selbst gestalten und etwas bewirken kann. Urerfahrungen dieser Abgrenzungserfahrung sind die Nein- und Trotzphasen im Kindesalter.

Die Erfahrung der Zustimmung zu sich selbst ist das Erlebnis, dass es dort, wo ich tatsächlich anders als die Menschen um mich herum bin und wo ich selbstbestimmt handle, gut ist, wie ich bin und wie ich agiere. Die eigene Person wird zum Wert. Wie sie sich selbst erlebt und wie sie sich in der Beziehung zu Menschen und Welt gibt, findet von der Person selbst Zustimmung – und das, obwohl die Person die eigenen Grenzen und Schwachstellen kennt.

Viele von uns kennen Menschen, die bei einer Kritik entweder sehr empfindlich oder starr mit Rechtfertigungen reagieren. Menschen mit Selbstwertgefühl stehen hingegen so gut auf dieser Fundamentsebene, dass sie offen mit ihren Grenzen, Schwächen und Entwicklungsfeldern umgehen können. In vielen Fällen ist dieser freie Umgang mit Stärken und Schwächen das Zeichen für Personen mit einem gesunden Selbstbewusstsein. Sie sind über die Jugend- und Drangzeit des Sich-beweisen-Müssens hinweg, weil das Bewusstsein «Ich bin gut, so wie ich bin» in ihnen tief eingepflanzt ist.

Zur Pflege des Selbstbewusstseins gibt es drei Grundempfehlungen:

— mit den Menschen in der Arbeitssituation in gutem Kontakt stehen;
— mit Menschen außerhalb meiner Arbeitssituation über meine Arbeitssituation reflektieren;
— sich um ein gutes Beziehungsnetz im privaten Leben sorgen.

Letzteres bedarf keines Kommentars. So viel nur: Wer in der Freizeit und im Privaten viel an Zuwendung und Anerkennung erhält, der steht im Beruf nicht mit dem Rücken zur Wand. Es bedrängt ihn nicht die Angst, dass er Ablehnung erfahren oder gar durchfallen könnte – er hat einen Grundstock an Selbstbewusstsein, mit dem er sich frei im Raum bewegen kann.

Wer immer die Menschen außerhalb der Arbeitswelt sind, mit denen eine Führungskraft über ihre Erfahrungen als Chef reflektiert: Es tut einfach gut, im

Gespräch sich selbst Anerkennung zu geben oder vom anderen geben zu lassen, wenn ich zum Beispiel über Erfolge erzähle, die in meinen Augen nicht selbstverständlich sind; ... wenn ich über ein hohes Risiko rede, das niemand in der Arbeitswelt gesehen hat, das ich aber bewusst eingegangen bin, und ich habe die Sache gut zu Ende bringen können; ... wenn ich eine geniale Vorgangsweise, deren Hintergründe kaum jemand vom Personal versteht, jemandem darlegen kann.

Es gibt noch weitere Anlässe, die dialogische Vorgänge außerhalb der Arbeitswelt sinnvoll machen, damit mein Sosein und Anderssein bewusst geformt wird und selbst-wert-schätzende Zustimmung erfährt: Viele Entscheidungen einer Führungskraft ziehen Konfrontationen und Konflikte mit sich. Damit jemand im «Sturm und bei hohem Wellengang» klar Kurs halten kann, sollte er die Entscheidung und die eigene Stellungnahme mit nicht Betroffenen durchsprechen, mögliche Auswirkungen ausloten, um so innere Klarheit über den Weg zu erhalten. Oder: In einem geschützten Raum auch über persönliche Ängste sprechen zu können nimmt der Angst den dominierenden Platz und stärkt die Kraft, selbst bestimmen zu können. Weiters: Ein hinterfragender Dialog kann meine Werte wie über eine Rüttelstrecke neu ordnen und die Spreu vom Weizen trennen.

Gespräche mit professionellen Partnern wie in Coachings, Supervisionen oder in der Intervision (Begriffsklärung und sinnvolle Rahmenbedingungen vgl. KINAST/MENDLER 1998) können oft in kurzer Zeit den Selbstwert stärken und inhaltliche Klarheit schaffen.

«Mit Menschen am Arbeitsplatz in gutem Kontakt stehen» meint eben die notwendige Abgrenzung des Eigenen vom Anderen einerseits, aber auch das Verstehen des Anderen in seinem Anderssein. Pointiert formuliert, könnten wir die Arbeitssituation einer Führungskraft als Dauerübungsfeld für den eigenen Selbstwert sehen, denn: Selbstwert «fordert ein Zu-sich-stehen-Können als Gegründetsein in sich und als ein Sich-zeigen-Können als ein Bestehen vor anderen» (LÄNGLE 2000b, 40).

Im Beziehungsfeld der Arbeitsbeziehungen sei allen Verantwortlichen empfohlen, keine Chance auszulassen, um konkrete Rückmeldungen über das eigene Verhalten als Führungskraft zu erfahren. Denn durch vielfältige Fremdeinschätzungen können blinde Flecken aufgedeckt und eigene Stärken ehrlich als solche angenommen werden.

3.2 **Das Gewissen lebendig halten**

Leider haben viele Menschen im Laufe ihres Lebens gelernt, Gefühle nicht mehr wahrzunehmen und innere Regungen nicht an sich heranzulassen. Damit haben sie auch das innere Gespür «abgedreht». Bei hartnäckigen Fällen kann eine psychotherapeutische Begleitung die inneren Mauern langsam abbauen helfen und den «inneren lebendigen Kern» einer Person wieder revitalisieren. Diese Chance sollte in solchen Fällen genutzt werden.

Wenn jemand ein gesundes Gespür mit gutem Hausverstand hat, sollte er ebenso darauf achten, dass sein inneres Suchorgan wach und lebendig bleibt. Denn der Druck, der auf arbeitenden Menschen lastet, ist in den letzten Jahren enorm gestiegen, und die erhöhten Anforderungen können nur allzu leicht den Effekt auslösen, dass die innere Stimme tatsächlich ausgeschaltet wird und die Fremdbestimmung dominiert – obwohl gerade in diesen Situationen der Mensch ein waches Gewissen braucht. Hier einige Ideen, was jemand bzw. was eine Führungskraft tun kann, um das Gewissen wahrzunehmen – und damit das Gewissen überhaupt wahrgenommen werden kann:

— *Die Haltung des Suchens im Dialog pflegen:* Die Kunst des Dialogs besteht darin, einerseits ganz klare Aussagen und Meinungen zu vertreten und andererseits den Perspektivenwechsel auf die Sichtweise des Gesprächspartners zu schaffen; das, was mir persönlich wichtig ist und wovon ich überzeugt bin, entschlossen zu vertreten und doch auch mich selbst zu fragen, wie mein Visavis denn auf eine gegenteilige Meinung überhaupt kommen konnte. Dies ist vermutlich nur dann möglich, wenn ich stets danach suche, nicht nur gute, sondern noch bessere Antworten auf Fragen des Führungsalltages zu finden.
— *Dem Leben auf der Spur bleiben:* Das Fundament der eigenen Persönlichkeit pflegen und dabei beide Pole – schöpferische Werte (Leistungen) und Erlebniswerte (Genießen von Kunst und Natur) – ins Auge fassen. Es soll die Unterscheidung von «Das Muss ich» und «Das will ich, weil mich die Sache von sich aus angeht» laufend bewusst halten.
— *In die Stille gehen:* Der Stress kann noch so stark sein – es braucht die Zeiten, wo die Türe zugemacht und das Telefon abgeschaltet wird, um nicht nur nachzudenken, sondern in mir auch nachzuspüren:

— um meine Gefühle und Stimmungen in mir wahrzunehmen,

— um meine Gefühle im Nachhinein zu differenzieren (wodurch wurden sie ausgelöst und was bewirken sie in mir?),

— um aus dem Gefühls- und Gedanken-Durcheinander den Geschmack meines innersten Gespürs herauszufinden (wie fühlt sich das Gewissen im Gegensatz zu den anderen Zustimmungen an? Was sagt mir das?).

— *Das persönliche Werteprofil erarbeiten:* Werte verändern sich laufend, und doch haben sie meistens – zumindest eine Zeit lang – Bedeutung. Wer seine Werte auf den verschiedenen Ebenen einer Organisation (z.B. Werte des Kerngeschäftes, Werte der Zusammenarbeit, der Entwicklung der Einzelnen, der Beziehungsgestaltung zum Umfeld) grundsätzlich einmal definiert (aber nicht immer darauf fixiert hat) und auch in ihrer Bedeutung ge-wertet hat (Wertehierarchie), kann in der Entscheidung auf diesen Wertekatalog bereits zurückgreifen, eventuell die Prioritätenliste neu ordnen und so rasch eine wertorientierte Entscheidung finden. Es braucht eine Zeit des Werte-Erspürens, viele Gespräche und Reflexion, um das eigene Werteprofil aufzubauen, was unter Zeitdruck oft nicht mehr möglich ist.

— *Sich im wertorientierten Handeln einüben:* Es ist eine banale, aber effektvolle Übung, das zu suchen, was mir wichtig wird und wofür es sich lohnt, sich einzusetzen. Und wenn ich mich für einen Wert entschlossen habe, ihn entschlossen umzusetzen. Manchmal kann es hilfreich sein, auf unwichtigen Nebenschauplätzen zu beginnen: Zum Beispiel schaue ich in die «Landschaft des Freundeskreises» und überlege: Wen habe ich schon lange nicht mehr gesehen und hätte Lust, ihn oder sie wieder mal zu treffen? Dabei darauf warten, ob die innere Gewissheit mit dem «Ohhh!» und «Ja!» auch tatsächlich kommt. Dabei darauf achten, dass nachher – nachdem z.B. die Begegnung stattgefunden hat – nochmals kritisch die eigene Stimmung abgefragt wird: War es auch wirklich gut?

Jedem ist zu wünschen, diese Erfahrung zu machen: Aus einer tiefen Entschlossenheit das Wertvolle einfach zu tun und im Nachhinein nochmals wahrzunehmen, wie gut diese Konsequenz im Tun war! Wenn das einmal gelungen ist, entsteht eine eigene Dynamik, die sich nach noch mehr werterfülltem Leben sehnt und damit letztlich nach mehr Lebenskraft drängt.

Das Gewissen wach und lebendig zu halten ist erlernbar und trainierbar!

4. Zusammenfassung: «Beseelte Professionalität»

Die ethische Grundhaltung und die Fähigkeit, wertorientiert zu agieren, bedarf eines Wachstums und eines längeren Entwicklungsprozesses. Von daher macht es Sinn, Führungsethik in mehrjährigen Führungskräftelehrgängen, in denen sowohl Themen des professionellen Führens bearbeitet werden als auch systematisch die Entwicklung der Führungspersönlichkeit vorangetrieben wird, zu platzieren. Den zeitlichen Raum für Entwicklungsmöglichkeiten bieten aber auch dialogische Begleitungsprozesse, wie es Intervisions- und Coachingvorgänge sind. So können brachliegende Ressourcen und Potenziale mobilisiert werden.

Führungskräfte sollten mit aller Professionalität, aber auch kraft ihrer Persönlichkeit ihre Rolle wahrnehmen. Wenn sie mit ihrem inneren Gespür (Gewissen) ihren Führungsalltag und ihre Entscheidungen mit Werten füllen, wird ihre Professionalität zusätzlich beseelt werden. Mit dieser «beseelten Professionalität» erhält das Führungsverhalten Kraft, Entschlossenheit und ein feinfühliges Geschick. Die wertvollen Inhalte beseelen den Arbeitsalltag, weil sie die beteiligten Personen beleben. («Beseelte Professionalität» ist ein Ausdruck von Sr. Scholastika LEITNER, Generaloberin der Barmherzigen Schwestern in Wien-Gumpendorf. In den Krankenhäusern der St. Vinzenz-Holding ist es gelungen, die Umsetzung ihrer definierten Werte durch ein einzigartiges «Werte-Management» im gesamten Großunternehmen in Bewegung zu bringen. Das Verwirklichen von festgelegten Werten wäre aber ein anderes wert-volles Thema ...).

Literatur

BLANCHARD, Ken/O'CONNOR, Michael (1998): Die neue Management-Ethik. Hamburg: Hoffmann + Campe.

BLICKLE, Gerhard (Hrsg.) (1998): Ethik in Organisationen. Göttingen: Verlag für Angewandte Psychologie.

DIENHOBL Rupert (2003): Exerzitien des Ignatius und Existenzanalyse nach A. Längle – Zusammenschau zweier Wege. Abschlussarbeit für die existenzanalytische Therapieausbildung. Wien: Gesellschaft für Logotherapie und Existenzanalyse.

FASCHING, Harald (2001): Besprechungen, Teamsitzungen und Seminare lustvoll und effektiv gestalten. Wien: Eigenverlag.

FRANKL, Viktor Emil (1987): Ärztliche Seelsorge. Frankfurt a. M.: Fischer Taschenbuch Verlag.

FUNKE, Günter (1993): Wider die Tyrannei der Werte. Menschliches Leben in der Spannung von Selbstwert und Fremdwert. In: Alfried LÄNGLE: Wertbegegnung. Phänomene und methodische Zugänge (S. 8–21). Wien: Gesellschaft für Logotherapie und Existenzanalyse.

GLASL, Friedrich (2004): Die Führungs- und Organisationslehre in Entwicklung. In: DERS./LIEVEGOED Bernard: Dynamische Unternehmensentwicklung. Bern/Stuttgart: Haupt/Freies Geisteleben.

KIECHLE, Stefan (2004): Sich entscheiden. Ignatianische Impulse. Würzburg: Echter.

KINAST, Rainer (2002): Spirituelle Grundhaltungen bei Führungskräften – eine Basis für Aufbrüche. In: Weiss, Alfred (2002): Pioniere in Kirche und Gesellschaft!? Für die Zukunft christlicher Sozialverbände am Beispiel «Kolping» (S. 30–58). Wien: Edition Kolping-Wien-Zentral.

KINAST, Rainer/MENDLER, Irmgard (1998): Coaching und Supervision – Chancen und Grenzen. In: Peter FASCHING (1998): Qualität im Pflegeheim (S. 75–88). Wien: Verlag Österreich.

LAMBERT, Willi (1991): Aus Liebe zur Wirklichkeit. Grundworte ignatianischer Spiritualität. Mainz: Matthias-Grünewald.

LÄNGLE, Alfried (2003): Lehrbuch der Existenzanalyse (Logotherapie), 4. Teil: Dritte Grundmotivation. Wien: Gesellschaft für Existenzanalyse und Logotherapie.

LÄNGLE, Alfried (2000a): Praxis der personalen Existenzanalyse. Wien: Facultas-Universitätsverlag.

LÄNGLE, Alfried (Hrsg.) (2000b): Lexikon der Existenzanalyse und Logotherapie. Wien: Gesellschaft für Existenzanalyse und Logotherapie.

LÄNGLE, Alfried (1999): Was bewegt den Menschen? Die existenzielle Motivation der Person. In: Existenzanalyse, Jg. 16, Heft 3 (S. 18–29). Wien: Gesellschaft für Logotherapie und Existenzanalyse.

LÄNGLE, Alfried (1993): Wertberührung. In: DERS.: Wertbegegnung. Phänomene und methodische Zugänge (S. 18–29). Wien: Gesellschaft für Logotherapie und Existenzanalyse.

TUTSCH, Lilo (2000): Gewissen. In: Alfried LÄNGLE (Hrsg.): Lexikon der Existenzanalyse und Logotherapie. Wien: Gesellschaft für Existenzanalyse und Logotherapie.

Anne Elisabeth Höfler/Christian Metz

Plädoyer für eine andere Zeitkultur

Leitung und Selbstmanagement im Spannungsfeld von Chronos und Kairos

1. **Zeit-Zeichen**

1.1 **Wir leben in verschiedenen Zeiten**

Die «mechanische Zeit» verordnet uns die Termine des Tages, sie trennt zwischen dem beruflichen und dem privaten Teil, zwischen Ruhe und Aktivität – wie es die Uhr befiehlt. Die «Ereigniszeit» prägt unser Leben, stört mitunter unseren uhrenmechanischen Tagesablauf. Wir erinnern uns beispielsweise nicht an die Jahreszahl oder an das genaue Datum eines Ereignisses, sehr wohl aber daran, dass es an dem Tag geschah, an dem es einen halben Meter geschneit hatte oder als die neue Betriebsregelung eingeführt wurde. Die Innere Uhr – die «biologische Zeit» – bezieht sich auf die subjektiv erlebten Eigenzeiten. Lassen sich die unterschiedlichen Aktivitäten und die externen Zeitordnungen mit der Inneren Uhr synchronisieren? Und wie?

Diese Trennlinien verliefen indes nicht immer in der beschriebenen Weise: Waren die Menschen in der Vormoderne in natürliche und kosmische Zeitordnungen eingebunden, so hatten sie sich in der Moderne den herrschaftlich vorgegebenen Zeitmustern unterzuordnen. Heute müssen wir uns selbst *in* der Zeit und *mit* der Zeit zurechtfinden – «flexibel» sein – mit genauen Vorgaben, aber auch mit Chaos, Komplexität, Diskontinuität und dem Nichtlinearen

(vgl. SENNETT 1998). Globalisierung, Flexibilisierung, Deregulierung und Ent-
standardisierung lockern die Orientierung am Zeittakt – gefordert ist das jeweilige Im-Takt-Sein mit den Kunden/innen, den Mitarbeitern/innen und der
Organisation: das situative Eingehen auf Fragestellungen zugunsten einer Prozessorientierung. Gefordert ist also, Intuition für das zu entwickeln, was jeweils
an der Zeit ist: sich aufmachen, damit das Richtige einfällt, mit der Gesamtbe-
wegung mitgehen, im Einklang sein mit der Gesamtentwicklung. Führen heißt
so zeigen, was ist, und Sehnsuchtspunkte aufspüren.

1.2 Immer und überall erreichbar

Eng verknüpft mit den Zeit-Anforderungen ist die Herausforderung, mit dem
Anspruch, dass man ständig erreichbar sein sollte, umgehen zu können: über
Handy und Internet immer und überall und zu jeder Zeit erreichbar sein zu
wollen/zu müssen, rund um die Uhr, rund um den Globus arbeitend tätig.

Die zentralen Herausforderungen in der Sozialen Arbeit heute sind bekannt: Der umfassende Modernisierungsprozess löst kollektive Ängste aus.
Soziale Milieus und soziale Bindungen lösen sich auf. Die Leistungen sollen
noch effizienter, noch effektiver werden und von noch besserer Qualität, wobei
die Ressourcen nicht mehr werden. Dies führt schlicht zur Überforderung.
Mehr Qualität für weniger Geld. Konzepte werden fast ausschließlich aus ökonomischer Warte hinterfragt. Der Kostendruck fördert nicht unbedingt die
Kreativität und Innovation, eher schon das Beharrungsvermögen. Grundsätzliche Lösungen kosten Zeit, wenn man es nicht bei kurzfristigen Symptomlösun-
gen bewenden lassen will. Eingebunden ins Tagesgeschäft bleibt einem wenig
Zeit, grundsätzlich darüber nachzudenken, was eigentlich verändert werden
müsste.

1.3 Chronisch zeitknapp

Komplexe Dienstleistungsunternehmen haben in der Regel einen hoch spezia-
lisierten Arbeitsprozess zwischen unterschiedlichen Berufen zu organisieren.
So sind beispielsweise im Sozial- und Gesundheitswesen (Krankenhaus, Al-
tenpflegeheim, Hausbetreuung) in einem voll kontinuierlichen Arbeitsprozess

viele Patienten/innen und Bewohner/innen gleichzeitig und mit einer breiten Palette von individuellen Bedürfnissen oft rund um die Uhr (7 Tage zu 24 Stunden) zu versorgen. Zwischen «High tech» und «High touch» sind technikintensive mit interaktionsorientierten Interventionen zu verbinden. Der steigende Effizienzdruck erzwingt – paradoxerweise – erhöhten Kommunikationsaufwand. Mitarbeiter/innen verfügen oft über viel praktische Erfahrung und Routine im Managen der alltäglichen Organisationsaufgaben. Gleichzeitig gibt es viel Reibungsverlust durch funktional wenig durchdachte Arbeitsabläufe oder unklare Regelungen. Diese Defizite müssen durch informelle Informationsleistungen der Mitarbeiter/innen ausgeglichen werden. Das ist mit zusätzlichen Belastungen und in der Folge mit Unzufriedenheit verbunden, was sich wiederum in konflikthaften Arbeitsbeziehungen ausdrückt, seine Wurzeln aber in Organisationsdefiziten hat.

Ständige Hektik, die Forderung nach permanenter Erreichbarkeit und Verfügbarkeit der Personen ist weniger der Aufgabenlogik zuzuschreiben als vielmehr auch Teil der Organisationskultur, mitproduziert durch die handelnden Personen. Ein erheblicher Teil der Hektik entsteht durch den Mangel an bewusster und zielgerichteter Organisationsgestaltung. Die spezifische Rastlosigkeit könnte auch zu tun haben mit den notwendigen Verdrängungsleistungen gegenüber der ständigen Anfechtung durch menschliches Leiden und Tod, angetrieben auch von den Risiken und der Verantwortung. Charakteristisch ist daher auch die Tendenz zu einer permanenten Überforderung der Beschäftigten (vgl. SCALA/GROSSMANN 1997).

Zeit-Erkenntnis ist daher immer auch Selbst-Erkenntnis; Arbeit an der Zeit ist immer auch Arbeit an sich selbst. Zeit muss man leben. Das Wort «Zeit» ist das meistgebrauchte Substantiv der deutschen Sprache und die telefonische Zeitansage die am häufigsten angewählte Telefonnummer.

2. Zeit-Qualitäten

Aus der griechischen Mythologie sind drei Zeitgottheiten bekannt, die für die Betrachtung der unterschiedlichen Zeitqualitäten stehen, welche unsere Arbeits- und Lebenskultur prägen: Symbole für uns sind Uhr und Kompass. Die Uhr, die den Takt angibt, eine messbare Größe. Der Kompass, der die Richtung angibt.

2.1 Chronos

Der Namenspate der «Zeit», *Chronos,* gilt als der unbarmherzige Vater der Zeit, mit einer Sichel ausgestattet. Er ist der Sohn von Himmel *(Uranos)* und Erde *(Gaia).* Diese drei lebten in ständiger Rivalität miteinander. *Gaia* hatte schließlich ihrem Sohn *Chronos* die Sichel gegeben, damit er seinen Vater damit kastriere. Seitdem fürchtet *Chronos* seine eigenen Nachkommen – und um einem ähnlichen Schicksal wie sein Vater *Uranos* zu entgehen, verschlingt er vorsichtshalber seine Kinder. Er wird zum Herrscher der Welt, und das «Goldene Zeitalter» beginnt (vgl. KERÉNYI 2003).

    Chronos steht in diesem Mythos für die messbare Zeit, die in einem gleichförmigen, linearen Rhythmus verläuft und der eine unerbittliche, zerstörerische, auffressende Qualität zukommt. «Chronizität» oder «chronisch» hat den Klang des Mühsamen, Unentrinnbaren, Bedrohlichen.

2.2 Kairos

Kairos ist der Gott des Augenblicks, der «anderen» Zeit, den man sich als jungen Mann mit einer Stirnlocke und kurz geschorenem Hinterkopf vorstellte. Man kann ihn nur einmal von vorne «am Schopf» packen, wie das eben für eine günstige Gelegenheit bezeichnend ist. Einmal verpasst – am geschorenen Hinterkopf ist er nicht mehr zu fassen (vgl. KERÉNYI 2003).

    Kairos steht für Zeitenwende und für den rechten Augenblick, aber auch für Krise und erfüllte Zeit. Dieser *Kairos* ist mit Rhythmen in Verbindung zu bringen, mit Ende und Anfang, Tag und Nacht, Körperrhythmen und Jahreszeiten.

    Rhythmische Prozesse sind dadurch gekennzeichnet, dass sie nach einer gewissen Zeitspanne wieder zum Ausgangspunkt zurückkehren. Der Moment zwischen den Rhythmen, die Schwelle zwischen Anfang und Ende, dieser kurze Moment – oder diese Ewigkeit dazwischen – macht den günstigen Augenblick aus, den *Kairos.*

    Kairoi sind Gelegenheiten, die man nützen kann und zu ihrer Zeit nützen muss, weil sie vorbeigehen. Es gilt, den günstigsten Zeitpunkt zu erfassen und nicht zu verpassen; wann diese Augenblicke kommen, hängt nicht von uns ab, aber wenn sie da sind, sind sie für uns da, sind sie Chance; Zeit ist so ein vorübergehender Umstand, der für bestimmte Vorhaben günstig ist. Dem entgegen steht der Umstand, der für das Vorhaben ungünstig ist und deswegen «Unzeit» heißt. Zeiten und Unzeiten zusammengenommen sind Zeiten, in denen ein bestimmtes Verhalten geboten oder verboten ist. Es sind Zeiten, in denen man aktiv sein kann oder stillhalten muss.

2.3 Aion

Die dritte altgriechische Gottheit der Zeit ist *Aion,* der für einen unbegrenzt langen Zeitraum, die Ewigkeit, auch für die kosmische Zeit steht. Als Lebenszeit umfasst *Aion* die Ganzheit der Lebensspanne. Als Urbild des *Kosmos* bildet er eine ungeteilte Einheit der ganzen Zeit ab, in der die Vielfalt einzelner Zeitabschnitte gleichzeitig gegenwärtig ist. Es ist die Idee eines Lebens, das nicht wird und nicht vergeht, das als kreisförmig-zyklische Bewegung gedacht wird, denn nur ein Kreis kann Abbild der Ewigkeit sein, und nur in der Kreisbewegung mündet das Ende einer Bewegung immer wieder bruchlos in ihren Anfang (s. bis heute das Zifferblatt der Uhr). Die zyklische Abfolge ist also nicht nur ein Bild für die Einheit aller Lebensphasen, sondern auch eine Bedingung für die Erneuerung des Lebens.

3. Kleine Zeit-Geschichte

«Die Zeit», die Idee der einen Zeit – im Sinne einer chronologischen Rechnung von einem Fixpunkt aus – ist ein Konstrukt.

In der *Vormoderne* stand das ganze Leben mit den periodischen Abläufen von Kosmos und Natur in enger Verbindung. Man lebte mit der Natur, war eins mit der Natur. Das Arbeitstempo richtete sich nach den Witterungsbedingungen. Das Sonnenzeitmaß bestimmte die Grundgeschwindigkeit von Natur und Menschen. Die Einheit von Arbeit und Leben brauchte keine abstrakten Zeitmaße. Die Zeitgeber waren Natur und Gott: Daher war das Leben aufgabenorientiert, nicht zeitorientiert. Es gab das tätige Leben *(vita activa)* und das beschauliche Leben *(vita contemplativa);* beide Formen führten zum gleichen Ziel. Kirchlich verordnete Gebetszeiten, Feste und Feiern waren soziale Zeiten und unterbrachen den Alltag durch regelmäßige Phasen des Innehaltens und durch Pausen. Verabredungen («Termine») bezogen sich immer auf Zeiträume, nicht auf Zeitpunkte. Zeitdruck war unbekannt, das Zeitverständnis zyklisch und das Zeiterleben durch rhythmische Abläufe gekennzeichnet: Es bestand ein zeitlicher Gleichklang zwischen Natur, Individuum und Gesellschaft. Zukunft existierte nicht, es existierte nur die Ankunft des Vorherbestimmten. Sozial angesehen waren insbesondere die Alten; Erfahrungen waren gefragt, nicht Innovationen.

Wirtschaftliche Notwendigkeiten, die sich entfaltenden Kräfte des Marktes und der zunehmende Einfluss der Städte begünstigten in der *spätmittelalterlichen Gesellschaft* die Entwicklung des Geldverkehrs und die Erweiterung administrativer Kontrollbedürfnisse. Die Stadtbevölkerung pflegte zunehmend eine rationalere Form der Wirklichkeitserfassung und der Realitätsgestaltung. Disponierendes Denken und kaufmännische Kalkulation wurden wichtig. Von größerer Bedeutung als die Arbeitenden waren die Umlaufzeiten von Kapital und Waren. Es entwickelt sich eine Zeitökonomie.

Da die Vielzahl lokaler Zeitrechnungsschemata diese Entwicklung behinderte, wurde die Zeitrechnung sukzessive vereinheitlicht – bis hin zur heute global geltenden Zeitmessung. Die Zeitmaße werden immer kleinteiliger und differenzierter. Die heute gültige Messung nach Atomschwingungen bzw. die vorgeschlagene Internetzeit «Beat» ist schließlich völlig abgekoppelt vom Menschen als biologischem Wesen.

Der Motor der *Moderne* ist die Zeit. Sichtbar durch die Uhr, die zunächst von den Uhrtürmen den Takt vorgibt – den Menschen aber immer näher rückt – als Armbanduhr bis ans Handgelenk. Die Uhr und damit die Orientierung an abstrakten Maßen wird das besonders wirksame Instrument von Herrschaft. Die Zeit wird wertvoll, es gilt, mit ihr zu kalkulieren.

Geld wird zum Zeitgeber. Von «Natur» wird auf «Geld» umgestellt; wirtschaftliche Gewinne werden über Zeitgewinne realisiert. Dieses Denken und Handeln setzt eine immense Beschleunigungsdynamik beinahe aller Arbeits- und Lebensverhältnisse in Gang. Gemäß der Logik «Zeit ist Geld» muss Zeit immer genutzt werden: Die Zeit wird ökonomisiert.

Bestimmten in der Vormoderne natürliche Zyklen den Lebensrhythmus («eins mit der Natur»), so trat in der Moderne an die Stelle der rhythmisch gestalteten Produktivität der Natur die Produktivität der industriell organisierten Arbeit. Technik und Ökonomie setzten den Takt – die mechanische Wiederkehr des immer Gleichen. Die Eigendynamik des Ökonomischen und des Mechanischen bestimmten das Leben. Zeit und Zeiteinteilung wurden an das abstrakte Medium Geld gekoppelt. Zeit wurde Gegenstand der Kontrolle, um den Arbeitsprozess möglichst profitabel zu beschleunigen. Takt wurde zum alles beherrschenden Organisationsprinzip.

Heute, nach der Postmoderne, gilt die globale Gleichzeitigkeit durch die weltweite Medienvernetzung; Barrieren von Raum, Zeit und Materie sind mühelos überwunden: Wir leben in einer *Nonstop*-Gesellschaft mit höchst flexiblen Zeitformen. Die Ära der Uhr geht ihrem Ende zu, die Ära der permanenten Erreichbarkeit ist angesagt. Viele der Natur des Individuums entsprechenden Gefühle sind für den Arbeitsablauf störend; mit der Konsequenz der Verödung sozialer und affektiver menschlicher Bedürfnisse.

4. Optimaler Tagesablauf nach Innerer Uhr

Nach den Erkenntnissen der «Chronobiologie» (einer jungen Wissenschaft, die erforscht, wie Zeit und Leben auf der Erde zusammenhängen, und untersucht, wie die Zeit biologische Funktionen unmittelbar beeinflusst und wie sich der Mensch als biologisches Wesen an die Zeit auf der Erde anpasste) funktioniert unsere «Innere Uhr» im Vierstunden-Takt, von Natur aus im Fünfundzwanzig-stunden-Rhythmus. Unser Organismus steuert sich also selbst und braucht dazu keine Maschinen.

Maschinen brauchen keine Pausen, im Gegenteil. sie sollen ausgelastet werden und *nonstop* funktionieren. Der Mensch als biologisches Wesen läuft hingegen nicht nonstop, sondern nach den Vorgaben seiner Inneren Uhr – sie setzt dem Organismus Grenzen. Und sie bleibt daher niemals unbeteiligt, wenn wir unser Leben umorganisieren. Ändern sich äußere Rhythmen, so irritiert das die Innere Uhr. Will der Mensch gesund bleiben, so sollten Arbeitszeitregelungen und Arbeitszeiten so weit als möglich die biologischen Grundbedürfnisse berücksichtigen. Tag, Woche und Jahr sind rhythmische Zeitpfeiler. «Chronobiologisch angemessen arbeitet man zum Beispiel so: Der Arbeitsplatz ist so hell wie möglich ausgeleuchtet, weil helles Licht stimuliert und uns wach hält. Den Arbeitsablauf selbst orientiert man an der Leistungskurve des biologischen Rhythmus. Dabei kalkuliert man ein, ob man ein Morgen- oder ein Abendtyp ist, weil sich die Aktivitätszeiten je nach Typ um ein bis zwei Stunden verschieben. Zu Beginn des Arbeitstages verschafft man sich erst einen Überblick und dann Ordnung, besorgt notwendige Informationen und plant den Tag. Dann beginnt man mit den Aufgaben, die Kreativität und Energie erfordern, da der Höhepunkt der geistigen Leistungsfähigkeit gegen elf Uhr liegt. Ab zwölf Uhr lässt die Leistungsfähigkeit nach, und das Mittagstief meldet sich; dann kann man Telefonate oder kurze Besprechungen ansetzen. Die Mittagspause hält man regelmäßig ein und gönnt sich am besten nach der Mahlzeit – die nicht zu üppig ausfallen sollte – mindestens dreißig Minuten Ruhepause, entspannt sich, schließt die Augen, schläft ein wenig und bringt sich anschließend mit etwas körperlicher Tätigkeit wieder in Schwung. Der frühe Nachmittag ist für Besprechungen und Konferenzen ideal ... Ab fünfzehn Uhr können wir wieder mehr leisten, und das zweite Aktivitätshoch des Tages beginnt» (ZULLEY/ KNAB 2000, 198).

5. Leiten als Widerspruchsmanagement zwischen Chronos und Kairos

Neuralgische Punkte des Leitungshandelns machen das alltägliche Spannungsfeld im Tun und Lassen bewusst. Chronische Störfälle könnten zugleich Ansatzpunkte werden für einen alternativen Umgang mit Grenzen und Ressourcen.

5.1 «Höchste Zeit»: Ziele wahrnehmen, setzen und kommunizieren

5.1.1 Wenn du es eilig hast, gehe langsam

Die chronische Knappheit der Ressource Zeit bietet auch Chancen: aufmerksam zu werden für das, was wesentlich ist und sinnvoll wirkt. Stress, Angst und abgehobene Ziele hindern uns nicht selten, mit dem Wichtigsten anzufangen. Das Angestrebte wird so auf die lange Bank der guten Vorsätze geschoben. Leitbilder und Leitideen bleiben auf der Strecke und finden nicht zu einer schrittweisen Realisierung in den alltäglichen Abläufen und Routinen. Hilfreich zur Orientierung ist ein Vorgehen wie bei einer Reiseplanung:

— Was ist der *Status quo* im Sinne einer kritisch-wertschätzenden Bestandsaufnahme der gegebenen Herausforderungen, Aufgaben, Ressourcen und Grenzen?

— Wie lassen sich unterschiedliche Perspektiven und Einschätzungen durch die Betroffenen und Beteiligten einbeziehen?
— Welches sind die geeigneten Mittel im Sinne eines realistischen und situativ angemessenen Vorgehens?

5.1.2 Erkundungsfragen nach dem Sinn des Ganzen – im alltäglichen Fragment

— Wodurch und wie kann ich mit meiner Leitungsfunktion und -rolle am meisten bewirken, und dies möglichst nachhaltig?
— Inwieweit sind die Unternehmenswerte mit meinen persönlichen Ansichten kompatibel? Wo zeigen sich Zielkonflikte? Wie könnten diese Unterschiede gemeinsam mit anderen (im Team) produktiv bearbeitet werden?
— In welchen Momenten erlebe ich die alltägliche Arbeit als erfüllenden Teil meines Lebens?
— Was will ich in meinem Leben sein und tun?
— Was ist das Wichtigste, was ich in den jeweiligen Rollen meiner Leitungsfunktion tun oder lassen könnte, um tatsächliche Wirksamkeit zu erzielen?
— Wie können wir – vor allem – von dem ausgehen, was wir anstreben?

5.1.3 Die große Idee – die kleinen Taten (Ludwig Hohl)

«Das menschliche Arbeiten, das weltverändernde Wirken, vollzieht sich in drei Stufen. Diese sind: Die große Idee – die (der großen Idee entsprechenden) Einzelvorstellungen; anders gesagt: die Applizierung der großen Idee, ihre Auflösung in kleine Ideen, Ideen des Einzelnen; – die (den Einzelvorstellungen entsprechenden) Einzelausführungen.
Kurz gesagt: Die große Idee, die kleinen Ideen, die kleinen Taten. Und leider bleiben die meisten Menschen stets auf der ersten der drei Stufen stehen; bleiben stehen bei der großen Idee oder ihr gegenüber auf einer Art Aussichtspunkt; die Sache bekommt dann die Farbe und den Rang des «Idealismus», der Phantasterei ...
– Diese drei Stufen sollen das Ganze des menschlichen Handelns bilden? Sie bilden das Ganze, sie sind alles. – Wo bleibt denn die große Tat?
Folgt dann die große Tat etwa von selber? Nein. Sie ist schon geschehen.

Noch einmal: Die große Idee, die kleinen Ideen, die kleinen Taten, und keine vierte Stufe, nichts anderes mehr.
(Du habest die große Idee, dein Leben zu ändern [und haben nicht die meisten sie?]; so lass die große Idee zerfallen in die ihr entsprechenden Teil-Auffassungen [wie viele gelangen so weit?]; tue diese einzelnen Dinge [langsam, im Maße deiner Möglichkeiten, deiner Kräfte nur, eins nach dem andern]: Dein Leben ist geändert.) (Hohl 1984, 23f.)

5.2 Zeit, endlich zu entscheiden

Die Investition in eine Kommunikationskultur wird sich in der Qualität der Entscheidungen spiegeln. Besondere Bedeutung kommt der Gestaltung und Reflexion von Entscheidungsprozessen zu. Es gilt, Konzentration und (Selbst-)Beschränkung einzuüben zugunsten dessen, was – zur jeweiligen Zeit – als wesentlich erscheint.

5.2.1 Zwischen Dringlichem und Wichtigem unterscheiden (Eisenhower-Prinzip)

Die Dringlichkeitssucht lässt Nebensächliches zur Hauptsache werden. Es braucht eine prinzipielle Umorientierung, um den Weg zum Wesentlichen schrittweise zu beschreiten (vgl. COVEY/MERRILL/MERRILL 2001). Das *Eisenhower-Prinzip* sagt, in welcher Reihenfolge anstehende Aufgaben, Erledigungen und Anforderungen sowie innere und äußere Ansprüche zu behandeln sind (vgl. COVEY/MERRILL/MERRILL 2001, 27–37):

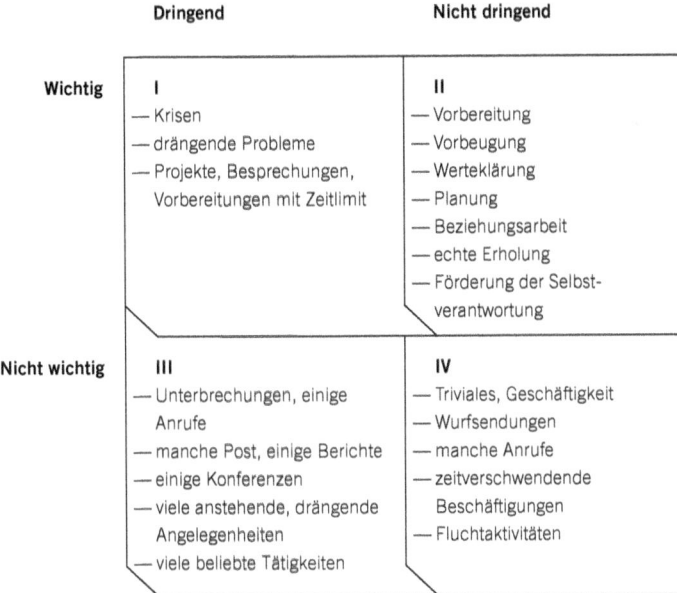

	Dringend	Nicht dringend

Wichtig	**I**
	— Krisen
	— drängende Probleme
	— Projekte, Besprechungen,
	   Vorbereitungen mit Zeitlimit
		II
		— Vorbereitung
		— Vorbeugung
		— Werteklärung
		— Planung
		— Beziehungsarbeit
		— echte Erholung
		— Förderung der Selbst-
		   verantwortung

Nicht wichtig	**III**
	— Unterbrechungen, einige
	   Anrufe
	— manche Post, einige Berichte
	— einige Konferenzen
	— viele anstehende, drängende
	   Angelegenheiten
	— viele beliebte Tätigkeiten
		IV
		— Triviales, Geschäftigkeit
		— Wurfsendungen
		— manche Anrufe
		— zeitverschwendende
		   Beschäftigungen
		— Fluchtaktivitäten

5.2.2 «Fiktive Grabrede» – Vom Ende her einen geschärften Blick für das jetzt Wesentliche gewinnen.

Sich einen ruhigen Platz suchen, still werden, vor dem inneren Auge sehen, wie du dich zu einer Beerdigung begibst ... Du blickst in den Sarg und – siehst dich selbst. Viele Menschen sind gekommen, um dir Lebwohl zu sagen, ihre letzte Ehre zu erweisen, Liebe und Anerkennung auszusprechen. Du hörst den Rednern zu: jemand aus deiner Familie, eine Freundin; ein Freund, ein Arbeitskollege, jemand aus dem Verein, in dem du engagiert warst ... Was hörst du über dich? Welche Art von Partner oder Partnerin, Freund oder Freundin bist du? Welchen Charakter beschreiben die Redner/innen? An welche Beiträge und Leistungen wirst du erinnert? Inwieweit lassen sich aus dieser Vorstellungsübung wegweisende Leitsätze, Lebensmotti formulieren, die auf das fokussieren, was wichtig und wesentlich erscheint für den nächsten Schritt?

Leben im Angesicht des Todes, in der alltäglichen Erfahrung der Vergänglichkeit: In dem Maße, wie «das Leben als letzte Gelegenheit» begriffen wird, die

man *ergreifen* muss, motiviert letzten Endes wohl die Todesangst zur Sicherung der Lebensspanne, wird das Lebenstempo (maßlos) beschleunigt. «*Sicherheit*, um dem Einzelleben wenigstens seine durchschnittliche Lebensspanne zu garantieren, und *Beschleunigung*, um die unerträgliche Kluft
zwischen den unendlichen Möglichkeiten, die die Welt da draußen bereithält,
und der kläglichen Zeit, die dem Einzelnen zu deren Ausschöpfung zur Verfügung steht, wenigstens zu verringern. Ist eine solche existenzielle Lage nicht
fortwährender Grund zur Panik: Ist gar die Angst, etwas zu versäumen, neben dem Tod ein noch ärgerer Widersacher des Lebens?» (GRONEMEYER
1993, 27).

Wir neigen dazu, vor diesen Tatsachen der Endlichkeit zu fliehen, Zeitver-
dichtung und Beschleunigungen stellen eine Fluchtmöglichkeit dar, die auch
gegenüber Altern und Tod zur Geltung gebracht werden kann. Muße, Innehalten ist daher leider nicht nur vergnügliche Stresslosigkeit, sie konfrontieren uns
mit dem, was wir sind. Diese Konfrontation ist zwar realitätsadäquat, aber
nicht immer nur angenehm (vgl. HEINTEL 1999, 153–166).

5.2.3 Entscheidungszeiten sind endgültig – und vorläufig

«Nur eine bewusste Entscheidung für das Wichtige verhindert eine unbewusste
Entscheidung für das Unwichtige» (COVEY 2001, 27). Führungskräfte nehmen
sich – fixiert von den so genannten «Sachzwängen» – oft nicht genug Zeit, «reife» Entscheidungen zu treffen, und verbringen deshalb ihre Zeit häufig mit dem
selbst verursachten Krisenmanagement. Entsprechend zu entscheiden ist nicht
jederzeit möglich. Es gibt Zeiten (etwa momentaner Verzweiflung, Rat- und
Hoffnungslosigkeit), die sich *per se* nicht für Entscheidungen eignen. Hier ist
Zurückhaltung angesagt. Und auf «bessere Zeiten» zu hoffen, wo etwas mehr
Klarheit und Zutrauen herrschen.

Allerdings lässt sich der *Kairos* einer mutig überlegten Entscheidung auch
verpassen. Entscheidungsschwäche ist ein oft beklagtes Leitungsdefizit. Das
chronische Aufschieben von anstehenden Entscheidungen – aus Angst vor Festlegung, «endlich» zu entscheiden – mag dem maßlosen Verlangen nach einer
perfekten Lösung entspringen. Als weiterführender erweist es sich, eine falsche
Entscheidung zu riskieren (die sich unter Umständen revidieren lässt) als in
Unentschiedenheit zu verharren.

«Alles hat seine Zeit» (KOHELET) – auch die Entscheidung hat ihre Zeit. Wenn die Stunde da ist und die Zeit reif, dann muss die Entscheidung getroffen werden – oder sie kann nicht mehr getroffen werden, da sich mittlerweile die Voraussetzungen geändert haben.

Es gibt die «Stunde», die noch nicht gekommen zu sein scheint, und bisweilen sind es äußere Anregungen und Widerfahrnisse, die zu einem entschiedenen Tun oder Lassen bewegen. Ein Drängen zur Entscheidung kann bisweilen eine Entscheidungshilfe sein: Nicht das Manipulieren in eine vorbestimmte Richtung, sondern eine Provokation zur Entscheidung selbst.

Wie lässt sich die Aufmerksamkeit für den richtigen Zeitpunkt gewinnen? Es bedarf einer Wachheit und Geistesgegenwärtigkeit. Diese ist schlicht einzuüben. Können wir uns das leisten? In einer Zeit, in der wir immer mehr dahin gedrängt werden, zu beschleunigen und mehrere Dinge gleichzeitig zu tun, gehört schon eine große Portion Mut dazu, dem Beschleunigungs- und Gleichzeitigkeitswahn entgegenzusteuern.

5.3 Innehalten – gegen die Beschleunigung

Innezuhalten gegen die Beschleunigung wirkt als «eine Aufforderung zu halten, Halt zu machen, zu verweilen, auszusteigen aus dem gewohnt verpflichtenden Gang der Dinge. Sich im Fluss der Zeit eine ‹Auszeit› zu gestatten, am Ort zu bleiben, das Treiben rundherum für einen Augenblick zu verlassen, sein zu lassen; sich also den immer schneller werdenden Bewegungen … zu entziehen, sich von ihnen nicht mitreißen zu lassen, sich ihnen entgegenstellen» (HEINTEL 1999, 7).

Innehalten hat etwas mit Stillstand zu tun. Da ist der Gedanke an Herzstillstand und Sterben nicht weit. Wir kommen mit unseren Grenzen, mit unserer Endlichkeit in Berührung. Darin liegt eine beachtliche Möglichkeit, die Kräfte zu bündeln.

Wer ständig von Terminen gehetzt wird, kommt nicht zum Nachdenken – auch nicht über den Sinn des Handelns und des Lebens. Neue Ideen und kreative Einfälle kommen selten, wenn man auf Hochtouren läuft. Sie kommen, wenn wir innehalten. Pausen wirken positiv. Abwechslung zwischen Ruhe und Aktivität, zwischen Routine und Neuem erhält uns aktiv und leistungsfähig, und wir sind auch effektiver, solange wir dabei im Einklang mit unserem biologischen Rhythmus bleiben. Warten, langsam sein ist eine aktive Art der Passivität. Erwartungsvolle Geduld ist eine Übung, die auf längere Sicht Früchte trägt. Die Entwicklung von Individuen, Teams, Organisationen und die Lösung von Konflikten haben ihre Eigenzeiten. Nur mit Hilfe von Langsamkeit und Besinnung entwickelt sich die Vielfältigkeit der Wahrnehmung, kann sich Gründlichkeit, Gerechtigkeit und Verantwortungsbewusstsein entwickeln. Langsamkeit ist so produktiv und fördert eine unverzichtbare Reflexionskultur.

5.3.1 Auf die Pausen kommt es an

Von Komponisten und Interpreten können wir lernen, wie sehr ein musikalisches Kunstwerk von den Pausen lebt. Ein selbstkritischer Blick auf die eigene Pausenkultur innerhalb eines Arbeitstages ist aufschlussreich. Was gilt als «Pause» – und wie wirkt sich diese aus auf das Leitungshandeln? Wie verlaufen Besprechungen in der Regel? Welche Qualität bedeutet es für Mitarbeiter/innen, wenn der Leiter oder die Leiterin – für andere – pausenlos erreichbar ist? Wenn das Entscheidende (heimlich) in den Pausen passiert? Unterbrechungen sind so von entscheidender Bedeutung. Selbst unerfreuliche «Zwischenzeiten» und Wartezeiten besitzen eine erstaunliche Rückseite: Der Prozess eines Geschehens wird angehalten, unterbrochen, durchlässiger für Neues und Anderes, es entstehen sinnvolle Leerstellen und vereinbarte Zeiträume für die notwendige Orientierungsarbeit: zum Nachdenken und Vorausdenken, zum Abschalten und Verarbeiten (vgl. SEDMAK 2003). Pausen schaffen so eine notwendige Ordnung. Ohne Pausen gäbe es keine Wiederholung. Nach einer «ordentlichen» Pause kann wieder etwas Neues beginnen.

5.3.2 «Die wichtigste Viertelstunde»: Übung

Zu markieren und regelmäßig einzuüben ist eine Zeit des Innehaltens, wo die eigene Arbeit alltäglich abgestimmt wird mit den leitenden Werten. Die lebensdienliche Spannung von Aktivsein und Geschehenlassen kann durch unterschiedliche Praktiken geübt werden: reservierte Meditationszeiten, bewusstes

Zuhören (auch in Zwiesprache mit sich selbst), praktizierte Stille-Zeiten, Beten, Yoga, Naturbeobachtung, das verkostende Lesen von religiösen und spirituellen Texten, regelmäßige Atemübungen, Atemtechniken, Führen eines Tagebuches oder das Festlegen eines täglichen Mottos etc. Der Schritt in die Stille ist auch ein Schritt in die Einsamkeit und Entscheidungsfähigkeit.

Mögliche Schritte einer solchen Viertelstunde der Aufmerksamkeit könnten sein (vgl. LAMBERT 1999, 95–106):

(1) Ganz da sein: «Gönne Dich Dir selbst.» Sei ganz. Wie es dir auch gehen mag. Still werden. Ruhig werden. Auch auf äußere Ruhe achten, auf die Sitzhaltung – den eigenen Atem spüren ...

(2) Bitte um Wahrnehmung und Horizonterweiterung: deine Wahrheit heute erkennen und zulassen, was wirklich «los» ist: Rundblick; Ausschau.

(3) Fragende liebevolle Aufmerksamkeit: aus dem Abstand heraus die Ereignisse und Stimmungen des Tages ans Licht kommen lassen. Es geht nicht darum, sofort Ja oder Nein zu sagen, zu beurteilen oder zu bewerten, was sein darf und was nicht. Nicht sogleich analysieren und interpretieren. Zuerst das, was war, sehen lernen, gelten lassen und würdigen. Dabei können einfache Fragen helfen:

— Was ist heute geschehen (Begegnungen, Ereignisse ...)?

— Wovon bin ich betroffen, wovon nicht?

— Was bewegt mich jetzt? Welche Gefühle kommen hoch (Freude, Schmerz, Trauer, Dankbarkeit ...)? In welche Richtung gehen sie? Merke ich gleichzeitig andere Bewegungen in mir?

Erst dann ist es, wegen des gewonnenen Abstands, auch möglich, Stellung zu nehmen zu dem, was in mir vorgeht und was durch mich geschehen ist. Nun kann eine erste «Unterscheidung der Geister» versucht werden: z.B.

— Was hat sich verändert? Wie? Ist es gleich geblieben, besser/schlechter/anders geworden?

— Was baut innerlich auf, was erfreut (große Erfolge und scheinbar Banales ...);

— Wo ist etwas geschehen in Richtung Offenheit, Leben, Liebe, Wahrhaftigkeit, Mit-Teilen ...?

— Was führte mehr zu negativem Denken und Tun, Nichttun, zu Lähmung, Gleichgültigkeit, Frust ...?

(4)   Noch einmal in die Stille gehen und das Erinnerte und Nachgedachte nachklingen lassen, was immer auch aufgetaucht ist – möglichst mit allen Sinnen: Wie «schmeckt» es? Wonach riecht es? Wie hört sich das an? Wie schaut es aus? Wie fühlt es sich an?

Ein entschiedener Abschluss: um Kraft bitten für den nächsten konkreten Schritt, gegebenenfalls für eine Kurskorrektur, wo Tun oder Lassen bekräftigt wird, abgestimmt darauf, was befreiend, klärend wirkt und aufmerksam sein lässt für sich selbst und für die anderen.

5.3.3 In Bewegung kommen: Übung

Gerade im Gehen und Laufen vollzieht sich die Integration von Körper, Geist und Seele. Zeit zum Kommen, Zeit zum Gehen. Das aufrechte Gehen, so lehrt uns die Evolutionsgeschichte, hat entscheidend zur Vergrößerung des menschlichen Gehirns beigetragen. Gehen und gehen lassen. Durch das Gehen kommt manches unverhofft in Gang. Unterwegs die Wirklichkeit wahrnehmen: Hören, schauen und sich dem öffnen, was mir während des Laufens begegnet, bringt zunehmend Klarheit in Gedanken und Gefühle. Dazu einige literarisch-philosophische Zeugen:

> «So wenig als möglich sitzen; keinem Gedanken Glauben schenken, der nicht im Freien geboren ist und bei freier Bewegung – in dem nicht auch die Muskeln ein Fest feiern. Alle Vorurteile kommen aus den Eingeweiden. Das Sitzfleisch – ich sage es noch einmal – ist die Sünde wider den heiligen Geist. Nur die ergangenen Gedanken haben Wert!»
>
> (Friedrich NIETZSCHE, zitiert nach GEISSLER 2000, 254)

Handke, der gehend die Welt sieht, fühlt, wahrnimmt: «An den Orten zu denen ich gefahren wurde, bin ich nie gewesen. Nur im Gehen öffnen sich die Räume und tanzen die Zwischenräume! Nur im Gehen drehe ich mich mit den Äpfeln im Baum. Nur dem Gehenden wächst ein Haupt auf den Schultern. Nur der Gehende erfährt die Ballen an seinen Füßen. Nur der Geher spürt einen Zug durch den Körper. Nur der Geher erfasst den hohen Baum im Ohr – die Stille! Nur der Geher holt sich ein und kommt zu sich. Nur was der Geher denkt, gilt.»

(Zitiert nach GEISSLER 2000, 255)

Thomas Bernhard schreibt über die allmähliche Verfestigung der Gedanken beim Gehen: «*Gehen und denken sind zwei durchaus gleiche Begriffe, und wir können ohne weiteres sagen, dass der, welcher vorzüglich geht, auch vorzüglich denkt.*»

(BERNHARD 1971)

6. Zu guter Letzt: Das Zeitliche segnen

«*Die großen Fragen sind: Woher komme ich? Wohin gehe ich? Welchen Sinn hat mein Leben? Ich lebe nur einmal. Ich weiß, es geht zu Ende, aber die allermeisten Menschen tun so, als ob es nie zu Ende geht ... Warum nehme ich das nicht in meinen Lebensplan hinein in aller Ruhe und denke darüber nach, was das für mich und mein Leben bedeutet, so dass ich mein Leben nicht vertue.*»

(Kardinal Franz KÖNIG, 1905–2004,
zitiert nach: Universum Biographie, Frühjahr 2004, 66)

Unter permanentem Zeitdruck kann Leben nicht gelingen. Wer keine Zeit hat, hat (bald) nichts (mehr) zu lachen! Für ein fruchtbares Wirken braucht es entsprechende Lebenshaltungen und -einstellungen. Mit der Zeit zu lernen, sich selbst zu relativieren, d.h., sich verbunden zu wissen und zu erleben, dass es weniger um punktuelle Sololeistungen und kurzfristige Erfolge geht als vielmehr um die Fruchtbarkeit eines nachhaltigen Wachstumsprozesses. Als Führungskraft mit Maß und Ziel heute das zu tun, was möglich ist, und sich dabei den Sinn für das Unmögliche und Undenkbare zu bewahren. In dieser Vorgehensweise des (auch selbstkritischen) Querdenkens ist eine neue Form der «Bescheidenheit» (lat. *modestia*) zu entwickeln, die Maß nimmt an dem, worauf es – aufs Ganze gesehen – letztlich ankommt (vgl. SPARRER/VARGA VON KIBÉD 2003).

«*Das Zeitliche* (und die Zeitlichen) *zu segnen*» ist wohl nicht nur ein verheißungsvolles Testament und hoffnungsvolle Praxis der letzten Stunden. Es lässt uns heute schon endlich leben – auch in den unaufhebbaren Spannungen unserer Alltage.

Literatur

BERNHARD, Thomas (1971): Gehen. Frankfurt a. Main: Suhrkamp.

COVEY, Stephen R./MERRILL, A. Roger/MERRILL, Rebecca R. (2001): Der Weg zum Wesentlichen» – Zeitmanagement der vierten Generation. Frankfurt a. Main/ New York: Campus.

GEISSLER, Karlheinz A. (2001): Es muss in diesem Leben mehr als Eile geben. Freiburg i. Br.: Herder.

GEISSLER, Karlheinz A. (1999): Vom Tempo der Welt – und wie man es überlebt. Freiburg i. Br.: Herder.

GEISSLER, Karlheinz A. (2000): Zeit – verweile doch ... Lebensformen gegen die Hast. Freiburg i. Br.: Herder

GRONEMEYER, Marianne (1993): Das Leben als letzte Gelegenheit. Sicherheitsbedürfnisse und Zeitknappheit. Darmstadt: Primus.

HEINTEL, Peter (1999): Innehalten. Gegen die Beschleunigung – für eine andere Zeitkultur. Freiburg i. Br.: Herder.

HOHL, Ludwig (1984): Die Notizen oder Von der unvoreiligen Versöhnung. Frankfurt a. Main: Suhrkamp.

KERÉNYI, Karl (2003): Die Mythologie der Griechen. Die Götter-und Menschheitsgeschichten. München: dtv.

LAMBERT, Willi (1999): Die Kunst der Kommunikation. Entdeckungen mit Ignatius von Loyola. Freiburg i. Br.: Herder.

NADOLNY, Sten (1987): Die Entdeckung der Langsamkeit. München: Piper.

SCALA, Klaus/GROSSMANN, Ralph (1997): Supervision in Organisationen. Weinheim/München: Juventa.

SEIWERT, Lothar/McGEE-COOPER, Ann (2001): Wenn du es eilig hast, gehe langsam. Das neue Zeitmanagement in einer beschleunigten Welt. Frankfurt a. Main/ New York: Campus.

SEIWERT, Lothar (2003): Mehr Zeit für das Wesentliche. Landsberg am Lech: Verlag Moderne Industrie.

SCHLOTE, Axel (2000): Wege zum persönlichen Zeitwohlstand. Weinheim/Basel: Beltz.

SEDMAK, Clemens (2003): Kleine Verteidigung der Philosophie. München: C. H. Beck.

SENNETT, Richard (1998): Der flexible Mensch. Die Kultur des neuen Kapitalismus. Berlin: Berlin Verlag [Original: The Corrosion of Character. New York 1998].

SPARRER, Insa/VARGA VON KIBÉD, Matthias (2003): Ganz im Gegenteil. Tetralem-maarbeit und andere Grundformen Systemischer Strukturaufstellungen – für Querdenker und solche, die es werden wollen. Heidelberg: Carl-Auer-Systeme.

ZULLEY, Jürgen/KNAB, Barbara (2000): Unsere Innere Uhr. Natürliche Rhythmen nutzen und der Non-Stop-Belastung entgehen. Freiburg i. Br.: Herder

Karin Michaela Krischanitz

Balancieren und jonglieren

Die Arbeit soll dein Pferd sein, nicht dein Reiter
Persisches Sprichwort

1. Gesellschaftlicher Wandel

Auch wenn die derzeit hohen Arbeitslosenzahlen die Prophezeiung unglaub-
würdig erscheinen lassen: Experten/innen sagen schon für die nächste Zukunft
einen Wettstreit um qualifizierte und motivierte Arbeitnehmer/innen voraus.
Besonders für die personalorientierten *Social-Profit*-Organisationen wird der
Auftritt auf den Personalmärkten wettbewerbsentscheidend. Organisationen,
denen es gelingt, sich als attraktive Arbeitgeber darzustellen, werden über klare Vorteile verfügen. Im «War for Talents» wird die Anziehungskraft einer Institution Entscheidungsgrundlage für Arbeitskräfte sein, die sich für Lebens-
planung statt Karrieredenken entscheiden.

Der Beruf steht bei immer mehr Menschen im Wettbewerb mit Familie und
Privatleben. Die Balance zwischen Arbeit und anderen Lebensbereichen wird für
Frauen und Männer zentrales Thema. Die Integration aller Dimensionen
menschlichen Daseins in einem annähernd ausgewogenen Verhältnis wird als
gelungenes Leben empfunden und angestrebt. Jene, die ihr Leben aktiv gestalten, bringen ein Mehr an sozialer Kompetenz mit. Sie lernen *on* und *off the job*
komplexe Beziehungsstrukturen zu nützen und sich darin zu bewegen.

Es geht um mehr als um die viel genannte *Work-Life-Balance*, die das Bild
einer Waage konstruiert, in deren Schalen Leben und Arbeit als Gegensätze

liegen. Wählt man das eine, kann man das andere nicht haben. In der Sprache des Marktes heißt das: «Hier Geld, da Ware» oder in der Logik eines Raubüberfalls «Geld oder Leben».

Es geht aber nicht um Gegensätze oder Konkurrenz, es geht vielmehr um Koexistenz. Menschen wollen Leben in die Arbeit bringen, wollen Arbeit als Sinn gebend und Identität stiftend erleben. «Life is what happens to you while you are busy making other plans», heißt es bei John LENNON. In diesen Refrain möchte niemand einstimmen.

2. Eckpunkte in Balance

Die Neuordnung gesellschaftlicher Strukturen, der Wegfall von Traditionen, die Vielfalt an Lebensmöglichkeiten – all dies stellt hohe Anforderungen an Mitarbeiter/innen, an Führungskräfte und an die Organisationen, in denen sie arbeiten. Menschen und Organisationen können lernen, die Balance zu halten oder neu zu gewinnen – also mit Unerwartetem Struktur bildend umzugehen –, und sie können lernen, diese Kompetenz zu stärken.

Führungskräfte sind mit dem Anspruch konfrontiert, sie müssten die Bedingungen dafür schaffen, dass Menschen ein möglichst erfülltes Leben führen können (vgl. SENGE 1996, 172). Das ist eine Aufforderung zum Balancieren; vorausgesetzt ist ein Rahmen, in dem Führungskräfte und Mitarbeiter/innen ihre eigene Balance entwickeln können. Die Verantwortung für diese Balance liegt nicht bei den Individuen allein. Selbstbestimmte Menschen, die um ihren Wert wissen und lernbereit sind, erwarten Unterstützung und Förderung durch ihre Vorgesetzten und durch das Management ihrer Organisation. Eine dynamische Balance zwischen den Polen Organisation–Führung–Mitarbeiter/innen eröffnet die Chance auf individuelle und organisationale Weiterentwicklung.

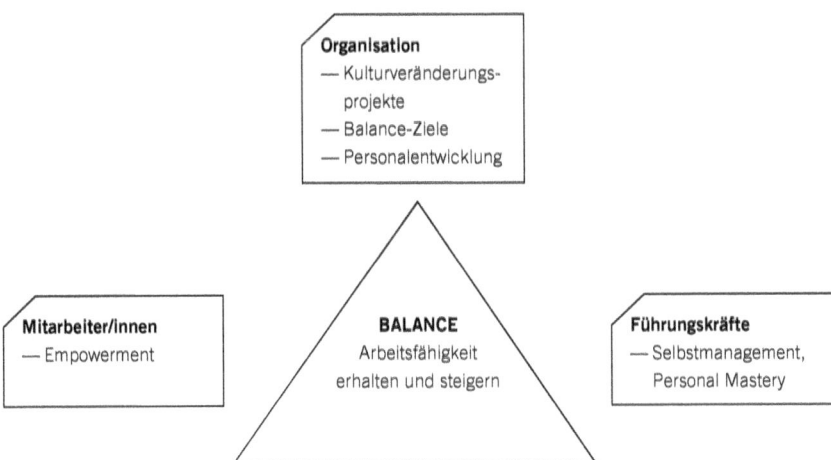

2.1 Schlüsselfaktor Mensch – der Beitrag der Organisation zur Balance

Wenn eine Organisation die Voraussetzungen schaffen möchte, damit die Ressourcen der Einzelnen sich entfalten können, erfordert das die Bereitschaft zu investieren und umzudenken. Für *Social-Profit*-Organisationen, die noch mehr als die meisten anderen Organisationen personalabhängig sind, können diese Investitionen den Unternehmenswert unmittelbar beeinflussen. Sie helfen mit, die Attraktivität einer Organisation als Arbeitgeber zu erhöhen, verringern die Personalfluktuation und ermöglichen die Erhaltung und Vermehrung von Wissen *in* der Organisation. Mitarbeiter/innen, die ihre eigenen Vorstellungen von Beruf und Privatleben umsetzen können, gehen motiviert, konzentriert und kreativ an ihre beruflichen Aufgaben heran.

Im *Fieldbook zur Fünften Disziplin* (SENGE et al. 1996, 254) nennt Charlotte ROBERTS unter den Investititionen, die es dazu braucht, neben finanziellem Kapital auch Wissen, Zeit und Aufmerksamkeit und auch die Bemühungen, die Infrastruktur neu zu gestalten. All dies kommt der *personal mastery,* einer der Kerndisziplinen der lernenden Organisation nach Peter M. SENGE, zugute. *Personal mastery* zu fördern bedeutet nichts anderes als eine Art von Rundum-Entwicklungsangebot bereitzustellen, das nicht nur die berufliche Aus- und Weiterbildung, sondern weit darüber hinausgehende Lernprozesse ermöglicht.

Für viele Organisationen bedeutet solch ganzheitliches Denken, wobei möglichst viele Dimensionen menschlichen Seins angesprochen werden, ein radikales Umdenken. Möglicherweise enthalten manche Leitbilder und Visionen bereits Ansätze in dieser Richtung, die jedoch selten Anbindung an den Alltag gefunden haben.

Kulturveränderungsprojekte, aber auch Diversity-Management-Konzepte sind geeignet, um eine Organisation in Balance zu schaffen.

2.1.1 Diversity Management als Balance-Strategie

Mitarbeiter/innen in ihrer Unterschiedlichkeit wahrzunehmen und diese Vielfalt für die Organisation fruchtbringend zu managen wird mehr und mehr zum kritischen Erfolgsfaktor und zum strategischen Vorteil. Frauen und Männer, Menschen unterschiedlicher Altersgruppen, aus verschiedenen Kulturen, mit verschiedenen Muttersprachen, mit unterschiedlichen Berufsbiografien haben unterschiedliche Balance-Bedürfnisse und brauchen unterschiedliche Förderung. In immer mehr sozialen Organisationen arbeiten Menschen mit unterschiedlichen Religionsbekenntnissen, was bis hin zur Gestaltung des Angebots in Betriebskantinen von Bedeutung sein kann.

Diversity Management als Instrument der Organisations- und Personalentwicklung ermöglicht es, mit all diesen Unterschieden umzugehen. Im Blickfeld steht das gesamte Denken und Handeln einer Organisation. Neue Fragen stellen sich:

— Welche Strukturen in unserer Organisation begünstigen oder hemmen Balance?
— Inwieweit entspricht unser Angebot noch den Bedürfnissen unserer Mitarbeiter/innen?
— Welche Unterstützung müssen wir bereitstellen, damit alle entsprechend ihrer Ausgangslage an der Erreichung unserer Ziele arbeiten können?
— Was brauchen unsere Mitarbeiter/innen, um arbeitsfähig und im umfassenden Sinn gesund zu bleiben?
— Was brauchen sie, um ihre Arbeits- und Lebenszufriedenheit zu steigern?

Organisationskulturanalysen, *Diversity Audits* und Personaldatenbanken mit relevanten Diversity-Kriterien liefern die Grundlagen, um organisationsspezifisch die wichtigen Fragen formulieren zu können. Die Ergebnisse fließen nach entsprechender Analyse und Bewertung in ein Konzept für Weiterbildung, Personal- und Organisationsentwicklung ein.

Solche Weiterbildungen, die z.B. in einem Bildungspass nachgewiesen werden können, respektieren die individuelle Folie der Balance der einzelnen Mitarbeiter/innen:

— Empowerment
    — Bewusstsein bildende Maßnahmen und Angebote unterstützen Menschen dabei, ihre Balance-Bedürfnisse wahrzunehmen und ihre Stärken zu entdecken
    — (Weiter-)Entwicklung von Selbstmanagement-Kompetenzen,
    — aktive Förderung von Mitarbeitern/innen, Anforderungen aus Beruf und Privatleben besser zu koordinieren.

— Training der Fähigkeiten und Fertigkeiten
    — Fachliche Weiterbildung, Persönlichkeitsentwicklung.

Organisationsentwicklung gewährleistet die Neuordnung der Strukturen, um die Bedingungen für Diversity Management optimal zu gestalten.

Die Personalentwicklung als ständige Begleitern und Beraterin von unternehmensinternen Umstrukturierungsmaßnahmen spielt bei der Einführung von Diversity-Management-Konzepten, die das Individuum und dessen selbst gewählten Balance-Anspruch in den Mittelpunkt stellen, eine große Rolle. Pauschallösungen sind wenig hilfreich, wichtig ist die individuelle Unterstützung. Wenn Bildungsprogramme nicht nur einseitig auf die berufliche Verwertbarkeit ausgerichtet sind, wird implizit vermittelt, dass es dem Unternehmen um mehr als um die ökonomische Verwertbarkeit und den *Return on Investment* geht.

2.1.2 Balancieren und jonglieren – Herausforderungen an Führungskräfte

In vielen Social-Profit-Organisationen sind aufgrund ihrer Größe, ihrer Geschichte und nicht zuletzt aufgrund enger budgetärer Rahmenbedingungen

Personalentwicklungsaufgaben an die Führungskräfte delegiert. In diesem Rahmen gibt es eine Reihe von Gestaltungsmöglichkeiten, um die Potenziale und die Leistungsbereitschaft von Mitarbeitern/innen zu fördern.

Will man die persönliche Balance von einzelnen Menschen achten und sie in dieser Hinsicht unterstützen, so erfordert dies im konkreten Alltag, dass man seine Handlungen an diesem Faktor orientiert. Soziale Kategorien und Kompetenzen sind wichtig geworden. Manches, was früher dem privaten Bereich zugeordnet war, wird jetzt im Beruf eingefordert. Die Fähigkeit, mit Gefühlen umgehen und Vertrauen aufbauen zu können, gilt nun als erfolgsbestimmende Qualität. Neben Fachkompetenz sind sowohl die Sozial- als auch die Coachingkompetenz von Menschen in Führungspositionen gefragt. Wiewohl immer mehr Organisationen systematische Führungskräfterekrutierung und -ausbildung pflegen, erhalten viele leitende Mitarbeiter/innen wenig Unterstützung, wenn es um die Fürsorge für ihre eigene Balance geht.

Balance in eigener Sache

Nur wer aus seiner Mitte heraus agiert, kann in Balance kommen und Balance-Bedürfnisse in seinem Umfeld wahrnehmen. «Veränderungsmanagement bedeutet daher für die betroffenen Entscheidungsträger immer zuallererst Selbstveränderung, eine Einsicht, die in der Praxis noch nicht allzu weit verbreitet ist» (WIMMER 2004, 36).

So unterschiedlich die Ansprüche an Balance sein können, so unterschiedlich ist die Mitte, das Energiefeld, aus dem heraus Menschen handeln. Was auf Beobachter/innen gehetzt und getrieben wirkt, können manche Führungskräfte für sich noch als durchaus genussvoll erleben. Es kann Phasen geben, in denen der berufliche Einsatz der wichtigste Meilenstein für die eigene Lebenszufriedenheit ist.

In aller Regel brauchen Menschen zumindest kurze Auszeiten, um ihren Standort zu reflektieren und ihre Bedürfnisse wahrzunehmen. Der Anspruch an ein Leben in Balance darf allerdings keinen zusätzlichen Druck verursachen. Es geht nicht darum, Managementmethoden auf das Privatleben anzuwenden (auch wenn das durchaus manchmal nützlich sein kann). Schon wenn man Beruf, Freizeit, Beziehungen, Werte, Sinn, Spiritualität etc. als Portfolios sieht, beginnt man analysierend und sich selbst beobachtend diese Portfolios zu managen.

Bewährte Selbstmanagementtechniken sind:

— Vereinbarungen mit sich selbst treffen,
— neben den beruflichen auch private Termine im Kalender notieren,
— Kalender in unterschiedlichen Farben führen (wer für die verschiedenen Balance-Bereiche unterschiedliche Farben verwendet, kann an der Buntheit seines/ihres Kalenders zumindest die zeitliche Ausgewogenheit ablesen).

Auf Balance zu achten heißt im beruflichen Kontext nachhaltig mit der eigenen Arbeitskraft umzugehen, damit Gesundheit und Motivation erhalten bleiben.

Allzu viele Managementtechniken verträgt das Privatleben allerdings nicht. Um nicht ihrerseits außer Balance zu geraten, sollten die Eigengesetzlichkeit und die Leistungsfreiheit privater Beziehungen nicht dem Diktat eines übermächtigen Lebensmanagements geopfert werden. Führungskräfte kennen das Einsamkeitsgefühl im beruflichen Umfeld, wenn sie Entscheidungen treffen und mittragen müssen. Sozialer Rückhalt im Privatleben und Akzeptanz, ohne Leistungsbeweise bringen zu müssen, lassen Menschen in Leitungspositionen freier agieren, da sie nicht auf die soziale Anerkennung am Arbeitsplatz alleine angewiesen sind.

Um in Balance zu bleiben oder wieder in Balance zu kommen, kann Coaching als individuelle Unterstützung einen wichtigen Beitrag leisten.

Rahmen für Balance bereitstellen

Wer die eigene Balance wertschätzt, kann mit allem geforderten Respekt vor der Individualität der anderen deren Balance-Entwicklung fördern, ohne diese nur für die Ziele der Organisation zu instrumentalisieren. Dialogische Fähigkeiten wie aufrichtiges Interesse für die anderen, wahrnehmen dessen, was ist, aufmerksames Hinhören und «aus dem Herzen sprechen» erleichtern das Eingehen auf das Gegenüber.

Es liegt in der Verantwortung von Führungskräften, die Individualität von Menschen zu erkennen und für die Ziele des Unternehmens zu nützen. Ziel aller Balance-Angebote im beruflichen Kontext bleibt es immer, die Arbeitsfähigkeit zu fördern, zu erhalten und nötigenfalls wiederherzustellen, den persönlichen Bedürfnissen der Mitarbeiter/innen gerecht zu werden und unterstützende

Maßnahmen anzubieten und dabei die persönliche Autonomie der oder des Einzelnen zu achten.

Konkrete Maßnahmen auf Organisations- und Führungskräfteebene (neben den bereits beschriebenen Weiterbildungskonzepten):

— Mitarbeitendengespräch um Balance- und Diversity-Themen (Gesundheit, Hobbys, Gender, Lebensphase, spirituelle Bedürfnisse usw.) erweitern,
— Fähigkeiten und Kompetenzen aus dem privaten Umfeld erheben und einsetzen: Kindererziehung, Vereinsarbeit, Hausbau, Haushaltsmanagement, Pflege,
— Programme zur Einbindung von Eltern während Kinderbetreuungszeiten,
— flexible Arbeitszeitmodelle,
— Rückkehrgespräche nach längerer krankheitsbedingter Abwesenheit,
— Gesundheitsprogramme,
— Sabbaticals,
— Gestaltung regenerationsfreundlicher Rahmenbedingungen (Pausenzonen, Kantinen).

3. Balance in Gefahr

Eines der Kennzeichen von *Social-Profit*-Organisationen ist die Unersetzbarkeit von Menschen. Jedes «Produkt» und jede Dienstleistung hängt unmittelbar mit der Qualität der von Menschen erbrachten Arbeitsleistung zusammen. Kein Pflegeroboter und kein E-Learning-Programm für Menschen mit Behinderungen kann jemals in Konkurrenz zu menschlicher Betreuung, Pflege und Förderung treten. Es ist daher im Sozialmanagement strategische und direkt ergebniswirksame Führungsaufgabe, sich mit Balance-Themen in der Personalentwicklung auseinander zu setzen.

Den meisten Menschen erscheint es allerdings, dass sie zunehmend aus der Balance kommen, dass sie mehr und schneller, jedenfalls unter mehr Druck arbeiten müssen. Manche Organisationen stecken mitten in Veränderungsprozessen und haben tatsächlich mehr Druck auszubalancieren. Qualitätsmanagement, Dokumentation und das Dranbleiben an relevanten Entwicklungen fordern neben den Kernprozessen Zeit und Aufmerksamkeit. Mehr Arbeit muss von weniger Menschen bewältigt werden. Von den kundennahen Abteilungen und Einheiten wird flexible Reaktion auf Kunden/innen und Märkte verlangt, die Dienststellen haben für gute Auslastung zu sorgen.

Besonders viel von dem Druck lastet auf den Schultern der Führungskräfte jener kundennahen Abteilungen. Sie fühlen sich oft im Clinch zwischen den Ansprüchen der Kunden/innen und der Mitarbeitenden und werden von beiden Seiten belagert. Viele von ihnen berichten, dass sie großes Augenmerk auf die Balance ihrer Mitarbeitenden legen und versuchen, so unterstützend wie möglich zu agieren. Täglich sind sie gefordert, günstige Bedingungen für Balance zu schaffen. Selten werden aber sie selbst dabei durch die Organisationsstrukturen getragen, da sie meist nicht einmal die Möglichkeit haben, Mitarbeitende selbständig auszuwählen. Hier sind Balance-Konzepte als Backup für die Balance-Künstler/innen gefragt, damit sie nicht ihrerseits aus der Balance geraten.

Leitbilder sozialer Organisationen enthalten oft Sätze wie «Menschen in ihrer Würde achten» oder «Wir respektieren jeden Menschen als Individuum mit seinen körperlichen, sozialen, seelischen und spirituellen Bedürfnissen». Wenn es gelingt, diese Leitsätze nicht nur auf die Kund/innen, sondern auch auf die Mitarbeiter/innen zu beziehen, ist das ein guter Ausgangspunkt, um Balance zu finden und zu halten.

Literatur

CSIKSZENTMIHALYI, Mihaly (2001): Lebe gut! Wie Sie das Beste aus Ihrem Leben machen. München: dtv.

FREEMAN DHORITY, L./HARTKEMEYER, Martina/HARTKEMEYER Johannes F. (1999): Miteinander Denken. Das Geheimnis des Dialogs (2. Aufl.). Stuttgart: Klett-Cotta.

FRITZ, Hannelore (2003): Besser leben mit Work-Life-Balance. Wie Sie Karriere, Freizeit und Familie in Einklang bringen. Frankfurt: Eichborn.

JOPPE, Johanna/GANOWSKI, Franz-Josef/GANOWSKI, Christian (2001): Chefsache Privatleben. Mit Managementmethoden zur persönlichen Balance. Frankfurt a. Main/New York: Campus.

SEIWERT, Lothar (2002): Das Bumerang-Prinzip. Mehr Zeit fürs Glück. München: Gräfe + Unzer.

SENGE, Peter M. (1996): Die Fünfte Disziplin. Kunst und Praxis der lernenden Organisation. Stuttgart: Klett-Cotta.

SENGE, Peter M., et al. (1996): Das Fieldbook zur Fünften Disziplin. Stuttgart: Klett-Cotta.

SPARRER, Insa/VARGA VON KIBÉD, Matthias (2000): Ganz im Gegenteil. Tetralemmaarbeit und andere Grundformen Systemischer Strukturaufstellungen – für Querdenker und solche, die es werden wollen. Heidelberg: Carl-Auer-Systeme.

WIMMER, Rudolf (2004): OE am Scheideweg. Hat die Organisationsentwicklung ihre Zukunft bereits hinter sich? In: OrganisationsEntwicklung, Zeitschrift für Unternehmensentwicklung und Change Management 1/2004, 26–39.

Carlo Knöpfel

Nachwort

Nichtregierungsorganisationen aus dem sozialen Bereich zeichnen sich idealtypisch durch ihre Multifunktionalität aus. Sie erbringen erstens soziale Dienstleistungen für spezifische Zielgruppen (Kranke, Behinderte, Migrantinnen und Migranten etc.), zweitens verstehen sie sich als sozialanwaltschaftliche Interessenvertreter für diese benachteiligten Bevölkerungsgruppen, und drittens bieten sie Bürgerinnen und Bürgern die Möglichkeit, sich freiwillig und gemeinwohlorientiert zu engagieren.

Wer in einem Hilfswerk oder Wohlfahrtsverband in führender Funktion arbeitet, muss also nicht nur etwas von sozialer Arbeit verstehen, muss nicht nur soziale Dienstleistungen effektiv und effizient zur Verfügung stellen können, sondern muss auch die subtilen Mechanismen politischer Meinungs- und Entscheidungsbildungsprozesse durchschauen und mit der Öffentlichkeit in einer Weise kommunizieren können, die ihm eine breite ideelle, aber auch materielle Unterstützung garantiert.

Es ist diese Multifunktionalität, welche den so genannten dritten Sektor vom staatlichen oder marktwirtschaftlichen Bereich abgrenzt und konstituiert. Organisationen, Einrichtungen und Institutionen, die dem dritten Sektor zugerechnet werden, wollen mehr sein als «Erfüllungsgehilfen» der öffentlichen Hand oder rein ertragsorientierte Anbieter von Dienstleistungen für eine kaufkräftige Kundschaft.

Angesichts der aktuellen gesellschaftspolitischen Herausforderungen sieht sich dieser so formierte dritte Sektor fundamental in Frage gestellt. Der wirtschaftliche Globalisierungsprozess führt zu einer Standortkonkurrenz, die den Staat von der Finanzierungs- und von der Leistungsseite her unter Druck setzt. Auf der einen Seite muss er die Folgen des wirtschaftlichen Strukturwandels (die steigende Arbeitslosigkeit, die wachsende Verarmung, die gesundheitlichen Belastungen) auffangen, auf der anderen Seite werden ihm in zunehmendem Maße jene Mittel vorenthalten, die er benötigen würde, um diesen Anforderungen gerecht werden zu können. Die Folgen dieser Entwicklung spüren die Akteure des dritten Sektors seit einiger Zeit. Der «aktivierende Staat» kauft von den Hilfswerken nicht mehr einfach soziale Dienstleistungen ein, sondern erwartet den Nachweis von Kosteneffizienz, Qualität und Wirkung. Die «Ökonomisierung» sozialer Dienstleistungen ist inzwischen weit fortgeschritten, die Mitarbeitenden verstehen sich immer mehr als «Sozialmanager» und eignen sich entsprechendes Wissen an.

Der gesellschaftliche Modernisierungsprozess, häufig als fortschreitende Individualisierung beschrieben, führt zu einer schleichenden Auflösung von sozialen Milieus, denen die meisten Hilfswerke entstammen. Ohne diesen Rückhalt in ihren «Stammlanden» gleichen sich die Nichtregierungsorganisationen aus dem sozialen Bereich einander immer stärker an. Dies führt zu einem wachsenden Wettbewerb untereinander, sei dies auf dem «Quasi-Markt» staatlicher Aufträge, sei dies auf dem Spendenmarkt und sogar auf dem «Markt» für freiwilliges Engagement. Die Hilfswerke reagieren auf diese Entwicklung mit einem massiven Ausbau ihrer Kommunikationsabteilungen, die inzwischen zu hochprofessionellen *Fundraising-* und Selbstdarstellungsagenturen geworden sind. Diese wirken auf die operativen Bereiche ein, damit diese möglichst gut vermarktbare soziale Dienstleistungen erbringen. Die Bedürfnisse der Klientinnen und Klienten drohen dabei in den Hintergrund zu rücken. Aus ihnen werden Kunden, die im Konkurrenzkampf mit anderen Anbietern für die eigene Organisation gewonnen werden wollen. Die Zahlungsbereitschaft dieser Kunden wird, verborgen hinter dem Gebot der Rückfinanzierung, zu einem zunehmend entscheidenden Kriterium, das über Form, Ausmaß und Gestaltung sozialer Dienstleistungen entscheidet.

Mit diesen Entwicklungen drohen die Akteure des dritten Sektors in zwei Fallen zu tappen. Entweder werden sie zu reinen Handlangern des Staates, die in sozialen «Reparaturwerkstätten» möglichst kostengünstig Aufgaben im

sozialen Bereich übernehmen, die eigentlich auch der Staat selber erfüllen könnte. Die Rede ist dann von «*Quangos*», von «*quasi non governmental organizations*». Diese Einrichtungen verlieren in hohem Maße ihre institutionelle Selbständigkeit. Die Abhängigkeit von staatlichen Aufträgen ist so hoch, dass
Wohlverhalten zum ersten Gebot wird. Oder aber sie werden zu marktorien-
tierten Dienstleistungsanbietern, die sich zunehmend nur mehr an den Bedürfnissen von kaufkräftigen Kunden orientieren und damit zu privaten Unternehmen wie viele andere auch mutieren. Dass damit auch ein eigentlicher «Verrat»
an den einstigen Klientinnen und Klienten, die eben gerade nicht mit jenen finanziellen Mitteln ausgestattet sind, die sie für Wirtschaftsunternehmen interessant
machen würden, einhergeht, muss nicht weiter ausgeführt werden.

In beiden Varianten verlieren Hilfswerke und Wohlfahrtsverbände letztlich ihre Existenzberechtigung als Akteure des dritten Sektors. Die Multifunktionalität wird zugunsten einer ausschließlichen Fokussierung auf die Erbringung sozialer Dienstleistungen aufgegeben.

Wird hier ein Sachzwang beschrieben? Gibt es für den dritten Sektor keinen eigenständigen Weg mehr? Bleibt nur noch die Wahl zwischen einer weitgehenden Eingliederung in den ersten oder in den zweiten Sektor?

Es sind gesellschaftliche Entwicklungen zu beobachten, die eine Rückbe-
sinnung auf die Ursprünge des dritten Sektors nahe legen. Im politischen Raum
ist in vielen europäischen Ländern eine Bewegung nach rechts zu beobachten,
der sich auch die Sozialdemokratie nicht entzieht. Damit entsteht eine Lücke im
politischen Spektrum, die sich in einem Mangel an Engagement für benachteiligte Menschen in der Gesellschaft manifestiert. Im Rahmen der umfassenden
Bemühungen um eine Redimensionierung und Umstrukturierung des Sozialstaates werden einschneidende und in ihren Auswirkungen weitreichende politische Entscheidungen getroffen, deren Folgen für die Lebenslagen benachtei-
ligter Bevölkerungsgruppen im politischen Prozess übersehen, verdrängt oder
bewusst heruntergespielt werden.

Der dritte Sektor findet hier Platz für eine neue Profilierung als Akteur, der
unzeitgemäß gesellschaftliche Solidarität einfordert und als Experte für die
«Sozialfolgeabschätzung» sozialstaatlicher Reformgesetze gefragt ist. Dies geht
aber nur, wenn sich Hilfswerke vom Staat emanzipieren und den Mut finden,
gegen Maßnahmen des Sozialabbaus zu protestieren, auch wenn ihnen dies den
einen oder anderen Auftrag kosten könnte. Ob diese Rolle durch einzelne Hilfswerke oder besser durch Dach- und Spitzenverbände wahrgenommen wird,

hängt von der spezifischen Konstellation ab und kann darum hier offen bleiben. Auf jeden Fall braucht es dazu aber diagnostische Kompetenz, die man sich entweder über eigene Grundlagenarbeit oder über die Vergabe entsprechender Studienaufträge erwerben muss. Darüber hinaus ist ein breit angelegtes Instrumentarium von Skandalisierungs-, Bündnis- und Lobbystrategien zu entfalten, um den eigenen Anliegen genügend Gehör und Aufmerksamkeit zu verschaffen. Daraus lassen sich entsprechende Anforderungen an die Aus- und Weiterbildung der Mitarbeitenden in sozialen Organisationen ableiten, die über ein reines *«social engineering»* hinausreichen.

Die Relativierung des Sozialstaates führt nicht nur zu einem eher verstärkten bürgerlichen Engagement, sondern auch zur Frage nach der sozialen Verantwortung der Wirtschaft. *«Corporate social responsability»* ist ein Schlagwort, dem der Inhalt noch weitgehend fehlt. *«Corporate volunteering»*, also mehrtägige und auf Dauer angelegte Sozialeinsätze von Betrieben, ist eine Möglichkeit, neue Brücken zwischen dem zweiten und dritten Sektor zu bauen. Sie verpflichten Unternehmen zu einem sozialen Engagement, das sie als gute Bürgerin oder Bürger ausweist. Diese Einsätze können in den Einrichtungen der Hilfswerke und Wohlfahrtsverbände organisiert werden. Dabei soll man es den Firmen aber nicht zu leicht machen. Der gute Ruf darf etwas kosten. Dies verlangt aber weitere Kompetenzen bei den Mitarbeitenden, die lernen müssen, in der Sprache der Wirtschaft mit den Unternehmen zu kommunizieren und gleichzeitig diese an die sozialen Realitäten unserer Gesellschaften heranzuführen.

Für eine solche Neupositionierung des dritten Sektors ist es (noch) nicht zu spät. Wenn sich die Nichtregierungsorganisationen des sozialen Bereichs auf ihre Multifunktionalität besinnen, haben sie eine Zukunft. Konzentrieren sie sich nur noch auf die Erbringung sozialer Dienstleistungen im Auftrag des Staates oder aber unter dem Diktat der Marktlogik, wird es sie auch so noch morgen geben. Ihre Identität als «Anbieterinnen und Organisatoren gesellschaftlicher Solidarität» aber werden sie dann verloren haben. Nichts spricht dafür, dass dies zwingend so kommen muss.

Carlo Knöpfel
Leiter Bereich Grundlagen
Caritas Schweiz

Autorinnen und Autoren

Elfriede Biehal-Heimburger

Dr., Studium der Psychologie, Organisationspsychologie und Pädagogik in Freiburg, Darmstadt (TU) und Wien. Psychotherapeutin und Lehrtherapeutin in Gestalttheoretischer Psychotherapie. Seit 1982 Beraterin und Trainerin, seit 1984 Referentin für die Akademie für Sozialmanagement, seit 1989 TRIGON-Genossenschafterin. Schwerpunkte: Personalentwicklung, Coaching, Konfliktmanagement.
E-Mail: elfriede.biehal-heimburger@trigon.at

Alexander Bodmann

Jahrgang 1972, Studium an der Wirtschaftsuniversität Wien mit Schwerpunkt Unternehmensführung und NPO; nach Controllingtätigkeiten in einer Bank Wechsel zur Caritas Wien: Betreuer in einem Obdachlosenheim bis 1998, ab 1999 Controller, 2001–2003 Leiter des Kinderheims «Am Himmel», seit 2004 Bereichsleiter der «Mobilen Dienste», Trainer an der Akademie für Sozialmanagement – Schwerpunkt Rechnungswesen/Controlling, Trainer beim Österreichischen Controllerinstitut – Schwerpunkt Kostenrechnung; Mediator.
E-Mail: abodmann@caritas-wien.at

Renate Buber

Dr., Assistenzprofessorin am Institut für Absatzwirtschaft, Abteilung Handel und Marketing der Wirtschaftsuniversität, Leiterin von qual_rcat: qualitative research, consulting and training. Dozentin im ISMOS-Lehrgang der Wirtschaftsuniversität Wien. Trainerin an der ASOM. Herausgeberin diverser Bücher und Artikel zu Marketing-Management in NPO.

Internet: www.wu-wien.ac.at/handel

E-Mail: renate.buber@wu-wien.ac.at

Wilfried Datler

Dr. phil., Jg. 1957, A.o. Univ.-Prof., Leiter der Forschungseinheit Psychoanalytische Pädagogik und der Arbeitsgruppe für Sonder- und Heilpädagogik am Institut für Bildungswissenschaft der Universität Wien, Lehranalytiker im Österreichischen Verein für Individualpsychologie sowie stv. Vorsitzender der Wiener Arbeitsgemeinschaft für Psychoanalytische Pädagogik. Arbeitet zu Fragen im Grenz- und Überschneidungsbereich von Psychoanalyse, Pädagogik, Heilpädagogik und Psychotherapie.

E-Mail: wilfried.datler@univie.ac.at

Harald Fasching

Mag. rer. soc. oec (=Betriebswirt), dipl. TZI-Gruppenleiter beim RCI-International, Univ.-Lektor, Lehrtrainer Integrative Outdoor Aktivitäten®. Mitglied des ASOM-Teams, Wien. Wirtschaftlicher Leiter von Kolping Wien-Zentral. Berater und Trainer in Profit- wie Nonprofit-Organisationen mit den Themenschwerpunkten Organisationsentwicklungsberatung, Leitbildarbeit, Führungskräfteaus- und -fortbildung, Teamentwicklung, Konfliktmanagement.

Internet: www.fasching.or.at

E-Mail: harald.fasching@univie.ac.at

Friedrich Glasl

Dr. rer. pol. habil., Dozent an der Universität Salzburg. Gastprofessuren innerhalb und außerhalb Europas. 1967–1985 am NPI-Institut für Organisationsentwicklung (NL), 1985 Mitbegründer der TRIGON-Entwicklungsberatung (A) und Rückkehr nach Österreich. Mediator BM (Deutscher Bundesverband Mediation), Berater und Trainer für Unternehmensentwicklung; Konfliktmanagement in Wirtschaft, Verwaltung und Kultur.
E-Mail: friedrich.glasl@trigon.at

Angelika Güttl-Strahlhofer

Mag., Jg. 1965, Betriebswirtin, Nettrainerin. Mehrere Jahre als Personalentwicklerin und Controllerin in einem internationalen Industrieunternehmen tätig. Arbeitete an einer Fachhochschule mit Schwerpunkt E-Commerce und E-Learning. Als Partnerin von «WissensWert» liegt der Fokus ihrer Arbeit auf «Lernen mit Medien». Leitete das Projekt zur Einführung von E-Learning in der ASOM und begleitet virtuelle Teams.
Internet: www.Wissens-Wert.at
E-Mail: ag@wissens-wert.at

Anne Elisabeth Höfler

Mag. phil, Jg. 1961, Historikerin, einige Jahre wissenschaftliche Tätigkeit; zehn Jahre in leitender Funktion in der Erwachsenenbildung. Seit 1998 selbständige Beraterin für Organisations- und Personalentwicklungsprojekte. Arbeitsschwerpunkte: Führungskräfte- und Teamentwicklung, Moderation und Begleitung von Veränderungsprozessen; Supervision und Coaching; Trainerin und Lehrende in Ausbildungs- und Leiterlehrgängen.
E-Mail: anne.e.hoefler@nextra.at

Roland Hutyra

Mag., Jg. 1966. Geschäftsführer im Atelier Unternehmensberatung. Tätigkeitsschwerpunkte: Projektmanagementberatung, Strategieentwicklung und -implementierung, Team- und Organisationsentwicklung und systemische Organisationsaufstellung. Studien: Politikwissenschaften und Theologie, Verhaltenswissenschaften, mehrjährige leitende Funktion im Bildungs- und Sozialmanagement, Controllerdiplom am ÖCI, OE-Lehrgang im ÖAGG, Weiterbildung in systemischer Strukturaufstellung.

E-Mail: hutyra@ihratelier.at

Günther Kienast

Prof. Dr., studierte Pädagogik und Soziologie. Leiter des Bereiches Politik und Verwaltung an der NÖ Landesakademie; Mitbegründer des Leiterlehrganges an der Akademie für Sozialmanagement; Universitätslektor für Kommunikationspolitik an der Uni Wien; 1997 für das Dialogkonzept «Ephesosmodell» mit der Nominierung zum PR-Staatspreis ausgezeichnet.

E-Mail: retz@kienast-consulting.at

Rainer Kinast

Theologe, Existenzanalytiker, Wirtschafts-College. Referent und Projektbegleiter an der Akademie für Sozialmanagement, Wien; freiberuflicher Berater, Trainer und Coach; Psychotherapeut in freier Praxis; Geschäftsführer der St. Vinzenz Alten- und Pflegeheime BetriebsGmbH, Wien.

E-Mail: rainer.kinast@atnet.at

Carlo Knöpfel

Dr., studierte Wirtschaftswissenschaften an der Universität Basel. Forschungsschwerpunkte: weltwirtschaftliche Probleme sowie schweizerische Wirtschafts- und Sozialpolitik. Seit 1993 bei Caritas Schweiz in Luzern und seit 2002 Leiter des Bereichs Grundlagen sowie Mitglied der Geschäftsleitung. Dozent an verschiedenen Hochschulen für Sozialpolitik und Management in NPO. Regelmäßige Referats-, Beratungs- und Publikationstätigkeit zu aktuellen wirtschafts- und sozialpolitischen Fragen.

Internet: www.caritas.ch
E-Mail: cknoepfel@caritas.ch

Karin Michaela Krischanitz

Selbständige Organisationsberaterin Moderatorin, Trainerin, Coach. Langjährige Erfahrung als Product-Managerin in der Markenartikel-Industrie und im Marketing von Buch- und Zeitschriftenverlagen.

Internet: www.krischanitz.com
E-Mail: karin@krischanitz-noebauer.at

Reingard Lange

Leiterin der Akademie für Sozialmanagement. Sozialakademie, Berufstätigkeit in der Industrie und bei einer Unternehmensberatung, Studium der Pädagogik mit Schwerpunkt Erwachsenenbildung, Studien der Organisationslehre und Organisationsentwicklung, TZI-Diplom bei RCI International. Führungskräfteentwicklung, Begleitung bei Planungs- und Entscheidungsprozessen schwerpunktmäßig für soziale Organisationen und Ordensgemeinschaften.

E-Mail: lange@sozialmanagement.at

Irmgard Mendler-Schadt

Mag., Psychologin und Psychotherapeutin, mehrere Jahre Personalentwicklerin in einem Beratungsunternehmen, Referentin im Fachhochschul-Studiengang für Betriebswirtschaft und Kommunikation. Im Leiter/innen-Lehrgang Referentin und Begleiterin der Organisationsentwicklungsprojekte. Beraterin für Organisations- und Personalentwicklung. Weitere Arbeitsschwerpunkte: Führungskräfte- und Teamentwicklung, Konfliktmanagement und Moderation in Profit- und Nonprofit-Organisationen, Supervision und Coaching.
E-Mail: irmgard.mendler@aon.at

Christian Metz

Mag. Dr. theol., Jg. 1955. Psychotherapeut, Personal- und Organisationsentwicklung, Arbeitsschwerpunkt: Gesundheitswesen, Geriatrie, Hospiz- und palliative Versorgung. Lehrbeauftragter und wissenschaftlicher Mitarbeiter an der IFF-Wien, Fakultät für Interdisziplinäre Forschung und Fortbildung der Universität Klagenfurt, Abteilung Palliative Care und Organisations-Ethik, Leitung der universitären Weiterbildung Palliative Care/MAS.
E-Mail: christian.metz@uni-klu.ac.at , www.iff.ac.at/pallorg

Michael Meyer

A.o. Univ. Prof. Mag. Dr., Jg. 1964. Studium der Betriebswirtschaftslehre an der Wirtschaftsuniversität Wien; danach Institut für Kulturmanagement der Musikuniversität Wien, seit 1998 am Institut für Management der WU Wien, seit 2002 als Professor für Betriebswirtschaftslehre; Leitung des ISMOS-Sozialmanagement-Lehrganges der WU; Vorstandsmitglied des NPO-Institutes. Arbeitsschwerpunkte: Karriereforschung, Neuere Systemtheorie, Nonprofit-Organisationen, Textanalyse.
E-Mail: Michael.Meyer@wu-wien.ac.at

Hannes Piber

Mag. Dr. rer. soc. oec., geboren 1949 in der Obersteiermark. Universitäts-Assistent, später Lektor an der Universität Graz, Bereichs- und Projektverantwortlicher in einem Ausbildungs- und Beratungsunternehmen. Seit 1984 selbständiger Unternehmensberater und Trainer. Gründungsmitglied der TRIGON-Entwicklungsberatung. Ausbildung als Management-Trainer und in Gestalttheoretischer Psychotherapie.

E-Mail: hannes.piber@trigon.at

Bettina Riha-Fink

Seit 1996 in der Kommunikation der Caritas Wien und Österreich. 1996–2000 Assistenz im Bereich Spenden und Sponsoring aller österreichweiten Kampagnen. 2000–2002 Leitung des Bereiches «Interne Kommunikation». Konzeptionierung und Umsetzung eines neuen Aktionsplanes im Bereich Fundraising und Sponsoring für die Caritas Wien. Seit 2002: Verantwortlich für den Gesamtbereich Fundraising und Sponsoring der Caritas Wien.

E-Mail: BRiha-Fink@caritas-wien.at

Ursula Rosenbichler

Mag.ᵃ (***abzwien.akademie***, ARCO – the art of consulting). Beraterin, Trainerin und Coach im Bereich der Entwicklung und Implementierung von Qualifizierungs- und Bildungsmaßnahmen für unterschiedlichste Zielgruppen sowie im Bereich der Personal- und Organisationsentwicklung mit dem Fokus «Geschlecht als organisations- und teamrelevante Strukturkategorie». Lektorin an der WU Wien im Kompetenzbereich *Gender and Diversity in Organizations* (Prof. Edeltraud Hannapi-Egger).

E-Mail: ursula.rosenbichler@netway.at

Norbert Schermann

Mag. MSc, Jg. 1963, macht seine Fehler hauptsächlich in Wien. Dort als Geschäftsführer im Atelier Unternehmensberatung tätig. Studien: Erziehungswissenschaften, Psychologie, Total Quality Management (Wien, Krems, Kaiserslautern). Fortbildungen in Supervision/Coaching (ÖVS), Organisationsentwicklung. Arbeitsschwerpunkte: Beratung bei der Bewältigung von Veränderungen in Teams und Organisationen, Begleitung von Teamentwicklungsprozessen, Einführung von Qualitätsmanagement, Qualifizierung von Führungskräften, diverse Fachpublikationen
E-Mail: schermann@ihratelier.at

Ingrid Schneider

Mag., Pädagogin, personenzentrierte Psychotherapeutin, systemische Organisationsentwicklerin, Supervisorin und Trainerin. Zehn Jahre Sozialpädagogin im Kinder-, Jugend- und Behindertenbereich. Seit 1990 in freier Praxis für Einzelpersonen, Gruppen, Organisationen im Profit- und Nonprofit-Bereich und für die öffentliche Verwaltung tätig. Arbeitsschwerpunkte: Führungskräfteausbildung, Moderation, Teamentwicklung und Supervision, Coaching und Psychotherapie.
E-Mail: schneider.ingrid@telecom.at

Karl Schörghuber

Mag. Dr., geb. 1959, aufgewachsen in St. Peter in der Au (NÖ). Berufliche Tätigkeiten derzeit: Gesellschafter von ARCO-consulting, Berater, Coach und Supervisor im Bereich der Personal- und Organisationsentwicklung, Sportwissenschaftler am Institut für Sportwissenschaft der Universität Wien, Berater an der Akademie für Sozialmanagement sowie im Universitätslehrgang Training und Beratung nach dem handlungsorientierten Ansatz der Integrativen Outdoor-Aktivitäten.
E-Mail: karl.schoerghuber@univie.ac.at

Kornelia Steinhardt

Dr. phil., Mag., Jg. 1961, Univ.-Ass. in der Forschungseinheit Psychoanalytische Pädagogik und in der Arbeitsgruppe für Sonder- und Heilpädagogik am Institut für Bildungswissenschaft der Universität Wien, Sonderschullehrerin, Supervisorin und Gruppenanalytikerin. Arbeitet über frühe Entwicklungsprobleme und Entwicklungsstörungen, Supervision und Beratung.
E-Mail: kornelia.steinhardt@univie.ac.at .

Astrid Wallner-Ewald

Mag., Psychologin, diverse systemische Beraterausbildungen, Fortbildungen in Bioenergetik, Gruppendynamik, Quality Management. Psychotherapeutische Propädeutikum. Universitätsassistentin am Studienzentrum der medizinischen Fakultät der Universität Wien. Leitung des Bereichs Training & Development für die Philips Austria GmbH. Tätigkeit als freie Beraterin und Trainerin, Gesellschafterin der Construst OEG. Arbeitsbereiche: Potenzialentwicklung, Führungskräfteentwicklung, Führungsleitbild, Organisationsentwicklung, Teamentwicklung und -coaching.
E-Mail: astrid.wallner-ewald@contrust.at

Index